Exilforschung
Band 40

Exilforschung

Ein internationales Jahrbuch

Im Auftrag der
Gesellschaft für Exilforschung/
Society for Exile Studies

herausgegeben von
Bettina Bannasch, Doerte Bischoff und
Burcu Dogramaci

Band 40/2022

Exil, Flucht, Migration

Konfligierende Begriffe, vernetzte Diskurse?

Herausgegeben von
Bettina Bannasch, Doerte Bischoff
und Burcu Dogramaci

DE GRUYTER

Redaktion der Beiträge/Volume Editors:
Prof. Dr. Bettina Bannasch
Universität Augsburg
Institut für Germanistik
Universitätsstr. 10
86159 Augsburg
bettina.bannasch@philhist.uni-augsburg.de

Prof. Dr. Doerte Bischoff
Universität Hamburg
Institut für Germanistik
Überseering 35
22297 Hamburg
doerte.bischoff@uni-hamburg.de

Prof. Dr. Burcu Dogramaci
Ludwig-Maximilians-Universität München
Institut für Kunstgeschichte
Zentnerstr. 31
80798 München
burcu.dogramaci@lmu.de

Rezensionen:
Prof. Dr. Burcu Dogramaci
Ludwig-Maximilians-Universität München
Institut für Kunstgeschichte
Zentnerstr. 31
80798 München
burcu.dogramaci@lmu.de

ISBN 978-3-11-077084-1
e-ISBN (PDF) 978-3-11-077099-5
e-ISBN (EPUB) 978-3-11-077106-0
ISSN 0175-3347

Library of Congress Control Number: 20222941294

Bibliografische Information der Deutschen Nationalbibliothek
Die Deutsche Nationalbibliothek verzeichnet diese Publikation in der Deutschen
Nationalbibliografie; detaillierte bibliografische Daten sind im Internet über
http://dnb.dnb.de abrufbar.

© 2022 Walter de Gruyter GmbH, Berlin/Boston
Einbandabbildung: Claas Möller. Zeichnung nach der Fotografie von Abraham Pisarek (1935),
Wohin? (Igna Beth, Schauspielerin des Jüdischen Kulturbundes in Berlin, vor einem Globus).
Satz: Dörlemann Satz, Lemförde
Druck und Bindung: CPI books GmbH, Leck

www.degruyter.com

Inhalt

Exil, Flucht, Migration: Konfligierende Begriffe – Vernetzte Diskurse? Einleitung
(Bettina Bannasch, Doerte Bischoff, Burcu Dogramaci) —— 1

Asyl (Susanne Gödde) —— 15
Diaspora (Anja Bandau) —— 26
Displacement und Displaced Persons
(Sebastian Huhn, Christoph Rass) —— 38
Elend (Steffan Davies) —— 50
Entwurzelung (Fabian Bauer) —— 62
Flucht und Flüchtlinge (Andreas Kossert) —— 72
Flucht und Vertreibung in Literatur und Literaturwissenschaft
(Friederike Eigler) —— 83
Galut (Alfred Bodenheimer) —— 95
Grenzregime und Exil (Sabine Hess) —— 104
Kosmopolitismus und Exil (Sandra Narloch) —— 114
Marginal Man (Norbert Gestring) —— 124
Migration und Exil (Kristina Schulz) —— 133
Mobilität (Nils Grosch) —— 143
Place-making und Exil (Burcu Dogramaci) —— 151
Postmigration und Exil (Ömer Alkin) —— 162
Sans Papiers (Doerte Bischoff) —— 175
Time, Exile, and Post-Exile (Katja Sarkowsky) —— 186
Transmigration and Exile (Yaatsil Guevara González) —— 198
Transterrado/Trasterrado (Matei Chihaia) —— 208
Vertreibung als integrativer und konfrontativer Terminus im Kalten Krieg
(Maren Röger) —— 217

**Exil, Flucht, Migration: Begriffsverhandlungen im Kontext von
Geschichtswissenschaft, Erinnerungskultur und Literarisierung.**
Podiumsdiskussion mit Gundula Bavendamm, Jochen Oltmer, Ilija Trojanow
und Cornelia Vossen (Gesprächsleitung: Doerte Bischoff) —— 231

Rezensionen —— 251

Kurzbiografien der Autorinnen und Autoren —— 295

Exil, Flucht, Migration: Konfligierende Begriffe – Vernetzte Diskurse?
Einleitung
(Bettina Bannasch, Doerte Bischoff, Burcu Dogramaci)

Das Jahrbuch *Exilforschung*, das seit 1983 im Auftrag der gleichnamigen Gesellschaft erscheint, fokussiert im Titel einen Begriff, der im Laufe der Zeit unterschiedliche Konnotationen erfahren hat und der zur Beschreibung der mit ihm analysierten Phänomene selten ausschließlich und konkurrenzlos benutzt wurde. Zugleich ist ‚Exil' zum Leitbegriff eines sich seit den 1940er Jahren allmählich, seit den 1970er Jahren dann sehr deutlich herausbildenden akademischen Feldes geworden, an dessen Institutionalisierungsprozess auch das Jahrbuch einen nicht unwesentlichen Anteil hat. Ist dieses Forschungsfeld von verschiedenen Konjunkturen und Paradigmenwechseln geprägt gewesen, so verbindet sich aktuell der ehemals dominante (literar-)historische und erinnerungskulturelle Impuls, der seine Entstehung begleitet hat, mit der Herausforderung, gegenwärtige Phänomene zu beschreiben und zu kontextualisieren. Exil ist im deutschsprachigen Kontext nicht mehr allein eine Phase und Erfahrung der Vergangenheit, deren Rekonstruktion und Rekapitulation zu den zentralen Anliegen einer Erinnerungskultur gehört, die die gewaltvollen Zäsuren und die Nachwirkungen des Nationalsozialismus reflektiert. Exil ist eine neue Realität geworden in einer Zeit, in der zahlreiche Menschen in Europa Zuflucht suchen und es bereits eine neue Gruppe von Intellektuellen, Kunstschaffenden und Literat*innen gibt, die den Begriff für sich in Anspruch nehmen und mit ihm Akte politischer und künstlerischer Selbstbehauptung verbinden. Auch in aktuellen Theaterinszenierungen, Kunstprojekten und in der Gegenwartsliteratur wird der Begriff emphatisch aufgenommen, wobei vielfach Bezüge zu seiner Begriffsgeschichte, nicht zuletzt im Kontext der deutschen Geschichte 1933–45 hergestellt werden.[1] Neu gegründete Museen,

---

1 Vgl. etwa Can Dündar: Exile (Rede während der von der Körber-Stiftung organisierten Hamburger ‚Tage des Exils' 2018), https://www.koerber-stiftung.de/en/days-of-exile/2018 (Zugriff: 20.5. 2022) oder das seit 2016 am Berliner Maxim Gorki Theater existierende Ensemble Exil. Das vom Exilarchiv der Deutschen Nationalbibliothek kuratierte online-Museum Künste im Exil versammelt neben Dokumenten zum NS-Exil als ‚work in progress' zunehmend auch solche zu Autor*innen und Künstler*innen der Gegenwart („1990 bis heute"). Auch das von Bettina Bannasch und

Archive, Ausstellungen und Veranstaltungsformate wie etwa die Hamburger ‚Tage des Exils', die aktuelle und historische Perspektiven miteinander verschränken, profilieren ebenfalls den Exilbegriff programmatisch. Dabei werden vor allem die mit ihm nicht erst im 20. Jahrhundert, sondern bereits seit der Antike verknüpften Konnotationen von individueller Haltung und aktiver Handlungsfähigkeit gegen repressive Regime und Denkverbote betont, die in deutlichem Kontrast stehen zu einer öffentlichen Wahrnehmung von Flüchtlingen als passive, bedrohliche Masse. Vielfach ermöglicht es gerade der Begriff des Exils Ankommenden auch, in der Kultur des Aufnahmelandes Anknüpfungspunkte zu finden und in der Begegnung mit Zeugnissen von dessen Exilgeschichte Momente des Wiedererkennens zu erleben, aber auch Spuren historischer Vernetzungen zwischen den jeweiligen Herkunftsländern zu entdecken.[2]

Die prominente Bedeutung, die erzwungene Migration und Flucht in den vergangenen Jahren für öffentliche Debatten, aber auch wissenschaftliche Diskurse gewonnen haben, zeigt aber auch, dass zur Beschreibung dieser Phänomene unterschiedliche Begriffe verwendet werden, die jeweils andere diskursgeschichtliche Konnotationen aufrufen. Es macht offensichtlich einen Unterschied, ob aktuelle Fluchtereignisse mit ‚Flucht und Vertreibung' der Deutschen nach 1945 in Beziehung gesetzt werden oder mit dem vom nationalsozialistischen Deutschland erzwungenen Exil. Dabei lässt sich jeweils beobachten, dass diese Verknüpfungen nicht lediglich bestehende Identitäts- und Erinnerungsnarrative fortschreiben, sondern diese in den vergleichenden Anschlüssen an die Gegenwart auch verändert und auf neue Weise kritisch befragt werden. Indem Begriffe, die bislang bestimmte Perspektiven und (politische) Positionen bezeichnet haben, neue Bedeutungen gewinnen, stellt sich auch die Frage, wie sie zueinander in Beziehung gesetzt werden können. So hat innerhalb der Exilforschung eine Begriffsreflexion eingesetzt, in der Exil mit anderen Begriffen wie Migration oder Flucht zusammengebracht und im Hinblick auf die Frage nach semantischen

---

Gerhild Rochus herausgegebene *Handbuch der deutschsprachigen Exilliteratur* (Berlin 2013/2016) weitet den Zeitraum bereits programmatisch aus: „von Heinrich Heine bis Herta Müller".
2 Teilweise laden Institutionen, die ausdrücklich den Begriff des Exils nutzen, zu einer solchen Begegnung und Auseinandersetzung ein, etwa durch die Verleihung von Literaturpreisen, die wie der Hilde-Domin-Preis an eine historische Exilantin erinnert, an Gegenwartsautoren wie Abbas Khider (2013), der in seinen Texten selbst immer wieder Bezüge zu Domin und anderen Autor*innen des NS-Exils herstellt. Zu nennen ist hier auch etwa die ‚Zitatkampagne Exil' der Körber-Stiftung, bei der Geflüchtete sich zu Zitaten historischer Exilierter in Bezug setzten. https://www.koerber-stiftung.de/tage-des-exils/zitatkampagne/presse-downloads-2020 (Zugriff: 25.5.2022) oder Aktionen des in Berlin entstehenden Exilmuseums mit Geflüchteten (vgl. dazu auch die Podiumsdiskussion am Ende dieses Bandes).

Korrespondenzen und Differenzen untersucht wird.³ Gleichzeitig zeichnet sich im Bereich anderer Forschungsfelder wie dem der Migrationsstudien ein neues Interesse für die Kategorie Exil ab, gerade wo Gegenwartsphänomene behandelt und zu historischen Epochen in Beziehung gesetzt werden.⁴ Insgesamt wird Exil in den Geschichts- und Sozialwissenschaften bislang überwiegend als Sonderfall von Migration behandelt, wofür sich die Begriffe der Gewalt- oder Zwangsmigration ausgeprägt haben. Die Vorstellung, dass die Beschäftigung mit der NS-Vergangenheit eine herausgehobene erinnerungskulturelle Bedeutung habe, die auch der Etablierung der deutschen Exilforschung als eigenständigem Forschungszweig mit zugrunde lag, tritt damit in den Hintergrund. In den Blick kommen so stärker typologische Fragen und Vergleichsperspektiven sowie historische Entwicklungen und Kontinuitäten über die Grenzmarken von 1933 und 1945 hinaus. Im englischsprachigen Raum hat sich ausgehend von dem Begriff der ‚refugees' in den vergangenen Jahren mit den Refugee oder Forced Migration Studies ein Forschungsfeld herausgebildet, für das etwa an der Universität Oxford ein eigenes Forschungszentrum eingerichtet wurde. In Anlehnung daran und in Reaktion auf die wachsende Relevanz von Flucht und Migration für gegenwärtige Gesellschaften entsteht seit einiger Zeit auch in Deutschland ein neues Forschungsfeld mit Bezug auf den Begriff Flucht (bzw. Flüchtlinge/Geflüchtete).⁵ Diese Fluchtforschung ist von historischen, soziologischen, geografischen und

---

3 Vgl. Doerte Bischoff: Flucht und Exil in der Gegenwartsliteratur: Begriffsverhandlungen, vernetzte Geschichten, globale Perspektiven. In: Gegenwartsliteratur 20 (2021): Flucht – Exil – Migration; Kristina Schulz: Exilforschung und Migrationsgeschichte. Berührungspunkte und Perspektiven. In: Itinera 42 (2017); Carola Dietze: Vom Nutzen und Nachteil der Exilforschung für das Leben (Blog des Verbands der Historikerinnen und Historiker, 6.7.2016), https://blog.historikerverband.de/2016/07/06/vom-nutzen-und-nachteil-der-exilforschung-fuer-das-leben/ (Zugriff: 25.5.2022). Hier wird angesichts eines Symposiums über „Wissen auf der Flucht" die Frage behandelt, inwiefern die historische Exilforschung „einen Beitrag zur gegenwärtigen ‚Flüchtlingskrise' leisten kann". Vgl. auch den von Burcu Dogramaci am Institut für Kunstgeschichte der LMU München organisierten „Auftaktworkshop Exil, Diaspora, Flucht, Vertreibung, (Arbeits)migration. Konzepte und Begriffe im Kontext kunstwissenschaftlicher Methoden." im Rahmen des Netzwerks *Entangled Histories of Art and Migration: Forms, Visibilities, Agents* (18. –19.1.2019), siehe https://www.asia-europe.uni-heidelberg.de/fileadmin/Pictures/Professorships/Visual_and_Media_Anthropology/PDF/Erster_Workshop_Kurzbericht.pdf (Zugriff: 25 5.2022).
4 Vgl. etwa Laura Lotte Lemmer und Jochen Oltmer: Exil in der Bundesrepublik Deutschland: Bedingungen und Herausforderungen für Künstlerinnen und Künstler. In: IMIS Beiträge 53 (2020), https://repositorium.ub.uni-osnabrueck.de/handle/urn:nbn:de:gbv:700-202001132518 (Zugriff: 25.5.2022).
5 Neben dem im Kontext des Osnabrücker IMIS etablierten Netzwerks Fluchtforschung (https://fluchtforschung.net/) wurde auch eine eigene Zeitschrift *Z'Flucht* gegründet.

juristischen Perspektiven dominiert, tritt aber zugleich mit dem Anspruch auf, für ein breites interdisziplinäres Feld attraktiv zu sein.

Damit stellt sich die Frage nach den Implikationen und der jeweiligen Reichweite der aktuell im öffentlichen, künstlerischen und wissenschaftlichen Diskurs prominenten Begriffe zur Verhandlung von Formen erzwungener Migration. Welche politischen und kulturgeschichtlichen Resonanzräume eröffnet der Begriff des Exils, was wird mit Flucht assoziiert und was mit Vertreibung? Welche Bedeutung kommt diesen Begriffen in bestimmten diskursiven Kontexten zu, inwiefern haben sie normative und hierarchisierende Effekte? Wo lassen sich aktuell und im Laufe der Geschichte Bedeutungsverschiebungen und semantische Transformationen beobachten?

Insgesamt wird die verstärkte Dynamik, denen Begriffe ausgesetzt sind, die für das eigene Feld und Analysen des jeweiligen Gegenstandsbereichs zentral sind, in unterschiedlichen Kontexten registriert. Zeitgleich zu dem Vorhaben, das diesjährige Jahrbuch *Exilforschung* einer vergleichenden Begriffsreflexion zu widmen und dafür abweichend von der üblichen Struktur eine Art Lexikonformat zu wählen, hat etwa das am Osnabrücker Institut für Migrationsstudien (IMIS) angesiedelte Projekt „Die wissenschaftliche Produktion von Wissen über Migration" mit der Erarbeitung eines „Inventars der Migrationsbegriffe" begonnen.[6] Bereits einige Jahr zuvor erschien in Brüssel ein französischsprachiger Band mit dem Titel *Glossaire des mobilités culturelles*, der stärker als der eher geschichts- und sozialwissenschaftlich orientierte IMIS-Band literatur- und kulturwissenschaftliche Konzeptbegriffe aufnimmt und auch dem Exilbegriff (in Zusammenhang mit Objekten des Exils) Raum gibt.[7]

Begriffsreflexionen, die Dimensionen einer auch historischen Semantik und Sprachpolitik einbeziehen, sind notwendig mit der Einsicht konfrontiert, dass auch die Leitbegriffe des eigenen Forschungsfelds im Hinblick auf ihre Konnotationen und Verwendungszusammenhänge dynamisch und nicht neutral sind. Die Rekapitulation ihrer Bedeutungsentwicklungen und -verschiebungen bedeutet immer auch, dass Konstitution und Grenzen bestimmter Forschungsfelder selbst einer Revision unterzogen werden. Für das relative junge Feld der Exilforschung gilt dies in besonderem Maße, da diese zwar durch bemerkenswerte Institutio-

---

[6] Das von Isabella Löhr geleitete Projekt zielt auf eine multimediale Präsentation wissensgeschichtlich reflektierter Begriffe, bestehend aus einer kontinuierlich weiterzuentwickelnden Website (https://www.migrationsbegriffe.de/), die im Januar 2022 mit ersten Einträgen freigeschaltet wurde, sowie einer für 2023 angekündigten Buchpublikation mit dem Titel *Umkämpfte Begriffe der Migration. Ein Inventar* (transcript Verlag).

[7] Zilá Bernd und Norah De Cas-Giraldi: Glossaire des mobilités culturelles. Brüssel 2014.

nalisierungsprozesse geprägt ist, sich gleichzeitig aber ihre Interdisziplinarität erhalten hat und es kaum akademische Stellen mit entsprechender Denomination gibt.[8] Das Feld wird also im Wesentlichen von unterschiedlichen Akteur*innen ‚bespielt', die je verschiedene fachliche und methodische Kontexte einbringen, deren Vielfalt zu einer vergleichsweise großen Spannbreite und Dynamik auch in Bezug auf bevorzugte Begriffe geführt hat. Bemerkenswert ist auch, dass Positionen der Migrationsforschung immer wieder mit aufgenommen und vor allem im Bereich der Erforschung von Wissenschaftsexil und Wissenstransfer Anschlüsse an hier ausgeprägte Begriffe und Kategorien explizit gesucht wurden.[9] Seit 2021 liegen infolge einer vom De Gruyter-Verlag unternommenen Retrodigitalisierung sämtliche inzwischen 40 Bände des Jahrbuchs *Exilforschung* in digitaler Ausgabe vor, womit die Voraussetzung für eine systematischere Erkundung von Begriffsverwendungen in diesem Publikationsorgan geschaffen ist. Erste stichpunktartige Untersuchungen zeigen, dass trotz begrifflicher Vereinheitlichungsprozesse, welche die verschiedenen Phasen der Institutionalisierung prägen, immer wieder unterschiedliche Begriffe synonym verwendet, gleichgeordnet oder aber mit Blick auf Bedeutungsnuancen und -differenzen aufgerufen wurden.

Zu dem vorliegenden Jahrbuch, das von ‚Asyl' bis ‚Vertreibung' zwanzig Begriffe behandelt, die dem des Exils verwandt sind und auf sein Verhältnis zu ihm (auch mit Blick auf eine historische Semantik) befragt werden, wurden Vertreter*innen unterschiedlicher Disziplinen und Forschungsrichtungen eingeladen. Anliegen des Bandes ist es, Perspektiven der Exilforschung mit solchen der Migrations- oder Fluchtforschung sowie der Erforschung von ‚Flucht und Vertreibung' nach 1945 in Beziehung zu setzen und interdisziplinäre Dialoge auch etwa über Begriffe wie ‚Displacement', ‚Diaspora' oder ‚Transterrado' zu initiieren.

Ziel ist es, den Dialog zwischen den mittlerweile stark spezialisierten und häufig auf die fächerspezifisch begrenzte Verwendung der Begriffe in Exil-, Migrations- und Fluchtforschung anzustoßen, im interdisziplinären Austausch auszudifferenzieren und zu weiten. Im Austausch der Fachkulturen, etwa der Literatur- und Kunstwissenschaften, der Geschichtswissenschaften, der Politik-

---

[8] Vgl. hierzu auch: Doerte Bischoff und Sebastian Schirrmeister: Remigration und transnationaler Austausch. Zur Konstitutionsgeschichte der Exilforschung. In: Kirsten Heinsohn und Rainer Nicolaysen (Hg.): Transnationaler Wissensaustausch? Wirkungen von Exil und Remigration auf die wissenschaftliche Entwicklung in Nachkriegsdeutschland. Göttingen 2021.
[9] Vgl. Claus-Dieter Krohn: Anfänge der Exilforschung in den USA. Exil, Emigration, Akkulturation. In: Claus-Dieter Krohn und Lutz Winckler (Hg.): Exilforschungen im historischen Prozess. Berlin, Boston 2012. Mehrere Beiträge etwa zur Erforschung der Vertreibung der Deutschen nach 1945 sowie zur Migration im Nachkriegsdeutschland finden sich etwa in: Claus-Dieter Krohn u. a. (Hg.): Exil, Entwurzelung, Hybridität. Berlin, Boston 2009.

und Sozialwissenschaften sollen Begriffs- und Diskursgeschichten, Funktionen und Effekte strategischer Koppelungen und Kontrastierungen von Begriffen – wie etwa von ‚Flucht und Vertreibung', Exil versus Emigration – nachgezeichnet werden. Dabei sollen Phänomene der Übersetzung und der Unübersetzbarkeit von Begriffen sowie Aspekte der Disziplinen- und Institutionsgeschichte gezielt in den Blick genommen und analysiert werden. Fallstudien und Analysen ausgewählter künstlerischer und literarischer Inszenierungen tragen zur Reflexion der Konnotationen und Wirkungen relevanter Begriffe und zum Verständnis von deren Abhängigkeit von diskursiven Kontexten bei.

Da die einzelnen Beiträge dieses Bandes sich zwar immer wieder relational auf den Exilbegriff beziehen, aber kein einzelner Beitrag den Exilbegriff, wie er im Kontext des sich herausbildenden Forschungsfeldes verstanden wurde, beschreibt, wird dies im Folgenden kurz unternommen. Wie bereits angedeutet, wurde der Begriff Exil im deutschsprachigen Kontext lange ganz überwiegend für den Kontext der Verfolgungen und Vertreibungen durch den Nationalsozialismus verwendet. Der ausdrückliche Bezug auf die Jahre 1933–1945 findet sich in zentralen Publikationen und Institutionen, welche die Etablierung eines eigenständigen Forschungsbereichs seit dieser Zeit begleiten.[10] Schon in innerexilischen Debatten wurden aber vielfach unterschiedliche Begriffe benutzt und bereits teilweise im Verhältnis zueinander verhandelt und in ihren diskursgeschichtlichen Bedeutungsdimensionen ausgelotet. Brechts 1937 in Dänemark verfasstes Gedicht „Über die Bezeichnung Emigranten"[11], in dem die Begriffe Emigration oder Auswanderung zur Beschreibung der Situation zurückgewiesen und stattdessen andere wie Flucht, Vertreibung, Verbannung oder eben Exil favorisiert werden, ist hierfür ein prominentes Beispiel. Ein anderes ist Mascha Kalékos in den USA entstandenes Gedicht „Emigranten-Monolog"[12], in dem mitten im deutschsprachigen Text das Wort ‚Refugee' hervorsticht, als Marker nicht nur des Zwangscharakters der hier reflektierten Migration, sondern auch der umgebenden Fremdsprache, die Selbstbeschreibungen nun wesentlich mitbestimmt.

Auch in der Gründungsphase der institutionalisierten Exilforschung erscheinen unterschiedliche Positionen häufig an jeweils bevorzugte Bezeichnungen

---

10 Vgl. etwa Wilhelm Sternfeld und Eva Tiedemann (Hg.): Deutsche Exilliteratur 1933–1945. Eine Bio-Bibliographie. Mit einem Vorwort von Hanns W. Eppelsheimer. Heidelberg 1962 sowie das Deutsche Exilarchiv 1933–1945 an der Deutschen Nationalbibliothek (DNB).
11 Bertolt Brecht: Über die Bezeichnung Emigranten. In: ders.: Werke in fünf Bänden. Bd. 3: Gedichte, hg. von Werner Mittenzwei unter Mitarbeit von Fritz Hoffmann. Berlin, Weimar 1981, S. 314.
12 Mascha Kaléko: Emigranten-Monolog. In: dies.: Sämtliche Werke und Briefe in vier Bänden, hg. von Jutta Rosenkranz. Bd. 1. München 2012, S. 186.

geknüpft. Der Exilbegriff konkurriert dabei hier insbesondere mit dem der Emigration und dem des Flüchtlings.[13] Walter A. Berendsohn, der als Nestor der Exil(literatur)forschung gilt, hatte seine in Dänemark und Schweden geschriebene, kurz nach dem Krieg erschienene Überblicksdarstellung *Die humanistische Front. Einführung in die deutsche Emigranten-Literatur* betitelt. Dabei bezog er sich ausdrücklich auf den dänischen Literaturwissenschaftler Georg Brandes, der in seinen Studien zur vor allem französischen Literatur des 19. Jahrhunderts den Begriff ‚Emigrantenlitteratur' geprägt hatte.[14] Auch wenn sich schließlich zur Kennzeichnung des Forschungsfeldes der Exilbegriff durchsetzte, ist es bemerkenswert, dass zentrale Publikationen auch noch späterer Phasen den Emigrationsbegriff (teilweise in Verbindung mit den Jahreszahlen der NS-Herrschaft) wählen.[15] Während der von Berendsohn initiierten Konferenzen in Kopenhagen (1969) und Stockholm (1972) trat dieser dann allerdings vehement für den Begriff ‚Flüchtlingsliteratur' ein,[16] wofür aber kein Konsens gefunden werden konnte, da dieser Begriff anderen hier bereits zu stark mit der Flucht der Deutschen nach 1945 konnotiert schien und eine klare Unterscheidung gewünscht wurde.

In den folgenden Jahrzehnten setzte sich ein Exilbegriff durch, der stark durch das vorherrschende antifaschistische Paradigma der deutschsprachigen Exilforschung geprägt war und darin bei allen offensichtlichen Differenzen auch eine Klammer für entsprechende Forschungen in Ost- und Westdeutschland bildete. In den 1970er Jahren etablierte sie sich zunächst ausgehend von Initiativen exilierter Intellektueller und Wissenschaftler*innen und war vor allem mit einer politi-

---

13 Vgl. Helmut Müssener: Die deutschsprachige Emigration in Schweden nach 1933: ihre Geschichte und kulturelle Leistung. Stockholm 1971 (bes. Kap. 5: „Exulant – Emigrant – Flüchtling. Zur Terminologie und ihrer Geschichte), vgl. dazu Franz Eppert: Der politische und religiöse Flüchtling in seiner sprachlichen Bezeichnung im Deutschen. Beiträge zur Wortgeschichte eines Begriffsfelds. Köln 1964. In der Nachkriegszeit publizierte Anthologien zur Exilliteratur rufen neben dem Exilbegriff in ihren Titeln noch weitere Begriffe auf, vgl. Bruno Kaiser: Das Wort der Verfolgten. Anthologie eines Jahrhunderts [1945]. Berlin 1948; Egon Schwarz und Matthias Wegner (Hg.): Verbannung. Aufzeichnungen deutscher Schriftsteller im Exil. Hamburg 1964.
14 Georg Brandes: Die Literatur des neunzehnten Jahrhunderts in ihren Hauptströmungen. Bd. 1: Emigrantenlitteratur. Leipzig 1897 (Reprint ebook, Berlin 2021); Walter A. Berendsohn: Emigrantenliteratur 1933–47. In: Reallexikon der deutschen Literaturgeschichte, hg. von Werner Kohlschmidt und Wolfgang Mohr. Berlin 1958, Bd. 1. (2. Aufl.).
15 Vgl. Werner Röder und Herbert A. Strauss (Hg.): Biographisches Handbuch der deutschsprachigen Emigration. München u. a. 1980–1983; Klaus-Dieter Krohn u. a. (Hg.): Handbuch der deutschsprachigen Emigration. Darmstadt 1998.
16 Walter A. Berendsohn: Die deutsche Literatur der Flüchtlinge aus dem Dritten Reich und ihre Hintergründe. In: Colloquia Germanica 5 (1971).

schen Haltung des Widerstands verknüpft.[17] Die konstitutive Abgrenzung des in diesen Kontexten gebräuchlichen Exilbegriffs wandte sich gegen eine zwar ebenfalls erzwungene, doch vornehmlich als apolitisch konnotierte Emigration. In der Rückschau erweist es sich, wie stark diese (an sich bereits höchst fragwürdige) Unterscheidung eine problematische Wertung implizierte, insbesondere wenn sie mit der großen Zahl der jüdischen Flüchtlinge in Verbindung gebracht wurde: Während die Bezeichnung Exilant*innen mit dem Anspruch politischer Exilanten verknüpft wurde, das ‚andere Deutschland' zu repräsentieren und dessen Kontinuität und Zukunft zu verbürgen, wurde die Bezeichnung Emigrant*innen mit Illoyalität und Unzugehörigkeit assoziiert.[18]

In der jüngeren Forschung haben Perspektivierungen des jüdischen Exils,[19] das etwa neun Zehntel der in der Zeit Vertriebenen ausmacht, den Zusammenhang von Exil und Shoah, der die geringe Rückkehrquote sowie ein bleibend ambivalentes Verhältnis zu Deutschland oder Österreich plausibilisiert, genauer untersucht.[20] Darüber hinaus wurde der Blick für Auseinandersetzungen geschärft, die bereits während der NS-Zeit, vor allem aber nach 1945 die Verfolgung und Vertreibung der Juden und Jüdinnen im Kontext einer umfassenderen jüdischen (Exil-)Geschichte betrachten. In gewisser Weise hat auch Hannah Arendts Essay „We Refugees" aus dem Jahr 1943 an dieser Tendenz teil, da hier das

---

17 Vgl. Claus-Dieter Krohn: Exilforschung. In: Docupedia-Zeitgeschichte, 20.12.2012, http://docupedia.de/zg/krohn_exilforschung_v1_de_2012 (Abruf 20.5.2022); Stephan Braese: Fünfzig Jahre ‚danach'. Zum Antifaschismus-Paradigma in der deutschen Exilforschung. In: Claus-Dieter Krohn (Hg.): Rückblick und Perspektiven. Berlin, Boston 1996; Brita Eckert: Die Anfänge der Exilforschung in der Bundesrepublik Deutschland bis 1975. Ein Überblick. In: Literaturkritik 22.5.2020. https://literaturkritik.de/public/artikel.php?rez_id=1397 (Abruf 22.5.2022).
18 Vgl. etwa Hans-Albert Walter: „Als ich wiederkam, da – kam ich nicht wieder". Vorläufige Bemerkungen zu Rückkehr und Reintegration von Exilierten 1945–1949. In: ders. und Gunter Ochs (Hg.): Ich hatte einst ein schönes Vaterland. Deutsche Literatur im Exil 1933–1945. Eine Auswahlbibliographie. Gütersloh 1985. Kritisch dazu: Ernst Loewy: Zum Paradigmenwechsel in der Exilliteraturforschung. In: ders.: Zwischen den Stühlen. Essays und Autobiographisches aus 50 Jahren. Hamburg 1995; Doerte Bischoff: Exilanten oder Emigranten? Reflexionen über eine problematische Unterscheidung anlässlich einer Lektüre von Werfels *Jacobowsky und der Oberst* mit Hannah Arendt. In: dies. und Susanne Komfort-Hein (Hg.): Literatur und Exil. Neue Perspektiven. Berlin, New York 2013.
19 Dieser Perspektive auf vom Nationalsozialismus verfolgten und vertriebenen jüdischen Deutschen steht seit Beginn der in diesem Kontext einsetzenden Migration nach Palästina/Israel die Vorstellung gegenüber, dass es sich hier nicht um Exil handele, sondern, aus zionistischer Sicht, um eine Heimkehr ins ‚Land' und damit um eine Beendigung des jüdischen Exils.
20 Bettina Bannasch, Helga Schreckenberger und Alan E. Steinweis (Hg.): Exil und Shoah. Berlin, Boston 2017; Bettina Bannasch und Michael Rupp (Hg.): Rückkehrerzählungen. Über die (Un) Möglichkeit nach 1945 als Jude in Deutschland zu leben. Göttingen 2017.

eigene Flüchtlingsschicksal bzw. das jüdische Exil zum Ausgangspunkt grundlegender Reflexionen über das Scheitern der Assimilation und die Problematik nationalstaatlicher Konzepte von Gemeinschaft und Zugehörigkeit wird.[21] In diesem Kontext werden auch Begriffe jüdischer Selbstbeschreibung wie Galut und Diaspora virulent.[22] Diaspora wird zunehmend, vor allem im anglo-amerikanischen Raum, als Schlüsselbegriff für post-exilische Lebensformen auch über den engen jüdischen Traditionsbezug hinausgehend verwendet.[23] Anders als ein national konnotierter Begriff des Exils weist er in seiner Verknüpfung mit dem Begriff der Diaspora über die Zuschreibung eindimensionaler Zugehörigkeiten hinaus und akzentuiert stärker die Dynamiken transnationaler Bewegungen und Mehrfachloyalitäten. Dezidiert positiv konnotierte Begriffe wie jener der Mobilität werden verwendet, um auf Aspekte der Produktivität sowie der ‚Modernität' des Exils zu verweisen und diese stärker ins Bewusstsein zu heben, als dies mit dem durch die zeitliche Eingrenzung auf die Jahre 1933–45 vorgegebenen ‚Leidensbegriff' des Exils möglich sein konnte.[24] Eine Betonung der Kategorie Raum im Kontext Exil hat in den vergangenen Jahren zu einem erweiterten Verständnis geführt, das beispielsweise nationale durch urbane Perspektiven ersetzt oder aber die Routen oder „Passagen des Exils" untersucht.[25] Neuere Studien und Überblicksdarstellungen adaptieren Methoden anderer Disziplinen wie der Netzwerk-

---

21 Hannah Arendt: We Refugees. In: Menora Journal 31 (1943), H. 1. Vgl. dazu auch Jessica Dubow: In Exile. Geography, Philosophy and Judaic Thought. London u. a. 2021.
22 Vgl. Hans Otto Horch und Itta Shedletzky (Hg.): Deutsch-jüdische Exil- und Emigrationsliteratur im 20. Jahrhundert. Tübingen 1993; Hans Otto Horch (Hg.): Exilerfahrung und Konstruktion von Identität 1933–1945. Berlin 2013; Doerte Bischoff (Hg.): Exil – Literatur – Judentum. München 2016.
23 Georg Bollenbeck: Vom Exil zur Diaspora. Zu Oskar Maria Grafs Roman „Die Flucht ins Mittelmäßige". In: Thomas Koebner u. a. (Hg.): Gedanken an Deutschland im Exil und andere Themen. Berlin, Boston 1985; Andrea Reiter: Diaspora und Hybridität. Der Exilant als Mittler. In: Zwischenwelt 10 (2006): Diaspora – Exil als Krisenerfahrung. Jüdische Bilanzen und Perspektiven; Jenny Kuhlmann: Exil, Diaspora, Transmigration. In: Aus Politik und Zeitgeschichte 64 (2014), H. 42; Bettina Bannasch und Katja Sarkowsky (Hg.): Nachexil/Post-Exile. Berlin, Boston 2020.
24 Vgl. etwa Nils Grosch: Exil und kulturelle Mobilität. Ernst Krenek und Kurt Weill. In: Matthias Henke (Hg.): Zeitgenossenschaft! Ernst Krenek und Kurt Weill im Netzwerk der Moderne. Schliengen 2019, S. 175–182.
25 Burcu Dogramaci und Elizabeth Otto (Hg.): Passagen des Exils/Passages of Exile. München 2017. Das vom ERC (Europäischer Hochschulrat) geförderte Forschungsprojekt METROMOD widmet sich sechs globalen Metropolen als Ankunftsorten emigrierter Künstler*innen, https://metromod.net/. Zwei aus diesem mehrjährigen Projekt resultierende Publikationen verknüpfen Exil und eine Stadtperspektive in globalen Kontexten: Burcu Dogramaci, Mareike Hetschold u. a. (Hg.): Arrival Cities. Migrating Artists and New Metropolitan Topographies in the 20th Century. Leuven 2020, open access: https://library.oapen.org/handle/20.500.12657/41641; Burcu

forschung und/oder akzentuieren vielfach Verbindungen zu anderen, früheren oder gegenwärtigen Exilen, um den Raum der Exilforschung zunehmend für transhistorische und transkulturelle Konstellationen zu öffnen.[26] Dass diese auch Verflechtungen innerhalb der Exilforschung betreffen, zeigen etwa die international stark rezipierten *Reflections on Exile* des Literatur- und Kulturwissenschaftlers Edward Said (2000),[27] dessen autobiografisch motivierte Beschäftigung mit dem Exilthema wiederum eng mit seinem Interesse für deutschsprachige Exilierte wie Erich Auerbach, den er ins Englische übersetzte, verknüpft ist. Transnationale Perspektiven bringen die deutschsprachige Exilforschung zunehmend auch mit ähnlichen Forschungsfeldern etwa im spanischsprachigen Raum oder in der Slavistik in Kontakt,[28] wodurch lange vorherrschende nationale Rahmungen der jeweiligen Exilforschungen aufgebrochen,[29] als solche reflektiert und im Kontext kulturwissenschaftlicher Paradigmen von Transkulturalität bzw. Transnationalität transformiert werden.[30] Mehrere Beiträge des vorliegenden Bandes fokussieren Begriffe, die auf einen solchen Kontext verweisen, zugleich werden Kategorien der historischen und sozialwissenschaftlichen Migrationsforschung mit literatur- und kulturwissenschaftlichen Gegenständen und Methoden verschränkt (vgl. Place-Making, Postmigration, Sans Papiers, Vertreibung). Die Beiträge sind alphabetisch gereiht, womit die potentielle Offenheit und Ergänzbarkeit der gewählten Begriffe akzentuiert wird und ihre vielfältige Verknüpfung untereinander, auch über die gesetzten Querverweise hinausgehend, als Desiderat weiterführender Forschung in diesem Feld markiert wird. Die Einzelbeiträge werden ergänzt vom Transkript einer Podiumsdiskussion zum Thema (13.1.2022, online), bei der Gundula Bavendamm (Dokumentationszentrum Flucht Vertreibung Versöhnung), Cornelia Vossen (Exilmuseum Berlin), Ilija Trojanow (Autor

---

Dogramaci, Ekaterina Aygün u. a. (Hg.): Urban Exile. Theories, Methods, Research Practices. Bristol, Chicago 2023.
26 Vgl. etwa Burcu Dogramaci und Karin Wimmer (Hg.): Netzwerke des Exils. Künstlerische Verflechtungen, Austausch und Patronage nach 1933. Berlin 2011.
27 Edward Said: Reflections on Exile. In: ders.: Reflections on Exile and Other Essays. Cambridge/MA 2000.
28 Vgl. etwa María Trinidad Marín Villora: Entre espacios, entre exilios. Los espacios del exilio en la narrativa mexicana de Anna Seghers, Max Aub y Pere Calders. Würzburg 2013 oder Alfrun Kliems: Transterritorial–Translingual–Translokal. Das ostmitteleuropäische Literaturexil zwischen nationaler Behauptung und transkultureller Poetik. In: Doerte Bischoff und Susanne Komfort-Hein (Hg.): Literatur und Exil. Neue Perspektiven. Berlin 2013.
29 In diesem Kontext rückt auch Europa als Referenzgröße der Exilforschung in den Blick. Vgl. Linda Maeding: Exil als Ort einer europäischen Literatur? In: Arcadia 51 (2016), H. 1 S. 135–160.
30 Vgl. hierzu auch die Bände Claus-Dieter Krohn u. a. (Hg.): Übersetzung als transkultureller Prozess. Berlin, Boston 2007; Krohn (Hg.): Exil, Entwurzelung, Hybridität.

von *Nach der Flucht*) und Jochen Oltmer (Migrationshistoriker am IMIS) auf Einladung der Herausgeberinnen dieses Bandes über Bedeutungen und Implikationen von Begriffen nicht nur im Bereich der Wissenschaft, sondern auch im Museum bzw. in der Erinnerungskultur sowie in der Literatur der Gegenwart diskutierten.[31]

Literaturverzeichnis

Arendt, Hannah: We Refugees. In: Menora Journal 31 (1943), H. 1, S. 69–77.
Bannasch, Bettina und Gerhild Rochus: Handbuch der deutschsprachigen Exilliteratur. Von Heinrich Heine bis Herta Müller. Berlin 2013.
Bannasch, Bettina und Katja Sarkowsky (Hg.): Nachexil/Post-Exile. Berlin, Boston 2020.
Bannasch, Bettina und Michael Rupp (Hg.): Rückkehrerzählungen. Über die (Un)Möglichkeit nach 1945 als Jude in Deutschland zu leben. Göttingen 2017.
Bannasch, Bettina, Helga Schreckenberger und Alan E. Steinweis (Hg.): Exil und Shoah. Berlin, Boston 2017.
Berendsohn, Walter A.: Die deutsche Literatur der Flüchtlinge aus dem Dritten Reich und ihre Hintergründe. In: Colloquia Germanica 5 (1971), S. 1–156.
Berendsohn, Walter A.: Emigrantenliteratur 1933–47. In: Reallexikon der deutschen Literaturgeschichte, hg. von Werner Kohlschmidt und Wolfgang Mohr. Berlin 1958, Bd. 1. (2. Aufl.), S. 336–343.
Bernd, Zilá und Norah De Cas-Giraldi: Glossaire des mobilités culturelles. Brüssel 2014.
Bischoff, Doerte (Hg.): Exil – Literatur – Judentum. München 2016.
Bischoff, Doerte und Sebastian Schirrmeister: Remigration und transnationaler Austausch. Zur Konstitutionsgeschichte der Exilforschung. In: Kirsten Heinsohn und Rainer Nicolaysen (Hg.): Transnationaler Wissensaustausch? Wirkungen von Exil und Remigration auf die wissenschaftliche Entwicklung in Nachkriegsdeutschland. Göttingen 2021, S. 113–147.
Bischoff, Doerte: Exilanten oder Emigranten? Reflexionen über eine problematische Unterscheidung anlässlich einer Lektüre von Werfels *Jacobowsky und der Oberst* mit Hannah Arendt. In: dies. und Susanne Komfort-Hein (Hg.): Literatur und Exil. Neue Perspektiven. Berlin, New York 2013, S. 213–238.
Bischoff, Doerte: Flucht und Exil in der Gegenwartsliteratur: Begriffsverhandlungen, vernetzte Geschichten, globale Perspektiven. In: Gegenwartsliteratur 20 (2021): Flucht – Exil – Migration, S. 28–54.
Bollenbeck, Georg: Vom Exil zur Diaspora. Zu Oskar Maria Grafs Roman „Die Flucht ins Mittelmäßige". In: Thomas Koebner u. a. (Hg.): Gedanken an Deutschland im Exil und andere Themen. Berlin, Boston 1985, S. 260–269.

---

31 Für Unterstützung bei der Organisation der Podiumsdiskussion sowie der redaktionellen Bearbeitung der Beiträge für den Band danken wir Jana Schulze, Charlotte Sturm und Pavlo Hushcha. Dank gilt auch der P. Walter Jacob-Stiftung für die finanzielle Unterstützung der Veranstaltung.

Braese, Stephan: Fünfzig Jahre ‚danach'. Zum Antifaschismus-Paradigma in der deutschen Exilforschung. In: Claus-Dieter Krohn (Hg.): Rückblick und Perspektiven. Berlin, Boston 1996, S. 133–149.

Brandes, Georg: Die Literatur des neunzehnten Jahrhunderts in ihren Hauptströmungen. Bd. 1: Emigrantenlitteratur. Leipzig 1897 (Reprint ebook, Berlin 2021).

Brecht, Bertolt: Über die Bezeichnung Emigranten. In: ders.: Werke in fünf Bänden. Bd. 3: Gedichte, hg. von Werner Mittenzwei unter Mitarbeit von Fritz Hoffmann. Berlin, Weimar 1981, S. 314.

Dietze, Carola: Vom Nutzen und Nachteil der Exilforschung für das Leben (Blog des Verbands der Historikerinnen und Historiker, 6.7.2016) https://blog.historikerverband.de/2016/07/06/vom-nutzen-und-nachteil-der-exilforschung-fuer-das-leben/ (Zugriff: 25.5.2022).

Dogramaci, Burcu und Karin Wimmer (Hg.): Netzwerke des Exils. Künstlerische Verflechtungen, Austausch und Patronage nach 1933. Berlin 2011.

Dogramaci, Burcu und Elizabeth Otto (Hg.): Passagen des Exils/Passages of Exile. München 2017.

Dogramaci, Burcu, Mareike Hetschold u. a. (Hg.): Arrival Cities. Migrating Artists and New Metropolitan Topographies in the 20th Century. Leuven 2020, open access https://library.oapen.org/handle/20.500.12657/41641 (Zugriff: 25.5.2022).

Dogramaci, Burcu, Ekaterina Aygün u. a. (Hg.): Urban Exile. Theories, Methods, Research Practices. Bristol, Chicago 2023.

Dubow, Jessica: In Exile. Geography, Philosophy and Judaic Thought. London u. a. 2021.

Dündar, Can: Exile (Rede während der von der Körber-Stiftung organisierten Hamburger ‚Tage des Exils' 2018), https://www.koerber-stiftung.de/en/days-of-exile/2018 (Zugriff: 20.5.2022).

Eckert, Brita: Die Anfänge der Exilforschung in der Bundesrepublik Deutschland bis 1975. Ein Überblick. In: Literaturkritik 22.5.2020. https://literaturkritik.de/public/artikel.php?rez_id=1397 (Zugriff: 22.5.2022).

Eppert, Franz: Der politische und religiöse Flüchtling in seiner sprachlichen Bezeichnung im Deutschen. Beiträge zur Wortgeschichte eines Begriffsfelds. Köln 1964.

Grosch, Nils: Exil und kulturelle Mobilität. Ernst Krenek und Kurt Weill. In: Matthias Henke (Hg.): Zeitgenossenschaft! Ernst Krenek und Kurt Weill im Netzwerk der Moderne. Schliengen 2019, S. 175–182.

Horch, Hans Otto (Hg.): Exilerfahrung und Konstruktion von Identität 1933–1945. Berlin 2013.

Horch, Hans Otto und Itta Shedletzky (Hg.): Deutsch-jüdische Exil- und Emigrationsliteratur im 20. Jahrhundert. Tübingen 1993.

Kaiser, Bruno: Das Wort der Verfolgten. Anthologie eines Jahrhunderts [1945]. Berlin 1948.

Kaléko, Mascha: Emigranten-Monolog. In: dies.: Sämtliche Werke und Briefe in vier Bänden, hg. von Jutta Rosenkranz. Bd. 1. München 2012, S. 186.

Kliems, Alfrun: Transterritorial–Translingual–Translokal. Das ostmitteleuropäische Literaturexil zwischen nationaler Behauptung und transkultureller Poetik. In: Doerte Bischoff und Susanne Komfort-Hein (Hg.): Literatur und Exil. Neue Perspektiven. Berlin 2013, S. 169–182.

Krohn, Claus-Dieter u. a. (Hg.): Handbuch der deutschsprachigen Emigration. Darmstadt 1998.

Krohn, Claus-Dieter: Anfänge der Exilforschung in den USA. Exil, Emigration, Akkulturation. In: ders. und Lutz Winckler (Hg.): Exilforschungen im historischen Prozess. Berlin, Boston 2012, S. 1–29.

Krohn, Claus-Dieter: Exilforschung. In: Docupedia-Zeitgeschichte, 20.12.2012, http://docupedia.de/zg/krohn_exilforschung_v1_de_2012 (Zugriff: 20.5.2022).

Kuhlmann, Jenny: Exil, Diaspora, Transmigration. In: Aus Politik und Zeitgeschichte 64 (2014), H. 42, S. 9–15.
Lemmer, Laura Lotte und Jochen Oltmer: Exil in der Bundesrepublik Deutschland: Bedingungen und Herausforderungen für Künstlerinnen und Künstler. In: IMIS Beiträge 53 (2020), https://repositorium.ub.uni-osnabrueck.de/handle/urn:nbn:de:gbv:700-202001132518 (Zugriff: 25.5.2022).
Loewy, Ernst: Zum Paradigmenwechsel in der Exilliteraturforschung. In: ders.: Zwischen den Stühlen. Essays und Autobiographisches aus 50 Jahren. Hamburg 1995, S. 261–274.
Maeding, Linda: Exil als Ort einer europäischen Literatur? In: Arcadia 51 (2016), H. 1, S. 135–160.
Marín Villora, María Trinidad: Entre espacios, entre exilios. Los espacios del exilio en la narrativa mexicana de Anna Seghers, Max Aub y Pere Calders. Würzburg 2013.
Müssener, Helmut: Die deutschsprachige Emigration in Schweden nach 1933: ihre Geschichte und kulturelle Leistung. Stockholm 1971.
Reiter, Andrea: Diaspora und Hybridität. Der Exilant als Mittler. In: Zwischenwelt 10 (2006): Diaspora – Exil als Krisenerfahrung. Jüdische Bilanzen und Perspektiven, S. 36–51.
Röder, Werner und Herbert A. Strauss (Hg.): Biographisches Handbuch der deutschsprachigen Emigration. München u. a. 1980–1983.
Said, Edward: Reflections on Exile. In: ders.: Reflections on Exile and Other Essays. Cambridge/MA 2000, S. 173–186.
Schulz, Kristina: Exilforschung und Migrationsgeschichte. Berührungspunkte und Perspektiven. In: Itinera 42 (2017), S. 21–47.
Schwarz, Egon und Matthias Wegner (Hg.): Verbannung. Aufzeichnungen deutscher Schriftsteller im Exil. Hamburg 1964.
Sternfeld, Wilhelm und Eva Tiedemann (Hg.): Deutsche Exilliteratur 1933–1945. Eine Bio-Bibliographie. Mit einem Vorwort von Hanns W. Eppelsheimer. Heidelberg 1962.
Walter, Hans-Albert: „Als ich wiederkam, da – kam ich nicht wieder". Vorläufige Bemerkungen zu Rückkehr und Reintegration von Exilierten 1945–1949. In: ders. und Gunter Ochs (Hg.): Ich hatte einst ein schönes Vaterland. Deutsche Literatur im Exil 1933–1945. Eine Auswahlbibliographie. Gütersloh 1985, S. 259–279.

Asyl
(Susanne Gödde)

„Betrifft Migranten, nicht Flüchtlinge"

Eine Internet-Recherche zu den Begriffen ‚Asyl', ‚Flucht' und ‚Migration' macht deutlich, wie wichtig den Vertretern von Recht und Politik genaue Definitionen und Abgrenzungen in diesem Feld sind. Begriffe, Zuordnungen und Ausschließungen entscheiden darüber, wie viele und welche Menschen eine Landesgrenze überschreiten dürfen. Begriffsdefinitionen sind von Bedeutung für territoriale Grenzpolitik. Die Internetseiten des Bundesministeriums für wirtschaftliche Zusammenarbeit (BMZ) beginnen ihre Informationen zu „Flucht und Migration" mit der Frage: „Was ist der Unterschied zwischen Flüchtlingen, Migrantinnen und Migranten, Asylsuchenden und Binnenvertriebenen?"[1] Die Bundesregierung belehrt auf ihrer Seite in 60 Sekunden über den UN-Migrationspakt, und der erste Lehrsatz des Videos lautet: „Betrifft Migranten, nicht Flüchtlinge".[2] Das FAQ zur Genfer Flüchtlingskonvention auf den Seiten des UNHCR kündigt an, dass der Inhalt der Konvention die Definition der Bedeutung von „Flüchtling" sei.[3]

Doch wenn man auf der Basis dieser Internetseiten praktische Fragen beantworten möchte, gerät man leicht in einen Strudel von Einschränkungen und Ausnahmen, ja in einen Zirkel von Widersprüchen, die für unmittelbar Betroffene oft existentielle Dimensionen annehmen. So erfährt man auf der Seite des Bundesministeriums für wirtschaftliche Zusammenarbeit etwa, dass der oder die Asylsuchende nicht automatisch ein ‚Flüchtling' ist, sondern die Anerkennung dieses Status erst beantragen muss.[4] Außerdem heißt es dort, dass Asylsuchende zwar „unter dem Schutz der Allgemeinen Erklärung der Menschenrechte" stehen, dass diese Erklärung aber „keinen völkerrechtlich bindenden Status" besitzt. An anderer Stelle (auf derselben Seite) werden Migrant*innen, die ihr Land nach

---

1 https://www.bmz.de/de/entwicklungspolitik/flucht/fachbegriffe#lexicon=21868 (Zugriff: 28.5.2022).
2 https://www.bundesregierung.de/breg-de/service/archiv/archiv-mediathek/un-migrationspakt-erklaert-in-60-sekunden-1558194 (Zugriff: 28.5.2022).
3 https://www.unhcr.org/dach/de/services/faq/faq-genfer-fluechtlingskonvention (Zugriff: 28.5.2022).
4 Wie Anm. 1: unter „Asylsuchende" (Zugriff: 28.5.2022).

https://doi.org/10.1515/9783110770995-002

offizieller Definition ‚freiwillig' verlassen, deutlich von Flüchtlingen abgegrenzt, die als politisch Verfolgte gelten.[5] Erstere fallen nicht unter das (unverbindliche) Völkerrecht und damit auch nicht unter das internationale Flüchtlingsschutzsystem. Heißt das am Ende, das Migrant*innen kein Asyl beantragen können, weil bzw. wenn sie nicht politisch verfolgt werden, da Asyl nur Flüchtlingen zusteht, von denen Migranten und Migrantinnen ja zu unterscheiden seien? Des weiteren fällt auf, dass nach dieser Darstellung des Bundesministeriums, das nicht mit Artikel 16 (2) des Grundgesetzes von 1949 beziehungsweise 16a (1) der veränderten Fassung von 1993[6] argumentiert, sondern ‚nur' mit der unverbindlichen Genfer Flüchtlingskonvention (oder der Allgemeinen Erklärung der Menschenrechte), das Recht auf Asyl zwar besteht, es aber „nicht eingeklagt werden [kann], weil die Allgemeine Erklärung der Menschenrechte keinen völkerrechtlich bindenden Status hat".[7] Entsprechend formuliert George Andreopoulos in der *Encyclopedia Britannica*: „It is the right of a state to grant asylum to an individual, but it is not the right of an individual to be granted asylum by a state."[8] Ein Recht, das nicht eingeklagt werden kann – das lässt aufhorchen.

Diese stichprobenartigen Einblicke in die Sprache des Asylrechts und die Bemühungen, seine begrifflichen Implikationen und Unterscheidungen zu ver-

---

5 Wie Anm. 1: unter „Migrantinnen und Migranten" (Zugriff: 28.5.2022).
6 § 16a (1) des Grundgesetzes von 1993 lautet: „Politisch Verfolgte genießen Asylrecht." Siehe auch die Einschränkungen in den Sätzen 2–5: https://www.gesetze-im-internet.de/gg/BJNR000010949.html (Zugriff: 29.5.2022), die, wie häufig betont, das Asylrecht gegenüber der Urfassung von 1949 „zu einer Grundrechtsverhinderungsvorschrift [aushöhlen]" (Christoph Auffarth: Asyl. In: ders., Jutta Bernard und Hubert Mohr (Hg.): Metzler Lexikon Religion: Gegenwart – Alltag – Medien, Bd. 1. Stuttgart, Weimar 2005, S. 103. Vgl. auch Bernd Kasparek: Europas Grenzen: Flucht, Asyl und Migration. Eine kritische Einführung. Berlin 2019, S. 22–27 sowie Eva Horn: Der Flüchtling. In: dies., Ulrich Bröckling u. a. (Hg.): Grenzverletzer, Berlin 2002, bes. S. 35 f.
7 Wie Anm. 1: unter „Genfer Flüchtlingskonvention/Internationaler Flüchtlingsschutz" (Zugriff: 28.5.2022). In § 14 der „Allgemeinen Erklärung der Menschenrechte" heißt es: „Jeder hat das Recht, in anderen Ländern vor Verfolgung Asyl zu suchen und zu genießen." – Es handelt sich offenbar um ein Recht, das man ‚hat', ohne es jedoch einklagen zu können. So auch die Erläuterung zu Artikel 14 auf der Seite humanrights.ch: „Die Allgemeine Erklärung räumt allerdings keinen Rechtsanspruch auf Asyl ein, gewährt also kein Recht, Asyl zu erhalten, sondern nur das Recht, Asyl zu suchen und zu geniessen, wenn es von einem Staat gewährt wird. Die Staaten waren bei der Ausarbeitung der Erklärung nicht bereit, in diesem Bereich auf ihre Souveränität zu verzichten. Die Genfer Flüchtlingskonvention, die 1951 unterzeichnet wurde, verbietet den Staaten immerhin, Flüchtlinge in den Verfolgerstaat zurückzuschicken." https://www.humanrights.ch/de/ipf/grundlagen/rechtsquellen-instrumente/aemr/artikel-14-aemr-recht-asyl (Zugriff: 28.5.2022).
8 George J. Andreopoulos: Asylum. In: Encyclopedia Britannica, online. 2018, https://www.britannica.com/topic/asylum (Zugriff: 1.12.2021).

mitteln, zeigen freilich nur die Spitze des Eisbergs einer deutschen (bzw. europäischen) Einwanderungs- und Grenzpolitik, die in diesem Artikel nicht angemessen diskutiert werden kann. Es soll stattdessen um drei sowohl historische als auch literarische Momentaufnahmen gehen, die das Asyl in seinen räumlichen, rechtlichen und performativen Dimensionen genauer zu erkunden helfen. Wenn diese Reflexion in der griechischen Antike beginnt, dem Herkunftsort der Begriffe *asylos* und *asylia*, so sollte sich damit nicht die Idealisierung eines möglicherweise ‚heiligen' Ursprungs verbinden, auf den Profanisierung und Dekadenz folgt. Vielmehr kann der Blick zurück auf das griechische Sakralrecht hilfreich sein, um für die Verbindung des Konzepts mit menschlicher Vulnerabilität, für das Prekäre und Umkämpfte einer temporären Immunität sowie den eingeschränkten Bewegungsraum von Flüchtlingen zu sensibilisieren. Das antike Ritual der Asylsuche hat mit Aischylos' Drama *Die Schutzflehenden* aus dem Jahr 463 v. Chr. eine der intensivsten Bearbeitungen des Themas gefunden. Neben diesem Text werden jeweils schlaglichtartig die Dynamik der Illegalität in Goethes Trauerspiel *Die natürliche Tochter* (1803) und die Statik des Wartens an der Grenze in Elfriede Jelineks Theatertext *Die Schutzbefohlenen* von 2013 in den Blick genommen. In allen drei Texten spielt nicht zuletzt die Spannung zwischen sakralem und profanem Recht, zwischen Staat und Kirche eine Rolle, denn die Reichweite des (religiösen bzw. außerrechtlichen oder außerstaatlichen) Asyls bestimmt sich immer auch in Abhängigkeit von den Schutzfunktionen des Staates. Sie steht häufig in Konkurrenz zu ihnen, wie es bereits 1853 der deutsch-baltische Jurist August von Bulmerincq in seiner Studie zum Asylrecht, nicht ohne Kritik an dessen potentiellem Missbrauch und vielleicht ein wenig zu optimistisch, formulierte.

> Der Staat hat nach der Gelangung zur Kraft, durch die er dem Unglücklichen Schutz, und dem Verletzer Strafe angedeihen lässt, die Macht des Asyls gebrochen. Er selbst ist jetzt das Asyl [...]. In seinem Asyl wird das Recht geübt und der Missbrauch des Rechts geahndet. Er ist die Freistätte gegen dieses Unrecht und wer zu ihm flieht, findet Schutz, wenn er das Rechte will.[9]

Diese Konstellation erklärt auch, warum das Asyl in Kirchen oder anderen vermeintlich außerrechtlichen Räumen (wie Friedhöfen und Freistätten) mit dem

---

9 August von Bulmerincq: Das Asylrecht in seiner geschichtlichen Entwickelung, beurtheilt vom Standpunkte des Rechts und dessen völkerrechtliche Bedeutung für die Auslieferung flüchtiger Verbrecher, Dorpat 1853, S. 137 urn:nbn:de:bvb:12-bsb10393912-0 (Zugriff: 29.5.2022). Das Zitat in verkürzter Form auch bei Ulrike Andersch, Diethelm Klippel: s. v. Asylrecht. In: Friedrich Jaeger (Hg.): Enzyklopädie der Neuzeit Online. Stuttgart 2005–2012, www.dx.doi.org/10.1163/2352-0248_edn_COM_242325, (Zugriff: 3.12.2021).

Erstarken der staatlichen Gesetzgebung deutlich zurückging, so etwa in Deutschland seit 1879, als mit Inkrafttreten der Reichsstrafprozessordnung das Kirchenasyl für das gesamte Deutsche Reich offiziell aufgehoben wurde, eine Entwicklung, die auf regionaler Ebene bereits seit Beginn des 19. Jahrhunderts und in anderen europäischen Ländern noch früher zu verzeichnen ist, die aber zugleich niemals ein Ende des Asylgedankens bedeutete.[10] Doch nicht nur das Kirchenasyl als Konkurrenz zur staatlichen Rechtsordnung, sondern das Asyl überhaupt ist historisch betrachtet, wie Eva Horn deutlich macht, „eine Art Korrektiv innerhalb des geltenden Rechts in genau dem Maße, wie es sich jenseits des Rechts oder besser: neben ihm situiert".[11]

Asyl und Ehe in der griechischen Antike

Der Blick zurück auf das antike Asylrecht ist häufig mit einer gewissen Nostalgie und Idealisierung verbunden. So schreibt Hannah Arendt, deren Kritik am modernen Asylrecht die Debatte im 20. Jahrhundert und bis heute maßgeblich bestimmt:

> Flüchtlinge kennt die europäische Welt seit der Antike, und das Asylrecht galt als heilig seit den frühesten Anfängen politischer Organisation. Es besagte, daß dem Flüchtling, der dem Machtbereich eines Staates entkommen war, sich automatisch der Schutz eines anderen staatlichen Gemeinwesens öffnete, wodurch verhindert wurde, daß irgendein Mensch ganz rechtlos wurde oder ganz und gar außerhalb aller Gesetze zu stehen kam.[12]

Und in der Tat stand dem Schutzsuchenden in der Antike – idealiter – eine sehr grundsätzliche Möglichkeit der Zuflucht zur Verfügung. Denn der Schutz war nicht auf die Anwesenheit an einem zuvor definierten Asylort reduziert (wie etwa im Fall der Freistätten des Alten Testaments), sondern der Flüchtling oder Bittende konnte sich, wenn kein Altar oder Tempel zur Verfügung stand, auch durch bestimmte Gesten, Accessoires und Redeformeln in den Schutz einer Auto-

---

10 Siehe Markus Babo: Kirchenasyl – Kirchenhikesie. Zur Relevanz eines historischen Modells im Hinblick auf das Asylrecht der Bundesrepublik Deutschland. Münster, Hamburg, London 2003, hier S. 131. Dennoch hielt die Weltkirche bis ins 20. Jahrhundert an der Institution des Kirchenasyls fest, das erst 1983 aus dem Codex Iuris Canonici gestrichen wurde, allerdings auch zuvor, wie Baubo schreibt, „ohne staatliche Akzeptanz wirkungslos" war (133).
11 Horn: Flüchtling, S. 33.
12 Hannah Arendt: Elemente und Ursprünge totaler Herrschaft. Antisemitismus, Imperialismus, totale Herrschaft. München, Zürich 1986 (zuerst 1951), S. 583 f.

ritätsperson begeben, wobei er oder sie einen physischen Kontakt mit bestimmten Körperteilen dieser Person, vornehmlich mit Knie, Kinn oder Händen, herstellen musste. Die Knie, die im Griechischen sprachlich, ähnlich wie das Kinn, mit Geburt und Entstehen verknüpft waren (*gony, geneieon, genys, genesthai*), dienten dabei, so hat es Plinius viel später einmal formuliert, als Altäre, von denen der Schutzflehende nicht weggezerrt – nicht ‚geraubt' (so die Bedeutung von *a-sylos*) – werden durfte.[13] Dieses Bittritual, auf Griechisch als Hikesie (*hiketeia*) bezeichnet und der eigentlichen Asylie vorgeschaltet, unterstreicht den Körpereinsatz beider Parteien bei der Bitte um Aufnahme und Schutz und kreiert eine sehr intime und zugleich angespannte Situation. Die Auratisierung des antiken Asyls als heilig, die bei antiken wie modernen Autoren immer wieder zu finden ist, ist mit dieser ‚Kontaktmagie' zu erklären, bei der eine geheimnisvolle Macht oder Kraft vom Körper des Schutzgewährenden in den des Schutzflehenden zu fließen scheint, wobei der Bittsteller unter anderem durch mit Wolle umwundene Ölzweige einen heiligen Status erhält.[14]

Als ‚heilig' lässt sich das Asyl auch deshalb bezeichnen, weil nach der Vorstellung der Griechen der oberste Gott Zeus als Patron der Schutzflehenden (wie auch der Bettler und Fremden) fungiert. Der Schutzflehende beruft sich also nicht nur auf die Heiligkeit eines Altars oder die Vitalität der reproduktiven Körperteile seines Adressaten (Knie oder Kinn), sondern zudem auf die Autorität des Zeus, der über das Sakralrecht wacht und seine Verletzung ahndet. Fast alle Hikesie- und Asylie-Konflikte, die die griechische Literatur überliefert, beziehen ihre Dramatik aus der drohenden Sanktion, die den trifft, der einen Schutzflehenden zurückweist und damit das Heiligtum, in das dieser sich geflüchtet hat, befleckt. Gleichzeitig sind die Fälle einer solch scheiternden und missachteten Hikesie – etwa in den Berichten der Historiker – Legion, zumal im Kontext des Kriegs, und zahlreiche Naturkatastrophen oder andere Schicksalsschläge werden als Strafe für vorausgehende Fälle von Asylverletzung gedeutet. Das antike Asyl beschreibt einen schmalen Grat, auf dem der Schutzflehende die Macht eines Gottes und die Dignität eines Ortes für sich in Anspruch nehmen konnte. Die Literatur aber

---

[13] Vgl. Plinius: Historia naturalis 11, 103. Zur Grundbedeutung von Asyl vgl. etwa Friedrich Balke: Asyl. Zur Umbesetzung eines politischen Ausnahmeraums. In: Anna Echterhölter, Iris Därmann (Hg.): Konfigurationen. Gebrauchsanweisungen des Raums. Zürich 2013, S. 83 f., der an Eilhardt Schlesinger: Die griechische Asylie. Gießen 1933 anknüpft.
[14] Siehe dazu Christian Traulsen: Das sakrale Asyl in der antiken Welt. Tübingen 2004, S. 177 f. sowie Susanne Gödde: Kontaktmagie: Zur Inszenierung der rituellen Berührung in der griechischen Tragödie. In: Sandra Fluhrer und Alexander Waszynski (Hg.): Tangieren. Szenen des Berührens. Baden-Baden 2020, S. 21–43. Grundlegend zur Anthropologie des Rituals John Gould: Hiketeia. In: Journal of Hellenic Studies 93 (1973), S. 74–103.

akzentuiert häufig viel eher die Krise, die der Schutzsuchende in diesem liminalen Raum durchlebt, und die Verstöße der Verfolger, die Schutzflehende im Asyl aushungern lassen oder Tempelbezirke in Brand setzen. Asylerzählungen stellen in der Antike fast immer Verletzlichkeit und Lebensgefahr aus.

Das gilt auch für das ausführlichste literarische Zeugnis einer Hikesie, Aischylos' *Hiketiden (Die Schutzflehenden)*.[15] Der mythologische Plot verquickt in der Geschichte der 50 Danaiden, die von ihren Cousins gegen ihren Willen in eine Ehe gezwungen werden sollen, das Thema der Schutzsuche mit dem Geschlechterkonflikt. Der im Schutz des heiligen Raums stehende Fremde wird hier analogisiert mit der reinen Jungfrau, die vor männlicher Gewalt zu schützen ist. Die Konfrontation zwischen aufnehmender Gemeinschaft, vertreten durch den König von Argos, Pelasgos, und Bittflehenden birgt Gefahren für beide Seiten. Pelasgos setzt die ‚Reinheit' seines Landes aufs Spiel (V. 262–267);[16] die fremd gekleideten und mit Amazonen verglichenen Frauen stören seine Autochthonie-Politik, also den Anspruch einer erdgeborenen Bevölkerung, und werden am Ende vor allem deshalb aufgenommen, weil sie nachweisen, mit einer argivischen Königstochter, Io, verwandt zu sein. Dass sie jedoch im weiteren, nicht erhaltenen Verlauf der Trilogie zu Mörderinnen an ihren Ehemännern werden, wirft einen Schatten auf die Erfüllung des Sakralrechts.[17] Wie prekär das Recht auf Asyl ist, zeigt der Umstand, dass die Danaiden im Heiligtum nicht vollkommen sicher vor den Nachstellungen ihrer Verfolger sind, solange die Volksversammlung nicht für ihre Aufnahme – ihr „Mitwohnen" (*metoikia*) und ihre „*asylia*" – votiert hat (V. 605–614) und sie ins Innere der gleich einer Festung umschlossenen Stadt geführt werden (V. 955 f.). Bis dahin wägen die 50 Jungfrauen den kritischen Aufenthalt im Asyl des Heiligtums immer wieder gegen eine Flucht in den Tod ab und unterstreichen so ihre Schutzbedürftigkeit:

> O würd ich zu schwarzem Rauch,/ Den Wolken nachbarlich des Zeus!/ O daß ich unbemerkt mich hebend, unsichtbar/ Und flügellos – Staub, der verschwebt, verginge! (V. 779–782)

---

15 Ausführlich zur Hikesie in der griechischen Literatur und insbesondere in Aischylos' *Hiketiden*: Susanne Gödde: Das Drama der Hikesie. Ritual und Rhetorik in Aischylos' *Hiketiden*. Münster 2000.
16 Alle Verszahlen im Text folgen der Ausgabe Aischylos: Tragödien und Fragmente, hrsg. und übersetzt von Oskar Werner. München 1959, 3. verbesserte Auflage 1980.
17 Geoffrey W. Bakewell: Aeschylus's *Suppliant Women*. The Tragedy of Immigration. London 2013 unterstellt Aischylos eine xenophobe Polis-Ideologie, die – angesichts des Fortgangs der Trilogie: der Danaidenhochzeit, bei der 49 Bräutigame getötet werden – vor der Aufnahme Fremder warnt. Dem entgegen steht jedoch das auf Empathie zielende Pathos, mit dem die Bedrängnis der Danaiden zur Darstellung kommt.

Aischylos' *Hiketiden* sind – wie so viele antike ‚Frauenraub'-Mythen – ein Drama der Flucht, die sich durch das gesamte Stück fortschreibt. Die für Frauen in der Antike quasi unvermeidbare Hochzeit erweist sich in diesem Mythos nicht als schützender Hafen, sondern als Fortsetzung der (in diesem Fall: gegenseitigen) Gewalt, und damit erhält das Asyl der heiratsunwilligen Danaiden eine mindestens ambivalente Färbung.

„Man schließt mir die Asyle":[18] Goethes *Natürliche Tochter*

Auch Eugenie, deren Schutz in Goethes Trauerspiel *Die natürliche Tochter*, das 1803 uraufgeführt wurde, auf dem Spiel steht, scheut zunächst vor dem Asyl der Ehe zurück. Mit ihrem Sturz beim Reiten auf unwegsamen Felsen gleich zu Beginn des Dramas werden zugleich ihr Freiheitsdrang und ihre Schutzlosigkeit ausgestellt, beide sind die andere Seite ihrer Illegitimität als uneheliche Tochter des Herzogs, die sie im weiteren Verlauf der Handlung zu einer Verbannten machen wird. Intriganten, die sie als Konkurrentin in einem Erbstreit sehen, verhindern, dass der König sie als rechtmäßiges Mitglied der Familie anerkennt. Sie stellen sie unter den Bann eines königlichen Briefes, eines ‚lettre de cachet', dessen Inhalt niemals enthüllt wird, der aber alle potentiellen Helfer in Angst erstarren und sich von der Schutzlosen abwenden lässt. „Hier ist Gewalt! Entsetzliche Gewalt" (V. 1747), ruft der Gerichtsrat nach Lektüre des Papiers. Wie prekär und jenseits aller Rechtssicherheit Eugenies Leben sich vollzieht, macht der Herzog deutlich, wenn er über ihren labilen Status gleich zu Beginn räsonniert: „Das Leben ist des Lebens Pfand; es ruht/ nur auf sich selbst und muß sich selbst verbürgen" (V. 644 f.). Noch bevor Eugenie als Verbannte ein Asyl sucht, wird sie im Rahmen einer Prüfung dazu verführt, ein Verbot zu überschreiten (sie öffnet eine ihr verbotene Truhe mit Schmuck und Bändern) – ähnlich wie die Danaiden, die im weiteren Verlauf der Trilogie ihre Ehemänner töten werden, wird die Schutzsuchende auch in Goethes Drama als potentiell transgressiv gezeichnet. Auf ihrer Suche nach Sicherheit wird sie nacheinander von einem Gerichtsrat, an den sie sich bittend klammert (V. 2027), einem Gouverneur und einer Äbtissin abgewiesen. Alle beugen sich dem grausamen Urteil des Königs. Als einziger Ausweg erscheint die

---

[18] Johann Wolfgang von Goethe: Die Natürliche Tochter, in: ders.: Werke. Hamburger Ausgabe in 14 Bänden, hg. v. Erich Trunz, Band 5. München, 9. neu bearbeitete Auflage 1981 S. 290, V. 2615 (Versangaben im Text im Folgenden nach dieser Ausgabe).

Ehe mit dem Gerichtsrat, die Eugenie aber ebenfalls zunächst als ‚Bann' (V. 2297) auffasst und der sie den Tod vorziehen würde, da sie nicht ohne Glanz leben will (V. 2247–2253). Auch die ihr von einem Mönch angetragene Option, sich jenseits des Meeres einem wohltätigen Dienst zu verschreiben, weist Eugenie zurück.[19] Die Verbannte klammert sich an ihre Heimat, in der allein sie – politisch – wirken zu können glaubt:

> Nun bist du, Boden meines Vaterlands,/ Mir erst ein Heiligtum, nun fühl' ich erst/ den dringenden Beruf, mich anzuklammern./ Ich lasse dich nicht los, und welches Band/ Mich dir erhalten kann, es ist nun heilig. (V. 2845–2849)

Die Geschichte, die Goethes Drama erzählt, handelt von einer vogelfreien Protagonistin, die, nachdem alle potentiellen Asyle sich ihr verschlossen haben, erkennt, dass das einzige Asyl, an das sie sich klammern möchte, ihre Heimat ist. Sie entschließt sich am Ende zu einem Leben im Verborgenen und ohne eheliche Pflichten im Haus des Gerichtsrats. Dass sie auf ein erfülltes Leben gemäß ihrer Herkunft und Bestimmung weiter hofft, zeigt ihr Wunsch, der Gerichtsrat möge sie „[i]m Verborgenen [...] als reinen Talisman" verwahren (V. 2852) – eine mehrdeutige Metapher, die den Wert eines Lebens, dem das „Glück des Rechts" (V. 755) verwehrt wurde, ins Bild setzt.[20]

„Das werfen wir Ihnen nicht vor, wir werfen uns Ihnen selbst vor": Elfriede Jelineks *Schutzbefohlene*

Mit den *Schutzbefohlenen* von Elfriede Jelinek aus dem Jahr 2013 liegt ein Text vor, der unter dem Eindruck zeitgenössischer Fluchtbewegungen und Asylgesuche sowie des unzulänglichen Schutzes, der den Asylbewerber*innen in Europa zuteilwird, geschrieben wurde.[21] Er versteht sich zugleich als Teil von

---

19 Möglicherweise ist hier die für Eugenie vorgesehene Verbannung auf die Inseln (V. 808), den französischen Verbannungsort in der Karibik, gemeint.
20 Zur Zwischenräumlichkeit der Bühne in Goethes Stück und zu anderen raumzeitlichen Aspekten des Asyls siehe Juliane Vogel: Fluchtauftritte. Goethes Theater des Asyls, in: dies. und Bettine Menke (Hg.): Flucht und Szene. Perspektiven und Formen eines Theaters der Fliehenden. Berlin 2018, hier S. 191–193.
21 Elfriede Jelinek: Die Schutzbefohlenen. Hamburg o. J. Der Text wurde im Vorfeld der Uraufführung am 21.9.2013 zunächst in der Hamburger St.-Pauli-Kirche, in der 80 Flüchtlinge Zuflucht

Protestbewegungen gegen sogenannte ‚Abschiebungen', wie etwa die Besetzung der Wiener Votivkirche im November 2012 durch eine Gruppe von Asylbewerber*innen, und wurde emblematisch für eine Debatte um die Engführung von Theater und Migration.[22] Jelinek entwickelt aus einer Reihe intertextueller Bezüge, darunter am deutlichsten die Referenzen auf Aischylos' Tragödie *Die Schutzflehenden*, eine klagende und anklagende Suada aus der Sicht einer Gruppe (oder Masse) von Asylant*innen, die sich an die potentielle Aufnahmegesellschaft richtet. Die Situation des Angekommenseins, aber nicht Aufgenommenwerdens, des Unerwünschtseins und Abgewiesenwerdens, der unmittelbar zurückliegenden Erfahrung der Flucht und des in der Heimat erfahrenen Leids, des Meers, das unter Gefahren und Verlusten überquert werden musste, ist der nicht abreißenden Rede dieser Flüchtlinge in Form von Wortspielen, Paronomasien und Homonymien eingeschrieben. Der Gleichklang der Wörter – ‚ein Land betreten', ‚betreten herumstehen'; ‚legal', ‚egal'; ‚schuldlose Flucht' (ein Aischylos-Zitat), ‚Flucht vor Schulden' –,[23] zeitigt eine makabre und zynische Wirkung, indem die Banalisierung und Subvertierung des existentiellen Geschehens die gesamte Unzulänglichkeit europäischer Asylverfahren aufdeckt. Mit dem letzten Satz – „Wir sind gekommen, doch wir sind gar nicht da" – nimmt der Text sich zum einen selbst zurück, suchte er doch über 60 Seiten die fragliche und prekäre Präsenz der Angekommenen zu verbalisieren; zum anderen knüpft er an die antike Hikesie an, die ihre Brisanz aus dem Verbum für „ankommen" (*hikneomai*) herleitet und daran erinnert, dass Ankommen und auch noch Angekommensein wie jedes Asyl ein Zustand des Übergangs, der Passage ist.[24] Mit dem Rückbezug auf das Ankommen schließt das Asyl seit der Antike die Bewegung und Dynamik

---

gefunden hatten, im Rahmen einer Lesung zur Aufführung gebracht. Zu Text und Kontext siehe etwa Silke Felber: Wer wenn nicht wir? Zur Kontingenz europäischer Zugehörigkeit bei Aischylos und Elfriede Jelinek. In: Natalie Bloch, Dieter Heimböckel und Elisabeth Tropper (Hg.): Vorstellung Europa – Performing Europe. Interdisziplinäre Perspektiven auf Europa im Theater der Gegenwart. Berlin 2017, S. 43–54.
22 Generell zu Theater und Asyl siehe Menke und Vogel: Flucht und Szene; darin zu Jelinek: Ulrike Haß: Ankunft zu Vielen, S. 262–280 sowie Steve E. Wilmer: Recontextualization and Adaptation of Ancient Greek Dramas. In: ders.: Performing Statelessness in Europe. Cham 2018, zu Jelinek: S. 29–40. https://doi.org/10.1007/978-3-319-69173-2_2 (Zugriff: 5.6.2022).
23 Jelinek, Die Schutzbefohlenen, S. 2, 4, 6.
24 Zum Zusammenhang von Flucht und Staatenlosigkeit bei Hannah Arendt mit Blick auf die (u. a. antike) Bühne als „provisorischer Ort für Ankünftige" sowie den Zwischenraum, in dem sich Geflüchtete nach deutschem Recht befinden, siehe auch Bettine Menke: Die Rechtsausnahme des Flüchtlings, Symptome der ‚Menschenrechte'. https://www.uni-erfurt.de/fileadmin/fakultaet/philosophische/Literaturwissenschaft/Allgemeine_und_vergleichende_Literaturwissenschaft/Menke_Publikationen/Menke_Rechts-Ausnahme_des_Flu__chtlings_x.pdf (Zugriff:

der Flucht und der Herkunft mit ein und alle drei hier besprochenen Texte entlarven das Versprechen von Schutz und Sicherheit im Asyl als Illusion. Solange Ankommenden das Asyl lediglich als ein transitorischer und daher extrem instabiler Raum des Ausschlusses zugewiesen wird, der die Geflüchteten von allen Bürgerrechten abschneidet und den Status der Flucht keineswegs aufhebt, ist der Staat weit davon entfernt, das Asyl zu sein, als das August von Bulmerincq ihn im 19. Jahrhundert verstanden wissen wollte.

Literaturverzeichnis

Andersch, Ulrike, Klippel, Diethelm: Asylrecht. In: Friedrich Jaeger (Hg.): Enzyklopädie der Neuzeit Online. Stuttgart 2005–2012, www.dx.doi.org/10.1163/2352-0248_edn_COM_242325 (Zugriff: 3.12.2021).

Andreopoulos, George J.: Asylum. In: Encyclopedia Britannica, online. 2018, https://www.britannica.com/topic/asylum (Zugriff: 1.12.2021).

Arendt, Hannah: Elemente und Ursprünge totaler Herrschaft. Antisemitismus, Imperialismus, totale Herrschaft. München, Zürich 1986 (zuerst 1951).

Auffarth, Christoph: Asyl. In: Christoph Auffarth, Jutta Bernard und Hubert Mohr (Hg.): Metzler Lexikon Religion: Gegenwart – Alltag – Medien, Bd. 1. Stuttgart, Weimar 2005, S. 103–106.

Babo, Markus: Kirchenasyl – Kirchenhikesie. Zur Relevanz eines historischen Modells im Hinblick auf das Asylrecht der Bundesrepublik Deutschland. Münster, Hamburg, London 2003.

Bakewell, Geoffrey W.: Aeschylus's *Suppliant Women*. The Tragedy of Immigration. London 2013.

Balke, Friedrich: Asyl. Zur Umbesetzung eines politischen Ausnahmeraums. In: Anna Echterhölter, Iris Därmann (Hg.): Konfigurationen. Gebrauchsanweisungen des Raums. Zürich 2013, S. 81–103.

Bulmerincq, August von: Das Asylrecht in seiner geschichtlichen Entwickelung, beurtheilt vom Standpunkte des Rechts und dessen völkerrechtliche Bedeutung für die Auslieferung flüchtiger Verbrecher. Dorpat 1853, urn:nbn:de:bvb:12-bsb10393912-0 (Zugriff: 29.5.2022).

Felber, Silke: Wer wenn nicht wir? Zur Kontingenz europäischer Zugehörigkeit bei Aischylos und Elfriede Jelinek. In: Natalie Bloch, Dieter Heimböckel, Elisabeth Tropper (Hg.): Vorstellung Europa – Performing Europe. Interdisziplinäre Perspektiven auf Europa im Theater der Gegenwart. Berlin 2017, S. 43–54.

Gödde Susanne: Das Drama der Hikesie. Ritual und Rhetorik in Aischylos' *Schutzflehenden*. Münster 2000.

5.6.2022). Menke nennt Jelineks Stück eine „,theatrale' Analyse der Flüchtlings-*Nicht-Ankunft*" (S. 24 und S. 30).

Gödde, Susanne: Kontaktmagie: Zur Inszenierung der rituellen Berührung in der griechischen Tragödie. In: Sandra Fluhrer und Alexander Waszynski (Hg.): Tangieren. Szenen des Berührens. Baden-Baden 2020, S. 21–43.
Goethe, Johann Wolfgang von: Die Natürliche Tochter, in: ders.: Werke. Hamburger Ausgabe in 14 Bänden, hg. v. Erich Trunz, Band 5. München, 9. neu bearbeitete Auflage 1981, S. 215–299.
Gould, John: Hiketeia. In: Journal of Hellenic Studies 93 (1973), S. 74–103.
Haß, Ulrike: Ankunft zu Vielen. In: Bettine Menke und Juliane Vogel (Hg.): Flucht und Szene. Perspektiven und Formen eines Theaters der Fliehenden. Berlin 2018, S. 262–280.
Horn, Eva: Der Flüchtling. In: dies., Ulrich Bröckling u. a. (Hg.): Grenzverletzer. Berlin 2002, S. 23–40.
Jelinek, Elfriede: Die Schutzbefohlenen. Hamburg o. J.,
Kasparek, Bernd: Europas Grenzen: Flucht, Asyl und Migration. Eine kritische Einführung. Berlin 2019.
Menke, Bettine: Die Rechtsausnahme des Flüchtlings, Symptome der ‚Menschenrechte'. https://www.uni-erfurt.de/fileadmin/fakultaet/philosophische/Literaturwissenschaft/Allgemeine_und_vergleichende_Literaturwissenschaft/Menke_Publikationen/Menke_Rechts-Ausnahme_des_Flu__chtlings_x.pdf (Zugriff: 5.6.2022).
Menke, Bettine und Juliane Vogel (Hg.): Flucht und Szene. Perspektiven und Formen eines Theaters der Fliehenden. Berlin 2018.
Schlesinger, Eilhardt: Die griechische Asylie. Gießen 1933.
Traulsen, Christian: Das sakrale Asyl in der antiken Welt. Tübingen 2004.
Vogel, Juliane: Fluchtauftritte. Goethes Theater des Asyls, in: dies. und Bettine Menke (Hg.): Flucht und Szene. Perspektiven und Formen eines Theaters der Fliehenden. Berlin 2018, S. 188–202.
Wilmer, Steve E.: Recontextualization and Adaptation of Ancient Greek Dramas. In: ders.: Performing Statelessness in Europe. Cham 2018, S. 11–49. https://doi.org/10.1007/978-3-319-69173-2_2 (Zugriff: 5.6.2022).

Online-Quellen

Allgemeine Erklärung der Menschenrechte: https://www.humanrights.ch/de/ipf/grundlagen/rechtsquellen-instrumente/aemr/artikel-14-aemr-recht-asyl (Zugriff: 28.5.2022).
Bundesministerium für wirtschaftliche Zusammenarbeit: Flucht und Migration: https://www.bmz.de/de/entwicklungspolitik/flucht/fachbegriffe#lexicon=21868 (Zugriff: 28.5.2022).
Bundesministerium der Justiz: Grundgesetz für die Bundesrepublik Deutschland: https://www.gesetze-im-internet.de/gg/BJNR000010949.html (Zugriff: 29.5.2022).
Bundesregierung: UN-Migrationspakt: https://www.bundesregierung.de/breg-de/service/archiv/archiv-mediathek/un-migrationspakt-erklaert-in-60-sekunden-1558194 (Zugriff: 28.5.2022).
UNHCR Deutschland: Genfer Flüchtlingskonvention: https://www.unhcr.org/dach/de/services/faq/faq-genfer-fluechtlingskonvention (Zugriff: 28.5.2022).

Diaspora
(Anja Bandau)

In *Cartographies of Diaspora* (1996) führt die ugandisch-britische Soziologin indischer Herkunft Avtar Brah erstmalig den Begriff des *diasporischen Raums* (diaspora space) ein. Der vorliegende Beitrag zielt darauf, anhand der Verschiebungen des Diasporabegriffs das Konzept des *diasporischen Raums* vorzustellen und seine Genealogie nachzuzeichnen.[1] Brahs *diasporischer Raum* markiert ein Verständnis von Diaspora, das sich im Rahmen dieses Bandes im Begriffsfeld von Migration, Grenzregimen, Entortung (displacement), Mehrfachzugehörigkeit, Transnationalität und place making verortet. Mein Zugang zu diesem Begriffsfeld ergibt sich aus Forschungen zu Diasporaliteraturen, afrodeszendenten Literaturen in der Karibik und Lateinamerika sowie atlantischer Zirkulation von Ideen und künstlerischen Formen in historischer und aktueller Perspektive. Sie kreisen um Fragen der ästhetischen Aneignung, um Formen diasporischer Schreibweisen und in diesem Kontext auch um die Interaktion zwischen kulturellen Akteur*innen sowie die Verschränkung von Alltags- und künstlerischer Praxis. Der von A. Brah vorgeschlagene Zugang sensibilisiert aus meiner Sicht dafür, Interaktion, Aushandlungen zwischen diasporischen und nicht-diasporischen, exilierten und nicht-exilierten Akteur*innen sichtbar zu machen, nach dem Übergang zwischen Exil und Diaspora zu fragen und intersektional gedachte Verortungen zu bearbeiten.

In ihrer Studie plädiert Brah für einen Paradigmenwechsel im Blick auf ethnisierte Bevölkerungsgruppen wie Mexikaner*innen oder Kubaner*innen in den USA, karibische oder südasiatische Einwanderung in Großbritannien, der vom Modell der ethnischen Minderheiten („ethnic minorities", JanMoha-

---

[1] Avtar Brah: Cartographies of Diaspora: Contesting Identities. London, New York 1996. Ich beziehe mich im Folgenden neben dem Text von 1996 auf zwei Beiträge von 2018, in denen die Autorin, im Rahmen einer interdisziplinären Bestandsaufnahme zur Diskussion um den Diaspora-Begriff, die eigenen Überlegungen zum diasporischen Raum vor dem Hintergrund neuerer Diskussionen reflektiert.

https://doi.org/10.1515/9783110770995-003

med 1990)² wegführen soll, hin zu jenem der Diaspora-Gemeinschaften.³ Mit diesem Blickwechsel reiht sich Brah in eine größere Zahl von Studien ein, die den Diaspora-Begriff für ihre Gegenstände, sogenannte neue Diaspora-Gruppen reklamiert haben.⁴ Die Aneignung des Diaspora-Begriffs ging einher mit einer Dekonstruktion und Erweiterung des klassischen Diasporaverständnisses, das Brah – ähnlich wie andere Diasporatheoretiker*innen (etwa Bruebaker) – als zu homogen und territorial gedacht ansah.⁵ Ausgehend von den klassischen Fällen der jüdischen, afrikanischen, armenischen Diaspora, die die Charakteristika der traumatischen Vertreibung, der Zerstreuung in verschiedene Aufnahmeländer und -regionen und des konkreten oder imaginierten Rückbezugs auf eine Herkunft teilen, hat das Konzept der Diaspora seit der Etablierung der Diaspora Studies in den 1990er Jahren eine beeindruckende, fast inflationäre Verbreitung erfahren. Bruebakers strategischer Diasporabegriff markiert in diesem Kontext einen vorläufigen Endpunkt der Bestrebungen, zu statisch gedachte, ethnische Zugehörigkeit zu de-essentialisieren und Diaspora-Gemeinschaften deterritorialisiert zu denken.⁶ Die Diskussion einer sinnvollen analytischen Schärfung des Diasporabegriffs, die Kritiker*innen der Begriffserweiterung fordern, ist in den

---

2 Vgl. Abdul R. JanMohamed und David Lloyd (Hg.): The Nature and Context of Minority Discourse. New York 1990. Das Konzept des "Minority discourse" wurde von JanMohamed und Lloyd (1990) als "resistance practice" theoretisiert und fand so Eingang in sehr erfolgreiche Studienprogramme wie Minority Studies, African American und Asian American Studies sowie Chicana/o Studies. Vgl. dazu James Clifford: Diasporas. In: Klaus Stierstorfer und Janet Wilson (Hg.): The Routledge Diaspora Studies Reader. London, New York 2018, S. 15.
3 Ihre Kritik formuliert Brah entlang der Skepsis, dem Verhältnis von Dominanz und Unterlegenheit durch die Beibehaltung des Begriffs „minority" zu entkommen. Aus ihrer Sicht barg der Begriff der Minorität mehr Probleme als Potential, denn er schreibe nicht nur ethnische Differenz als essentialisierend, sondern eben auch das Verhältnis von Dominanz und Unterlegenheit fest. Vgl. Avtar Brah: Multiple axes of power. Articulations of diasporia and intersectionality. In: Klaus Stierstorfer und Janet Wilson (Hg.): The Routledge Diaspora Studies Reader. London, New York 2018, S. 186–188.
4 Siehe dazu W. Safrans kritische Bestandsaufnahme „Diasporas in Modern Societies. Myth of Homeland and Return". Diaspora 1 (1991), S. 83–99; Jana Braziel und Anita Mannur (Hg.): Theorizing Diaspora. Oxford 2003 sowie Jana Evans Braziel: Diaspora: An Introduction. Oxford 2008 zur Theoretisierung der Erweiterung des Diaspora-Begriffs auf die „new diasporas", ebenso Braziels Publikationen zur Haitianischen Diaspora.
5 Vgl. Brah: Cartographies of Diaspora. Vgl. Brah: Multiple Axes of Power.
6 Vgl. Rogers Bruebaker: The 'Diaspora' Diaspora. In: Klaus Stierstorfer und Janet Wilson (Hg.): The Routledge Diaspora Studies Reader. London, New York 2018, S. 50–56.

letzten Jahren von Theoretiker*innen wie Robin Cohen[7], aber auch Avtar Brah geführt worden.[8]

Bevor ich den hier zentralen Begriff des diasporischen Raums vorstelle, ein kurzer Exkurs zur Abgrenzung von Exil und Diaspora, der auch die zahlreichen Überschneidungen der Begriffe deutlich werden lässt.[9] Legt der Exilbegriff den Akzent oft auf das individuelle Schicksal, bezeichnet Diaspora ausnahmslos die Migration einer Gruppe.[10] Beide Konzepte teilen als Ausgangspunkt, wie Naficy es formuliert, „trauma, rupture, and coercion" sowie die Zerstreuung von Teilen der Bevölkerung außerhalb des Herkunftslandes („scattering of population").[11] Exil impliziere eine zeitliche Begrenztheit der räumlichen Trennung vom Herkunftsland, eine Rückkehr, sei sie auch noch so unbestimmt; Diaspora imaginiere die Rückkehr, die eher mythische Dimensionen annehme.[12] Postkoloniale Theoretiker*innen wie Stuart Hall, Paul Gilroy und andere haben die elitäre Verortung des

---

[7] Vgl. Robin Cohen: Global diasporas: an introduction. London, New York 2008. Vgl. Robin Cohen: Four phases of diaspora studies. In: Klaus Stierstorfer und Janet Wilson (Hg.): The Routledge Diaspora Studies Reader. London, New York 2018.Vgl. Robin Cohen: Solid, ductile and liquid: changing notions of homeland and home in diaspora studies. In: Klaus Stierstorfer und Janet Wilson (Hg.): The Routledge Diaspora Studies Reader. London, New York 2018. Robin Cohen systematisiert die enorm gewachsene Zahl dieser heterogenen Gruppen hinsichtlich der Migrationsgründe in unterschiedliche Typen von Diasporagemeinschaften: Opfer-, Arbeits-, Handels-Diasporas, imperiale und deterritorialisierte Diaspora-Gemeinschaften. In der letzten Kategorie verortet er all jene, die die Grenzen der territorialen Ordnung überschreiten und den Diasporabegriff in ihren Schriften im Rahmen konstruktivistischer Kritik revidieren. Stuart Halls „Diaspora's diaspora" ist hier angesiedelt. Cohen bemüht sich in diesem Zusammenhang um eine Relektüre dessen, was unter „homeland" gefasst und wie „homeland" gedacht werden sollte. Vgl. Cohen: Solid, ductile and liquid, S. 240–242.
[8] Vgl. Stierstorfer/Wilson (Hg.): The Routledge Diaspora Studies Reader; Robin Cohen und Carolin Fischer (Hg.): Routledge Handbook of Diaspora Studies. London, New York 2019.
[9] Doerte Bischoff und Susanne Komfort-Hein führen in ihrer Einleitung zum *Handbuch Literatur & Transnationalität* aus: „Dass Diaspora und Exil häufig in engem Bezug zueinander, manchmal sogar synonym für ähnliche Konstellationen gebraucht werden, wird [...] häufig mit Bezug auf (Begriffs-) Geschichten erläutert, die auf eine spezifisch jüdische Tradition verweisen, in der das Leben in der Zerstreuung (Diaspora) als Exil infolge der Zerstörung des Zweiten Jerusalemer Tempels und der Vertreibung der Juden von diesem heiligen Ort aufgefasst wird." Doerte Bischoff und und Susanne Komfort-Hein: Programmatische Einleitung. In: dies. (Hg.): Handbuch Literatur und Transnationalität. Berlin, Boston 2019, S. 20.
[10] Vgl. James Clifford: Diasporas. In: Klaus Stierstorfer und Janet Wilson (Hg.): The Routledge Diaspora Studies Reader. London, New York 2018, S. 15. Vgl. Hamid Naficy: Situating accented cinema. In: Klaus Stierstorfer und Janet Wilson (Hg.): The Routledge Diaspora Studies Reader. London, New York 2018, S. 215.
[11] Vgl. Naficy: Situating accented cinema, S. 215.
[12] Vgl. Cohen: Four phases of diaspora studies, S. 17–21.

Exilbegriffs gegenüber dem Diasporabegriff unterstrichen. Edward Said sieht im Begriff des Exils die Figur des politisch engagierten Intellektuellen und Schriftstellers modellhaft vertreten.[13] Ist die Unterscheidung zwischen Exil und Diaspora zunächst anhand der politischen Motiviertheit oder zeitlichen Begrenzung getroffen worden, so werden diese Abgrenzungen mit den neuen Diasporas durchlässig.

Ganz im Sinne von James Cliffords Verständnis des Begriffs Diaspora als *traveling term*, der sich durch verschiedene geographische und disziplinäre Kontexte bewegt, formuliert auch Brah eine Minimaldefinition. Bei Clifford bedeutet Diaspora "practices of long-term dwelling away from home"[14], bei Brah "migrations of collectivities", als deren Ergebnis "places of long-term, if not permanent, community formations" entstehen.[15] Diese Gemeinschaften formierten sich einerseits um ein „Imaginäres von Traumata der Trennung und Entortung", stellten aber andererseits auch „potentielle Orte der Hoffnung und des Neuanfangs" dar.[16] In diesem Spannungsfeld interessiert sich die Autorin vor allem für solche Strategien, mit denen sich die diasporischen Gemeinschaften im Aufnahmeland ein Gefühl der Zugehörigkeit erkämpfen. Die täglich gelebte Erfahrung vor Ort, das alltägliche Aushandeln von Zugehörigkeit („lived experience of a locality") gingen von dem Bedürfnis nach Heimat (*homing desire*) aus, das eben nicht nur die Sehnsucht nach dem unerreichbaren Ort der Herkunft umfasse.[17]

Brah entwickelt den Begriff des *diasporischen Raums*, um das Spannungsverhältnis zwischen Mehrfachverortung, Zugehörigkeit, Heimat (home), dem Verlangen nach einem Zuhause (homing desire) und historischen Zeitlichkeiten sowie diasporischen Raumvorstellungen (spatiality) auszuloten.[18] Dabei ist dem Begriff der spatialities der Foucaultsche Machtbegriff eingeschrieben. Brah konzipiert den diasporischen Raum als Schnittmenge verschiedener Begriffskoordinaten: Er ist der Ort, an dem sich „die Konzepte der Diaspora, Grenze und multi-axialen Verortung als Schnittpunkt wirtschaftlicher, kultureller, politischer und psychischer Prozesse" artikulieren.[19]

Ich konzentriere meine Ausführungen im Folgenden auf die ersten beiden von drei Aspekten, die aus meiner Sicht auch für Überlegungen in anderen

---

13 Vgl. Edward W. Said.: Reflections on Exile and Other Essays [1984]. Cambridge 2000.
14 Clifford: Diasporas, S. 12.
15 Brah: Cartographies of Diasporas, S. 193.
16 Brah: Cartographies of Diasporas, S. 193.
17 Brah: Cartographies of Diasporas, S. 192.
18 Brah: Multiple axes of power, S. 164.
19 Brah: Multiple axes of power, S. 172. Diese und alle folgenden Übersetzungen aus dem Englischen in diesem Beitrag von der Autorin.

Kontexten von Migration und Exil von besonderem Interesse sind: Der diasporische Raum wird 1. durch die Interaktionen diasporischer und nicht-diasporischer Akteur*innen hergestellt; er wird, 2., vom intersektionalen Charakter der Differenzachsen konstituiert, also der Verflechtung solcher Differenzen wie Geschlecht, „Rasse", Klasse, Ethnizität, Sexualität, die Brah als Machtachsen begreift. Schließlich bietet er, 3., Raum für den Übergang von exilischen zu diasporischen und nicht-diasporischen Existenzweisen.

Der dritte Punkt wird hier nur kurz angerissen. Er wirft Fragen nach der zeiträumlichen Dynamik des Übergangs vom Exil, verstanden als Aufenthalt in der Fremde von temporärer Natur, zu diasporischen Existenzweisen derer auf, die nicht zurückkehren. Der Begriff des Postexilischen versucht analog zum „post" in anderen Begriffen (etwa postkolonial) die zeitliche Nachfolge sowie das komplexe Verhältnis von Bezugnahme und Überwindung des Exilischen zu fassen.[20]

Den ersten Punkt führt die Autorin selbst als entscheidende Weiterentwicklung des Diasporabegriffs an:

> [D]iaspora space as a conceptual category is ‚inhabited' not only by those who have migrated and their descendants but equally by those who are constructed and represented as indigenous. In other words, the concept of diaspora space (as opposed to that of diaspora) includes the entanglement of genealogies of dispersion with those of ‚staying put'.[21]

Brahs relational gedachter *diasporischer Raum* ermöglicht es, die sozialen Beziehungen zwischen auf verschiedene Weise ethnisierten und nicht-ethnisierten, auf verschiedene Weise mobilen und nicht mobilen Akteur*innen in den Blick zu nehmen. Der Begriff impliziert einen Blickwechsel, der auch Fragen danach ermöglicht, wie die Perspektive der migrierten, diasporischen Subjekte die Aufnahmegesellschaft verändert und welche Narrative das „Einheimische" konstituieren – Brah nennt diesen Prozess „the diasporizing of home".[22] Die Stärke dieses Ansatzes liegt in dem Fokus auf den von Migrant*innen und Nicht-Migrant*innen geteilten Erfahrungen der Konstruktion und Aneignung von Raum und darin, dass nicht von einer durch nationale Identität bestimmten vorgestellten Gemeinschaft ausgegangen wird.

Im Bemühen darum, die Etablierung der diasporischen Subjekte im Aufnahmeland zu akzentuieren, trifft sich Brahs Entwurf mit Überlegungen der Anthropologin und Migrationsforscherin Nina Glick Schiller zum transnationa-

---

20 Vgl. den Beitrag von Katja Sarkowsky in diesem Band.
21 Brah: Cartographies of Diasporas, S. 181.
22 Brah: Cartographies of Diasporas, S. 190, S. 208–209.

len (sozialen) Feld. Glick Schillers Bestandsaufnahme kulturanthropologischer Migrationsforschung von 2014 stimmt in ihrer Beschreibung für das transnationale Feld auffällig mit Brahs Ausführungen zum diasporischen Raum überein:

> Die Akteure in einem transnationalen sozialen Feld sind nicht zwangsläufig Migrantinnen oder mobile Individuen. Es werden auch Personen einbezogen, die nicht über eine eigene Wanderungsgeschichte verfügen, aber grenzübergreifende Beziehungen unterhalten.[23]

In Brahs diasporischer Raumvorstellung spielen neben dem relationalen Raumverständnis auch Orte (places) eine gewichtige Rolle: „diasporas are simultaneously about ‚space' and ‚place', about movement as well as settling down and 'living side by side'". Auf die Frage, wie Zugehörigkeit im Sinne eines 'feeling at home' entsteht, antwortet Brah: „there are [...] the intimicies of everyday life – kinship bonds, friendships, relations of conviviality, neighbourliness, collegiality, inter-connections of love – which make a place a home."[24] Auch wenn hier soziale Beziehungen im Vordergrund stehen mögen, so wird *place making* deutlich impliziert.[25] Glick Schillers Aussagen zur Herstellung von sozialen Beziehungen im Aufnahmeland ergänzen und entwickeln die von Brah herausgearbeiteten produktiv weiter.[26]

Soziologische, film- und literaturwissenschaftliche Studien zur kulturellen Produktion von und über Diasporagruppen haben Brahs *Diasporischen Raum* aufgegriffen. Potential sehen die Autor*innen in der Überwindung der ausschließlich "ethnischen Brille", um mit Glick Schiller zu sprechen. Die Filmwissenschaftlerin Daniela Berghahn sieht in Brahs "diaspora space" einen nützlichen theoretischen Rahmen ("useful framework") für ihre Untersuchung zu diasporischem Filmschaffen in Europa, "since it disavows the significance of any essentialist notions of origin or of the history of displacement as a prerequisite for partaking

---

23 Nina Glick Schiller: Das transnationale Migrationsparadigma: Globale Perspektiven auf die Migrationsforschung. In: Boris Nieswand und Heike Drotbohm (Hg.): Kultur, Gesellschaft, Migration. Studien zur Migrations- und Integrationspolitik. Wiesbaden 2014, S. 156. Glick Schillers Modell des transnationalen Feldes nutzt im Unterschied zu Brah das Bild des Netzwerks und bezieht sich auf Strategien transnationalen Netzwerken: „Das Konzept nimmt jene Prozesse in den Blick, mittels derer Menschen in ihrem Alltagsleben grenzübergreifende soziale Netzwerke aufbauen und aufrechterhalten."
24 Brah: Multiple axes of power, S. 164.
25 Vgl. den Beitrag von Burcu Dogramaci in diesem Band.
26 Vgl. Glick Schiller: Das transnationale Migrationsparadigma, S. 157. Die Autorin differenziert zwischen Lebensweisen (ways of being) und Zugehörigkeit (ways of belonging). Für beide nimmt Glick Schiller grenzüberschreitende Verknüpfungen zwischen Herkunftsort und neuem Wohnort an.

in the diasporic experience."[27] Sie verknüpft ihn mit dem Begriff der 'prosthetic memory'[28], einer Erinnerung, die laut Alison Landsberg Allianzen und kollektive Identifikationen auch jenseits ‚naturalisierter' Zugehörigkeiten zu einer (ethnisierten oder rassifizierten) Gruppe ermögliche. Auf dieser Grundlage könnten auch nicht-diasporische Filmemacher „mit den Augen anderer sehen", „ein kollektives Gedächtnis artikulieren, das nicht ihr eigenes" sei und auf diese Weise „Gräben der Differenz überwinden".[29]

In ihrer Studie über argentinische und spanische Migrationsdiskurse nutzt Birgit Zur Nieden den *diasporischen Raum*, um aus einer transnationalen Sicht auf verwobene Migrationsgeschichten die postkolonialen Gesellschaften Spaniens und Argentiniens sowie die Genealogie der respektiven Migrationsdiskurse zu beschreiben.[30] Die Politikwissenschaftlerin verweist hier beispielhaft auf eine spanisch-argentinische Fernsehserie (*Vientos de agua*, 2006), die die Migrationsbewegungen einer Familie über zwei Generationen miteinander verflicht. Neben der Motivation der Protagonisten zur Migration – der Vater von Spanien nach Argentinien am Vorabend und während des spanischen Bürgerkriegs; der Sohn zu Beginn des 21. Jahrhunderts von Argentinien nach Spanien – konzentriert sich die filmische Erzählung auf die Prozesse des *home* und *place making* – der Herstellung von Zugehörigkeit. In Verbindung mit Paul Gilroys Konzept von einer Idee und Praxis des Zusammenlebens (*conviviality*) werden die vielfältigen Verbindungen jenseits von biologischer Familie und nationalstaatlicher Verortung wichtig. Ganz im Sinne der Ausführungen Brahs konstituieren sich das multikulturelle Madrid zu Beginn des 21. Jahrhunderts einerseits und das Buenos Aires der 1940–1960er Jahre andererseits exemplarisch als diasporische Räume im Prozess des homemaking durch die Protagonisten.

---

[27] Daniela Berghahn: Diasporic filmmaking in Europe. In: Robin Cohen und Carolin Fischer (Hg.): Routledge Handbook of Diaspora Studies. London, New York 2019, S. 80.
[28] Vgl. Alison Landsberg: Prosthetic memory: the transformation of American remembrance in the age of mass culture. New York 2004.
[29] Berghan: Diasporic filmmaking in Europe, S. 80.
[30] Vgl. Birgit zur Nieden: Narrating Migration. Genealogien der Bewegungen und Wahlverwandtschaften zwischen Spanien und Argentinien. In: Stefanie Kron u. a. (Hg.): Diasporische Bewegungen im transkontinentalen Raum. Berlin 2010, S. 179 f., S. 185–192. Ausgangspunkt ist die argentinische Einwanderung in Spanien im Zusammenhang mit der Bankenkrise von 2001 und die Behandlung der Argentinier*innen in Spanien als illegale Drittstaatler*innen. Die Autorin analysiert den diskursiven Umgang mit Auswanderung in Spanien und Argentinien (in der Presse), wobei die historische Auswanderung von Spanier*innen nach Lateinamerika als Kontrastfolie dient, um Spanien zu Beginn des 21. Jh. als Einwanderungsland zu etablieren.

3. Avtar Brahs Überlegungen zum *diasporischen Raum* ermöglichen es, verschiedene Differenzachsen, d. h. die gegenderten, rassialisierten und sexualisierten Positionen der Akteur*innen mitzudenken.[31] In ihrem Beitrag zum *Routledge Diaspora Studies Reader* "Multiple axes of power. Articulations of diaspora and intersectionality" (2018) sieht die Autorin Diaspora intrinsisch mit Intersektionalität verbunden.[32] Diaspora könne in diesem Zusammenhang als Artikulation diverser Narrative verstanden werden, die von verschiedenen Subjektpositionen aus geäußert werden. Die eigene Verortung („politics of location") gewinnt hier an Gewicht.

Schaut man genauer auf die Genealogie des *diaspora space*-Begriffs, dann wird deutlich, wie eng er mit den theoretischen Überlegungen des Women of color-Feminismus[33] und einer politics of location[34] verbunden ist, die den Blick auf intersektionale Konstellationen *avant la lettre* richteten. Brah verweist selbst auf die Anregungen, die ihr Konzept des *diasporischen Raums* vom *border writing*[35] erhalten habe.[36] Dass insbesondere Gloria Anzaldúas *borderlands* hier Pate gestanden hat, manifestiert sich bis in syntaktische Parallelen zu den oft zitierten Passagen aus Anzaldúas Text.[37] Anzaldúas Bild des Grenzraums, der zur Heimat von Grenzgängern, marginalisierten Subjekten entlang der Differenzkategorien Ethnizität, Gender, Sexualität und Klasse wird, verbindet den Verweis auf das physische Grenzgebiet zwischen den USA und Mexiko, in dem verschiedene gewaltvolle Grenzregime einander ablösten,[38] mit dem Verweis auf soziale Beziehungen, psychologische Grenzen, Raum für queere Identitätspositionen

---

31 Vgl. Brah: Multiple axes of power, S. 163. Brah benennt gender, race, class, caste, ethnicity, sexuality.
32 Brah: Multiple axes of power, S. 163.
33 Vgl. Gloria Anzaldúa und Cherríe Moraga (Hg.): This Bridge Called My Back: Writings by Radical Women of Color. New York 1981/1983.
34 Vgl. Chandra Talpade Mohanty: Cartographies of Struggles: Third World Women and the Politics of Feminism. In: Chandra Talpade Mohanty, Ann Russo und Lourdes Torres (Hg.): Third World Women and the Politics of Feminism. Bloomington 1991.
35 Vgl. Gloria Anzaldúa: Borderlands/La Frontera. The New Mestiza. San Francisco 1987.
36 Vgl. Brah: Cartographies of Diasporas, S. 181, S. 198, S. 209.
37 Vgl. Anzaldúa: Borderlands/La Frontera, S. 208. Gloria Anzaldúa: Borderlands/La Frontera. The New Mestiza. San Francisco 1987, S. 3. Bei Anzaldúa heißt es: "A borderland is a vague and undetermined place created by the emotional residue of an unnatural boundary. It is in a constant state of transition. The prohibited and forbidden are its inhabitants. *Los atravesados* live here: the squint-eyed, the perverse, the queer, the troublesome [...] in short, those who cross over, pass over, or go through the confines of the 'normal'".
38 Zum Begriff des Grenzregimes vgl. den Beitrag von Sabine Hess in diesem Band.

und die textuelle Inszenierung von Transgression und Subversion. Bei Brah heißt es analog:

> [Diaspora space] is where multiple subject positions are juxtaposed, contested, proclaimed, or disavowed; where the permitted and the prohibited perpetually interrogate; and where the accepted and the transgressive imperceptibly mingle even while these syncretic forms may be disclaimed in the purity and tradition. [...][39]

Das erfolgreiche Konzept der *borderlands* verbindet physischen mit nicht physisch gedachtem Raum, konventionelle Raumvorstellungen (etwa die Metapher der crossroads) mit relationalen. Seine Produktivität und metaphorische Qualität gewinnt Anzaldúas *borderlands* aus Analogiebildungen, die große Offenheit bewirken, um empirische Situationen von Marginalisierung und displacement in vielen unterschiedlichen Konstellationen und Kontexten zu beschreiben. Von sozialwissenschaftlichen Grenztheoretikern wurde dem Begriff eine gewisse Beliebigkeit und analytische Unschärfe vorgeworfen. Feministische und postkoloniale Studien bescheinigen dem Text eine enorm wichtige Rolle in der Sensibilisierung für intersektionale Machtachsen.

Brahs Konzept des *diaspora space* übernimmt sowohl die Perspektivierung auf Intersektionalität, als auch die Ermächtigung von marginalisierten Identitätspositionen. Auch wenn in Brahs Analyse der Identitätsbegriff immer wieder zum zentrierenden Moment wird, ohne Zweifel Ausdruck des in den 1990er Jahren vorherrschenden Paradigmas, lassen sich ihre Überlegungen doch für heutige Forschungen fruchtbar machen, die die Identitätsfrage als nur eine unter vielen anderen Dimensionen sozialer, und insbesondere künstlerischer Aushandlung begreifen. Es bliebe zu fragen, was wir strategisch gewinnen, wenn wir ihr Modell auf andere Kontexte übertragen, die bis dato nicht aus der Perspektive des diasporischen Raums betrachtet wurden. Die Artikulation von diasporischem Raum und Intersektionalität bleibt ein Feld, das auch Brah zufolge einiges Potential bietet,[40] um die verschiedenen Positionierungen und strategischen Verbindungen von Subjekten hinsichtlich Geschlecht, Klasse, Ethnizität bzw. *race*, sexueller Orientierung sowie religiöser Überzeugung in Zusammenhängen von Exil, Flucht und Migration genauer zu fassen und als machtdurchzogen zu begreifen.

In einem eigenen Forschungsprojekt interessieren mich die Begegnungen zwischen exilierten Autor*innen aus Europa, Lateinamerika, der Karibik und

---

39 Brah: Cartographies of Diaspora, S. 208–209.
40 Vgl. Brah: Multiple axes of power, S. 172.

mexikanischen Intellektuellen im Mexiko der 1920er bis 1940er Jahre. Ihre vielfältigen Verbindungen als Verflechtungen im diasporischen Raum zu verstehen, verschiebt die Perspektive auf in den klassischen Exil- oder Diasporastudien weniger beleuchtete, oft unerwartete Kontakte, die zuvor eher übersehen oder als randständig betrachtet wurden und für die Diskussion der Textproduktion dieser Autor*innen fruchtbar zu machen. So rückt die Begegnung zwischen dem haitianischen Kommunisten, Anthropologen und Schriftsteller Jacques Roumain und der deutschen antifaschistischen Autorin Anna Seghers zwischen 1942 und 1944 im postrevolutionären Mexiko Aspekte literarischen Schaffens beider in ein neues Licht; Roumains dekoloniale und Seghers jüdische Positionierungen, ihre unterschiedlich gegenderten Sichtweisen erhellen sich gegenseitig.[41] Der haitianische Autor Jacques Roumain – bis dato für die Beschäftigung mit dem deutschsprachigen Exil in Mexiko eher marginal – erweist sich aus der Perspektive des diasporischen Raums, einer transexilischen Perspektive als Akteur, der Zugang zu verschiedenen intellektuellen, literarischen, politischen Exil- und Solidaritätsnetzwerken hatte, diese in ihren unterschiedlichen Ausprägungen verband und mit ihnen sein anthropologisches, literarisches und politisches Wissen teilte.[42] Seghers' Dialog mit Roumain legt den Grundstein für ihre Auseinandersetzung mit der haitianischen als postkoloniale Revolution, die nach ihrer Rückkehr aus dem Exil einsetzt. Die deutsche Antifaschistin und Autorin bringt Roumains Auffassungen wiederum in ihren literaturpolitischen Essays mit (ost)deutschen Kontexten in Dialog und setzt in ihrer postexilischen literarischen Auseinandersetzung Roumains männlich geprägtem Akteursverständnis in Politik und Revolution eine gegenderte Version entgegen (*Drei Frauen aus Haiti*, 1980).

Siedelt sich die Untersuchung tatsächlicher Vernetzungen und Begegnungen zwischen verschiedenen Exilen, exilierten und nicht-exilierten Autor*innen zunächst im Gegenstandsbereich des (Literatur)Soziologischen an, so zielt sie doch darauf ab, die Verschränkung von Alltags- und künstlerischer Praxis zu erfassen und daran Fragen nach ästhetischer Aneignung sowie nach Formen exilischen und diasporischen Schreibens anzuschließen. Brahs Konzept des *diasporischen Raums* bietet gerade für die transkulturelle Dimension eines solchen

---

[41] Siehe dazu Anja Bandau: Jacques Roumains Netzwerke im postrevolutionären Mexiko der 1940er Jahre: Anthropologie, Afroamerika und das deutsche Exil. In: PhiN 93 (2022).
[42] Roumains Interesse am anthropologischen Studium der afro-karibischen Bevölkerung in Haiti konvergiert mit dem Studium Indo-Amerikas und indigenistischen Interessen in Mexiko. In Roumains Hauptwerk, seinem Roman *Gouverneurs de la rosée* (Port-au-Prince 1944), den er in Mexiko fertigstellte, finden sich sowohl Anklänge an Überlegungen zur Darstellung der indigenen Bevölkerung in Mexiko als auch an die Debatten, die u. a. deutsche Exilierte vor Ort in Mexiko über engagierte Kunst führten.

Schreibens das Potential, dessen Genese entlang der Achse intersektionaler Differenzmechanismen genauer zu erfassen.

Literaturverzeichnis

Anzaldúa, Gloria und Cherríe Moraga (Hg.): This Bridge Called My Back: Writings by Radical Women of Color. New York 1981/1983.
Anzaldúa, Gloria: Borderlands/La Frontera. The New Mestiza. San Francisco 1987.
Bandau, Anja: „Jacques Roumains Netzwerke im postrevolutionären Mexiko der 1940er Jahre: Anthropologie, Afroamerika und das deutsche Exil." In: PhiN 93/2022, S. 1–26.
Berghahn, Daniela: Diasporic filmmaking in Europe. In: Robin Cohen und Carolin Fischer (Hg.): Routledge Handbook of Diaspora Studies. London, New York 2019, S. 79–85.
Bischoff, Doerte und Susanne Komfort-Hein: Programmatische Einleitung. In: dies. (Hg.): Handbuch Literatur und Transnationalität. Berlin, Boston 2019, S. 1–46.
Brah, Avtar: Cartographies of Diaspora: Contesting Identities. London, New York 1996.
Brah, Avtar: Multiple axes of power. Articulations of diaspora and intersectionality. In: Klaus Stierstorfer und Janet Wilson (Hg.): The Routledge Diaspora Studies Reader. London, New York 2018, S. 163–173.
Brah, Avtar: Cartographies of Diaspora. In: Klaus Stierstorfer und Janet Wilson (Hg.): The Routledge Diaspora Studies Reader. London, New York 2018, S. 235–238.
Braziel, Jana Evans. Diaspora: An Introduction. Oxford 2008.
Braziel, Jana und Anita Mannur (Hg.): Theorizing Diaspora. Oxford 2003.
Bruebaker, Rogers: The 'Diaspora' Diaspora. In: Klaus Stierstorfer und Janet Wilson (Hg.): The Routledge Diaspora Studies Reader, S. 50–56.
Clifford, James: Diasporas. In: Klaus Stierstorfer und Janet Wilson (Hg.): The Routledge Diaspora Studies Reader. London, New York 2018, S. 10–16.
Cohen, Robin und Carolin Fischer (Hg.): Routledge Handbook of Diaspora Studies. London, New York 2019.
Cohen, Robin: Global diasporas: an introduction. London, New York 2008.
Cohen, Robin: Four phases of diaspora studies. In: Klaus Stierstorfer und Janet Wilson (Hg.): The Routledge Diaspora Studies Reader. London, New York 2018, S. 17–21.
Cohen, Robin: Solid, ductile and liquid: changing notions of homeland and home in diaspora studies. In: Klaus Stierstorfer und Janet Wilson (Hg.): The Routledge Diaspora Studies Reader. London, New York 2018, S. 239–243.
Glick Schiller, Nina: Das transnationale Migrationsparadigma: Globale Perspektiven auf die Migrationsforschung. In: Boris Nieswand und Heike Drotbohm (Hg.): Kultur, Gesellschaft, Migration. Studien zur Migrations- und Integrationspolitik. Wiesbaden 2014, S. 153–178.
JanMohamed, Abdul R. und David Lloyd (Hg.): The Nature and Context of Minority Discourse. New York 1990.
Knott, Kim: Space and movement. In: Kim Knott und Sean McLoughlin (Hg.): Diasporas: Concepts, intersections, identities. London 2010, S. 79–83.
Mohanty, Chandra Talpade: Cartographies of Struggles: Third World Women and the Politics of Feminism. In: Chandra Talpade Mohanty, Ann Russo und Lourdes Torres (Hg.): Third World Women and the Politics of Feminism. Bloomington 1991, S. 1–47.

Naficy, Hamid: Situating accented cinema. In: Klaus Stierstorfer und Janet Wilson (Hg.): The Routledge Diaspora Studies Reader. London, New York 2018, S. 209–217.
Roumain, Jacques: Gouverneurs de la rosée. Port-au-Prince 1944.
Said, Edward W.: Reflections on Exile and Other Essays [1984]. Cambridge 2000.
Seghers, Anna: Drei Frauen aus Haiti. Berlin 1980.
Stierstorfer, Klaus und Janet Wilson (Hg.): The Routledge Diaspora Studies Reader. London, New York 2018.
zur Nieden, Birgit: Narrating Migration. Genealogien der Bewegungen und Wahlverwandtschaften zwischen Spanien und Argentinien. In: Stefanie Kron u. a. (Hg.): Diasporische Bewegungen im transkontinentalen Raum. Berlin 2010, S. 175–195.

Displacement und Displaced Persons
(Sebastian Huhn, Christoph Rass)

1 Einleitung

In aktuellen wie historischen Debatten über Gewaltmigration – „Flucht" oder „Vertreibung" – fällt eine komplex gelagerte Vielfalt von Begrifflichkeiten ins Auge, die je nach Standpunkt, Akteur*in, Intention und Sprache aus ganz unterschiedlichen Perspektiven und mit divergierenden Konsequenzen auf die Prozesse oder Folgen gewaltinduzierter Mobilität Bezug nimmt. Die wissenschaftliche, rechtliche, politische oder mediale Produktion von Wissen und Bedeutung sowie die ständige Translation solcher Bedeutungen zwischen Begriffen, Diskursarenen, über die Zeit und in Gesellschaften beziehungsweise zwischen Sprachen – etwa mit Blick auf internationale Organisationen, Forschungsliteratur oder völkerrechtliche Normen – müssen damit erstrangige Gegenstände einer reflexiven Migrationsforschung sein. So können etablierte, sich teils wandelnde und gleichzeitig aber selten hinterfragte Konstruktionen und Wahrnehmungen von Migration und mobilitätsinduziertem sozialem Wandel aufgebrochen werden. Dabei spielen die Begriffe und Kategorien, mit denen unterschiedliche Akteur*innen Migration und ihre Folgeprozesse fassen, eine zentrale Rolle, da soziale Wirklichkeiten durch Begriffe nicht nur benannt, sondern vielmehr konstruiert werden.

Sowohl wissenschaftlich als auch gesellschaftlich ist es daher wichtig, die Benennung von Gegenständen transparent zu machen, sie sprachlich ein- und abzugrenzen und die Historizität und Wandelbarkeit von Begriffen mitzudenken; dies wissen wir spätestens seit der Koselleck'schen Begriffsgeschichte. Auch gilt es, die Macht im Blick zu haben, die sich durch Sprache manifestiert und ermöglicht wird, lautet eine zentrale Erkenntnis aus dem *linguistic turn*. Es gilt herauszuarbeiten, in welchem Feld und mit welchen Folgen Begriffe Konjunktur haben: Werden sie zum Beispiel ausschließlich in der Wissenschaft verwendet, in Kultur, Religion oder auch im Feld der Politik bzw. der Sphäre des Rechts wirkungsmächtig? Ein Verweis auf die Bourdieu'sche Feldtheorie trägt an dieser Stelle dem Umstand Rechnung, dass unterschiedliche soziale Felder (auch sprachlich) unterschiedlichen Logiken folgen und unterschiedlich Macht ausüben. In politischen Feldern konstituiert der Gebrauch von Termini Gegenstände oder Kategorien und grenzt diese so ab, dass über sie Macht generiert werden kann.[1] Auf diesen Bereich des Politischen und des Rechts blicken wir im Folgenden.

Unser Beitrag untersucht die Politik der Begriffe mit Blick auf „displacement" bzw. „Displaced Persons". Beide Termini stammen aus dem Englischen und avancierten 1943 zu zentralen und vor allem auch folgenreichen politischen Kategorien zur Bezeichnung von Opfern gewaltinduzierter Mobilität (vornehmlich) in Europa. Deutsche Übersetzungen für „displacement" und „Displaced Persons" haben sich nicht durchsetzen können. Gängige Wörterbücher bieten „Verdrängung", „Verschleppung", „Vertreibung", „Dislokation" oder auch „Entortung" an, wobei auffällt, dass damit sprachlich einmal auf einen Prozess abgezielt wird, den einer erzwungenen oder auch passiven Bewegung, einmal auf einen Ort, von dem Menschen wegbewegt wurden. Mit Bezug auf den politischen Gebrach des Terminus „displacement" böte sich dann auch eine auf Räume bezogene „Deplatzierung" als deutsche Übersetzung an, da die zentrale politische Frage in der europäischen Nachkriegszeit nicht war, woher die „Displaced Persons" kamen, sondern wo sie sich befanden und „störten".

Nachdem beide Begriffe seit den frühen 1950er Jahren zunächst wieder aus dem politischen Sprachgebrauch verschwanden und primär nur noch in der Geschichtswissenschaft als vermeintlich eindeutige Bezeichnungen eines scheinbar eindeutig benennbaren Phänomens der europäischen Nachkriegszeit fortlebten, zeichnet sich bei der Verwendung von „displacement" in jüngster Zeit eine Renaissance ab. Mit dieser Aktualisierung werden vergangene Bedeutungsproduktionen und ihre Pfadabhängigkeiten und damit eine Historisierung gegenwärtiger sprachlicher Erscheinung wichtig: die Geschichte eines machtvollen politischen Konzepts, dessen geschichtswissenschaftliche Befragung einen Beitrag zum reflektierten Umgang mit Begriffen und zur Vergegenwärtigung der Wirkungsmacht von Sprache in der aktuellen Migrationsforschung und -politik leistet.

Die folgenden Überlegungen verstehen sich somit als Beitrag zum *translational turn* in der Migrationsforschung, der sich für die Entwicklung, den Transfer und die inhaltlichen Aufladungen von Konzepten interessiert,[2] und zur reflexiven Migrationsforschung, die diese Dekonstruktion auch und insbesondere auf ihre

---

[1] Die Betonung, dass wir in diesem Beitrag den Sprachgebrauch im politischen Feld im Bourdieu'schen Sinne in den Blick nehmen, ist dabei wichtig, da Begriffe in unterschiedlichen sozialen Feldern eine unterschiedliche Funktion erfüllen, wissenschaftliche Prägungen von Begriffen folgen anderen Logiken als politische Prägungen. Vgl.: Pierre Bourdieu: Das politische Feld: Zur Kritik der politischen Vernunft. Konstanz 2001.
[2] Vgl. Doris Bachmann-Medick: Migration as Translation. In: dies. und Jens Kugele (Hg.): Migration. Changing Concepts, Critical Approaches. Berlin, Boston 2018.

eigenen Perspektiven und ihre eigene Produktion von Migration durch deren sprachliche Kodierung bezieht.[3]

2 Kriegs- und Nachkriegsmobilität und die internationalen Lösungsansätze: Kontext und Kategorisierung

Die Begriffe „displacement" und „Displaced Persons" entstanden und florierten im Kontext des Zweiten Weltkriegs. Bereits während des Krieges wurde den Alliierten – auch vor dem Hintergrund früherer Erfahrungen – schnell klar, dass gewaltinduzierte Mobilität spätestens nach Kriegsende zu einer der größten sozialen und ordnungspolitischen Herausforderungen in Europa werden würde. Gerald Daniel Cohen geht davon aus, dass sich 1945 ca. acht Millionen nicht-deutsche Vertriebene, Verschleppte, Flüchtlinge, ehemalige Zwangsarbeiter*innen und Überlebende der Shoah, aber auch eine wachsende Zahl osteuropäischer Flüchtlinge in Westeuropa aufhielten.[4]

Dieses „Refugee Problem"[5] galt es, aus ordnungspolitischen und humanistischen Gründen möglichst schnell zu lösen.[6] Dazu wurde zunächst 1943 auf Initiative der US-Regierung die *United Nations Relief and Rehabilitation Administration* (UNRRA) gegründet, deren Aufgabe die zügige Rückführung der geflohenen und verschleppten Menschen sein sollte. Bis 1946 repatriierte die UNRRA den größten Teil dieser Personen. Da sich viele Menschen, nicht zuletzt aus Angst vor Verfolgung, weigerten, in ihre Herkunftskontexte zurückgebracht zu werden, wurde die UNRRA 1946/1947 durch die im Rahmen der Vereinten Nationen und ohne Beteiligung der Sowjetunion gegründete *International Refugee Organization* (IRO) abgelöst. Deren Hauptziel war nun das *Resettlement* der etwa eineinhalb Millionen verbleibenden Menschen in aufnahmebereiten Staaten welt-

---

3 Vgl. Boris Nieswand und Heike Drotbohm: Einleitung: Die reflexive Wende in der Migrationsforschung. In: dies. (Hg.): Kultur, Gesellschaft, Migration. Die reflexive Wende in der Migrationsforschung. Wiesbaden 2014.
4 Gerald Daniel Cohen: In War's Wake. Europe's Displaced Persons in the Postwar Order. New York 2011, S. 5.
5 Unter diesem Begriff wurde das „Problem" seit den 1930er Jahren zunächst diskutiert.
6 Zu den zugrundeliegenden politischen Motiven siehe Sebastian Huhn und Christoph Rass: The Post–World War II Resettlement of European Refugees in Venezuela: A Twofold Translation of Migration. In: Gabriele Pisarz-Ramirez und Hannes Warnecke-Berger (Hg.): Spatialization Processes in the Americas. Configurations and Narratives. Bern 2018.

weit.[7] In diesem Prozess wurden zwischen 1943 und 1951 zunächst mehrere Millionen Menschen vor allem nach Osteuropa repatriiert und anschließend rund eine Million Menschen global neu angesiedelt. Westeuropa war so mit Hilfe und in der Wahrnehmung der internationalen Staatengemeinschaft von einem „Refugee Problem" befreit worden, das einer raschen politischen Stabilisierung des Kontinents im Weg gestanden hätte.[8]

Mit UNRRA und IRO erreichten die Termini „displacement" und „Displaced Persons" also erstmals politische und praktische Relevanz bezüglich gewaltinduzierter Mobilität und führten zu einer Handlungsmacht, die in drei Schlüsselmomenten hergestellt wurde: in den 1930er und 1940er Jahren tauchte das Konzept im politischen Feld auf, im Jahr 1943 wurde es in der Migrationspolitik übernommen und ab 1946 wurde es abermals neugefasst und zu einer zentralen Rechtsfigur. In diesem Dreischritt zeigen wir, wie und warum die Begriffe Einzug in die Politik fanden, was oder wer mit ihnen bezeichnet wurde, welche Perspektive die politischen Akteur*innen damit einnahmen, welche politischen Konsequenzen daraus erwuchsen und warum die Begriffe schließlich 1951 aus der Flüchtlingspolitik verschwanden und erst Jahrzehnte später in wiederum neuen Kategorien wie die der „Internally Displaced Persons" oder jüngst als „Persons Displaced Abroad" eine Neuauflage erfuhren.

Tabelle 1 fasst zentrale Eigenschaften unterschiedlicher nun zu besprechender Begrifflichkeiten zusammen. Um „displacement" und „Displaced Persons" in ihrer Genese und ihrem Kontext reflektieren zu können, loten wir auch ihr Verhältnis zu „Flucht", „Exil" und „Diaspora" aus und argumentieren, dass „displacement" und „Displaced Persons" nicht einfach als Synonyme für andere Begriffe im Feld der Politik übernommen wurden, sondern dass diese Neologismen vielmehr relevante Unterscheidungen oder Abgrenzungen markieren sollten. „Exil", als ältere Bezeichnung für den erzwungenen Aufenthalt außerhalb der eigenen Gesellschaft oder Gemeinschaft mit langer kulturgeschichtlicher Tradition, gewann nicht zuletzt im deutschsprachigen Diskurs mit Blick auf die Flucht vor dem NS-Regime in den 1930er Jahren wachsende Prominenz. Aber auch im englischsprachigen Raum rückte die Vokabel in bestimmten Kontexten zur Bezeichnung von Flüchtlingen, vor allem aus Deutschland, dann auch aus anderen Regionen, in den Vordergrund. „Diaspora" dagegen wurde im gleichen Zeitraum vor allem in der englischsprachigen Literatur – der wissenschaftlichen wie der

---

[7] Zur detaillierteren Darstellung siehe z. B.: Sebastian Huhn: Negotiating Resettlement in Venezuela after World War II: An Exploration. In: Historical Social Research, 45 (2020), H. 4.
[8] Zu den Hintergründen siehe z. B. Peter Gatrell: The Making of the Modern Refugee. Oxford 2015, S. 89–117.

politischen – wichtig zur (Selbst-)Charakterisierung bestimmter Gruppen. Es ist also von Bedeutung, wer, wann, in welchem Zusammenhang und mit welcher kommunikativen Intention bzw. welchen Konsequenzen die Begriffe „displacement", „Exil" und „Diaspora" sowie weitere Elemente der die Gewaltmigration der Epoche umschreibenden Wortfelder verwendete.

Tabelle 1: Begriffe für gewaltinduzierte Mobilität in den 1930er/1940er Jahren und Skizze ihrer Einordnung im Feld der Politik[9]

Begriff	Selbst- oder Fremdzuschreibung	Eher individuell oder kollektiv	Bezug zu Konflikt	Primäre politische Konsequenzen	Grad der Agency
Flucht/Flüchtling	Beides	Beides	Am Herkunftsort	Schutz, Asyl	Relativ hoch
Exil/Exilant	Selbstzuschreibung	Individuell	Am Herkunftsort	Schutz, Asyl	Sehr hoch
Diaspora/Gruppe in der Diaspora	Selbstzuschreibung	Kollektiv	Am Herkunftsort	Duldung, Asyl	Relativ hoch
Displacement/ Displaced Persons (1930er)	Fremdzuschreibung	Kollektiv	Am Herkunftsort	Resettlement	Sehr gering
Displacement/ Displaced Persons, UNRRA (1943)	Fremdzuschreibung	Kollektiv	Am Aufenthaltsort	Repatriierung	Sehr gering
Displacement/ Displaced Person, IRO (1946)	Selbstzuschreibung	Individuell	Am Aufenthaltsort	Resettlement	Relativ hoch

3 Begriffsgenese und -transformation

Der Begriff „displacement" und Variationen des Begriffs „Displaced Persons" tauchten erstmals in den 1930er Jahren in mindestens drei unterschiedlichen politischen Debatten auf.

---

[9] Bei den hier skizzierten primären politischen Konsequenzen handelt es sich dabei um eine grobe Einordnung durch die Autoren aus geschichtswissenschaftlicher Perspektive.

Erstens gab es in den 1930er Jahren in Großbritannien und den USA eine politisch-akademische Debatte über das „displacement of labor" beziehungsweise das „displacement of workers", die Verdrängung von Menschen aus der Berufstätigkeit im Zuge von Industrialisierung und Modernisierung[10] und zweitens eine Diskussion über das „displacement" von Menschen innerhalb von Städten im Zuge von Prozessen, die heute als Gentrifizierung bezeichnet werden würden.[11] Die in dieser ökonomisch-ordnungspolitischen und auch juristischen Debatte diskutierte politische Lösung ähnelte zumindest der Idee des späteren Resettlement-Programms der IRO sehr: wenn Menschen an einem Ort „displaced" wurden, galt es ordnungspolitisch, „weiße Flecken" auf der Land- beziehungsweise Stadtkarte zu finden, um sie dort neu anzusiedeln und Probleme so auch über die Köpfe der betroffenen Menschen hinweg pragmatisch zu lösen.

Drittens wurde 1933 in den USA etwa das Emergency Committee in Aid of Displaced Foreign Scholars gegründet, eine Organisation, die sich zum Ziel gesetzt hatten, deutschen bzw. bis dahin in Deutschland beschäftigten Akademiker*innen – vor allem Jüd*innen –, die von den Nationalsozialisten Berufsverbot erhalten hatten, dabei zu helfen, in den USA eine temporäre oder dauerhafte Anstellung an Universitäten oder Forschungseinrichtungen zu erhalten und sie finanziell zu unterstützen.[12] Zu mehr als einem Titel diente „displacement" im Rahmen dieses Hilfsprogramms nicht; die adressierten Intellektuellen, unter ihnen Personen wie Thomas Mann, Herbert Marcuse oder Emmy Noether,[13] wurden als „Refugee Scholars", „Émigré Scholars", „Academic Refugees" oder von sich selbst meist als Exilant*innen bezeichnet, nicht als „Displaced Persons". Die politische Konsequenz dieser nichtstaatlichen Hilfsinitiative war ein vergleichsweise elitäres akademisches Resettlement-Programm.

„Displacement" als Begriff war Ende der 1930er Jahre also präsent. 1943 schließlich veröffentlichte der russisch-US-amerikanische Sozialwissenschaftler Eugene M. Kulischer im Auftrag der International Labour Organisation ein Buch

---

10 Vgl. z. B. Harry Jerome: The Measurement of Productivity Changes and the Displacement of Labor. In: The American Economic Review, 22 (1932), H. 1, Supplement.
11 Vgl. dazu: Christoph Rass: Vom „Displacement of Populations" über „Displaced Persons" zu „Internally Displaced Persons". Überlegungen zur Geschichte einer Schlüsselkategorie der Gewaltmigration im 20. Jahrhundert, NGHM Blog, 4.10.2020, Osnabrück, https://nghm.hypotheses.org/2462 (Zugriff: 20.1.2022).
12 Vgl. z. B. Stephen Duggan und Betty Drury: The Rescue of Science and Learning: The Story of the Emergency Committee in Aid of Displaced Foreign Scholars. New York 1948.
13 Vgl. Emergency Committee in Aid of Displaced Foreign Scholars records, Series I. Grant files, I. A. Grantees 1933–1946, The New York Public Library, Archives and Manuscripts, https://archives.nypl.org/mss/922#c1429359 (Zugriff: 20.1.2022).

mit dem Titel *The Displacement of Population in Europe*.¹⁴ Dieses Buch nahm unmittelbar großen Einfluss auf die internationale politische Diskussion über das antizipierte europäische „Refugee Problem". Mit dem Begriff „displacement" beabsichtigte Kulischer zunächst einen Überbegriff zu finden, der aktive Flucht und passive Verschleppung umfasste: „in order to comprise all kinds of war-produced population movements"¹⁵. Der Begriff „Displaced Persons" tauchte in der Veröffentlichung noch nicht auf.

Auch im Gründungsvertrag der UNRRA vom 9. November 1943 fehlt der Begriff „Displaced Persons". Die UNRRA erhielt den Auftrag, „prisoners", „exiles", „victims of war", oder „civilian population" zu versorgen.¹⁶ Auf der dreiwöchigen „First Session of the UNRRA" in Atlantic City, NJ, wurde dann allerdings noch im November 1943 das einflussreiche Sub-Committee Relief and Rehabilitation Policies damit beauftragt, „[p]olicies with respect to assistance to Displaced Persons"¹⁷ auszuarbeiten. Dieser Moment platzierte die Begriffe „displacement" und „Displaced Persons" in der internationalen Politik und spätestens jetzt verloren sie ihre Unschuld im Feld der Migrationspolitik. Der Ausschuss schlug unter dem Schlüsselbegriff „Displaced Persons" eine Liste von Personengruppen vor, für deren Versorgung und Repatriierung die UNRRA zuständig sein sollte: Menschen in den befreiten Gebieten, die während des Kriegs gezwungen worden waren, ihr Zuhause zu verlassen, Menschen, die innerhalb ihres Heimatlandes „displaced" worden waren, Menschen, die aufgrund des Krieges Exilant*innen waren, Menschen, die infolge des Krieges außerhalb ihres Heimatlandes in Länder umgesiedelt worden waren, deren Nationalität sie nicht besaßen und schließlich – und dies ist besonders aufschlussreich – „any other categories of persons which can be shown to fall within the proper scope of UNRRA's activities in this respect"¹⁸. „Displaced Persons" war in Atlantic City nicht als passender Begriff für eine klar

---

14 Eugene M. Kulischer: The Displacement of Population in Europe. Montreal 1943.
15 Eugene M. Kulischer: Displaced Persons in the Modern World. In: The Annals of the American Academy of Political and Social Science, 262 (1949), S. 169.
16 The Agreement Creating the United Nations Relief and Rehabilitation Administration, Washington, 9.11.1943. In: National Planning Association (1944): UNRRA: Gateway to Recovery, Washington, S. 63–68.
17 Committee IV – Subcommittee 4: Report of the Subcommittee on Policies with Respect to Assistance to Displaced Persons. In: First Session of the Council of the United Nations Relief and Rehabilitation Administration. Selected Documents, Atlantic City, New Jersey, November 10–December 1, 1943, United States Government Printing Office: Washington, 1944, S. 156–165.
18 Ebda. Das gleichzeitig agierende Supreme Headquarters Allied Expeditionary Force (SHAEF) verwandte dabei eine abweichende Definition von „Displaced Persons", auf die an dieser Stelle aus Platzgründen nicht eingegangen werden kann. Siehe dazu: Rass: Vom „Displacement of Populations" über „Displaced Persons" zu „Internally Displaced Persons".

benennbare Personengruppe gefunden, sondern umgekehrt als eine formbare und unbesetzte Kategorie eingeführt worden, deren Inhalt je nach den Zielen und der Praxis der UNRRA definiert werden konnte.

Die politische Aufgabe der UNRRA war die zügige und notfalls auch unfreiwillige Repatriierung der in Atlantic City benannten sowie im Prozess hinzukommender Personengruppen. Ob „Displaced Persons" dazu strategisch eingeführt wurde, oder vielmehr in der diskursiven Luft lag und sich gewissermaßen *einschlich*, bleibt noch unklar. Offensichtlich ist aber, dass mit diesem Neologismus eine politische Kategorie geschaffen wurde, deren Wirkmacht zunächst in ihrer Unbestimmtheit lag. Dies verschaffte der UNRRA beträchtliche Handlungsmacht. „Flucht" und „Flüchtling" waren bereits vielfach verwendet und rechtlich immer wieder definiert worden. Seit der Einrichtung der League of Nations High Commission for Refugees 1921 und ihrer Nachfolgeorganisationen[19] hatten sich überdies bereits Praktiken und Normen im Umgang mit Flüchtlingen entwickelt. Nun ermöglichte der Terminus „Displaced Persons" der UNRRA ein Agieren fern dieser tradierten Praktiken, Normen und Erwartungen.

Durch die Fremdzuschreibung „Displaced Person" wurde eine große heterogene Personengruppe markiert, der selbst keinerlei Agency zugestanden wurde. Diese Konfiguration unterscheidet die Kategorie von Konstruktionen wie „Exilant*innen" und Gruppen in einer „Diaspora". „Displaced Persons" konnten sich nicht auf bestehende formale oder informelle Normen von Flüchtlingsschutz oder politischem Asyl berufen, denn sie wurden gerade nicht mit Flüchtlingen, Exilant*innen oder Menschen in einer Diaspora gleichgesetzt.[20]

Der referentielle Konflikt – und dies ist eine zentrale Facette des politischen Konstrukts – wird dabei in der Bezugnahme zum Aufenthaltsort deutlich. Hielten sich Flüchtlinge, Exilant*innen oder Gruppen in der Diaspora also per Definition an einem Ort auf, zu dem sie sich aus einem Konflikt geflüchtet hatten, so befanden sich die nun als „Displaced Persons" bezeichneten Menschen an einem Ort, an den sie der nun überwundene Konflikt mit dem NS-System verschlagen

---

19 Als Überblick siehe Jacques Vernant: The Refugee in the Post-War World. London 1953, S. 24–53.
20 Bei der Feststellung, dass "Displaced Persons" weniger Agency zugestanden wurde als anderen Opfern gewaltinduzierter Mobilität geht es dabei nicht darum, unterschiedliche Gruppen gegeneinander auszuspielen, sondern den *feinen Unterschieden* Rechnung zu tragen. Zunächst führte der Neologismus „Displaced Persons", wie gesagt, dazu, dass bestehende Mechanismen eines Flüchtlingsschutzes für die so gelabelten Menschen nicht galten und zweitens besteht ein politischer Unterschied zwischen Menschen, die geflohen waren und am Ankunftsort nun um ihre Rechte kämpften und Menschen, die verschleppt worden waren und denen am Aufenthaltsort nun jedes Recht auf eigenes Handeln aberkannt wurde.

hatte – sie lebten in einem Zwischenraum. Dass sich ganz Osteuropa, ebenso wie Spanien, auch nach Kriegsende in Konflikten befand, wurde im Konstrukt der „Displaced Persons" nicht berücksichtigt. Mit den „Displaced Persons" dachte man diese Logik also nicht als ‚entortet', sondern vielmehr als ‚falsch verortet' oder ‚deplatziert'. Damit unterschieden sich diese Menschen von Flüchtlingen; international etablierte Schutzmechanismen waren scheinbar nicht nötig, und die Repatriierung war damit die naheliegende und einzig legitime politische Konsequenz. Gerade die noch offene Definition von „Displaced Persons" erhöhte dabei die Handlungsmacht der UNRRA enorm. Das Label war eine uneindeutige Fremdzuschreibung mit eindeutiger Konsequenz und ohne *Choice*: „Speedy and accurate registration of all displaced persons in a certain area is one of the most important requirements for carrying out their quick repatriation."[21]

Mit der Ablösung der UNRRA durch die IRO 1946/1947 änderte sich die Verwendung des Begriffs „Displaced Persons" und die damit einhergehenden individuellen und politischen Handlungsoptionen bereits drei Jahre nach seiner politischen Einführung fundamental. Erneut lässt sich beobachten, dass die Verwendung dabei politische Handlungsmacht generierte; nicht zuletzt, da der Begriff sich weiter von Konzepten wie „Flucht", „Exil" oder „Diaspora" abgrenzte. Wurde der Status „Displaced Persons" Menschen durch die UNRRA *auferlegt*, mussten sich – die gleichen – Menschen bei der IRO durch einen Antrag um die Zuerkennung des DP-Status – nun im Singular – *bewerben*. Der Verzicht auf eine Antragstellung führte nicht zu einem alternativen Status, etwa dem eines „Flüchtlings", sondern schloss Personen, die nicht zu den „Displaced Persons" gerechnet wurden, von der Betreuung durch die IRO aus; sie erhielten *keinerlei* rechtlich gefassten und anerkannten Status. Der politische Referenzpunkt war nach wie vor der überwundene Konflikt am Aufenthaltsort im vormaligen *Feindesland* – also in Deutschland, Österreich und Italien. Neben die Repatriierung, deren Möglichkeiten sich inzwischen erschöpft hatten, trat das Resettlement, also die Suche nach einem dritten Lebensort. Die IRO unterstützte dabei allerdings nicht mehr nur „Displaced Persons", sondern auch „Flüchtlinge" aus Osteuropa, Spanien und anderen Ländern. Nun wurde zwischen „Displaced Persons" und „Refugees" unterschieden. Angst vor Verfolgung bei Repatriierung berechtigte Flüchtlinge durchaus zur Unterstützung durch die IRO, jedoch im Regelfall nicht zum Verbleib in Westeuropa, sondern zum Eintritt in das Resettlement. „Refugee"

---

[21] Registration of Displaced Persons in an Assembly Centre (October 1944), United Nations Archives and Records Management Section, AG-018 United Nations Relief and Rehabilitation Administration (UNRRA) (1943–1946), S 1451-0000-0072-00002.

blieb nun aber im Sprachgebrauch des Prozesses marginal, „displacement" und „Displaced Persons" markierten die Zielgruppe(n) der IRO.

Gleich ob strategisch oder pragmatisch, die IRO konnte, erstens, durch den Begriff „Displaced Persons" und die Herstellung einer neuen Kategorie, die leicht auch die des „Refugees" hätte gewesen sein können,[22] verhindern, dass Menschen in großer Zahl für die individuelle oder kollektive Option eintraten, in Westeuropa bleiben zu können oder stärker selbstbestimmt zu wählen, wohin sie ihre Flucht oder deren Folgewanderungen führen sollten. Selbstdefinitionen als Exilant*innen oder Flüchtlinge hätten möglicherweise erlaubt, eine Agency zu reklamieren, die den „Displaced Persons" als Objekten eines Regulierungsprozesses versagt blieb. Wäre es denkbar gewesen, sich unter anderen Zuschreibungen auf andere Art und Weise für die eigenen Rechte zu engagieren oder kollektiv als Diaspora einen Schutzstatus beziehungsweise die Niederlassung in Westeuropa oder anderenorts zu erkämpfen? Das wäre für hunderttausende (zwangs-)repatriierte „Displaced Persons", die in die Sowjetunion zurückgeführt wurden, eine wichtige Option gewesen.

Zweitens setzte das Resettlement-Programm der IRO dadurch keine neuen politischen, ethischen oder rechtlichen Standards in der internationalen Flüchtlingspolitik, auf die sich anderenorts (zum Beispiel in Asien) oder zu späteren Zeitpunkten hätte berufen werden können. Das Resettlement-Programm sollte keine Blaupause für eine neue internationale Flüchtlingspolitik darstellen, sondern eine einmalige internationale Initiative. Der internationale politische Diskurs, der 1951 auch dazu führte, dass die Genfer Flüchtlingskonvention auf Europa beschränkt wurde, bestätigt den damaligen eurozentristischen Fokus.[23]

Im Jahr 1951 waren schließlich nur noch zehntausende – und nicht mehr Millionen – der durch NS-Terror und Krieg verschleppten und geflohenen Menschen in Westeuropa verblieben. Das Programm der IRO wurde eingestellt, die vormaligen „Displaced Persons" in Deutschland wurden als „Heimatlose Ausländer" abermals neugelabelt und mussten nun in der jungen Bundesrepublik integriert werden. Der politische Gebrauch von „displacement" und „Displaced Persons" wurde im Feld der internationalen Politik für einige Jahrzehnte aufgegeben und fand schon in der 1951 verabschiedeten Genfer Flüchtlingskonvention keinen Platz mehr.

---

22 Aus Platzgründen kann an dieser Stelle nicht detailliert auf die Unterscheidungen eingegangen werden, die UNRRA und IRO explizit zwischen „Displaced Persons" und „Refugees" trafen.
23 Vgl. Ulrike Krause: Colonial roots of the 1951 Refugee Convention and its effects on the global refugee regime. In: Journal of International Relations and Development 24 (2021).

4 Fazit

Sprechen wir mit Blick auf die europäische Nachkriegszeit von „displacement" und „Displaced Persons", müssen wir über die hier in aller Kürze skizzierte Begriffsgeschichte ebenso reflektieren, wie über die Frage, in welchem sozialen Feld und mit welchen Intentionen die Begriffe verwendet wurden.

„Displacement" wanderte zunächst aus unterschiedlichen bedeutungsverwandten Diskursen in die Regulierung der gewaltinduzierten Mobilität im Kontext des Zweiten Weltkrieges und bereitete den wechselhaft definierten Begriff „Displaced Persons" vor. Auf diesem Weg entstand keine unschuldige, neutrale oder schlicht sprachlich passende Bezeichnung, sondern ein wirkungsmächtiges Konstrukt, mit dem die Opfer dieser gewaltinduzierten Mobilität je nach den vorherrschenden politischen Zielsetzungen zwischen 1943 und 1946 zunächst fremdtituliert und entrechtet wurden und sich zwischen 1947 und 1951 dann um den mit begrenzten Rechten, wie vor allem der Möglichkeit, politischen Schutz vor Abschiebung zu erhalten und sich um Aufnahme durch Drittstaaten bewerben zu können versehenen Titel „DP" bewerben konnten. In beiden Phasen war nur eines primär ausgeschlossen: die selbstbestimmte Entscheidung über die Rekonstruktion des eigenen Lebens. Der Neologismus „Displaced Persons" stellte eine klare Abgrenzung zu „Flüchtlingen", „Exilant*innen" und Gruppen in der „Diaspora" her und produzierte ethisch, politisch und teils rechtlich Distanz zum Umgang mit diesen Personengruppen und zur der ihnen zugestandenen Selbstbestimmung. Mit einer unkritischen Weiterverwendung der Bezeichnungen „displacement" und „Displaced Persons" als heuristischen Kategorien reproduziert die Geschichtswissenschaft bis heute durchaus diese Nomenklatur.

Eine Renaissance erlebt der Begriff „displacement" ebenso wie Variationen von „Displaced Persons" in den 1980er und verstärkt seit den 1990er Jahren in der internationalen Politik und auch der Wissenschaft zunächst in Form von „Internally Displaced Persons", zur Bezeichnung von Binnenvertriebenen, die durch Flucht oder Vertreibung keine Staatsgrenze überschreiten, entsprechend keinen rechtlichen Flüchtlingsstatus geltend machen und daher keinen Schutz auf der Grundlage der Genfer Flüchtlingskonvention beanspruchen können. In jüngster Zeit formiert sich die Kategorie der „Persons Displaced Abroad", deren Konstruktion erneut darauf hinweist, dass es um eine Abgrenzung von der rechtlichen Figur des „Flüchtlings" geht. Denn nun geht es um Menschen, die zwar über Staatsgrenzen hinweg geflohen sind, deren Fluchtursachen aber nicht vom internationalen Flüchtlingsrecht abgedeckt sind, wie zum Beispiel Menschen, die vor Naturkatastrophen, Klimawandel, extremer Armut oder einem generellen Klima der Gewalt geflohen sind.[24] In der Wissenschaft wird „displacement" außerdem immer öfter wieder als ein unbelasteter Überbegriff vorgeschlagen, der angeblich alle Formen erzwungener Mobilität passend umklammere. Dieser Trend verkennt eine gewaltsame Begriffsgeschichte und trübt so eher den Blick auf Geschichte und Gegenwart, als ihn zu erhellen.

Literaturverzeichnis

Bachmann-Medick, Doris: Migration as Translation. In: dies. und Jens Kugele (Hg.): Migration. Changing Concepts, Critical Approaches. Berlin, Boston 2018, S. 273–293.
Black, Richard: Environmental refugees: myth or reality?, New Issues in Refugee Research Working Paper No. 34, Genf 2001.
Bourdieu, Pierre: Das politische Feld: Zur Kritik der politischen Vernunft. Konstanz 2001.
Cohen, Gerald Daniel: In War's Wake. Europe's Displaced Persons in the Postwar Order. New York 2011.
Duggan, Stephen und Drury, Betty: The Rescue of Science and Learning: The Story of the Emergency Committee in Aid of Displaced Foreign Scholars. New York 1948.
Gatrell, Peter: The Making of the Modern Refugee. Oxford 2015.
Huhn, Sebastian: Negotiating Resettlement in Venezuela after World War II: An Exploration. In: Historical Social Research 45 (2020), H. 4, S. 203–335.
Huhn, Sebastian und Rass, Christoph: The Post–World War II Resettlement of European Refugees in Venezuela: A Twofold Translation of Migration. In: Gabriele Pisarz-Ramirez und Hannes Warnecke-Berger (Hg.): Spatialization Processes in the Americas. Configurations and Narratives. Bern 2018, S. 243–267.
Jerome, Harry: The Measurement of Productivity Changes and the Displacement of Labor. In: The American Economic Review 22 (1932), H. 1, Supplement, S. 32–40.
Krause, Ulrike: Colonial roots of the 1951 Refugee Convention and its effects on the global refugee regime. In: Journal of International Relations and Development, 24 (2021), S. 599–626.
Kulischer, Eugene M.: Displaced Persons in the Modern World. In: The Annals of the American Academy of Political and Social Science 262 (1949), S. 166–177.
Kulischer, Eugene M.: The Displacement of Population in Europe. Montreal 1943.
Nieswand, Boris und Drotbohm, Heike: Einleitung: Die reflexive Wende in der Migrationsforschung. In: dies. (Hg.): Kultur, Gesellschaft, Migration. Die reflexive Wende in der Migrationsforschung. Wiesbaden 2014, S. 1–37.
Rass, Christoph: Vom "Displacement of Populations" über "Displaced Persons" zu "Internally Displaced Persons". Überlegungen zur Geschichte einer Schlüsselkategorie der Gewaltmigration im 20. Jahrhundert, 4.10.2020, NGHM Blog, Osnabrück https://nghm.hypotheses.org/2462 (Zugriff: 20.1.2022).
Vernant, Jacques: The Refugee in the Post-War World. London 1953.

---

24 Vgl. z. B. Richard Black: Environmental refugees: myth or reality? New Issues in Refugee Research Working Paper No. 34, Genf 2001.

Elend
(Steffan Davies)

Das Wort „Exil" kommt in Texten des 19. Jahrhunderts häufig vor, fehlt jedoch im *Deutschen Wörterbuch* von Jacob und Wilhelm Grimm. In dessen drittem Band *E–Forsche*, der in Lieferungen von 1859 bis 1862 erschien, nennt das Wörterbuch statt des „Exils" das „Elend":

> ELEND, n. exilium, captivitas, miseria. ahd. *elilenti* für *alilanti* [...]. urbedeutung dieses schönen, vom heimweh eingegebnen wortes ist das wohnen im ausland, in der fremde, und das lat. *exsul, exsilium*, gleichsam *extra solum* stehen ihm nahe.[1]

„Elend" im *Deutschen Wörterbuch* deutet auf einen Migrationsbegriff hin, der für das 19. Jahrhundert prägend war. Die Erfahrung des „wohnens im ausland", die von politisch Verfolgten sowie von Migrant*innen aus Gewissens- oder wirtschaftlichen Gründen gemacht wurde, war paradoxerweise für die Idee einer deutschen Kultur- und Sprachnation konstitutiv. Ist „Exil" im 20. und 21. Jahrhundert ein Begriff, der trotz breiter Verständlichkeit der präzisen Definition entgeht, so erwies sich im 19. Jahrhundert auch das „Elend" als dehnbar. Gleichzeitig verdeutlichte und vermittelte es die Widersprüche im Nationsbegriff: lokale gegen nationale Zugehörigkeit, Standard- gegen einheimisch gesprochene Sprache, die Nation, deren ‚Patrioten' in die Flucht getrieben wurden.

Am Beispiel von Jacob Grimm, der 1837 nach dem Protest der ‚Göttinger Sieben' gegen die Aufhebung der Hannoverschen Landesverfassung selbst zum Flüchtling wurde, untersucht dieser Beitrag in drei Abschnitten den Konnex von Elend und nationaler Gründung. Erstens: Grimm beschrieb im Rückblick auf die eigene Biografie die Entstehung der nationalen Gesinnung aus dem Lokalpatriotismus. Auch die Entwicklung der deutschen Hochsprache verband er – zweitens – begrifflich mit dem Verlassen der lokalen Heimat, dem „wohnen im ausland". Abschließend schildert der Beitrag den Bezug von Exil und Nation bei Zeitgenossen der Grimms und in Edward Saids einflussreichem Essay „Gedanken zum Exil" (1984), in dem die deutsche Einheitsbewegung ein Paradebeispiel dafür liefert, dass „jeder Nationalismus [...] in seiner Frühphase aus einer Situation der Entfremdung [entsteht]".[2] Exil und Nationalsinn waren im Deutschen

---

1 Jacob und Wilhelm Grimm: Deutsches Wörterbuch. Dritter Band. Leipzig 1862, Sp. 406.
2 Edward Said: Gedanken zum Exil. In: Texte zur Kunst 5 (März 1992), S. 143.

Bund vor der ‚Reichseinigung' 1871 vor allem positiv miteinander verschränkt; auch eine prominente Ausnahme dazu, Heinrich Heine, der zum Teil aufgrund der eigenen ambivalenten Einstellung als Jude zur deutschen ‚Heimat' von späteren Exilant*innen stark rezipiert wurde, teilte die Meinung, dass das Exil das Nationalgefühl stärke. Said weist jedoch auch wiederholt auf die grundsätzlichen Unterschiede zwischen Exil und Nationalismus hin: Das Exil ist grundsätzlich „ein Zustand endgültigen Verlustes". Aus diesem Grund verwendet Said einen vergleichsweise engen Exilbegriff, indem er behauptet, dass diejenigen, die zu Siedlern oder Gründern werden, nicht mehr im Exil sind.[3]

Mit der konzentrierten, rassistisch und politisch motivierten Verfolgung durch den Nationalsozialismus lässt sich das Exil im 19. Jahrhundert nicht vergleichen. Erst 1933, fasst Jost Hermand zusammen, „wird das Exil zu einer totalen Abgeschlossenheit und obendrein zu einer Massensituation, die etwa eine halbe Million Menschen betrifft".[4] Immerhin wurde in der Emigration nach 1933 durchaus an die Ironie der nationalen Gründung durch Exilanten appelliert und in ihren Worten ein Nachweis des ‚anderen Deutschlands' erkannt. Die Verschränkung von sprachlicher, kultureller und nationaler Identität, die die Einstellung späterer Emigrierter zur Muttersprache als ‚Heimat' prägte, geht auf die Gebrüder Grimm, ferner auf Herder und Wilhelm von Humboldt, zurück.[5] Anna Seghers bemerkte 1938 die genehmigte Neuauflage des *Deutschen Wörterbuchs* und verwies ihre Leser auf den Anfang des Vorworts, in dem Jacob Grimm die Vertreibung aus Göttingen beschreibt: „So klingt unsere Sprache, wenn sie aufrichtig gesprochen wird".[6] Walter Benjamin zitierte in der Briefsammlung *Deutsche Menschen* (1936) den Ruf an die bereits in der Zeit der Grimms in die USA „ausgewanderten Deutschen" am Schluss desselben Vorworts: Grimm habe geschrieben „zu einer Zeit, da Deutschland – ohne Kabel zwar, aber ohne seine Stimme fälschen zu müssen – über das Meer hin gesprochen hat".[7]

---

[3] Said: Gedanken, S. 141 u. 148.
[4] Jost Hermand: Schreiben in der Fremde. Gedanken zur deutschen Exilliteratur seit 1789. In: Jost Hermand und Reinhold Grimm (Hg.): Exil und innere Emigration. Third Wisconsin Workshop. Frankfurt a. M. 1972, S. 14.
[5] Vgl. Susanne Utsch: „In einer fremden Sprache gestalten kann man nicht." Der prägende Einfluss von Muttersprachenideologien der 1920er und 1930er Jahre auf die Sprachbewahrungstendenz der Exilintellektuellen. In: Exilforschung 32 (2014): Sprache(n) im Exil.
[6] Anna Seghers: Illegales legal. In: dies.: Gesammelte Werke in Einzelbänden. Bd. 13: Aufsätze, Ansprachen, Essays 1927–1953. Berlin, Weimar 1980, S. 70.
[7] Walter Benjamin: Werke und Nachlaß: Kritische Ausgabe. Bd. 10: Deutsche Menschen, hg. von Momme Brodersen. Frankfurt a. M. 2008, S. 89. Vgl. weiter Wilhelm Sternfeld: German Students and their Professors. In: Hans J. Rehfisch (Hg.): In Tyrannos. Four Centuries of Struggle against

Elend und Heimat: lokal und national

Das „Elend" dehnte sich vom „wohnen im ausland" bis zur Verbannung. Man kann – so das Wörterbuch – ins Elend „gehen, fahren, wandern", aber auch „fliehen", man kann jemanden „ins elend schicken, versenden, jagen, dringen, treiben, stoszen, verweisen". Auch wenn die Herleitung des lateinischen „exilium" aus „extra solum" wahrscheinlich ein (auch in der Antike verbreiteter) Irrtum ist, führt sie doch zur richtigen Etymologie im Deutschen: westgermanisch „alja-landja", „außer Landes seiend".[8] So deckt sich das Elend nicht nur mit dem Exil, sondern auch mit der Auswanderung, die spätestens ab Mitte des 19. Jahrhunderts neben der Binnenwanderung in die Städte ein wichtiges Merkmal sowohl der Bevölkerungsgeschichte als auch des öffentlichen Diskurses darstellte. Die Auswanderer, die überwiegend aus wirtschaftlicher Not emigrierten, prägten auch maßgeblich das entstehende Deutschlandbild der Daheimgebliebenen. Der Begriff „Auslandsdeutsche" drückte gleichzeitig den Bruch zwischen Heimat und Fremde, aber auch die Homogenität einer deutschen Diaspora aus, anders als Saids Exilbegriff verdeckte er die Unterschiede zwischen ‚Ausgewanderten' und ‚Siedlern', zwischen ‚alter' Heimat und ‚neuem' Zuhause.[9] Wird das „Auswandern" im *Deutschen Wörterbuch* neutral definiert – „emigrare, die heimat verlassen und in die fremde ziehen"[10] – so ist das „Elend" hingegen ungewollt und schmerzhaft, „von heimweh eingegeben". Das Wörterbuch erklärt, dass „Elend" inzwischen viel häufiger im neueren Sinne von „Unglück" gebraucht werde: „da nun fremde und verbannung weh thun und unglücklich machen, nahm *elend* nach und nach den begrif von miseria an und der ursprüngliche trat vor diesem endlich ganz zurück".[11]

Das Elend war nicht nur begrifflich dehnbar, es war auch insofern paradox, als die Heimat, auf die es sich bezog, nicht an ein klar definiertes Territorium gebunden war. Heimat war in erster Linie lokal, die Fremde konnte nicht nur

---

Tyranny in Germany. London 1944; Hermann Kesten: Was die Deutschen erzählen [1956]. In: ders.: Der Geist der Unruhe. Literarische Streifzüge. Köln, Berlin 1959.
8 Grimm: Deutsches Wörterbuch. Dritter Band, Sp. 407; Kluge. Etymologisches Wörterbuch der deutschen Sprache, bearbeitet von Elmar Seebold. Berlin, Boston 2011 (25. Aufl.), S. 241; Oxford Latin Dictionary, bearbeitet von P. G. W. Glare. Oxford 1982, S. 663 („exul").
9 Thomas Nipperdey: Deutsche Geschichte 1800–1866. München 1983, S. 114; Bradley D. Naranch: Inventing the *Auslandsdeutsche*: Emigration, Colonial Fantasy, and German National Identity, 1848–71. In: Eric Ames, Maria Klotz und Lora Wildenthal (Hg.): Germany's Colonial Pasts. Lincoln, London 2005.
10 Jacob und Wilhelm Grimm: Deutsches Wörterbuch. Erster Band. Leipzig 1854, Sp. 1008.
11 Grimm: Deutsches Wörterbuch. Dritter Band, Sp. 409.

Nordamerika, Paris oder die Schweiz sein, sondern auch die anderen Staaten im Deutschen Bund. Jacob Grimm berichtet von sich und seinen Geschwistern, dass ihre „liebe zum vaterland" in ihrer Kindheit vorerst durch konfessionelle Identität und Lokalpatriotismus geprägt war.[12] Wenn er über seinen Bruder Ludwig schreibt, dass dieser „von uns hernach am frühsten und am längsten im ausland leben muste" (KS 1, S. 2), meint er nicht nur Ludwigs Teilnahme am Feldzug gegen Frankreich (1814) und seine Italienreise (1816), sondern vielmehr sein längeres Studium der Kunst in München (1809–1814). Als er Ende 1829 widerwillig aus Kassel in das fünfzig Kilometer entfernte und mit der Heimat „nicht zu vergleichen[de]" Göttingen umgezogen war, tröstete er sich: „aber die nämlichen sterne stehen am himmel, und gott wird uns weiter helfen".[13] 1837 reflektierte er über die Heimatliebe zu Hessen als Grundlage der Liebe zu Deutschland: „[meine eltern] gewöhnten mich von kindesbeinen an, diese [...] landschaft nur als einen wesentlichen bestandtheil des deutschen vaterlands anzusehn" (KS 1, S. 27).

In seiner Göttinger Antrittsvorlesung *De desiderio patriae* (‚Von der Sehnsucht nach Heimat') schilderte Grimm den Nationalsinn zugleich als Folge und als Überwindung des Lokalpatriotismus. Er hielt sie im November 1830, wohl wissend, dass die „Veränderung und Verwirrung der Verhältnisse" durch die Julirevolution in Paris auch in Deutschland die geltende politische Ordnung radikal in Frage stellte.[14] Das „desiderium patriae" verbindet die Sehnsucht nach der verlassenen Heimatstadt Kassel mit dem Verlangen nach einem noch nicht bestehenden deutschen Vaterland. Wer die Heimat verlasse, leide an der „sehr schwere[n] Krankheit" des Heimwehs und habe als „bittere Strafe" des Elends den physischen Kontakt zu den sicheren Orten der Kindheit verloren, aus denen „die notwendige Geschicklichkeit" für die Aufgaben des Lebens erwachse (DDP, S. 10–12). Dass Grimm sich selbst dieser Gefahr ausgesetzt sah, drückte er am Schluss der Vorlesung aus (DDP, S. 17). Sieben Jahre später wurde er infolge seiner Entlassung mit zwei anderen „ausländischen" Professoren des Landes verwiesen und fand erst drei Jahre danach an der Berliner Universität eine neue, feste Wirkungsstätte. Nach der Ausweisung aus Göttingen wehrte er sich gegen die Bezeichnung als „Ausländer": dies sei ein „tief kränkender, undankbarer vorwurf", denn unter Gelehrten habe in Deutschland „von jeher freizügigkeit und gefühl deutscher nationaleinheit" gewaltet. Ohnehin hätten sich die ‚fremden' Unterzeichner des

---

12 Jacob Grimm: Kleinere Schriften [KS]. 8 Bde. Hildesheim 1965–1966. Hier KS 1, S. 1–2.
13 KS 1, S. 17. Zum Umzug und dem Anlass dazu: Steffen Martus: Die Brüder Grimm. Eine Biographie. Berlin 2009, S. 312–327.
14 Jacob Grimm: De desiderio patriae [DDP], hg. und übersetzt von Wilhelm Ebel. Kassel 1967, S. 17. Ebel übersetzt den Titel als „Über die Heimatliebe".

Göttinger Protestbriefs als die wirklichen Patrioten erwiesen, als nicht die Einheimischen, sondern sie zur Landesverfassung gestanden hätten (KS 1, S. 44–45). 1854 stellte er das *Deutsche Wörterbuch* als Ertrag dieses Unglücks vor, denn nur durch ihre Ächtung hätten er und Wilhelm die „unfreiwillige musze" für ein solches Unterfangen gewonnen (KS 8, S. 302). Grimm beschwört mit der „Freizügigkeit" der Bildungsschicht die Kommunikationsnetzwerke und die neuen Anlässe zur Mobilität herauf, die in dieser Epoche, so der Historiker Thomas Nipperdey, die Voraussetzung einer nationalen Bewegung waren, indem sie einen „Raum gemeinsamer Erfahrungen, gemeinsamer Probleme, gemeinsamer Vorstellungen" schufen.[15]

Sprache und Nation

Auch die Ideologie einer einheitlichen deutschen Sprache wurde durch das Verlassen der lokalen Heimat und dem „wohnen in der fremde" gestärkt. Wiederholt werden in Texten über Deutschland unglückliche Emigrant*innen beschrieben, die durch das Hören der Muttersprache wieder der eigenen Identität gewahr werden. In der Antrittsvorlesung beklagt Grimm den Identitätsverlust derjenigen, „in denen bei der Suche nach einem neuen Wohnsitz alle Erinnerung und jedes Gedächtnis an die Heimat verlorengeht", um direkt zu antworten: „Durch nichts anderes aber wird das Band zur Heimat und ihre Unentbehrlichkeit so beleuchtet [...] wie durch die Gemeinschaftlichkeit der Sprache." (DDP, S. 12) Er behauptete auf der Frankfurter Germanistenversammlung 1846, dass die deutsche Nation sich nicht geographisch definieren lasse, sondern das Volk stattdessen „der inbegriff von menschen, welche dieselbe sprache reden" sei. Er stellte sich einen heimkehrenden Auswanderer vor, der diesen Begriff verstehe, als er „wieder den boden seiner heimat betritt, die mütterliche erde küszt, in wessen ohr die altgewohnten laute dringen, der fühlt was er entbehrt hatte und wie ganz er wieder geworden ist".[16] Theodor Mundt, der 1835 vom Bundestagsdekret gegen das ‚Junge Deutschland' betroffen wurde und daraufhin Frankreich, England und die Schweiz bereiste, um dem Konflikt mit den preußischen Behörden auszuweichen, behauptete 1837:

---

15 Nipperdey: Deutsche Geschichte, S. 307.
16 KS 7, 557; vgl. auch die – dem ‚gewanderten' Bruder Ludwig gewidmete – Vorrede zu den *Deutschen Sagen*, 1816, KS 8, S. 10.

> Der deutsche Gedanke wird mit dem Heimweh nach dem deutschen Wort geboren [...]. Die Emigranten des deutschen Wesens, die im Auslande in fremden Lauten zu stammeln versucht, haben alle das patriotische Heimweh der deutschen Sprache empfunden.[17]

Ebenfalls berichtet Heine in der Vorrede zum *Salon I* (1833) von der Begegnung mit verarmten Auswanderern in Le Havre, die er erst beim Hören der Sprache, „Deutsch, in schwäbischer Mundart", als „das Vaterland in Elend, in der Fremde, im Elend" erkennt:

> Man kann sein Vaterland lieben, und achtzig Jahr dabey alt werden, und es nie gewußt haben; aber man muß dann auch zu Hause geblieben seyn. [...] So beginnt die deutsche Vaterlandsliebe erst an der deutschen Grenze, vornehmlich aber beim Anblick deutschen Unglücks in der Fremde. [...] Deutschland, das sind wir selber.[18]

Grimm, Mundt und Heine beschreiben die Begegnung von Auswanderern mit der deutschen Sprache. Auch begrifflich bedeutete die Standardsprache einen Schritt weg von der lokalen, territorial definierbaren Heimat, da sie die eigentliche Mehrsprachigkeit der deutschen Länder verdeckte. Einerseits setzte sie die Homogenisierung von Regionalsprachen voraus: Die einheitliche Hochsprache war eine im 18. Jahrhundert mit Absicht standardisierte und vor allem schriftliche Variante des Deutschen, die überregional verständlich und prestigeträchtig sein sollte, aber nirgendwo die ‚einheimische' Lokalvariante war.[19] Die lokale Sprache sollte in die nationale führen: in entgegengesetzter Richtung zum Aufbruch in die Fremde, die dem ‚Elend' zugrunde liegt, beschreibt Grimm die Entstehung der Standardsprache als die Bewegung von Dialekten aufeinander zu (DDP, S. 13). Die „altgewohnten laute", die sein Heimkehrer hört, wären eigentlich mit Sicherheit die Laute einer regionalen Mundart und nicht die der Standardsprache gewesen, doch in der Frankfurter Rede bekräftigen sie den Stellenwert des Deutschen.[20] Heines Schwaben erinnern den gebürtigen Düsseldorfer an Deutschland. Andererseits sollten die Fremdwörter, die nicht „im boden unsrer sprache längst wurzel gefaszt und aus ihr neue sprossen getrieben" hätten, und „deren gebrauch [...] gestattet wurde, ohne dasz sie für eingetretne in unsere sprache gelten können", aus der Standardsprache ausgeschlossen werden: „sie haben wol versucht sich

---

17 Theodor Mundt: Die Kunst der deutschen Prosa. Berlin 1837, S. 13.
18 Heinrich Heine: Historisch-kritische Gesamtausgabe der Werke. 16 Bände, hg. von Manfred Windfuhr. Düsseldorf 1978–1997. Bd. 5, S. 371–374.
19 Joe Salmons: A History of German. Oxford 2018 (2. Aufl.), S. 286 u. 296.
20 Vgl. Winfried V. Davies: Standard German in the Nineteenth Century. In: Geraldine Horan, Nils Langer und Sheila Watts (Hg.): Landmarks in the History of the German Language. Oxford u. a. 2009.

einzunisten [...] ihr aufenthalt scheint in vielen fällen gleichsam ein vorübergehender und man wird [...] sie gar nicht vermissen". Das Lemma „Exil" fehlt deshalb im *Deutschen Wörterbuch*, weil die Brüder es als die „Pflicht" ihres Werks ansahen, „dem maszlosen und unberechtigten vordrang des fremden widerstand zu leisten" (KS 8, S. 331–332). Gleichfalls ‚fehlen' die Begriffe „Asyl" und „Emigration". Das Prinzip war widersprüchlich (ein Wort wird „gebrauch[t]", soll aber nicht „in die Sprache eingetreten" sein) und wurde willkürlich angewandt.[21] Durchgehend wurden die Lemmata mithilfe lateinischer Äquivalente und vergleichbarer lateinischer Etymologien (z. B. „extra solum") erklärt, was auch den zeitgenössischen Rezensenten auffiel.[22]

Dieser Nationsbegriff nimmt die Verluste des ‚Elends' in Kauf, er fasst sie, beispielsweise in der Antrittsvorlesung, als Wachstumsprozess auf. Dort wird das „Band zur Heimat", das der Auswanderer mit dem Verlassen der Orte der Kindheit verliert, von einer Sprache aufrechterhalten, die eben *durch* Verluste aus der regionalsprachlichen Vielfalt der ‚Kindheit' zur Vollendung als Nationalsprache aufwächst. Niemand wird – so Grimm – „den Untergang des niederdeutschen Dialekts [...] beklagen" (DDP, S. 14). Auch in dem Fall, dass die geltenden Staatsformen im Zuge der Pariser Revolution umgestürzt würden, bleibe die Muttersprache „das festeste Fundament des Staates", Grimms Hörer sollten „nicht daran zweifeln, daß, so weit und breit sie in Kraft steht, auch Deutschland sich erstreckt" (DDP, S. 17). Hat Grimm am Anfang der Vorlesung den Spruch „ubi bene, ibi patria", „wo es einem gut gehe, dort sei seine Heimat" abgelehnt,[23] so hat er bis zum Schluss die Bindung an den lokalen Heimatsort durch die Sprache ersetzt: ‚ubi lingua, ibi patria'. Im Vorwort zum Wörterbuch (1853) ist von der Bindung an den lokalen Boden, und von ‚Entbehrung' und ‚Ganzheit' bei der Aus- und Heimreise, nicht mehr die Rede. Stattdessen spricht das Vorwort, wie Doerte Bischoff anmerkt, „ausdrücklich die Idee einer diasporischen, deterritorialisierten Struktur der deutschen Gemeinschaft" aus.[24] Über die Hochsprache wird erstens an die kul-

---

[21] Werner Holly: „Wilde pflanzen ohne nährende frucht" – Die Behandlung des politisch-sozialen Wortschatzes im Deutschen Wörterbuch. In: Alan Kirkness, Peter Kühn und Herbert Ernst Wiegand (Hg.): Studien zum Deutschen Wörterbuch von Jacob Grimm und Wilhelm Grimm. Tübingen 1991.
[22] Ulrike Haß-Zumkehr: Das *Deutsche Wörterbuch* von Jacob Grimm und Wilhelm Grimm als Nationaldenkmal. In: Andreas Gardt (Hg.): Nation und Sprache. Die Diskussion ihres Verhältnisses in Geschichte und Gegenwart. Berlin, New York 2000, S. 242.
[23] KS 6, S. 411; DDP, S. 9.
[24] Doerte Bischoff: Transnationalität als Paradigma der germanistischen Literaturwissenschaft. In: Emilia Dentscheva u. a. (Hg.): Traditionen, Herausforderungen und Perspektiven in der germanistischen Lehre und Forschung. Sofia 2015, S. 44.

turelle Einheit des weiten deutschen Sprachraums in Mitteleuropa appelliert, an die „geliebte[n] landsleute, welches reichs, welches glaubens ihr seiet" – auch wenn das Wörterbuch in erster Linie eigentlich elitär-wissenschaftliche Ziele verfolgte („[es] ist keine noth, dasz allen alles verständlich").²⁵ Dann widmet sich das Vorwort den Ausgewanderten: Das Wörterbuch soll sie nicht zur Heimkehr überreden, sondern in ihnen „wehmütige, liebliche gedanken an die heimatsprache eingeben oder befestigen" und dazu führen, dass die deutsche Kultur neben der englischen und spanischen in Amerika dauerhaft Wurzeln fasst.²⁶

Exil und Nationenbildung

Auch bei Grimms Zeitgenossen verbanden sich Auswanderung und Verbannung mit dem nationalen Gedanken. Heinrich Hoffmann von Fallersleben schrieb 1841 das „Lied der Deutschen" auf Helgoland, der Insel unter britischer Herrschaft, die als Zuflucht vor den Regeln und dem Überwachungsapparat des Deutschen Bundes bekannt war. Im darauffolgenden Jahr wurde Fallersleben nach der Veröffentlichung und dem Verbot seiner (durchaus politischen) *Unpolitischen Lieder* als Professor in Breslau entlassen. Er verließ Breslau und wanderte unstet durch Nord- und Westdeutschland, da ihm an verschiedenen Orten in Preußen und Hannover der Aufenthalt verwehrt wurde, bis er 1848 amnestiert wurde.²⁷ Im „Lied eines Verbannten" ist dem Exilanten alles geraubt worden außer seinem Herzen, „das fern von dir verbannt, | Dir lebt und stirbt, mein Vaterland". Das „Auswanderungslied" klagt über Deutschlands treulose Fürsten: Die Auswanderer, die in Übersee die Freiheit suchen, kommen nur dem Schicksal ihrer polizeilich „ausgewiesen[en]" Brüder zuvor, denn „Jeder, jeder Deutsch' ist vogelfrei".²⁸ Vor diesem politischen Hintergrund beschrieb Theodor Mundt das ‚Elend' 1842 ironisierend als Ideal, denn:

> In Deutschland sind mehr oder weniger alle ausgezeichneten Leute eine Zeitlang wie geächtet und von Allen verlassen. [...] Diese Vereinsamung ist aber unter einer Nation, welcher bekanntlich der Trieb angeboren ist, ihre öffentlichen Denkmäler zu verstümmeln [...], gewissermaßen eine *Ehre*.²⁹

---

25 KS 8, S. 380 u. 315; vgl. Haß-Zumkehr: *Das Deutsche Wörterbuch*.
26 KS 8, S. 380.
27 Johannes Weber: Mundt, Theodor. In: Neue Deutsche Biographie 18 (1997); Franz Brümmer: Mundt, Theodor. In: Allgemeine Deutsche Biographie 23 (1886).
28 Hoffmann von Fallersleben: Schwefeläther. Freisingen 1857 [fingiert; eigentlich Mannheim 1847], S. 42–44.
29 Theodor Mundt: Geschichte der Literatur der Gegenwart. Leipzig 1853 (2. Aufl.), S. 597.

Als Beispiel dafür nennt Mundt August von Platen, der 1826 nach Italien gereist war und von dort nicht zurückkehrte, als Heine 1830 in den *Bädern von Lukka* auf seine Homosexualität aufmerksam machte. Platen wurde von einer „Hypochondrie über Deutschland" gequält, doch hätte er besser getan – so Mundt – die Vorteile des Exils zu erkennen:

> Platen hatte das große Glück, fern von seiner Nation in einem fremden Lande leben zu können, und von dort aus hätte er sie in ihren besseren Eigenschaften verherrlichen sollen, statt mit ihr zu schmollen. Denn das ist die richtige Situation, von Deutschland fern zu sein und es dann über Alles gränzenlos zu lieben.[30]

Das längere Gedicht „Die deutsche Flotte" von Georg Herwegh, der 1839 nach Zürich geflüchtet war, um dem Militärdienst in Württemberg zu entkommen, stellt ebenfalls das Erwachen nationaler Identität in der Emigration dar. Der Seemann, der vor Armut und Unterdrückung geflohen ist, fühlt sich erst auf hoher See als Deutscher, als er sich an den Mast aus deutschem Holz lehnt und vom heimatlichen Wald träumt. Ferner soll das Bereisen und Beherrschen fremder Länder zur Vereinigung der Heimat „vom Po [...] bis zum Sunde" führen: „Und in den Furchen, die Columb gezogen, | Geht Deutschlands Zukunft auf".[31]

Von diesen Aussagen wie von Grimms Schriften führen Fäden zu Edward Saids „Gedanken zum Exil", in dem er die Verbindung zwischen Exil und Nationalismus behandelt. Said zufolge definiert die Zugehörigkeit zur modernen Nation auch die Nichtzugehörenden – die Exilanten – aber nicht nur; vielmehr ist der Nationalismus auch das Erzeugnis des Exils. Der Nationalismus, der die Heimat mit ihrer „Gemeinschaft der Sprache, der Kultur und der Sitten" betont, „hält [...] das Exil vom Leibe, kämpft zum Schutz vor seinen Verwüstungen". Wenn Said den Nationalstolz von Exilanten beschreibt, erinnert er an Mundts „Heimweh nach dem deutschen Wort" oder Heines Vaterlandsliebe, die „erst an der deutschen Grenze" beginnt.[32] Said betont, wie Grimm, Herwegh und Mundt, die Trauer an dem „unheilbare[n] Riß zwischen einem menschlichen Wesen und seinem Herkunftsort". Am Beispiel des urdusprachigen Dichters Faiz Ahmad Faiz, der im libanesischen Exil seine Werke rezitiert, weist er auf die emotionale Kraft der gemeinsamen Sprache in der Emigration hin.[33] Wenn er feststellt, dass Exilierte über höhere Einsichten verfügen können – „Exilanten gehen über Grenzen

---

[30] Mundt: Geschichte, S. 597. Zum Streit zwischen Heine und Platen, der mit antisemitischen Angriffen Platens auf Heine begonnen hatte, vgl. Heine: Werke, Bd. 7.2, S. 1066–1090 und 1308–1344.
[31] Georg Herwegh: Gedichte eines Lebendigen. Zweiter Band. Zürich, Winterthur 1843, S. 26–31.
[32] Said: Gedanken, S. 143.
[33] Said: Gedanken, S. 141–142.

hinweg, zerbrechen die Barrieren des Denkens und der Erfahrung" – erinnert er an Mundts Behauptung, dass in Deutschland „alle ausgezeichneten Leute eine Zeitlang wie geächtet" sind.[34]

Allerdings werden gerade am Vergleich zu Said auch die Unterschiede zwischen dem „Elend" der Grimms und dem Exil vom 20. Jahrhundert bis in die Gegenwart deutlich. Ausschlaggebend für das Elend ist die Kontinuität zwischen dem „wohnen im ausland" und der ‚heimischen' Nation, gerade die praktischen und existentiellen Diskontinuitäten hingegen machen für Said das moderne Exil aus.[35] Grimm kommt ihm nahe, als er den Verlust „jedes Gedächtnis[ses] an die Heimat" befürchtet, doch führt er von hier aus zu den Kontinuitäten, die er zu begründen strebt.

Fazit

Saids Essay setzt mit George Steiners Begriff der „extraterritorialen" Literatur ein, demzufolge die ‚Wanderer' zwischen den Sprachen – Heine, Beckett, Nabokov – die wahrsten Stimmen ihrer Epoche waren, da sie in einem Zeitalter der massenhaften Wurzellosigkeit selber mit der romantischen Einheit von Muttersprache und Dichtergeist brachen und sprachlich „heimatlos" („unhoused") wurden.[36] Ganz anders bemängelte Mundt an Platen, dass dieser aus der Ferne die Heimat nicht „verherrliche". Die Diaspora, die Grimm vorschwebte, sollte unbedingt ihre patriotische Identität bewahren. Er kritisierte in seiner *Vorlesung über deutsche Literaturgeschichte* (1834) an Heines „schmählich[en]" Schriften auf Deutsch und Französisch, dass dieser „in unglücklicher Richtung befangen" sei: „Die Satire [ist] dem Dichter gestattet, aber nie, gegen sein Vaterland zu schreiben, das bricht den Stab über den Dichter."[37] Auf der Reise in die Schweiz traf Mundt in Heidelberg den französischen Schriftsteller Edgar Quinet, dessen Versuch, „weltliterarisch[-]" zwischen deutscher und französischer Kultur zu vermitteln, nur scheitern könne, „denn eine Literatur kann nicht einseitig national genug sein".[38]

---

34 Said: Gedanken, S. 151.
35 Said: Gedanken, S. 144.
36 George Steiner: Extraterritorial [1969]. In: ders.: Extraterritorial. Papers on Literature and the Language Revolution. London 1972.
37 Jacob Grimm: Werke und Briefwechsel. Materialien: Band 1: Vorlesung über deutsche Literaturgeschichte, hg. von Matthias Janssen. Kassel, Berlin 2005, S. 452.
38 Theodor Mundt: Spaziergänge und Weltfahrten. Dritter Band: Ausflug durch die Schweiz nach der Provence. Altona 1839, S. 11–12.

Das „Elend" im *Deutschen Wörterbuch*, „von heimweh eingegeben", beschrieb den Bruch mit der Heimat, aber die Einheit der Nation.

Literaturverzeichnis

Benjamin, Walter: Werke und Nachlaß: Kritische Ausgabe. Bd. 10: Deutsche Menschen, hg. von Momme Brodersen. Frankfurt a. M. 2008.

Bischoff, Doerte: Transnationalität als Paradigma der germanistischen Literaturwissenschaft. In: Emilia Dentscheva u. a. (Hg.): Traditionen, Herausforderungen und Perspektiven in der germanistischen Lehre und Forschung. Sofia 2015, S. 39–57.

Brümmer, Franz: Mundt, Theodor. In: Allgemeine Deutsche Biographie 23 (1886), S. 10–12 [Online-Version: https://www.deutsche-biographie.de/pnd118735225.html, Zugriff am 25.2.2022].

Davies, Winfried V.: Standard German in the Nineteenth Century. In: Geraldine Horan, Nils Langer und Sheila Watts (Hg.): Landmarks in the History of the German Language. Oxford u. a. 2009, S. 189–210.

Fallersleben, Hoffmann von: Schwefeläther. Freisingen 1857 [fingiert; eigentlich Mannheim 1847].

Grimm, Jacob: De desiderio patriae, hg. und übersetzt von Wilhelm Ebel. Kassel 1967.

Grimm, Jacob: Kleinere Schriften. 8 Bde. Hildesheim 1965–1966 [Nachdruck der Ausgabe Berlin 1864–1890].

Grimm, Jacob: Werke und Briefwechsel. Materialien: Band 1: Vorlesung über deutsche Literaturgeschichte, hg. von Matthias Janssen. Kassel, Berlin 2005.

Grimm, Jacob und Wilhelm: Deutsches Wörterbuch. Erster Band. Leipzig 1854.

Grimm, Jacob und Wilhelm: Deutsches Wörterbuch. Dritter Band. Leipzig 1862.

Haß-Zumkehr, Ulrike: Das Deutsche Wörterbuch von Jacob Grimm und Wilhelm Grimm als Nationaldenkmal. In: Andreas Gardt (Hg.): Nation und Sprache. Die Diskussion ihres Verhältnisses in Geschichte und Gegenwart. Berlin, New York 2000, S. 229–246.

Heine, Heinrich: Historisch-kritische Gesamtausgabe der Werke. 16 Bände, hg. von Manfred Windfuhr. Düsseldorf 1978–1997.

Hermand, Jost: Schreiben in der Fremde. Gedanken zur deutschen Exilliteratur seit 1789. In: Jost Hermand und Reinhold Grimm (Hg.): Exil und innere Emigration. Third Wisconsin Workshop. Frankfurt a. M. 1972, S. 7–30.

Herwegh, Georg: Gedichte eines Lebendigen. Zweiter Band. Zürich, Winterthur 1843.

Holly, Werner: „Wilde pflanzen ohne nährende frucht" – Die Behandlung des politisch-sozialen Wortschatzes im Deutschen Wörterbuch. In: Alan Kirkness, Peter Kühn und Herbert Ernst Wiegand (Hg.): Studien zum Deutschen Wörterbuch von Jacob Grimm und Wilhelm Grimm. Tübingen 1991, S. 347–405.

Kesten, Hermann: Was die Deutschen erzählen [1956]. In: ders.: Der Geist der Unruhe. Literarische Streifzüge. Köln, Berlin 1959, S. 191–202.

Kluge. Etymologisches Wörterbuch der deutschen Sprache, bearbeitet von Elmar Seebold. Berlin, Boston 2011 (25. Aufl.).

Martus, Steffen: Die Brüder Grimm. Eine Biographie. Berlin 2009.

Mundt, Theodor: Die Kunst der deutschen Prosa. Berlin 1837.

Mundt, Theodor: Spaziergänge und Weltfahrten. Dritter Band: Ausflug durch die Schweiz nach der Provence. Altona 1839.

Naranch, Bradley D.: Inventing the Auslandsdeutsche: Emigration, Colonial Fantasy, and German National Identity, 1848–71. In: Eric Ames, Maria Klotz und Lora Wildenthal (Hg.): Germany's Colonial Pasts. Lincoln, London 2005, S. 21–40.

Nipperdey, Thomas: Deutsche Geschichte 1800–1866. München 1983.

Oxford Latin Dictionary, bearbeitet von P. G. W. Glare. Oxford 1982.

Said, Edward: Gedanken zum Exil. In: Texte zur Kunst 5 (März 1992), S. 141–154.

Salmons, Joe: A History of German. Oxford 2018 (2. Aufl.).

Seghers, Anna: Illegales legal. In: dies.: Gesammelte Werke in Einzelbänden. Bd. 13: Aufsätze, Ansprachen, Essays 1927–1953. Berlin, Weimar 1980, S. 69–70.

Steiner, George: Extraterritorial. In: ders.: Extraterritorial. Papers on Literature and the Language Revolution. London 1972, S. 3–11.

Sternfeld, Wilhelm: German Students and their Professors. In: Hans J. Rehfisch (Hg.): In Tyrannos. Four Centuries of Struggle against Tyranny in Germany. London 1944, S. 128–161.

Utsch, Susanne: „In einer fremden Sprache gestalten kann man nicht." Der prägende Einfluss von Muttersprachenideologien der 1920er und 1930er Jahre auf die Sprachbewahrungstendenz der Exilintellektuellen. In: Exilforschung 32 (2014): Sprache(n) im Exil, S. 29–50.

Weber, Johannes: Mundt, Theodor. In: Neue Deutsche Biographie 18 (1997), S. 588–590 [Online-Version: https://www.deutsche-biographie.de/pnd118735225.html, Zugriff am 25.2.2022].

Entwurzelung
(Fabian Bauer)

Die Metapher der Entwurzelung steht für die traumatische Wirkungsmacht der Erfahrung von Flucht und Vertreibung, schließlich stellt der Migrationsdruck gleichermaßen die selbstbestimmten Entfaltungsmöglichkeiten wie auch die Identität der betroffenen Individuen bzw. Personengruppe offen infrage. Die Entwurzelung steht für den Schock der biografischen Diskontinuität und damit unmittelbar für die existenzielle Krisenerfahrung des Exils. Die Komplexität dieser universellen Exilmetapher wird in Abgrenzung zu semantisch verwandten Vokabeln hinsichtlich ihrer politischen Tragweite, der Nähe zum Topos der ‚Exilkrankheit', der Dialektik von Ent- und Verwurzelung sowie der Bedeutung für das künstlerische Exil erschlossen. In der Begriffsbestimmung berufe ich mich auf autobiografische und essayistische Reflexionen des Exils, so insbesondere auf Texte von Vilém Flusser, Simone Weil, Hannah Arendt, Theodor W. Adorno, Salman Rushdie und Edward Said.

Nationale, kulturelle, gesellschaftliche wie auch persönliche Identitätsentwürfe finden in einem auffallenden Maße Ausdruck in einer ‚Arborification', d. h. der Projektion transgenerationaler Traditionslinien in den Bildbereich der Botanik. Laut Maurizio Bettini erlaubt insbesondere die Metapher der Wurzel eine „determinierende Verknüpfung von Tradition und Identität":

> Wurzeln liegen tief in der Erde, dem Ort, aus dem alles hervorgeht und zu dem alles zurückkehrt. Die Wurzeln geben dem Baum Halt und Stütze, vor allem aber leiten sie die lebenswichtigen Nährstoffe an Stamm, Äste und Blätter weiter. Mit dem Bild der Wurzeln und damit des Baumes wird also auch die Tradition zu etwas biologisch Ursprünglichem, das in der Erde verwurzelt ist: zu etwas, das stützt und nährt. Und wen? Uns natürlich, unsere Identität.[1]

Während die in der Tiefe verborgenen und an einen bestimmten Boden gebundenen Wurzeln in der hier implizierten zeitlichen Dimension unmittelbar in die Vergangenheit rekurrieren, könne eben durch eine derartige genealogische Verbindung an der Oberfläche der Gegenwart der Baum zukunftsweisend wachsen.

---

[1] Maurizio Bettini: Wurzeln. Die trügerischen Mythen der Identität. Bonn 2018, S. 29.

Bereits im Buch Jesaja wird demgemäß die wegweisende Funktion der ‚Wurzel Jesse' herausgestellt: „Und es wird ein Reis hervorgehen aus dem Stamm Isais und ein Zweig aus seiner Wurzel Frucht bringen. [...] Und es wird geschehen zu der Zeit, dass die Wurzel Isais dasteht als Zeichen für die Völker. Nach ihm werden die Völker fragen [...]" (Jes 11,1–10). Unter Rückgriff auf Hans Blumenberg identifiziert Christy Wampole die Wurzel in ihrer Studie *Rootedness* (2016) als absolute Metapher,[2] die in nahezu allen Kulturkreisen eine identitätsstiftende Verwendung findet: „The root is an integrating metaphor, one that allows for connection to be made between past, present, and future, between remote geographic spaces, between neighbors, between the human and its ecosystem."[3] Die Profilierung einer ‚Verwurzelung' – sei es durch die Darstellung von Traditionslinien, bspw. in Familienstammbäumen, oder die forcierte Eingliederung in eine gesellschaftliche Ordnung – bewertet Simone Weil als „das wichtigste und am meisten verkannte Bedürfnis der menschlichen Seele. [...] Der Mensch hat eine Wurzel durch seinen [...] Anteil am Dasein eines Gemeinwesens, in dem gewisse Schätze der Vergangenheit und gewisse Vorahnungen der Zukunft am Leben erhalten werden".[4] Vor diesem Hintergrund kann es kaum erstaunen, dass Erfahrungen des Exils, welche maßgeblich aus dem Abriss der an einen bestimmten Lebensraum gebundenen Sozialisation rühren, vielfach im Bild der ‚Entwurzelung' reflektiert werden. Stefan Zweigs in Brasilien fertiggestellte Memoiren *Die Welt von Gestern* (1942) eröffnen so etwa mit der Negation seiner zuvor in Europa erfolgten biografischen und künstlerischen ‚Verwurzelung': „Denn losgelöst von allen Wurzeln und selbst von der Erde, die diese Wurzel nährte, – das bin ich wahrhaftig".[5] Ausgehend von autobiografischen und essayistischen Reflexionen des Exils werde ich nachfolgend umreißen, inwieweit sich die ‚Entwurzelung' von verwandten Begriffen abgrenzt und ferner als universelle Exilmetapher zu deuten ist. Hierbei baue ich auf den Befund, dass der Terminus ‚Entwurzelung' von der kulturwissenschaftlichen Exilforschung bislang vorrangig synonym für Flucht und Vertreibung verwendet, indes nur selten zureichend hinsichtlich seiner komplexen Bedeutungsebenen gemäß einer Dialektik von Ent- und Verwurzelung aufgeschlüsselt wurde.[6]

---

[2] Vgl. Christy Wampole: Rootedness. The Ramifications of a Metaphor. Chicago, London 2016, S. 16.
[3] Wampole: Rootedness, S. 14 f., vgl. zudem die Einleitung.
[4] Simone Weil: Die Verwurzelung. Vorspiel zu einer Erklärung der Pflichten dem Menschen gegenüber. Zürich 2011, S. 43.
[5] Stefan Zweig: Die Welt von Gestern. Erinnerungen eines Europäers. Frankfurt a. M. 1981, S. 8.
[6] Vgl. etwa Claus-Dieter Krohn u. a. (Hg.): Exilforschung. Ein internationales Jahrbuch 27 (2009): Exil, Entwurzelung, Hybridität. München 2009. Verwiesen sei zudem auf den *exilograph 25*, welcher auf eine die Exilliteratur durchziehende Pflanzenmetaphorik aufmerksam macht; zudem

In Unterscheidung zu anderen das Exil beschreibenden Vokabeln fokussiert die Entwurzelung primär das Trauma eines politisch, wirtschaftlich, ideologisch oder klimatisch, in jedem Fall jedoch gewaltsam motivierten Migrationsdrucks. Die Stilisierung des Exils zur biografischen Entwurzelung impliziert demgemäß eine Wendung gegen „die Bezeichnung" ‚Emigration', deren Semantik Bertolt Brecht zufolge den „freie[n] Entschluss"[7] für ein Leben in der Fremde hervorhebe. Vielmehr ist indes gerade die Unfreiwilligkeit der Migration als Dreh- und Angelpunkt der Entwurzelungsmetapher zu begreifen, schließlich zeichne das Exil laut Edward Said einen tiefgreifenden Riss zwischen das geflüchtete Individuum und der ihm vertrauten Welt: „exile [...] is fundamentally a discontinuous state of being. Exiles are cut off from their roots, their land, their past".[8]

Die Wurzelmetapher erscheint besonders dienlich, um die traumatische Wirkungsmacht des „Zusammenbruch[s]" der „privaten Welt"[9] in ihrer vollumfänglichen Komplexität reflektieren zu können. Für die Erschließung des Exildiskurses können dabei zwei allgemeine Schlussfolgerungen Christy Wampoles fruchtbar gemacht werden: „Interest in one's roots increases in proportion to the perceived level of danger that threatens those roots. [...] The fear of rootlessness is the fear of decontextualization."[10] Die durch den Migrationsdruck hervorgerufene Zensur selbstbestimmter Entfaltungsmöglichkeiten im gewohnten Lebensraum stellt die Identität des Menschen bzw. der betroffenen Personengruppe offen infrage. Folglich beschreibt die Entwurzelung den Schock der biografischen Diskontinuität, welcher aus der Auflösung der identitätsstiftenden Verbindung zum „Konstrukt"[11] Heimat – und der damit verbundenen kulturellen Identität der Vorfahren – rührt. Der hiermit einhergehende Verlust integraler Bestandteile der eigenen Identität

---

ferner auf Studien zur jüdischen (Exil-)Literatur, in welcher der Topos der ‚Entwurzelung' bzw. der ‚Wurzellosigkeit' zentrale Verwendung findet. Vgl. Doerte Bischoff (Hg.): exilograph 25 (Herbst 2016): Gespräche über Bäume. Wurzel- und Pflanzenmetaphern in der Exilliteratur; Alvin H. Rosenfeld (Hg.): The Writer Uprooted: Contemporary Jewish Exile Literature. Bloomington 2008; Sarah Hammerschlag: The Figural Jew. Politics and Identity in Postwar French Thought. Chicago, London 2010, insb. S. 25–67.
7 Bertolt Brecht: Über die Bezeichnung Emigranten [1937]. In: ders.: Große kommentierte Berliner und Frankfurter Ausgabe. Band 12: Gedichte 2 [Sammlungen 1938–1956]. Bearbeitet von Jan Knopf. Frankfurt a. M. 1988, S. 81.
8 Vgl. Edward Said: Reflections on Exile. In: ders.: Reflections on Exile and Other Essays. Cambridge/MA. 2000, S. 177. Vgl. auch S. 173.
9 Hannah Arendt: Wir Flüchtlinge. Stuttgart 2016, S. 11.
10 Wampole: Rootedness, S. 7.
11 Florian Weber, Olaf Kühne und Martina Hülz: Zur Aktualität von ‚Heimat' als polyvalentem Konstrukt – eine Einführung. In: dies. (Hg.): Heimat. Ein vielfältiges Konstrukt. Wiesbaden 2019.

schlägt sich, wie Salman Rushdie in einem Essay über Günter Grass konstatiert, in drei Entwurzelungsmomenten („triple disruption") nieder:

> A full migrant [...] loses his place, he enters into an alien language, and he finds himself surrounded by beings whose social behaviour and code is very unlike, and sometimes even offensive to, his own. And this is what makes migrants such important figures: because *roots, language* and *social norms* have been three of the most important parts of the definition of *what it is to be a human being*.[12]

Prominent findet die von Rushdie diagnostizierte ‚Entmenschlichung' Ausdruck im Topos der ‚Sprachkrise',[13] welche sich mit den Worten Lion Feuchtwangers im Verlust des „lebendigen Strom[s] der Muttersprache"[14] begründet. Doerte Bischoff zeigt, dass die Erfahrung der sprachlichen Entwurzelung maßgeblich an die Vorstellung einer künstlerischen, aber auch anthropologischen Verwurzelung in der Muttersprache – einer „Sprachverwurzelung" – geknüpft ist.[15] Gerade weil das Exil „den Verlust aller Modelle für Erleben, Erkennen und Werten"[16] bewirkt, beschreibt die Entwurzelung weniger die „Reaktion auf eine Krise"[17] (wie etwa die Begriffe Emigration oder Flucht) als vielmehr die existenzielle Erfahrung der Krise selbst. Der Schwellenzustand der Entwurzelung verweist auf die doppelte Entfremdung zu Heimat und Gastland; der Abriss einer kulturellen, gesellschaftlichen, sprachlichen und beruflichen Zugehörigkeit rückt die Exilierten in eine „irreale Existenz"[18]. Dieses neuralgische Moment der ‚beschädigten' Identität bzw. der durch das Exil induzierten biografischen Krise weist eine semantische Nähe zu dem bekanntlich durch Ovid begründeten Topos der ‚Exilkrankheit' auf.

---

12 Salman Rushdie: Günter Grass. In: ders.: Imaginary Homelands. Essays and Criticism 1981–1991. London 1991, S. 277 f. [meine Hervorhebung, F. B.].
13 Vgl. Doerte Bischoff (Hg.): exilograph 18 (Sommer 2012): Im Niemandsland zwischen den Sprachen; Wulf Köpke: Die Wirkung des Exils auf Sprache und Stil. Ein Vorschlag zur Forschung. In: Thomas Koebner (Hg.): Exilforschung. Ein internationales Jahrbuch 3 (1985): Gedanken an Deutschland im Exil und andere Themen. München 1985.
14 Lion Feuchtwanger: Der Schriftsteller im Exil [1943]. In: ders.: Ein Buch nur für meine Freunde. Frankfurt a. M. 1984, S. 535.
15 Vgl. Doerte Bischoff: "Sprachwurzellos": Reflections on Exile and Rootedness. In: Sabine Sander (Hg.): Language as Bridge and Border. Linguistic, Cultural, and Political Constellations in 18th to 20th Century German-Jewish Thought. Berlin 2015, S. 199–201.
16 Vilém Flusser: Bodenlos. Eine philosophische Autobiographie. Bensheim, Düsseldorf 1992, S. 56.
17 Frauke Annegret Kurbacher: Zwischen „Verwurzelung" und „Bodenlosigkeit". Gedanken zu einer Philosophie der Migration. In: Kulturwissenschaftliche Zeitschrift 3 (2018), Nr. 1, S. 24.
18 Theodor W. Adorno: Minima Moralia. Reflexionen aus dem beschädigten Leben. In: ders.: Gesammelte Schriften. Band 4, hg. von Rolf Tiedemann u. a. Frankfurt a. M. 2016, S. 35.

In dem dritten Buch seiner *Tristia* wird die Entfremdung zur alten wie zur neuen Lebenswelt beklagt: „vernimm: ich war krank,/ krank am äußersten Rand einer Welt, die mir nicht bekannt ist,/ war ich verzweifelt beinah, ob ich noch würde gesund."[19] Hilde Spiels vielzitierter Vortrag „Psychologie des Exils" (1975) konstatiert, dass das Exil „eine Krankheit. Eine Gemütskrankheit, eine Geisteskrankheit, ja zuweilen eine körperliche Krankheit"[20] sei.

Eng verknüpft ist die beschriebene Exilkrankheit mit dem vom Medientheoretiker Vilém Flusser eingeführten Begriff der ‚Bodenlosigkeit'. Flusser, der 1939 von Prag nach London flüchtete und 1940 nach São Paolo übersiedelte, eröffnet seine „philosophische Autobiographie" *Bodenlos* mit einem botanischen Experiment, welches die für die Exilerfahrung konstitutive und von Flusser geforderte Dialektik von Entwurzelung und Verwurzelung vorausdeutet:

> Das Wort „absurd" bedeutet ursprünglich „bodenlos", im Sinn von „ohne Wurzel". Etwa wie eine Pflanze bodenlos ist, wenn man sie pflückt, um sie in eine Vase zu stellen. Blumen auf dem Frühstückstisch sind Beispiele eines absurden Lebens. Wenn man versucht, sich in solche Blumen einzuleben, dann kann man ihren Drang mitfühlen, Wurzeln zu schlagen [...]. Dieser Drang der entwurzelten Blumen ist die Stimmung des absurden Lebens.[21]

Es wird deutlich, dass die durch die Entwurzelung ‚ins Absurde' geführte Identität aus dem Verlust der bisherigen Lebensgrundlage resultiert; offensichtlich erscheint ferner, dass die beschriebenen Blumen verkümmern, sollten sie nicht einen neuen Nährboden finden. Vor diesem Hintergrund unternimmt Flusser in dem Kapitel „Wohnung beziehen in der Heimatlosigkeit" eine bemerkenswerte Umdeutung der etablierten Wurzelmetapher: Wurzeln identifiziert er als „geheimnisvolle Fesseln" und somit als das „eigentliche Problem der Freiheit [...] des Migranten"[22], schließlich behindere eine aufgrund des Migrationsdrucks (vorerst) unerfüllbar bleibende Heimatverbundenheit neuerliche Verwurzelungen, wobei gerade eben diese von existenzieller und identitätsstiftender Bedeutung seien. Flussers pointierte Aufwertung der ‚Wohnung' gegenüber der ‚Heimat' – „Man kann die Heimat auswechseln, oder keine haben, aber man muß immer, gleich-

---

19 Vgl. Publius Ovidius Naso: Briefe aus der Verbannung. Tristia. Epistulae ex ponto. Lateinisch und deutsch. Übertragen von Wilhelm Willige. Eingeleitet und erläutert von Niklas Holzberg. Mannheim 2011, S. 117.
20 Hilde Spiel: Psychologie des Exils. In: dies.: Kleine Schritte. Berichte und Geschichten. München 1976, S. 27.
21 Flusser: Bodenlos, S. 9.
22 Flusser: Bodenlos, S. 252.

gültig wo, wohnen."²³ – fordert vom Exilierten demgemäß eine bedingungslose Akkulturationsbereitschaft. Obgleich der Verlust der Heimat fraglos mit einem nachhaltigen Leidensdruck einhergeht,²⁴ wird das Bestreben der gepflückten Blumen, „Wurzeln *in irgendeinen Boden* zu treiben"²⁵, zum emanzipatorischen Programm des gewaltsam entwurzelten Individuums erhoben.

Ähnliche Überlegungen finden sich bei Edward Said: „Exiles feel [...] an urgent need to reconstitute their broken lives".²⁶ Auch Salman Rushdie stellt Integrationsversuche in das Gastland als eminente Aufgabe des Exilierten heraus: „The migrant [...] is obliged to find new ways of describing himself, new ways of being human".²⁷ Eine Fokussierung der Dialektik von Entwurzelung und Verwurzelung entspricht der Schwerpunktsetzung der durch das ‚Akkulturationsparadigma' vertretenen Ansätze, durch welche die Exilforschung die „positiven Folgen und Wirkungen des Exils in allen kulturellen Bereichen"²⁸ sowie die zu „wenig berücksichtigte Bereitschaft vieler Exilierter zur kulturellen, mentalen und gesellschaftlichen Anpassung an das Gastland und zur sozialen Assimilation in neue und als fremd erfahrene Mehrheitsgesellschaften"²⁹ erkenntnisreich erschließen konnte. Verwurzelungsversuche stehen somit im Zeichen, die „beinahe tödliche Krankheit [...] der Entwurzelung"³⁰, so Simone Weils eindrückliches Urteil, zu bewältigen. Die Überwindung der pathologisierten Bodenlosigkeit entspricht dabei einer Überwindung der von Klaus Mann beschriebenen „Entwurzelungsneurose".³¹ Seine 1939 mit Erika Mann veröffentlichte journalistische Arbeit *Escape to Life* verfolgte dementsprechend etwa das Ziel, in den USA Aufmerksamkeit für ‚entwurzelte' Hitlerflüchtlinge zu erregen, um diesen ein „neues Wirkungsgebiet" zu verschaffen.³²

Flussers Ausführungen machen zudem deutlich, dass die psychologische Krise der Entwurzelung einzig durch eine rationale Akzeptanz der erfahrenen

---

23 Flusser: Bodenlos, S. 260.
24 Vgl. Flusser: Bodenlos, S. 249: „Die Heimat ist zwar kein ewiger Wert [...], aber wer sie verliert, der leidet."
25 Flusser: Bodenlos, S. 9 [meine Hervorhebung, F. B.].
26 Said: Reflections on Exile, S. 177.
27 Rushdie: Günter Grass, S. 278.
28 Helmut F. Pfanner: Einleitung. In: ders. (Hg.): Kulturelle Wechselbeziehungen im Exil – Exil across Cultures. Bonn 1986, S. 2.
29 Sabina Becker: Transnational, interkulturell und interdisziplinär: Das Akkulturationsparadigma der Exilforschung. Bilanz und Ausblick. In: Doerte Bischoff und Susanne Komfort-Hein (Hg.): Literatur und Exil. Neue Perspektiven. Berlin, Boston 2013, S. 50.
30 Weil: Die Verwurzelung, S. 44.
31 Klaus Mann: Der Wendepunkt. Ein Lebensbericht. München 1976, S. 429.
32 Erika Mann und Klaus Mann: Escape to Life. Deutsche Kultur im Exil. München 1991, S. 10.

Vertreibung überwunden werden könne. Hierfür wird bemerkenswerterweise die bisherige Analogiebildung von Mensch und Baum gezielt gebrochen.[33] Zwar seien „Vertriebene [...] Entwurzelte", doch seien sie letztlich eben aufgrund ihrer distinktiven Mobilität „kein Baum".[34] Durch eine ‚Transzendierung der Heimat' könne der Mensch – und dies im Gegensatz zu den Blumen auf dem Frühstückstisch – das Exil als Möglichkeitsraum deuten, durch welchen ein neuer Nährboden zur Ausweitung der absurd gewordenen Identität offenbar wird:

> Gelingt einem aber [...], aus sich selbst herauszutreten und so sich selbst und die eigene Kultur von außen zu sehen, dann ist ein Schritt gemacht worden, der den Keim zur bodenlosen Lage bereits in sich trägt. Dann nämlich erkennt man die eigene Kultur als eine unter verschiedenen alternativen Möglichkeiten.[35]

Das durch einen Migrationsdruck entwurzelte Individuum findet laut Flusser neuerliche Gestaltungsmöglichkeiten seiner Identität, „wenn er die ihn bindenden Wurzeln abhackt".[36] Die in der forcierten Wendung gegen die heimatliche Verwurzelung anklingende Gewaltsamkeit mag indessen vereinzelt gerade auch als Beweggrund für eine Innere Emigration gelten, wie Erich Kästners Epigramm „Notwendige Antwort auf überflüssige Fragen" (1950) verdeutlicht: „Ich bin ein Deutscher aus Dresden in Sachsen./ Mich läßt die Heimat nicht fort./ Ich bin wie ein Baum, der – in Deutschland gewachsen –/ wenn's sein muß, in Deutschland verdorrt."[37] Auf die Unmöglichkeit, sich gänzlich von den eigenen Wurzeln zu lösen, weist ferner Hannah Arendt in ihrem Essay *Wir Flüchtlinge* (1943) hin. Besonders im Spiegel fremder Mehrheitsgesellschaften zeige sich die eigene Herkunft, wie Arendt am Beispiel der bedingungslosen Assimilationsversuche westwärts strebender Juden – dem ‚entwurzelten Volk' – problematisiert: „obwohl die Juden die ganze Zeit ihre Nichtjüdischkeit unter Beweis stellten, kam dabei

---

33 Vgl. hierzu auch Sebastian Schirrmeister: Der Mensch ist (k)ein Baum. Deutungen einer strittigen Analogie. In: exilograph 25 (Herbst 2016): Gespräche über Bäume. Wurzel- und Pflanzenmetaphern in der Exilliteratur.
34 Vilém Flusser: Exil und Kreativität [1984/85]. In: Ders.: Von der Freiheit des Migranten. Einsprüche gegen den Nationalismus. Bensheim 1994, S. 103.
35 Flusser: Bodenlos, S. 76.
36 Flusser: Exil und Kreativität, S. 103.
37 Erich Kästner: Notwendige Antwort auf überflüssige Fragen. In: ders.: Zeitgenossen, haufenweise. Gedichte, hg. von Harald Hartung. München u. a. 1998, S. 281. Vgl. auch Theodor Kramers berühmt gewordenes Lied „Andre, die das Land so sehr nicht liebten" (In: ders.: Gesammelte Gedichte 1, hg. von Erwin Chvojka. Wien u. a. 1984, S. 369): „Andre, die das Land so sehr nicht liebten,/ war'n von Anfang an gewillt zu geh'n; [...]/ ich doch müßte mit dem eignen Messer/ meine Wurzeln aus der Erde drehn!".

nur heraus, dass sie trotzdem Juden blieben".[38] Angesprochen wird hierdurch die politische Dimension des Themenkomplexes ‚Exil als Entwurzelung': Maurizio Bettini urteilt, dass Wurzeln im politischen Diskurs meist Einzug erhalten, wenn ein nationalistisch motivierter „Kausalzusammenhang"[39] zwischen gesellschaftlicher Identität und kultureller Tradition hergestellt werden soll. Die ideologische Politisierung des Bodens sowie vermeintlich ‚zugehöriger' Wurzeln besitzt wiederum gesellschaftsspaltendes und ausgrenzendes Potenzial, welches Schutzbedürftigen nicht nur die Überwindung einer zuvor erlittenen Entwurzelung erschwert, sondern auch bereits erfolgte Verwurzelungen – und dies gilt auch für Vertreter*innen einer ‚second generation' – gezielt angreift.[40]

Die trotz einer Anpassungsbereitschaft vieler Exilierter bestehende Problematik der Integration in die gesellschaftlichen Konventionen des Gastlandes findet zudem vielfach Ausdruck in der Wurzelmetapher. Alfred Döblin etwa, der nach seinen Erfolgen in der Weimarer Republik in Hollywoods MGM-Filmstudios niemals verfilmte Drehbücher verfasste, klagte über die „völlige Unmöglichkeit […], hier Fuß zu fassen, oder gar Wurzeln zu schlagen".[41] Tatsächlich stehen insbesondere Vertreter*innen des literarischen Exils vor der Hürde einer sprachlichen Akkulturation.[42] Carl Zuckmayer weist demgemäß in dem Gedicht „Kleine Sprüche aus der Sprachverbannung" (1945) auf die Problematik der Übersetzung hin. Diese charakterisiert er als „Wurzelmesser", welches die dichterische Freiheit in der Muttersprache zensiere: „Sie kappt und schneidet, wo es keimend wächst."[43] Die für das Exil konstitutive Problematik kultureller bzw. gesellschaftlicher Differenzen resümiert Theodor W. Adorno mit Blick auf die künstlerische bzw. intellektuelle Emigration allgemeingültig:

---

38 Arendt: Wir Flüchtlinge, S. 31.
39 Bettini: Wurzeln, S. 22. Vgl. auch den Essay François Julliens, der sich gegen eine Politisierung gesellschaftlicher Wurzeln ausspricht. François Jullien: Es gibt keine kulturelle Identität. Wir verteidigen die Ressourcen einer Kultur. Frankfurt a. M. 2017.
40 Die im Kontext der Bücherverbrennung im April 1933 verfassten zwölf Thesen *Wider den undeutschen Geist!* geben ein menschenverachtendes Beispiel darüber, inwieweit die nationalsozialistische Propaganda eine (Sprach)Entwurzelung deutschjüdischer Kulturschaffender forcierte: „1. Sprache und Schrifttum wurzeln im Volk […]. 5. Der Jude kann nur jüdisch denken. Schreibt er deutsch, dann lügt er." (zit. nach BArch NS 38/2415).
41 Alfred Döblin an Elvira und Arthur Rosin, Brief vom 4.10.1943. In: ders.: Briefe, hg. von Walter Muschg. Bd. 1. Olten, Freiburg/Br. 1970, S. 296.
42 Vgl. Anne Benteler: Sprache im Exil. Mehrsprachigkeit und Übersetzung als literarische Verfahren bei Hilde Domin, Mascha Kaléko und Werner Lansburgh. Stuttgart 2019, S. 1–11.
43 Carl Zuckmayer: Kleine Sprüche aus der Sprachverbannung. In: ders.: Gesammelte Werke I: Gedichte. Erzählungen. Frankfurt a. M. 1960, S. 124.

> Jeder Intellektuelle in der Emigration, ohne alle Ausnahme, ist beschädigt [...]. Er lebt in einer Umwelt, die ihm unverständlich bleiben muß [...]; immerzu ist er in der Irre. [...] Enteignet ist seine Sprache und *abgegraben* die geschichtliche Dimension, aus der seine Erkenntnis die Kräfte zog.[44]

Literaturverzeichnis

Adorno, Theodor W.: Minima Moralia. Reflexionen aus dem beschädigten Leben. In: ders.: Gesammelte Schriften. Band 4, hg. von Rolf Tiedemann u. a. Frankfurt a. M. 2016.

Arendt, Hannah: Wir Flüchtlinge. Stuttgart 2016. (= dies.: We Refugees. In: The Menorah Journal 36 (1943), Nr. 1, S. 69–77).

Becker, Sabina: Transnational, interkulturell und interdisziplinär: Das Akkulturationsparadigma der Exilforschung. Bilanz und Ausblick. In: Doerte Bischoff und Susanne Komfort-Hein (Hg.): Literatur und Exil. Neue Perspektiven. Berlin, Boston 2013, S. 49–69.

Benteler, Anne: Sprache im Exil. Mehrsprachigkeit und Übersetzung als literarische Verfahren bei Hilde Domin, Mascha Kaléko und Werner Lansburgh. Stuttgart 2019.

Bettini, Maurizio: Wurzeln. Die trügerischen Mythen der Identität. Bonn 2018. (= ders.: Radici. Traditione, identità, memoria. Bologna 2016).

Bischoff, Doerte: "Sprachwurzellos": Reflections on Exile and Rootedness. In: Sabine Sander (Hg.): Language as Bridge and Border. Linguistic, Cultural, and Political Constellations in 18th to 20th Century German-Jewish Thought. Berlin 2015, S. 195–213.

Bischoff, Doerte (Hg.): exilograph 18 (Sommer 2012): Im Niemandsland zwischen den Sprachen.

Bischoff, Doerte (Hg.): exilograph 25 (Herbst 2016): Gespräche über Bäume. Wurzel- und Pflanzenmetaphern in der Exilliteratur.

Brecht, Bertolt: Über die Bezeichnung Emigranten [1937]. In: ders.: Große kommentierte Berliner und Frankfurter Ausgabe. Band 12: Gedichte 2 [Sammlungen 1938–1956]. Bearbeitet von Jan Knopf. Frankfurt a. M. 1988, S. 81.

Döblin, Alfred: Briefe, hg. von Walter Muschg. Bd. 1. Olten, Freiburg i. Br. 1970.

Feuchtwanger, Lion: Der Schriftsteller im Exil [1943]. In: ders.: Ein Buch nur für meine Freunde. Frankfurt a. M. 1984, S. 533–538.

Flusser, Vilém: Exil und Kreativität [1984/85]. In: ders.: Von der Freiheit des Migranten. Einsprüche gegen den Nationalismus. Bensheim 1994, S. 103–109.

Flusser, Vilém: Bodenlos. Eine philosophische Autobiographie. Bensheim, Düsseldorf 1992.

Hammerschlag, Sarah: The Figural Jew. Politics and Identity in Postwar French Thought. Chicago, London 2010.

Jullien, François: Es gibt keine kulturelle Identität. Wir verteidigen die Ressourcen einer Kultur Berlin 2017. (= Il n'y pas d'identité culturelle. Mais nous défendons les ressources culturelles. Paris 2016).

Kästner, Erich: Notwendige Antwort auf überflüssige Fragen. In: ders.: Zeitgenossen, haufenweise. Gedichte, hg. von Harald Hartung. München u. a. 1998, S. 281.

---

[44] Adorno: Minima Moralia, S. 35 [meine Hervorhebung, F. B.].

Köpke, Wulf: Die Wirkung des Exils auf Sprache und Stil. Ein Vorschlag zur Forschung. In: Thomas Koebner (Hg.): Exilforschung. Ein internationales Jahrbuch 3 (1985): Gedanken an Deutschland im Exil und andere Themen. München 1985, S. 225–237.

Kramer, Theodor: Andre, die das Land so sehr nicht liebten. In: ders.: Gesammelte Gedichte 1, hg. von Erwin Chvojka. Wien u. a. 1984, S. 369.

Krohn, Claus-Dieter u. a. (Hg.): Exilforschung. Ein internationales Jahrbuch 27 (2009): Exil, Entwurzelung, Hybridität. München 2009.

Kurbacher, Frauke Annegret: Zwischen „Verwurzelung" und „Bodenlosigkeit". Gedanken zu einer Philosophie der Migration. In: Kulturwissenshaftliche Zeitschrift 3 (2018), Nr. 1, S. 21–34.

Mann, Erika und Klaus Mann: Escape to Life. Deutsche Kultur im Exil. München 1991. (= dies.: Escape to Life. Boston 1939).

Mann, Klaus: Der Wendepunkt. Ein Lebensbericht. München 1976.

Ovidius Naso, Publius: Briefe aus der Verbannung. Tristia. Epistulae ex ponto. Lateinisch und deutsch. Übertragen von Wilhelm Willige. Eingeleitet und erläutert von Niklas Holzberg. Mannheim 2011.

Pfanner, Helmut F.: Einleitung. In: ders. (Hg.): Kulturelle Wechselbeziehungen im Exil – Exil across Cultures. Bonn 1986, S. 1–6.

Rosenfeld, Alvin H. (Hg.): The Writer Uprooted: Contemporary Jewish Exile Literature. Bloomington 2008.

Rushdie, Salman: Günter Grass. In: ders.: Imaginary Homelands. Essays and Criticism 1981–1991. London 1991, S. 273–281.

Said, Edward: Reflections on Exile. In: ders.: Reflections on Exile and Other Essays. Cambridge/MA. 2000, S. 173–186.

Schirrmeister, Sebastian: Der Mensch ist (k)ein Baum. Deutungen einer strittigen Analogie. In: exilograph 25 (Herbst 2016): Gespräche über Bäume. Wurzel- und Pflanzenmetaphern in der Exilliteratur, S. 4–6.

Spiel, Hilde: Psychologie des Exils. In: dies.: Kleine Schritte. Berichte und Geschichten. München 1976, S. 27–48.

Wampole, Christy: Rootedness. The Ramifications of a Metaphor. Chicago, London 2016.

Weber, Florian, Olaf Kühne und Martina Hülz: Zur Aktualität von ‚Heimat' als polyvalentem Konstrukt – eine Einführung. In: dies. (Hg.): Heimat. Ein vielfältiges Konstrukt. Wiesbaden 2019, S. 9–23.

Weil, Simone: Die Verwurzelung. Vorspiel zu einer Erklärung der Pflichten dem Menschen gegenüber. Zürich 2011. (= dies.: L'Enracinement. Prélude à une dèclaration des devoirs envers l'être humain. Paris 1943).

Zuckmayer, Carl: Kleine Sprüche aus der Sprachverbannung. In: ders.: Gesammelte Werke I: Gedichte. Erzählungen. Frankfurt a. M. 1960, S. 123 f.

Zweig, Stefan: Die Welt von Gestern. Erinnerungen eines Europäers. Frankfurt a. M. 1981.

Flucht und Flüchtlinge
(Andreas Kossert)

„Geflüchteter schwimmt von Nord- nach Südkorea", meldet Spiegel Online am 24. Februar 2021, wonach es „einem Geflüchteten gelungen" sei, die am stärksten bewachte Grenze der Welt unter Aufbietung seiner letzten Kräfte zu überwinden. Zwei Monate später, am 22. April 2021 titelt die Deutsche Welle „Mehr als 120 Geflüchtete vor Libyen ertrunken". Beide Meldungen kennzeichnen beispielhaft eine neue Begrifflichkeit, die vielleicht nicht nur mich aufhorchen ließ. Wie kann jemand, so fragte ich mich, der unter Aufbietung seiner letzten Kräfte um sein Leben schwimmt, während seiner Flucht bereits geflüchtet sein? Noch dramatischer erscheint das zweite Beispiel, wonach Menschen, die – so suggeriert das Wort „Geflüchtete" nach meinem Sprachverständnis – ihre Flucht bereits hinter sich haben, auf ebendieser Flucht ertrinken. Zeit also, um hier wenigstens ansatzweise die holprige Begriffsgeschichte zu rekonstruieren.

Noch 2015 kürte die Gesellschaft für deutsche Sprache und Dichtung *Flüchtling* zum Wort des Jahres, angesichts der neuen Dimensionen des internationalen Fluchtgeschehens, auch und gerade im deutschsprachigen Raum. Kurz darauf hagelte es jedoch Kritik. Manche Stimmen plädierten dafür, „Flüchtling" durch „Geflüchtete*r" zu ersetzen. Flüchtling gelte demnach wahlweise als zu niedlich, zu negativ, zu abwertend oder zu männlich. Eine spontane Internetrecherche zeigt ein verwirrendes Sammelsurium unterschiedlicher Begriffe. Kann jemand, der aktuell flieht, ein Geflüchteter sein? An dieser Stelle muss auch ich mich entscheiden, welcher Begriff zu wählen wäre. Das Partizip Perfekt „Geflüchtete" suggeriert, dass der Prozess des Fliehens und der Flucht für die Betroffenen mit der Ankunft abgeschlossen sei und schafft damit vollendete Tatsachen. In der historischen Langzeitperspektive verharmlost „Geflüchtete" Erfahrungen von Gewalt, Willkür und Schutzlosigkeit, die jede Flucht begleiten. Für Flüchtlinge jedoch hat sich das Thema – leider – nicht automatisch erledigt, wie ich im weiteren Verlauf zeigen möchte.

Nach meinem Verständnis fliehen Flüchtlinge vor Gewalt, Krieg und Terror, um ihr Leben zu retten oder werden gezielt, häufig von staatlichen, aber auch gesellschaftlichen Akteuren, aus ihrem Land vertrieben. Ich orientiere mich hier an der Definition der Genfer Flüchtlingskonvention vom 28. Juli 1951. Demnach gilt als Flüchtling eine Person, die „aus der begründeten Furcht vor Verfolgung wegen ihrer Rasse, Religion, Nationalität, Zugehörigkeit zu einer bestimmten sozialen Gruppe oder wegen ihrer politischen Überzeugung sich außerhalb des

Landes befindet, dessen Staatsangehörigkeit sie besitzt".[1] Im einundzwanzigsten Jahrhundert erscheint es notwendig, diese Definition zu ergänzen und Menschen, die wegen ihrer sexuellen Orientierung oder aus genderspezifischen Gründen (Zwangsehe, Femizide usw.) verfolgt werden, zu berücksichtigen. Auch müssen die Folgen von Naturkatastrophen und von dauerhaften klimatischen Veränderungen neu bedacht werden. Eine Erweiterung der Genfer Konvention, der als Folge des Zweiten Weltkriegs eine noch weitgehend eurozentrische und vor allem weiße Weltsicht zugrunde liegt, scheint überfällig. Für den Philosophen David Miller „sind *Flüchtlinge* am ehesten als Menschen aufzufassen, deren Menschenrechte unweigerlich in Gefahr gerieten, wenn sie an ihrem gegenwärtigen Aufenthaltsort bleiben würden".[2] Flüchtlinge verlieren ihre Heimat, häufig leider für immer. Für die Überlebenden aber ist wenigstens ein Weiterleben möglich. Das ist der zentrale Unterschied zum Massenmord. Dennoch können Fluchtbewegungen, ethnische Säuberungen und Vertreibungen als Auslöser von Flucht auch genozidale Dimensionen aufweisen, wie im Falle von den Armeniern und osmanischen Christen 1915.[3]

Geschichten vom Fliehen sind ebenso zeitlos wie Flüchtlinge, die auf Unverständnis stoßen, wie folgendes Beispiel zeigt. „Eine Ostpreußin, die nach dem Krieg für ein paar Monate zum Arbeiten nach Island kam und mit großer Herzlichkeit aufgenommen wurde, erzählte dort auch von der Flucht: Wohl hörte man ihr interessiert zu, aber dann kam die Frage: ‚Ja, wurden eure Möbel denn nachgeschickt?'"[4], weiß Klaus-Jürgen Liedtke zu berichten. Manchen Gesellschaften wie der isländischen fehlt der entsprechende Erfahrungshintergrund, weil ihre Bewohner zu ihrem Glück nie selbst fliehen mussten. Andernorts dienen Flüchtlinge immer wieder als Projektionsfläche für Mutmaßungen, Verdächtigungen und böswillige Unterstellungen. Weil die Vorstellungskraft der Sesshaften oft kaum ausreicht, um ihren Berichten Glauben zu schenken, schlägt ihnen vielfach

---

[1] Der Hohe Flüchtlingskommissar der Vereinten Nationen (Hg.): Zur Lage der Flüchtlinge in der Welt. 50 Jahre humanitärer Einsatz. Bonn 2000, S. 25. Vgl. zur Gesamtentwicklung des Flüchtlingsschutzes Peter Gatrell: The Making of the Modern Refugee. Oxford 2015.
[2] David Miller: Fremde in unserer Mitte. Politische Philosophie der Einwanderung. Aus dem Englischen von Frank Lachmann. Berlin 2017, S. 255.
[3] Zum Genozid-Begriff Norman Naimark: Genocide. A World History. New York 2017, S. 6; Ders.: Stalin und der Genozid. Aus dem Amerikanischen von Kurt Baudisch. Berlin 2010; Michael G. Esch: Zur historischen Verortung von „ethnischer Säuberung" und Völkermord. In: Mathias Beer, Dietrich Beyrau und Cornelia Rauh (Hg.): Deutschsein als Grenzerfahrung. Minderheitenpolitik in Europa zwischen 1914 und 1950. Essen 2009.
[4] Klaus-Jürgen Liedtke: Nachkrieg und Die Trümmer von Ostpreußen. Berlin 2018, S. 9.

Misstrauen entgegen. Häufig unterstellt man ihnen, ihre Fluchterfahrungen zu übertreiben oder gar persönlich Schuld an ihrer Flucht zu tragen

Politische Minenfelder tun sich auf, wenn es um Flüchtlinge geht. Das beginnt bereits bei der Definition, wer Flüchtling ist und was ein Flüchtlingsschicksal ausmacht. Viele Betroffene wiederum empfinden es als schweres Stigma, Flüchtling zu sein. „Vor allem mögen wir es nicht, wenn man uns ‚Flüchtlinge' nennt", schreibt Hannah Arendt 1943, nachdem sie selbst in den USA Aufnahme gefunden hat. „Als Flüchtling hatte bislang gegolten, wer aufgrund seiner Taten oder seiner Weltanschauungen gezwungen war, Zuflucht zu suchen. Es stimmt, auch wir mussten Zuflucht suchen, aber wir hatten vorher nichts begangen, und die meisten unter uns hegten nicht einmal im Traum irgendwelche radikalen politischen Auffassungen. Mit uns hat sich die Bedeutung des Begriffs ‚Flüchtling' gewandelt. ‚Flüchtlinge' sind heutzutage jene unter uns, die das Pech hatten, mittellos in einem neuen Land anzukommen, und auf die Hilfe der Flüchtlingskomitees angewiesen waren."[5] Für sich lehnt Hannah Arendt den Begriff Flüchtling ab, weil sie ihn als in gleich zweifacher Hinsicht diskriminierend empfindet. Refugiés, Exulanten, Emigranten gelten seit dem neunzehnten Jahrhundert als Unruhestifter, die ihr Heimatland aufgrund revolutionärer Umtriebe verlassen müssen. Einer von denen, die im Unterschied zu Hannah Arendt tatsächlich von der Revolution träumen, ist der Schriftsteller Bertolt Brecht. Auch er ist in die USA geflohen und legt darauf wert, dass er seine Heimat wegen seiner politischen Überzeugungen verlassen musste. Er reibt sich wiederum an dem Begriff „Emigrant", der das Schicksal der vor den Nationalsozialisten vertriebenen Deutschen verharmlose.

> Immer fand ich den Namen falsch, den man uns gab:
> Emigranten.
> Das heißt doch Auswanderer. Aber wir
> Wanderten doch nicht aus, nach freiem Entschluß
> Wählend ein anderes Land. Wanderten wir doch auch nicht
> Ein in ein Land, dort zu bleiben, womöglich für immer.
> Sondern wir flohen. Vertriebene sind wir, Verbannte.
> Und kein Heim, ein Exil soll das Land sein, das uns da aufnahm.[6]

---

5 Hannah Arendt: Wir Flüchtlinge. Mit einem Essay von Thomas Meyer. Stuttgart 2016 (6. Auflage), S. 9.
6 Bertolt Brecht: Über die Bezeichnung Emigranten. In: ders.: Werke in fünf Bänden. Bd. 3: Gedichte, hg. von Werner Mittenzwei unter Mitarbeit von Fritz Hoffmann. Berlin, Weimar 1981, S. 314.

Flüchtling, Vertriebener, Emigrant? Die als Jüdin verfolgte Hannah Arendt und der politische Flüchtling Bertolt Brecht sind beide Opfer der nationalsozialistischen Diktatur, aber sie können sich nicht auf einen gemeinsamen Begriff einigen, der ihr Schicksal treffend beschreibt. Zugleich offenbaren ihre Geschichten die Schwierigkeit eindeutiger Zuordnungen, aber auch von Selbst- und Fremdzuschreibungen. DER „Flüchtling" repräsentiert nur eine Teilgruppe. Immer schon gab und gibt es Debatten, was die jeweiligen Worte bedeuten und welche Personen darin eingeschlossen werden sollen und welche nicht. Hannah Arendt empfindet den Begriff „Flüchtling" als diskriminierend, weil er aus ihr eine politisch Radikale mache, während Brecht im Wort „Emigrant" die politischen Ursachen seines Exils missachtet sieht. Heute hingegen unterstellt man manchmal Flüchtlingen, weder aus religiösen noch politischen Gründen verfolgt zu sein, sondern sich als „Scheinasylanten" allein aus wirtschaftlichen Gründen auf den Weg gemacht zu haben.

Flucht stammt nach dem Deutschen Wörterbuch von Jacob und Wilhelm Grimm vom Althochdeutschen *fluht* wie auch *Vertreibung* von *firdribunga*. Die deutsche Klassik verwendet *Flucht* häufig metaphorisch, manchmal gar als *Weltflucht*, also einer Form von Eskapismus. In Goethes *Faust* sagt Faust zu Mephisto:

> Was ist die Himmelsfreud' in ihren Armen?
> Laß mich an ihrer Brust erwarmen!
> Fühl' ich nicht immer ihre Not?
> Bin ich der Flüchtling nicht? der Unbehaus'te?
> Der Unmensch ohne Zweck und Ruh?
> Der wie ein Wassersturz von Fels zu Felsen braus'te,
> Begierig wütend nach dem Abgrund zu[7]

In „Hermann und Dorothea" spricht Goethe andererseits über die „armen Vertriebnen" und „die schmerzliche Flucht" in ihrer aktuellen Bedeutung. In einem Städtchen treffen Flüchtlinge ein, die vor den Truppen der Französischen Revolution fliehen. Teils mitleidig, teils hämisch, betrachten saturierte Einheimische den Elendszug.[8]

Der Weg zur heutigen Bedeutung beider Begriffe – Flüchtlinge und Vertriebene – war lang. Zugleich hält er manche Überraschungen bereit. Dem modernen

---

[7] Johann Wolfgang Goethe: Faust. Texte. In: ders.: Sämtliche Werke. Briefe, Tagebücher und Gespräche. Bd. 7/1, hg. von Albrecht Schöne. Frankfurt a. M. 1994, S. 144.
[8] Johann Wolfgang Goethe: Hermann und Dorothea. In: ders: Sämtliche Werke. Briefe, Tagebücher und Gespräche. Bd. 8, hg. von Waltraud Wiethölter in Zusammenarbeit mit Christoph Brecht. Frankfurt a. M. 1994, S. 807.

Verständnis des Begriffs Flüchtling kommt die Bezeichnung am nächsten, die aus dem Französischen stammt und bald auch im Englischen Aufnahme findet. Bis ins neunzehnte Jahrhundert spricht man im Englischen und Französischen von „Refugees" oder „Refugiés", wenn es sich um aus Frankreich vertriebene Protestanten (Hugenotten) handelte. Die *Encyclopedia Britannica* vermerkt in ihrer ersten Ausgabe von 1771 unter *refugees*: „Französische Protestanten; die durch die Aufhebung des Edikt von Nantes gezwungen wurden, vor Verfolgung zu fliehen und Schutz in anderen Ländern zu suchen."[9] Die vierte Auflage von 1810 fasst den Begriff bereits weiter und schließt alle ein, die ihre Heimat „in Zeiten von Bedrängnis" verlassen müssten.[10] Bereits in der Ausgabe von 1771 wird gleichfalls *Vertreibung* als „expulsion" aufgenommen, „wenn eine Person gewaltsam aus seiner Stadt, Gesellschaft etc. gejagt wird".[11] 1810 geht es in erster Linie um eine juristische Erklärung für den Ausschluss aus dem Parlament oder aus einer Vereinigung, erwähnt wird aber auch eine „Expulsion of Aliens", also die Abschiebung von Ausländern, deren Aufenthalt unerwünscht sei.

In Deutschland übernimmt man noch lange das französische Wort *refugiés* und versteht darunter französische Protestanten. In *Zedlers Universal-Lexikon* 1733 wird zwar *Flucht* aufgenommen, doch gibt es noch keinen *Flüchtling*. Flucht wird hier vor allem rechtlich bewertet als Flucht vor Strafverfolgung oder Flucht aus einem landesherrlichen Territorium, um sich etwa dem Militärdienst zu entziehen. Flucht kann jedoch auch ohne eigenes Verschulden erforderlich sein, um „ein grösseres Uebel" zu vermeiden.[12] Letztere Definition kommt dem heutigen Verständnis bereits sehr nahe.

Unter *Flucht* versteht *Meyers Konversations=Lexikon* 1875 den „Rückzug einer Truppe vor dem Feind ohne Ordnung und geregelte Verbindung der einzelnen Abtheilungen, welche sich vielmehr auflösen und davonlaufen". Ein zweiter Eintrag beschreibt die *Flucht eines Verbrechers*.[13] Als 1871 in New York das *Deutsch-amerikanische Conversations-Lexicon* erscheint, wird dort erstmals *Flucht* im modernen Sinne aufgenommen. Demnach bedeutet Flucht das Verlassen eines Ortes, „um einer Gefahr, namentlich einer Lebensgefahr zu entgehen".[14]

---

9 Encyclopedia Britannica. Erste Auflage. Edinburgh 1771, S. 531 [Übersetzungen AK]
10 Encyclopedia Britannica. Vierte Auflage. Edinburgh, London 1810, S. 684–685.
11 Encyclopedia Britannica. Erste Auflage. Edinburgh 1771, S. 555.
12 Johann Heinrich Zedler (Hg.): Grosses vollständiges Universal-Lexicon Aller Wissenschaften und Künste. Bd. 9. Halle, Leipzig 1733 [Nachdruck Graz 1994], S. 1341–1342.
13 Meyers Konversations=Lexikon. Dritte Auflage. Leipzig 1875, S. 923.
14 Deutsch-amerikanisches Conversations-Lexicon, Mit specieller Rücksicht auf das Bedürfniß der in Amerika lebenden Deutschen. New York 1871, S. 283.

Für das *Brockhaus' Conversations=Lexikon* von 1883 bedeutet *Flucht* wiederum „das eigenmächtige, widerrechtliche Verlassen eines angewiesenen Aufenthaltsortes".[15] Es wird allein strafrechtlich gedeutet. Der *Flüchtling* existiert nicht. Als Flucht und Flüchtlinge längst zu einem Massenphänomen der Moderne geworden sind, kennt jener *Brockhaus* in seiner fünfzehnten Auflage nach dem Ersten Weltkrieg weiterhin keine *Flucht*. Für die deutschsprachigen Leser hält er deshalb nur zwei Erklärungen bereit: die Flucht in der Architektur als *Bauflucht* sowie die Flucht in der Jägersprache als „schnelles Davonstürmen des Wildes nach Beunruhigung (Schuß usw.); auch der einzelne Sprung dabei". Auch beim *Flüchtling* genauso wie bei *Vertreibung* und *Vertriebene*: Fehlanzeige.[16]

Flüchtling in seiner für heute maßgeblichen Bedeutung setzt sich erst im und nach dem Ersten Weltkrieg durch, bleibt damals aber für Deutsche reserviert. Der Leiter der Flüchtlingsfürsorge des Deutschen Roten Kreuzes, Wolfram Freiherr von Rotenhan, erklärt 1922, unter diesem Begriff habe man während des Krieges „aus dem feindlichen Auslande verdrängte Reichsdeutsche oder deutschstämmige Auslandsdeutsche" verstanden. „Heute sind ‚Flüchtlinge' vor allem die aus den abgetretenen und besetzten Gebieten des Reiches verdrängten Deutschen."[17] Gelegentlich heißen die Betroffenen auch „Grenzlandvertriebene" oder „vertriebene Auslandsdeutsche". Ansonsten sucht man Flüchtlinge oder Vertriebene weiterhin vergeblich. Im deutsch-polnischen Grenzgebiet schreibt die *Flatower Zeitung* ab 1920 nüchtern von „Abwanderern"[18], und der führende Vertreter der jüdischen Gemeinde Posen, Max Kollenscher, der 1921 seine Heimat infolge des Versailler Vertrags verlassen muss, benutzt den Begriff „Abwanderung".[19]

Während gängige Standardlexika *Vertreibung* nicht kennen, verwenden jüdische Enzyklopädien den Begriff häufig. Hier spiegeln sich die spezifisch jüdischen Erfahrungen, die kaum von der nicht-jüdischen Gesellschaft rezipiert werden. Im *Jüdischen Lexikon* von 1929 findet sich ein eigener Artikel zu „Judenverfolgungen und -Vertreibungen", in dem eingangs festgestellt wird, das Leben der Juden in Europa sei „eine fast ununterbrochene Kette von Leiden und Verfol-

---

15 Brockhaus' Conversations=Lexikon. Dreizehnte Auflage. Leipzig 1883, S. 924.
16 Der Große Brockhaus. Fünfzehnte Auflage. Leipzig 1934, S. 551.
17 Zitiert nach Jochen Oltmer: Migration und Politik in der Weimarer Republik. Göttingen 2005, S. 91.
18 Joachim Zdrenka (Hg.): Kreis Flatow am Scheideweg. Aufzeichnungen von Erich Hoffmann. Złotów 2008, S. 122.
19 Max Kollenscher: Jüdisches aus der deutsch-polnischen Übergangszeit. Posen 1918–1920. Berlin 1925, S. 119 und 121. Vgl. Michael Schwartz: Ethnische „Säuberungen" in der Moderne. Globale Wechselwirkungen nationalistischer und rassistischer Gewaltpolitik im 19. und 20. Jahrhundert. München 2013, S. 346 f.

gungen" und dann auf die Vertreibungen sämtlicher Juden aus Spanien, Portugal, Deutschland, England und Frankreich eingeht.[20] Der Historiker Simon Dubnow verwendet ganz selbstverständlich in seiner in den 1920er Jahren publizierten *Weltgeschichte des jüdischen Volkes* die Begriffe Vertreibung und Vertriebene für das Mittelalter etwa unter dem Titel „Eduard I. und die Vertreibung der Juden aus England".[21]

Erst nach dem Zweiten Weltkrieg entsteht im Deutschen das besondere Begriffspaar „Flucht und Vertreibung", das lange Zeit allein für deutsche „Vertriebene" bei Kriegsende und in der unmittelbaren Nachkriegszeit reserviert ist.[22] Dennoch kursieren umgangssprachlich unterschiedliche Bezeichnungen für die Betroffenen: Mal heißen sie „Flüchtling", mal „Vertriebener", „Ostumsiedler" oder „Ostflüchtling". In der Bundesrepublik schreibt das Bundesvertriebenengesetz vom 19. Mai 1953 erstmals einheitliche Rechtsbegriffe zu *Vertreibung* und *Vertriebenen* fest, die bis heute gültig sind. In der DDR existieren hingegen weder Flüchtlinge noch Vertriebene; sie sind im Arbeiter-und-Bauern-Staat aus politisch-ideologischen Motiven abhandengekommen.[23] Stattdessen ist verharmlosend von „Umsiedlern" die Rede.

Wie eindeutig die Begriffe auf den deutschen Nachkriegsfall beschränkt bleiben, zeigt ein Blick in Lexika der frühen Bundesrepublik. Der *Volks-Brockhaus* von 1958 versteht unter Vertriebenen

> dt. Staatsangehörige, die ihren Wohnsitz in den unter fremder Verwaltung stehenden dt. Ostgebieten oder in den Gebieten außerhalb der Reichsgrenzen vom 31.12.1937 hatten und den Wohnsitz im Zusammenhang mit den Ereignissen des 2. Weltkrieges infolge Vertreibung, insbes. Ausweisung oder Flucht, verloren haben.[24]

Im Artikel über Flüchtlinge werden in derselben Ausgabe neben Deutschen „aus der Sowjetzone und Berlin (Ost)" in einem Unterpunkt zumindest *Displaced Persons*[25] erwähnt, doch bleibt die Vertreibung dieser Sichtweise zufolge im Wesentlichen ein deutsches Nachkriegsschicksal. Nichtdeutsche Personen-

---

20 Jüdisches Lexikon. Ein enzyklopädisches Handbuch des jüdischen Wissens in vier Bänden. Bd. III. Berlin 1929, S. 454/456.
21 Simon Dubnow: Weltgeschichte des jüdischen Volkes. Von seinen Anfängen bis zur Gegenwart. Europäische Periode. Band V: Das späte Mittelalter. Berlin 1927.
22 Vergleiche dazu den Beitrag von Maren Röger in diesem Jahrbuch.
23 Meyers Neues Lexikon in acht Bänden. Hier Bd. 3 (Leipzig 1962) und Bd. 8 (Leipzig 1964).
24 Der Volks-Brockhaus. Zwölfte, neubearbeitete Auflage. Jubiläumsausgabe A-Z. Wiesbaden 1958, S. 829.
25 Siehe dazu den Beitrag von Sebastian Huhn und Christoph Rass in diesem Band.

gruppen sowie die von 1933 an aus dem Reich vertriebenen deutschen Juden und politischen Flüchtlinge bleiben außen vor.

Das hat durchaus System, weil sich viele Deutsche jener Jahre als die wahren Opfer der NS-Herrschaft sehen. Das muss auch der 1933 vor den Nationalsozialisten ins Exil geflohene Willy Brandt erfahren, als er in bundesdeutschen Wahlkämpfen als „Emigrant" gebrandmarkt wird, der im Unterschied zur Mehrheit der Deutschen die schweren Stunden des Krieges im sicheren Schweden verbracht habe. Konservative Kräfte schelten ihn sogar einen „Vaterlandsverräter". Franz-Josef Strauß erklärt im Wahlkampf 1961 suggestiv, man werde Herrn Brandt „doch fragen dürfen: Was haben Sie zwölf Jahre lang draußen gemacht? Wir wissen, was wir drinnen gemacht haben."[26] Damit diffamiert der Wehrmachtsoffizier Strauß den politischen Flüchtling Brandt als jemanden, der sich der deutschen Schicksalsgemeinschaft und seiner patriotischen Pflicht gegenüber dem Vaterland durch Flucht entzogen habe. Das funktioniert bestens, da das Misstrauen gegenüber den Emigranten bei den meisten Deutschen tief verankert ist. Zugleich gelten die traumatischen Erfahrungen von Flucht und Entwurzelung der vom NS-Regime Verfolgten vielen Deutschen weniger als das eigene Leid, beispielsweise die Bombennächte.

„Diese von Hitler Vertriebenen werden unter dem Begriff Exil oder Emigration verbucht", merkt die Schriftstellerin Herta Müller in ihrem Plädoyer für einen Gedenkort an das deutsche Exil dazu an und nimmt damit gewissermaßen den von Arendt und Brecht ausgelegten Gedankenfaden auf.

> Das Wort Vertreibung gehört nur den Vertriebenen aus den ehemaligen Ostgebieten. Sie heißen ‚Heimatvertriebene'. Und die von Hitler Vertriebenen heißen ‚Emigranten'. Es ist ein sehr unterschiedliches Wortpaar: Das Wort ‚Heimatvertriebener' hat einen warmen Hauch, das Wort ‚Emigrant' hat nur sich selbst. Man könnte sagen, einem Herzwort steht ein Kopfwort gegenüber. Man muss sich doch fragen, wurden die ‚Emigranten' nicht aus der Heimat vertrieben?[27]

Über die Wortwahl wird lange und heftig gestritten. Im Kalten Krieg sind die Begriffe ‚Vertriebene' und ‚Vertreibung' immer wieder Themen ideologischer Grabenkämpfe. Der einseitige Opferdiskurs der deutschen Vertriebenenverbände und der westdeutschen Politik gerät in den 1970er Jahren in die Defensive und wird im linken Spektrum mit dem Vorwurf des Revanchismus bedacht. In den 1990er Jahren kommt während der Kriege im ehemaligen Jugoslawien der ursprünglich

---

[26] Zitiert nach Gunter Hofmann: Willy Brandt und Helmut Schmidt: Geschichte einer schwierigen Freundschaft. München 2015, S. 89–90.
[27] Herta Müller: Herzwort und Kopfwort. In: Der Spiegel 4 (2013), S. 101.

aus dem Serbokroatischen stammende Begriff *ethnische Säuberung* hinzu, der eine Vorstellung von gründlichem Auskehren vermitteln soll.[28] Es ist ein Begriff der Tätersprache, der das Schicksal ihrer Opfer ausblenden möchte und auf frühe Konzepte von ethnischer Reinheit zurückgreift. Bezeichnenderweise findet dieser Begriff keine Entsprechung für Betroffene, es gibt keine „Ausgekehrten". Norman Naimark plädiert für den Begriff *Zwangsdeportationen*, der das „Gewalthafte dieser Maßnahmen sowie das Engagement des Staates in diesem genuin politischen und inhumanen Akt" unterstreiche.[29] Jochen Oltmer prägt den Begriff *Gewaltmigration*.[30] Letztlich bleibt die komplexe Geschichte *eine* allumfassende Definition schuldig, wenn von Menschen die Rede ist, die ihre Heimat unter den Einwirkungen von Krieg und Gewalt aufgrund ethnischer und religiöser Motive verlassen müssen.[31]

Egal wie die Ereignisse bezeichnet werden, es bleiben historisch wiederkehrende Erfahrungen. Es sind jene Menschen, für die 1959 erstmals von den Vereinten Nationen ein Weltflüchtlingsjahr ausgerufen wird. Ein Jahr später verfasst der britische Zeichner und Karikaturist Ronald Searle sein Buch *Refugees 1960*. Gemeinsam mit seiner Ehefrau Kaye Webb besucht er die vergessenen Flüchtlingslager Europas in Österreich, Italien und Griechenland. Dort leben Flüchtlinge in Provisorien, oft seit Jahrzehnten vergessen von der Welt. Ihr Buch soll zunächst an die britische Öffentlichkeit appellieren, die Flüchtlinge Europas nicht zu vergessen. Alle Erlöse aus dem Buchverkauf kommen dem *United Kingdom Committee of the World Refugee Year* zu. Den Gestrandeten der Katastrophen des zwanzigsten Jahrhunderts fehlt häufig die Kraft für einen Neuanfang.[32] Die Vereinten Nationen schaffen 1950 den *United Nations High Commissioner for Refugees* (UNHCR) als Antwort auf das Flüchtlingsdrama im Nachkriegseuropa. Die Genfer Flüchtlingskonvention definiert ein Jahr später die bis heute international gebräuchlichen Begriffe, die jedoch ihrerseits einem steten Wandel unterliegen.

---

28 Norman Naimark: Flammender Haß. Ethnische Säuberungen im 20. Jahrhundert. Aus dem Amerikanischen von Martin Richter. Frankfurt a. M. 2008, S. 10 f.
29 Norman Naimark: Zwangsmigration im Europa des 20. Jahrhunderts: Probleme und Verlaufsmuster. In: Stefan Troebst und Michael Wildt (Hg.): Zwangsmigration im Europa der Moderne. Nationale Ursachen und transnationale Wirkungen. Comparativ 26 (2016), H. 1, S. 14.
30 Jochen Oltmer: Globale Migration. Geschichte und Gegenwart. München 2016 (2. überarbeitete und aktualisierte Auflage), S. 23–25.
31 Vgl. Michael Schwartz: Ethnische „Säuberungen" in der Moderne. Globale Wechselwirkungen nationalistischer und rassistischer Gewaltpolitik im 19. und 20. Jahrhundert. München 2013, S. 1–5.
32 Ronald Searle und Kaye Webb: Refugees 1960. A Report in Words and Drawings. Harmondsworth 1960.

Im Englischen spricht der UNHCR meist von „Flüchtlingen" und meint damit alle, die zwangsweise disloziert werden („forcibly displaced") und damit, was im Deutschen unter *Flüchtlingen* oder *Vertriebenen* verstanden wird. Für eine Übersetzung ins Englische würde „Geflüchtete" bereits kaum greifen. Nichts wäre wünschenswerter, dass aus allen Flüchtlingen oder Vertriebenen am Ende „Geflüchtete" werden, wenn sie entweder sicher in ihre Heimat zurückkehren oder die Chance auf einen Neubeginn an einem Ort ergreifen können, an dem sie dauerhaft willkommen sind. Beide Optionen sind jedoch eher die historische Ausnahme. Der Begriff „Geflüchtete" möchte in guter Absicht den Makel des Flüchtlings abstreifen. Doch greift das bereits bei Millionen Menschen nicht, die zwar ihre eigentliche Flucht hinter sich haben, aber aktuell beispielsweise in Flüchtlingslagern vegetieren müssen. Deshalb erscheint es wichtig, das Ankommen als offenen Prozess gleichfalls in den Blick zu nehmen, weil erst dann entschieden wird, ob aus Flüchtlingen am Ende Geflüchtete werden können. Was nach dem Ankommen folgt, bleibt jedoch unklar. Zweifellos kann am Ende Integration stehen, doch genauso Assimilation und Überanpassung oder sogar dauerhaftes Exil. Eines ist in jedem Fall gewiss, für Flüchtlinge, Vertriebene, Zwangsmigranten, hat sich mit ihrer physischen Ankunft das Thema nicht erledigt. Deshalb sollten Betrachtungen über „Flucht" und „Flüchtlinge" ihren Blick weiten. Wann eine Flucht endet, bleibt immer ein individueller Prozess, der weder von Mehrheitsgesellschaften noch durch wohlmeinende neue Wortschöpfungen verordnet werden kann. Denn selbst für „Geflüchtete" kann ihre Flucht weitergehen und damit noch lange nach dem Ankommen nicht zu Ende sein.

Literatur

Arendt, Hannah: Wir Flüchtlinge. Mit einem Essay von Thomas Meyer. Stuttgart 2016 (6. Aufl.).
Brecht, Bertolt: Über die Bezeichnung Emigranten. In: ders.: Werke in fünf Bänden. Bd. 3: Gedichte, hg. von Werner Mittenzwei unter Mitarbeit von Fritz Hoffmann. Berlin, Weimar 1981.
Brockhaus' Conversations=Lexikon. Leipzig 1883 (13. Aufl.).
Der Große Brockhaus. Leipzig 1934 (15. Aufl.).
Der Volks-Brockhaus. Zwölfte, neubearbeitete Ausgabe. Jubiläumsausgabe A-Z Wiesbaden 1958.
Der Hohe Flüchtlingskommissar der Vereinten Nationen (Hg.): Zur Lage der Flüchtlinge in der Welt. 50 Jahre humanitärer Einsatz. Bonn 2000.
Deutsch-amerikanisches Conversations-Lexicon, Mit specieller Rücksicht auf das Bedürfniß der in Amerika lebenden Deutschen. New York 1871.
Dubnow, Simon: Weltgeschichte des jüdischen Volkes. Von seinen Anfängen bis zur Gegenwart. Europäische Periode. Bd. V: Das späte Mittelalter. Berlin 1927.

Encyclopædia Britannica. Erste Auflage. Edinburgh 1771 (1. Aufl.).
Encyclopædia Britannica. Vierte Auflage. Edinburgh 1810 (4. Aufl.).
Esch, Michael G.: Zur historischen Verortung von „ethnischer Säuberung" und Völkermord. In: Mathias Beer, Dietrich Beyrau und Cornelia Rauh (Hg.): Deutschsein als Grenzerfahrung. Minderheitenpolitik in Europa zwischen 1914 und 1950. Essen 2009, S. 15–34.
Gatrell, Peter: The Making of the Modern Refugee. Oxford 2015.
Goethe, Johann Wolfgang: Hermann und Dorothea. In: ders: Sämtliche Werke. Briefe, Tagebücher und Gespräche. Bd. 8, hg. von Waltraud Wiethölter in Zusammenarbeit mit Christoph Brecht. Frankfurt a. M. 1994.
Goethe, Johann Wolfgang: Faust. Texte. In: ders.: Sämtliche Werke. Briefe, Tagebücher und Gespräche. Bd. 7/1, hg. von Albrecht Schöne. Frankfurt a. M. 1994.
Hofmann, Gunter: Willy Brandt und Helmut Schmidt: Geschichte einer schwierigen Freundschaft. München 2015.
Jüdisches Lexikon. Ein enzyklopädisches Handbuch des jüdischen Wissens in vier Bänden. Bd. III. Berlin 1929.
Kollenscher, Max: Jüdisches aus der deutsch-polnischen Übergangszeit. Posen 1918–1920. Berlin 1925.
Liedtke, Klaus-Jürgen: Nachkrieg und Die Trümmer von Ostpreußen. Berlin 2018.
Meyers Neues Lexikon in acht Bänden. Bd. 3. Leipzig 1962.
Meyers Neues Lexikon in acht Bänden. Bd. 8. Leipzig 1964.
Meyers Konversations=Lexikon. Leipzig 1875 (3. Aufl.).
Miller, David: Fremde in unserer Mitte. Politische Philosophie der Einwanderung. Aus dem Englischen von Frank Lachmann. Berlin 2017.
Müller, Herta: Herzwort und Kopfwort, in: Der Spiegel 4 (2013), S. 97–101.
Naimark, Norman: Flammender Haß. Ethnische Säuberungen im 20. Jahrhundert. Aus dem Amerikanischen von Martin Richter. Frankfurt a. M. 2008.
Naimark, Norman: Stalin und der Genozid. Aus dem Amerikanischen von Kurt Baudisch. Berlin 2010.
Naimark, Norman: Zwangsmigration im Europa des 20. Jahrhunderts: Probleme und Verlaufsmuster, in: Stefan Troebst und Michael Wildt (Hg.): Zwangsmigration im Europa der Moderne. Nationale Ursachen und transnationale Wirkungen. Comparativ 26 (2016), H. 1, S. 11–27.
Naimark, Norman: Genocide. A World History. New York 2017.
Oltmer, Jochen: Migration und Politik in der Weimarer Republik. Göttingen 2005.
Oltmer, Jochen: Globale Migration. Geschichte und Gegenwart. München 2016 (2. überarb. und aktual. Auflage).
Schwartz, Michael: Ethnische „Säuberungen" in der Moderne. Globale Wechselwirkungen nationalistischer und rassistischer Gewaltpolitik im 19. und 20. Jahrhundert. München 2013.
Searle, Ronald und Kaye Webb: Refugees 1960. A Report in Words and Drawings. Harmondsworth 1960.
Zdrenka, Joachim (Hg.): Kreis Flatow am Scheideweg. Aufzeichnungen von Erich Hoffmann. Złotów 2008.
Zedler, Johann Heinrich (Hg.): Grosses vollständiges Universal-Lexicon Aller Wissenschaften und Künste. Bd. 9. Halle, Leipzig 1733 (Nachdruck Graz 1994).

Flucht und Vertreibung
in Literatur und Literaturwissenschaft
(Friederike Eigler)

Dieser Beitrag untersucht das Verhältnis literarischer Darstellungen von ‚Flucht und Vertreibung', die seit Kriegsende entstanden, und der erst Jahrzehnte später einsetzenden literaturwissenschaftlichen Behandlung der betreffenden Texte. Diese Zeitdifferenz lässt sich auf die ideologisch belastete Erinnerungsgeschichte von ‚Flucht und Vertreibung' zurückführen. Erst seit den 1990er Jahren, also seit Ende des Kalten Krieges, ist eine umfassende Aufarbeitung dieser bis dahin in der Literaturwissenschaft weitgehend ausgesparten Themen und Texte zu beobachten. In das folgende Jahrzehnt fallen darüber hinaus Versuche, komparatistische und europäische Kooperationen auf wissenschaftlicher Ebene zu fördern. Zudem gehen Forschungsimpulse von jüngeren literarischen Texten aus, die transhistorische, transnationale oder intertextuelle Bezüge zu unterschiedlichen Erfahrungen von Exil, Flucht, Emigration und Migration herstellen. Abschließend soll auf dieser Grundlage überlegt werden, auf welche Weise wissenschaftliche Diskurse hinsichtlich verwandter Begriffe und Themenbereiche geöffnet werden können. Dabei wird zu zeigen sein, wo es bereits Ansätze für einen produktiven Austausch zwischen der bisher relativ isolierten Forschung zu Flucht und Vertreibung und anderen Forschungsbereichen gibt, insbesondere der Exil- und Migrationsforschung. Eine zentrale Herausforderung besteht darin, zentrale Leitbegriffe (wie Exil, Vertreibung, Emigration) in Beziehung zueinander zu setzen ohne die jeweils unterschiedlichen historischen Kontexte zu vernachlässigen. Aktuelle literarische Texte sind hier in manchen Fällen wegweisend.

Das Begriffspaar ‚Flucht und Vertreibung' geht auf das Bundesvertriebenengesetz von 1953 zurück. Gemeint sind mit dieser feststehenden Formulierung eine Reihe heterogener Ereignisse am Ende des Zweiten Weltkriegs, die zur (Zwangs-)Migration von etwa zwölf Millionen Deutschen bzw. deutschstämmigen Bewohnern Ost- und Südosteuropas in die neuen Grenzen Deutschlands führten.[1] Trotz historisch und politisch begründeter Kritik wird das Begriffspaar bis heute auch

---

[1] Vgl. Mathias Beer: Flucht und Vertreibung der Deutschen. Voraussetzungen, Verlauf, Folgen. München 2011, S. 13–22.

in akademischen Diskursen verwendet. Zu den stärksten Einwänden gehört, dass der Fokus auf ‚Flucht und Vertreibung' einer Abkoppelung von den historischen Vorgängen des Zweiten Weltkriegs und des Holocausts – und damit einem Selbstverständnis der Deutschen als Opfer – Vorschub leiste. Das Begriffspaar ist vor diesem Hintergrund als eine Kurzformel für komplexe historische Vorgänge zu sehen, dessen Implikationen und Verwendungsweisen selber Gegenstand wissenschaftlicher und öffentlicher Auseinandersetzung geworden sind. Beispiele dafür sind die Arbeiten am 2006 gegründeten Zentrum für historische Forschung Berlin der polnischen Akademie der Wissenschaften unter der Leitung des polnischen Historikers Robert Traba (bis 2018). Dort etablierte sich das Begriffspaar ‚Krieg und Vertreibung' als Ausdruck des Bestrebens, die Jahre 1939–1949 als eine zusammenhängende Epoche zu analysieren.[2] Zu einer kritischen Analyse des Begriffspaars haben auch die Historiker*innen Eva Hahn und Hans Henning Hahn beigetragen, indem sie ‚Flucht und Vertreibung' als kollektiven Erinnerungsort untersucht haben.[3]

Mit wenigen Ausnahmen setzte eine umfassende literaturwissenschaftliche Auseinandersetzung erst in den 1990er Jahren ein, also fünf Jahrzehnte nach den historischen Ereignissen, die man unter ‚Flucht und Vertreibung' zusammenfasst, und etwa zwei Jahrzehnte nach Erscheinen der umfangreichen Romanprojekte von Siegfried Lenz, Horst Bienek, Ilse Tielsch, Christa Wolf und Arno Surminski, in denen Aspekte dieser Geschichte sowie ihre Nachwirkungen thematisiert werden.[4] Diese späte wissenschaftliche Auseinandersetzung muss im Zusammenhang mit den dominanten öffentlichen Diskursen der Nachkriegsjahrzehnte gesehen werden, in denen sich der einflussreiche Bund deutscher Vertriebenen (BdV) für eine Revision der in Jalta und Potsdam festgelegten neuen Grenzen Deutschlands und Polens – der sogenannten ‚Westverschiebung' – und eine Rückkehr in die verlorene Heimat einsetzten. In den ersten Nachkriegsjahren war die deutsche Öffentlichkeit noch stark von der Präsenz der unzähligen Vertriebenen bestimmt (je nach Region machten sie bis zu einem Viertel der deutschen Nachkriegsbevölkerung aus). Auf die revanchistische Rhetorik des BdV, die zum

---

2 Vgl. dazu die erste Ausgabe des Jahrbuchs, Historie: Jahrbuch des Zentrums für Historische Forschung Berlin der Polnischen Akademie der Wissenschaften 1 (2007/2008), insbesondere den Beitrag von Hans-Jürgen Bömelburg, "Fachhistorische Ansätze zu 'Krieg und Vertreibung'", S. 170–172.
3 Eva Hahn und Hans Henning Hahn: Flucht und Vertreibung. In: Etienne François und Hagen Schulze (Hg.): Deutsche Erinnerungsorte. Bd. 1. München 2001. Sowie Eva Hahn und Hans Hahn: Die Vertreibung im deutschen Erinnern. Legenden, Mythos, Geschichte. Paderborn 2010.
4 Vgl. dazu genauer Friederike Eigler: Heimat, Space, Narrative: Toward a Transnational Approach to Flight and Expulsion. Rochester/NY 2014, S. 51–59.

Teil von rechtskonservativen Parteien übernommen wurde, reagierten linksliberale Parteien und die meisten Medien zunehmend mit Ablehnung. Die ideologischen Kontroversen in der Bundesrepublik, die durch Willy Brandts Entspannungspolitik gegenüber Polen und dem Warschauer Vertrag von 1970 ausgelöst wurden, trugen dazu bei, dass in den folgenden Jahrzehnten die individuellen Schicksale immer weniger wahrgenommen und die Vertriebenen stattdessen kollektiv mit dem BdV assoziiert wurden. Es liegt nahe, dass sich diese ideologisch motivierte Abgrenzung auch auf die wissenschaftliche Auseinandersetzung auswirkte. Diese Konstellation würde die weitgehend fehlende Beschäftigung mit literarischen Darstellungen von ‚Flucht und Vertreibung' und der ‚verlorenen Heimat' erklären.[5]

Erst im Jahre 1988 kam es mit der Publikation von Louis Ferdinand Helbigs Studie *Der ungeheure Verlust* zu einer ersten umfassenden Bestandsaufnahme der Literatur der vorausgehenden vier Jahrzehnte.[6] Aus heutiger Perspektive liest sich dieses Buch noch als Symptom der oben angesprochenen Problematik, insofern Helbig im Vorwort sichtlich bemüht ist, das eigene Vorhaben zu rechtfertigen. Die damals in der Öffentlichkeit und in der Wissenschaft noch dominanten ideologischen Vorbehalte sind die Folie, vor der diese defensive Haltung plausibel wird. Zugleich liest sich der Titel *Der ungeheure Verlust* auch als Bezug auf die historischen Ereignisse selber (den Verlust der deutschen Ostgebiete) und zeigt damit an, dass diese Studie nicht nur literaturwissenschaftlich motiviert ist.

Diese Situation hat sich in den letzten Jahrzehnten grundlegend verändert. Nach Ende des Kalten Krieges und der Öffnung vieler Archive sowie unter Mitwirkung einer jüngeren Generation von Wissenschaftler*innen nahm die literaturwissenschaftliche Forschung zu literarischen Darstellungen von Flucht und Vertreibung seit Mitte der 90er Jahre deutlich zu. Wichtige Impulse gingen von Wolfgang Schneiss' Studie *Flucht, Vertreibung und verlorene Heimat im früheren Ostdeutschland. Beispiele literarischer Bearbeitung* aus.[7] Schneiss wendet sich von dem thematisch orientierten Begriff der ‚Vertriebenenliteratur' ab und verfolgt einen dezidiert literarhistorischen Ansatz. Im Rückgriff auf Norbert Mecklen-

---

5 Eine ähnliche Begründung formuliert der Osteuropa-Experte Karl Schlögel in Hinblick auf die Versäumnisse in der Geschichtswissenschaft: „Nach der Rechthaberei. Umsiedlung und Vertreibung als europäisches Problem". In: Dieter Bingen, Włodzimierz Borodziej und Stefan Troebst (Hg.): Vertreibungen europäisch erinnern? Historische Erfahrungen – Vergangenheitspolitik – Zukunftskonzeptionen. Wiesbaden 2003, S. 15–22.
6 Louis Ferdinand Helbig: Der ungeheure Verlust: Flucht und Vertreibung in der deutschsprachigen Belletristik der Nachkriegszeit [1988]. Wiesbaden 1996 (revidierte und erweiterte Ausgabe).
7 Wolfgang Schneiss: Flucht, Vertreibung und verlorene Heimat im früheren Ostdeutschland. Beispiele literarischer Bearbeitung. Frankfurt a. M. 1995.

burgs *Erzählte Provinz*⁸ untersucht er Texte von Ernst Wiechert, Arno Surminski, Horst Bienek, Siegfried Lenz, Günter Grass und anderen mit Bezug auf literarische Traditionen des Regionalismus und der Moderne. Entscheidend für die weitere Forschung war dann die 2005 publizierte umfangreiche kommentierte Bibliographie von Axel Dornemann zu Prosaliteratur und Erlebnisberichten seit 1945, die die Arbeit von Helbig weiterführte.⁹ Seit der Jahrhundertwende erschienen neben zahlreichen Einzelanalysen einige transnational oder interdisziplinär angelegte Sammelbände, die auf entsprechenden Tagungen basierten. Besonders vielversprechend waren in dieser Zeit Ansätze zur Zusammenarbeit mit polnischen und tschechischen Wissenschaftler*innen, allerdings fehlte meist eine langfristige institutionelle Förderung.¹⁰ Zudem untersuchten eine Reihe von größeren Forschungsprojekten den neuen ‚Opferdiskurs' in Literatur und Öffentlichkeit, wie er u. a. von W. G. Sebalds kontrovers diskutierten Thesen in *Luftkrieg und Literatur* ausgelöst wurde.¹¹

In das Jahr 2014 fiel die Publikation von gleich drei Monografien, die sich eingehend mit der Literatur zu Flucht und Vertreibung befassten und dabei zum einen zu einer neuen Gesamteinschätzung der west- und ostdeutschen Forschung zu Flucht und Vertreibung beitrugen (Berger; Niven),¹² und zum anderen einige der bis dahin dominanten Forschungsparadigmen revidierten, etwa hinsichtlich eines eindimensional konzipierten Heimatbegriffs (Eigler).¹³ Auffällig ist, dass alle drei Studien aus anglo-amerikanischen Wissenschaftskontexten stammen und auch dort vornehmlich rezipiert wurden. Eine mögliche Erklärung liegt in

---

8 Norbert Mecklenburg: Erzählte Provinz. Regionalismus und Moderne im Roman. Königstein im Taunus 1982.
9 Axel Dornemann: Flucht und Vertreibung aus den ehemaligen deutschen Ostgebieten in Prosaliteratur und Erlebnisbericht seit 1945. Eine annotierte Bibliographie. Stuttgart 2005.
10 Hier seien stellvertretend zwei Sammelbände erwähnt: Dieter Bingen, et al. (Hg.): Vertreibungen europäisch erinnern? Historische Erfahrungen-Vergangenheitspolitik-Zukunftskonzeptionen. Wiesbaden 2003; Elke Mehnert (Hg.): Landschaften der Erinnerung. Flucht und Vertreibung aus deutscher, polnischer und tschechischer Sicht. Frankfurt a. M. 2001.
11 W. G. Sebald: Luftkrieg und Literatur. München 1999; Helmut Schmitz (Hg.): A Nation of Victims? Representations of German Wartime Suffering from 1945 to the Present. Amsterdam/NY 2007; Stuart Taberner und Karina Berger (Hg.): Germans as Victims in the Literary Fiction of the Berlin Republic. Rochester/NY 2009; Dagmar Wienröder-Skinner und Laurel Cohen-Pfister (Hg.): Victims and Perpetrators: 1933–1945 (Re)Presenting the Past in Post-Unification Culture. Berlin 2006.
12 Karina Berger: Heimat, Loss and Identity: Flight and Expulsion in German Literature from the 1950s to the Present. Oxford, Bern 2014; Bill Niven: Representations of Flight and Expulsion in East German Prose Works. Rochester/NY 2014.
13 Eigler: Heimat, Space, Narrative.

der größeren Distanz der anglo-amerikanischen *German Studies* zu den bis heute anhaltenden Kontroversen in der deutschsprachigen Öffentlichkeit über einen angemessenen Umgang mit der Geschichte von Flucht und Vertreibung. Hinsichtlich der verwendeten Terminologie ist signifikant, dass diese Studien den deutschsprachigen Doppelbegriff direkt ins Englische übersetzen (*Flight and Expulsion* erscheint jeweils im Titel oder Untertitel), anstatt anders konnotierte Begriffe, wie etwa *forced migration* oder *displacement* zu verwenden. Der passiv konnotierte Begriff *displacement* wird in sehr unterschiedlichen Kontexten gebraucht (etwa in Studien zur urbanen Gentrifizierung), aber selten als Übersetzung des aktiv konnotierten Begriffs ‚Flucht'. Der Begriff *forced migration* hat sich in der (angloamerikanischen) Historiographie als Sammelbegriff für vielfältige Beispiele von Zwangsmigration etabliert, die im Extremfall in ‚ethnischer Säuberung' und Genozid münden. Aus dieser Perspektive rücken aber prinzipiell Flucht und Vertreibung und die Shoah in einen gemeinsamen Kontext. Diese konzeptionelle Nähe von zwei sehr unterschiedlichen Opfergruppen (die sich im ersten Fall mit den Deutschen als Tätern überschneiden) wird aus der Perspektive polnischer Historiker*innen aber auch der angloamerikanischen *German Studies* mit Skepsis betrachtet. Jedenfalls ist es bisher kaum zu einem interdisziplinären Austausch zwischen dem Forschungsbereich *Forced Migration Studies* und den Literaturwissenschaften gekommen. Entscheidend hierfür wäre eine entsprechende Kontextualisierung ohne Nivellierung, wie es das Dokumentationszentrum der Bundesstiftung Flucht, Vertreibung, Versöhnung mit seiner 2021 eröffneten Ausstellung unter dem Oberbegriff der Zwangsmigration versucht.

Erst kürzlich erschien mit Frauke Janzens *Flucht und Vertreibung im literarischen Diskurs der BRD. Rhetoriken der Opferkonstruktion* (2021) auch im deutschsprachigen Kontext eine umfassende literaturwissenschaftliche Studie. Aus diskursanalytischer Perspektive untersucht Janzen die vielfältigen Verbindungen zwischen literarischen und außerliterarischen Diskursen. Es gelingt ihr dadurch, ein differenzierteres Bild von den Veränderungen dieser Diskurse seit Ende des Zweiten Weltkriegs zu zeichnen und eine genauere Periodisierung der relevanten Literatur vorzunehmen. Zudem unterstreicht sie die prominente Rolle fiktionaler Bearbeitungen seit der Jahrhundertwende. Diese Literatur, die in hohem Maße selbstreflexiv ist, also auf Prozesse des Erzählens und Erinnerns Bezug nimmt, sei auf eine „erinnerungspolitisch sensibilisierte Öffentlichkeit" getroffen, die sich seit der Wende herausgebildet hatte.[14]

---

[14] Frauke Janzen: Flucht und Vertreibung im literarischen Diskurs der BRD. Rhetoriken der Opferkonstruktion. Göttingen 2021, S. 261.

Mit Janzens Studie sind wir wissenschaftsgeschichtlich in der Gegenwart angelangt. Ein Vergleich mit der Exilforschung ist hier aufschlussreich. Die Exilforschung hat sich bekanntlich in Deutschland (nach anfänglichen Schwierigkeiten) seit den 1970er Jahren als eigenständiges Forschungsgebiet und unter maßgeblicher Beteiligung der Literaturwissenschaften etabliert. Auf Debatten um die passenden Begriffe folgte eine lange Phase der Konsolidierung, die sich zunächst auf die sogenannte ‚Grundforschung', also das Sammeln von relevanten Dokumenten, Texten, biographischen Fakten konzentrierte.[15] In vieler Hinsicht befindet sich die vergleichsweise junge literaturwissenschaftliche Forschung zu Flucht und Vertreibung noch in dieser Phase der Aufarbeitung der relevanten literarischen und autofiktionalen Texte. Zwar kommt es in diesem Kontext punktuell zu interdisziplinären oder transnationalen Kooperationen, aber bisher noch wenig zu einem konzeptionellen Austausch mit angrenzenden Forschungsgebieten, insbesondere der Exil- und Migrationsforschung. Die Impulse dazu kommen vielmehr aus der Exilforschung, die unter dem Einfluss von Wissenschaftler*innen, die nicht mehr direkt mit der Erlebnisgeneration verbunden sind, die eigenen Forschungsparadigmen hinterfragt und den Austausch mit verwandten Forschungsgebieten und der jeweils dominanten Terminologie sucht.[16] Der vorliegende Band dokumentiert diese Öffnung.

Vor diesem grob skizzierten wissenschaftshistorischen Hintergrund ist die besondere Rolle der Literatur selbst hervorzuheben. Eine Reihe von Schriftsteller*innen leisteten in manchen Fällen schon seit den fünfziger Jahren[17] das, was aus den erwähnten Gründen sowohl in öffentlichen wie in wissenschaftlichen

---

[15] Doerte Bischoff und Susanne Komfort-Hein: Einleitung: Literatur und Exil. In: Bischoff, Komfort-Hein (Hg.): Literatur und Exil. Neue Perspektiven. Berlin, Boston 2013, S. 1, insbesondere Anmerkung 1.

[16] Vgl. Bischoff, Komfort-Hein: Einleitung: Literatur und Exil; sowie die anderen Beiträge im selben Band, insbesondere Wolfgang Benz: Wann endet das Exil? Migration und Akkulturation, der explizite Bezüge zwischen dem Exilbegriff und „Heimatvertriebenen aus den deutschen Ostgebieten" herstellt sowie für eine Annäherung zwischen Exil- und Migrationsforschung plädiert (S. 71–72). Hinsichtlich der lange etablierten Leitbegriffe der jeweiligen Forschungsgebiete ist bemerkenswert, dass der Exilbegriff anfänglich auch für Vertriebene verwendet wurde. Vgl. Eugen Lemberg: Völker und Volksgruppen im Exil. München 1953. Exil sollte hier implizieren, dass es sich bei dem Heimatverlust nur um einen vorläufigen handelte. Den Hinweis auf Lemberg verdanke ich Stephan Scholz.

[17] Frühe literarische Beispiele sind Ruth Hoffmanns *Die schlesische Barmherzigkeit* (1950), *Wintergewitter* von Kurt Ihlenfeld (1952), *Das verschüttete Antlitz* von Gertrud Fussenegger (1957) sowie *Die Blechtrommel* (1959) von Günter Grass. Verbreitete Annahmen, es handele sich bei diesen frühen Texten (mit der Ausnahme der Blechtrommel) generell um Literatur von minderer Qualität, die zudem revanchistische Tendenzen aufzeige, sind inzwischen widerlegt worden

Diskursen lange versäumt wurde. Zugespitzt formuliert: Literatur gelang bzw. gelingt in vielen Fällen das, was die Literaturwissenschaft vermehrt erst seit den 1990er Jahren untersucht bzw. wahrnimmt: Die anfangs noch auf den Opferstatus der Vertriebenen fokussierte dann aber zunehmend kontextualisierte Darstellung von Krieg und Vertreibung.[18] Hier ist insbesondere der 1978 publizierte Roman *Heimatmuseum* von Siegfried Lenz zu erwähnen, der auf die Rolle des narrativen Mediums Bezug nimmt.[19] Die historische Kontextualisierung und multiperspektivische Darstellung von Flucht und Heimatverlust, an der das im Roman dargestellte Heimatmuseum scheitert, ist, so legt die Rahmenhandlung nahe, die Aufgabe der Literatur. In diesem metaliterarischen Sinne hat Lenz seinen Roman als „geschriebenes Heimatmuseum" bezeichnet.[20]

Wichtige Impulse gehen auch von der Literatur der letzten zwei Jahrzehnte aus, insofern dort Ansätze für eine transnationale Öffnung im Diskurs zu Flucht und Vertreibung zu beobachten sind. In Texten von Tanja Dückers, Olaf Müller, Sabrina Janesch und Ulrike Draesner zeigt sich ein Interesse an den osteuropäischen Nachbarländern und den Vertreibungsgeschichten anderer Bevölkerungsgruppen, insbesondere der Polen.[21] (Die literarische Auseinandersetzung mit deutsch-polnischer Geschichte und Grenzregionen hat in der polnischen Literatur allerdings bereits deutlich früher begonnen.)[22] Neben diesen transnationalen Bezügen finden sich in der Literatur zu aktuellen ‚Flüchtlingskrisen' vereinzelt auch Verweise auf Flucht und Vertreibung bei Kriegsende. So stellt Jenny Erpenbeck in *Gehen ging gegangen* Bezüge zwischen der Biografie der Hauptfigur und seiner 1945 aus Schlesien geflüchteten Familie und den Biografien aus Afrika geflüchteter Menschen her. Saša Stanišić integriert in *Herkunft* in das eigene Fluchtnarrativ sowohl Bezüge zu einem bei Kriegsende aus Danzig Vertriebenen

---

(Berger: Heimat, Loss and Identity, S. 23–66; Janzen: Flucht und Vertreibung im literarischen Diskurs, S. 79–134).
18 Ich beschränke mich in diesem knappen Überblick auf die Möglichkeiten literarischer Darstellungen. Daneben gibt es selbstverständlich auch Beispiele für dekontextualisierte, auf einen einseitigen Opferdiskurs fokussierte Literatur.
19 Siegfried Lenz: Heimatmuseum. Roman [1978]. München 2001.
20 Siegfried Lenz: Gespräch mit Siegfried Lenz. In: Kulturpolitische Korrespondenz 357/358 (1978), S. 9.
21 Friederike Eigler: Die Heimat der anderen: Grenzräume in der deutsch-polnischen Gegenwartsliteratur. In: Carsten Gansel und Pawel Zimniak (Hg.): Störungen im Raum – Raum der Störungen. Heidelberg 2012.
22 Dagmar Wienröder-Skinner: Attempts at (Re)Conciliation: Polish-German Relations in Literary Texts by Stefan Chwin, Pawel Huelle, and Olga Tokarczuk. In: Dagmar Wienröder-Skinner und Laurel Cohen-Pfister (Hg.): Victims and Perpetrators. Berlin 2006.

als zur Lyrik von exilierten Autorinnen.[23] Transhistorische und intertextuelle Bezüge dieser Art finden sich wiederholt in der deutschsprachigen Gegenwartsliteratur. Literarische Texte buchstabieren die individuellen Auswirkungen traumatischer (Flucht-)Erfahrungen aus, anstatt sich an zentralen und zuweilen sorgfältig gehüteten Leitbegriffen (wie Exil, Vertreibung, Emigration) zu orientieren, wie es für die Forschung charakteristisch ist. Vor diesem Hintergrund ist zu hoffen, dass die aktuelle Migrationsliteratur (*Literature of Migration*) Anlass für einen verstärkten Dialog zwischen den Forschungsgebieten zu Migration, Exil und Flucht und Vertreibung sein kann. Ansätze dazu gibt es bereits.[24]

Eine Vertiefung dieses Austauschs wäre auf inhaltlicher und konzeptioneller Ebene denkbar. Zu möglichen Anknüpfungsbereichen gehören die literarische und intertextuelle Gestaltung folgender Themen und Erfahrungen: transgenerationelle Auswirkungen von traumatischen Gewalterfahrungen und (Heimat-)Verlust; Erfahrungen von Alterität und Umgang mit Ausgrenzung, Rassismus und Xenophobie; prekäre Lebenssituationen und Fragen der Akkulturation und Identität, um nur einige Beispiele zu nennen. Auf konzeptioneller Ebene wären möglicherweise folgende Aspekte anschlussfähig: kommunikative und kollektive Erinnerung (Assmann); multi-direktionale Bezüge zu Erinnerungen an andere Gewaltgeschichten (Rothberg)[25]; Vorstellungen von (alter und neuer) Heimat; und alternative Formen der Zugehörigkeit in Situationen von (erzwungener) Mobilität. Wie ich an anderer Stelle ausgeführt habe, sind im Kontext von Mobilität und Verortung raumtheoretische Ansätze gewinnbringend, die das lange dominante Container-Modell hinter sich lassen und von der kulturellen und sozialen Konstitution von Räumen ausgehen. Damit geraten dynamische und veränderbare Beziehungen zu spezifischen Orten ins analytische Blickfeld, die prinzipiell für literarische Darstellungen von Exil, Flucht und Migration relevant sind. Denn die Literatur verfügt über besondere Möglichkeiten, Alternativen zu statischen

---

23 Jenny Erpenbeck: Gehen ging gegangen. Roman. München 2015; Saša Stanišić: Herkunft. München 2019.
24 Beispiele für eine solche Öffnung in der Literaturwissenschaft sind die Beiträge von Doerte Bischoff, „Flucht und Exil in der Gegenwartsliteratur: Begriffsverhandlungen, vernetzte Geschichten, globale Perspektiven" und Hanna Maria Hofmann, „(Über-)Zeitlichkeit von Flucht und Migration in Literatur und Film 1939–2020: Kleeberg, Seghers, Petzold, Khider", beide in: Gegenwartsliteratur. Ein germanistisches Jahrbuch 20 (2021). In den Sozialwissenschaften gibt es bereits Modelle für übergreifende Forschungsansätze, etwa am Institut für Flucht- und Flüchtlingsforschung an der Universität Osnabrück. https://www.sozialwissenschaften.uni-osnabrueck.de/institut/fachgebiete/flucht_und_fluechtlingsforschung.html (Zugriff: 2.2.2022).
25 Michael Rothberg: Multidirectional Memory. Palo Alto/CA 2009.

Heimatvorstellungen zu imaginieren und damit die problematische Verknüpfung von (kollektiver) Identität und Territorium zu unterlaufen.[26]

Eine der Herausforderungen bei einem derartigen konzeptionellen Austausch zwischen verwandten Forschungsgebieten liegt darin, die jeweils spezifischen historischen Bedingungen der in der Literatur dargestellten Phänomene weiterhin zu berücksichtigen. Anhand zweier nicht-literarischer Beispiele möchte ich abschließend sowohl die Risiken als auch die Potentiale eines solchen Dialogs beleuchten.

Wie der Titel des für ein breites Publikum konzipierten Sachbuchs *Flucht. Eine Menschheitsgeschichte*[27] ankündigt, befasst sich der Historiker Andreas Kossert mit den globalen Phänomenen von Flucht und Zwangsmigration. Kossert stellt eine Fülle von bewegenden Selbstzeugnissen aus vielen Ländern und Zeiten zusammen, die einmal mehr illustrieren, wie stark sich in Bezug auf die je individuelle Perspektive die wissenschaftlich getrennt untersuchten Phänomene von Zwangsmigration im 20. und 21. Jahrhundert überschneiden. Dieser universalisierende Umgang mit Opfernarrativen bringt aber auch Risiken mit sich, wenn nämlich die unterschiedlichen historischen Bedingungen von individuellen Verlust- und Leiderfahrungen zu wenig berücksichtigt werden.[28] So fragt sich, ob man den Heimatverlust von Vertriebenen neben den von Jean Améry stellen sollte, ohne zu thematisieren, dass der jüdische Widerstandskämpfer Améry nicht nur seine Heimat verloren, sondern Folter und Inhaftierung in Auschwitz nur knapp überlebt hat. Für global angelegte Projekte wie Kosserts Sachbuch, aber auch für transnationale Forschungsbereiche wie die erwähnten *Forced Migration Studies* stellt sich auch heute noch die Frage, wie man der für die jüngere deutsche Geschichte charakteristischen "Opfer-Täter-Doppelidentität" (Janzen 319) gerecht werden kann.

Ansätze für eine gelungene Öffnung hinsichtlich anderer (heterogener) Fluchterfahrungen bietet das von der Bundesstiftung Flucht, Vertreibung, Versöhnung (SFVV) finanzierte und konzipierte Berliner Dokumentationszentrum. Vor dem Hintergrund der langjährigen Kontroversen um die 2008 gegründete Stiftung und ihre noch schwierigere Vorgeschichte, die eng mit der BdV-Vorsitzenden Erika Steinbach verknüpft war, ist diese jüngste Entwicklung beein-

---

26 Eigler: Heimat, Space, Narrative, S. 13–50.
27 Andreas Kossert: Flucht. Eine Menschheitsgeschichte. München 2020.
28 Vgl. folgende Rezensionen zu Andreas Kossert: Flucht. Eine Menschheitsgeschichte: Stephan Scholz: Rezension zu Andreas Kossert, Flucht. Eine Menschheitsgeschichte, München, 2020: H-Soz-Kult, 18.03.2021. www.hsozkult.de/publicationreview/id/reb-50237 (Zugriff: 1.2.2022); Friederike Eigler: Rezension zu Andreas Kossert: Flucht. Eine Menschheitsgeschichte. In: Ursula Seeber, Veronika Zwerger, Doerte Bischoff und Carla Swiderski (Hg.): Mensch und Tier in Reflexionen des Exils. Berlin, Boston 2021.

druckend. Ziel des für die ständige Ausstellung verantwortliche Kuratorenteams war es, die in dem Doppelbegriff festgeschriebene Koppelung von ‚Flucht und Vertreibung' zu öffnen, und zwar hinsichtlich einer Historisierung und Differenzierung der darunter gefassten Vorgänge.[29] Entsprechend steht in der Ausstellung der diachrone Überblick zu erzwungenen Bevölkerungsverschiebungen im 20. und 21. Jahrhundert neben einem synchronen Fokus auf Zwangsmigration und Flucht im Europa des Zweiten Weltkrieges und der ersten Nachkriegszeit. Flucht und Vertreibung der Deutschen stehen im Mittelpunkt dieses zweiten Komplexes, wobei das Bestreben deutlich wird, die Vorgänge der Jahre 1939–1949 als zusammenhängende Phase aufzuzeigen.[30]

Bemerkenswert ist darüber hinaus, dass die erste Sonderausstellung durch die Übernahme einer Ausstellung vom Jüdischen Museum in Frankfurt zustande kam.[31] Auch mit dieser Ausstellung zu Lebensläufen von Überlebenden der Shoah 1945–1958 nimmt die SFVV den größeren historischen Kontext der ersten Nachkriegszeit in den Blick. Es bleibt abzuwarten, welche Wirkung davon ausgeht, wenn die Nachkriegsbiographien von Überlebenden mit denen der Vertriebenen durch die räumliche Nähe im Dokumentationszentrum zueinander in Beziehung gesetzt werden.

Auf institutioneller Ebene ist außerdem die geplante Zusammenarbeit der Stiftung FVV mit dem neuen Exilmuseum erwähnenswert, das am Anhalter Bahnhof direkt gegenüber dem Dokumentationszentrum entstehen wird. Beide Institutionen sind um eine Auseinandersetzung mit der Situation von Geflüchteten und an den dabei sichtbar werdenden "anthropologischen Konstanten" bemüht. Die Aufbruchsstimmung, die von diesen Projekten bzw. von den verantwortlichen Leiterinnen dieser Einrichtungen ausgeht, kann vielleicht auch Inspiration für den wissenschaftlichen Dialog sein.[32] Ein zentrales Forschungsdesiderat läge darin,

---

29 Diese Doppelung von Historisierung und Europäisierung wird bereits im Gründungsdokument der SFVV von 2008 formuliert, aber die Herausforderung bestand in der konkreten Realisierung dieser Vorgaben: https://assets.ctfassets.net/qdxd3oucyup5/3h3nyZhwe9ew5yJ7JqXaGz/ecf80bca8465e3911b5e034f9544eeb2/Konzept-der-Staendigen-Ausstellung_sfvv.pdf (Zugriff: 2.2.2022).
30 Inwieweit das im Einzelnen gelungen ist, müsste eine genauere Untersuchung der Ausstellung zeigen.
31 Die Sonderausstellung trägt den Titel "Unser Mut. Juden in Europa 1945–48" und ist für März-September 2022 geplant. https://www.flucht-vertreibung-versoehnung.de/de/besuchen/sonderausstellung (Zugriff: 2. Februar 2022).
32 Die Formulierung stammt von Cornelia Vossen, der leitenden Kuratorin für das Berliner Exilmuseum. Auf einer von der Walter Berendsohn Forschungsstelle für deutsche Exilforschung organisierten Podiumsdiskussion am 13. Januar 2022 betonten Vossen und Gabriele Bavendamm, die Leiterin der Stiftung FVV, ihr Interesse an einer institutionellen Zusammenarbeit.

eine inhaltliche und konzeptionelle Öffnung, wie sie in der jüngsten Entwicklung der beiden Museen am Berliner Anhalter Bahnhof in Aussicht gestellt wird, in der interdisziplinären Forschung zu Exil, Flucht und Migration zu vertiefen, dabei aber nivellierenden Tendenzen entgegenzuwirken.

Literaturverzeichnis

Beer, Mathias: Flucht und Vertreibung der Deutschen. Voraussetzungen, Verlauf, Folgen. München 2011.

Benz, Wolfgang: Wann endet das Exil? Migration und Akkulturation. In: Doerte Bischoff und Susanne Komfort-Hein (Hg.): Literatur und Exil. Neue Perspektiven. Berlin, Boston 2013, S. 71–82.

Berger, Karina: Heimat, Loss and Identity: Flight and Expulsion in German Literature from the 1950s to the Present. Oxford, Bern, et al. 2014.

Bingen, Dieter, Wlodzimierz Borodziej und Stefan Troebst (Hg.): Vertreibungen europäisch erinnern? Historische Erfahrungen – Vergangenheitspolitik – Zukunftskonzeptionen. Wiesbaden 2003.

Bischoff, Doerte: Flucht und Exil in der Gegenwartsliteratur: Begriffsverhandlungen, vernetzte Geschichten, globale Perspektiven. In: Gegenwartsliteratur. Ein germanistisches Jahrbuch 20 (2021), S. 29–54.

Bischoff, Doerte und Susanne Komfort-Hein (Hg.): Literatur und Exil. Neue Perspektiven. Berlin, Boston 2013.

Bischoff, Doerte und Susanne Komfort-Hein: Einleitung: Literatur und Exil. In: Dies. (Hg.): Literatur und Exil. Neue Perspektiven. Berlin, Boston 2013, S. 1–9.

Bömelburg, Hans-Jürgen: Fachhistorische Ansätze zu „Krieg und Vertreibung". In: Historie: Jahrbuch des Zentrums für Historische Forschung Berlin der Polnischen Akademie der Wissenschaften 1 (2007/2008), S. 170–172.

Dornemann, Axel: Flucht und Vertreibung aus den ehemaligen deutschen Ostgebieten in Prosaliteratur und Erlebnisbericht seit 1945. Eine annotierte Bibliographie. Stuttgart 2005.

Eigler, Friederike: Rezension zu Andreas Kossert: Flucht. Eine Menschheitsgeschichte. In: Ursula Seeber, Veronika Zwerger, Doerte Bischoff und Carla Swiderski (Hg.): Mensch und Tier in Reflexionen des Exils. Berlin, Boston 2021, S. 345–346.

Eigler, Friederike: Heimat, Space, Narrative: Towards a Transnational Approach to Flight and Expulsion. Rochester/NY 2014.

Eigler, Friederike: Die Heimat der anderen: Grenzräume in der deutsch-polnischen Gegenwartsliteratur. In: Carsten Gansel und Pawel Zimniak (Hg.): Störungen im Raum – Raum der Störungen. Heidelberg 2012, S. 351–370.

Erpenbeck, Jenny: Gehen ging gegangen. Roman. München 2015.

Hahn, Eva und Hans Henning Hahn: Die Vertreibung im deutschen Erinnern. Legenden, Mythos, Geschichte. Paderborn 2010.

Hahn, Eva und Hans Henning Hahn: Flucht und Vertreibung. In: Etienne François und Hagen Schulze (Hg.): Deutsche Erinnerungsorte. 3 Bände, Bd. 1. München 2001, S. 335–351.

Helbig, Louis Ferdinand: Der ungeheure Verlust: Flucht und Vertreibung in der deutschsprachigen Belletristik der Nachkriegszeit. [1988] Wiesbaden 1996 (revidierte und erweiterte Ausgabe).
Hofmann, Hanna Maria: (Über-)Zeitlichkeit von Flucht und Migration in Literatur und Film 1939–2020: Kleeberg, Seghers, Petzold, Khider. In: Gegenwartsliteratur. Ein germanistisches Jahrbuch 20 (2021), S. 55–81.
Janzen, Frauke: Flucht und Vertreibung im literarischen Diskurs der BRD. Rhetoriken der Opferkonstruktion. Göttingen 2021.
Kossert, Andreas: Flucht. Eine Menschheitsgeschichte. München 2020.
Lemberg, Eugen: Völker und Volksgruppen im Exil. München 1953.
Lenz, Siegfried: Heimatmuseum. Roman. [1978]. München 2001.
Lenz, Siegfried: Gespräch mit Siegfried Lenz. In: Kulturpolitische Korrespondenz 357/358 (1978), S. 7–10.
Stanišić, Saša: Herkunft. München 2019.
Mecklenburg, Norbert: Erzählte Provinz. Regionalismus und Moderne im Roman. Königstein im Taunus 1982.
Mehnert, Elke (Hg.): Landschaften der Erinnerung. Flucht und Vertreibung aus deutscher, polnischer und tschechischer Sicht. Frankfurt a. M. 2001.
Niven, Bill: Representations of Flight and Expulsion in East German Prose Works. Rochester/NY 2014.
Rothberg, Michael: Multidirectional Memory. Palo Alto/CA 2009.
Schlögel, Karl: Nach der Rechthaberei. Umsiedlung und Vertreibung als europäisches Problem. In: Dieter Bingen, Wlodzimierz Borodziej und Stefan Troebst (Hg): Vertreibungen europäisch erinnern? Historische Erfahrungen – Vergangenheitspolitik – Zukunftskonzeptionen. Wiesbaden 2003, S. 11–38.
Schneiss, Wolfgang: Flucht, Vertreibung und verlorene Heimat im früheren Ostdeutschland. Beispiele literarischer Bearbeitung. Frankfurt a. M. 1995.
Scholz, Stephan: Rezension zu Andreas Kossert, Flucht. Eine Menschheitsgeschichte, München, 2020: H-Soz-Kult, 18.03.2021. www.hsozkult.de/publicationreview/id/reb-50237 (Zugriff: 1.2.2022).
Schmitz, Helmut (Hg.): A Nation of Victims? Representations of German Wartime Suffering from 1945 to the Present. Amsterdam, New York 2007.
Sebald, W. G.: Luftkrieg und Literatur. München 1999.
Taberner, Stuart und Karina Berger (Hg.): Germans as Victims in the Literary Fiction of the Berlin Republic. Rochester/NY 2009.
Wienröder-Skinner, Dagmar und Laurel Cohen-Pfister (Hg.): Victims and Perpetrators: 1933–1945 (Re)Presenting the Past in Post-Unification Culture. Berlin 2006.
Wienröder-Skinner, Dagmar: Attempts at (Re)Conciliation: Polish-German Relations in Literary Texts by Stefan Chwin, Pawel Huelle, and Olga Tokarczuk. In: Dagmar Wienröder-Skinner und Laurel Cohen-Pfister (Hg.): Victims and Perpetrators. Berlin, New York 2006, S. 262–282.

Galut
(Alfred Bodenheimer)

Begriffsgrundlagen

Der Begriff *Galut* enthält eine Vielzahl von Komponenten – gerade dadurch ist er schwer zu greifen, wird manipulierbar, negierbar, zum Symbol wie zum Gegenteil jüdischer Authentizität. Anders als der klassische Exilbegriff, den in irgendeiner Weise unfreiwillige Abwesenheit von einem Ort kennzeichnet, ist die Galut in jedem Fall auch geistig-theologisch zu verstehen, und sie hat in ihrer Defizienz-Struktur immer etwas mit Judentum zu tun – aber nicht notwendigerweise ausschließlich. Galut ist eine Defizienz, die auch auf den Zustand der Welt und sogar Gottes verweisen kann.

Der Grundgedanke, dass Vertreibung immer einen im Handeln des Vertriebenen fußenden Grund hat, lässt sich bis zur Vertreibung von Adam und Eva aus dem Paradies in der Bibel zurückverfolgen, also gewissermaßen in die Anfänge des Menschseins im religiösen Verständnis. Alle späteren Ereignisse erzwungener Auswanderung lassen sich theologisch auf diese eine Urkatastrophe zurückführen (die im Judentum keine „Ursünde" ist, aber doch ein Paradigma menschlichen Handelns). Arnold M. Eisen hat in seinem Buch *Galut* festgehalten: „Paradise, it seems, has never preoccupied the Jewish imagination nearly so much as exile."[1]

Historisch kann man von *Galut* seit der Eroberung Jerusalems durch Nebukadnezar im Jahr 586 v. d. Z. sprechen. Hier geht die Zerstörung des Tempels mit der Deportation bedeutender Teile der Bevölkerung des Südreiches Judäa einher (die sogenannten *Zehn Stämme* des lange vorher zerfallenen Nordreichs Israel gelten damals schon als längst und eigentlich unwiderruflich zerstreut). Von diesem Zeitraum an, und für alle Zeiten, wird immer ein beträchtlicher Teil, bald sogar die Mehrheit der Angehörigen dieser Gruppe außerhalb des Landes Judäa leben. Daran wird auch der rund siebzig Jahre nach der Zerstörung des ersten Jerusalemer Tempels wiederaufgebaute zweite Tempel nichts ändern.

Das Bewusstsein von Galut hat zunächst einmal einen stark homogenisierenden Charakter. Im Gegensatz zum Begriff der Diaspora, die vor allem einen

---

[1] Arnold M. Eisen: Galut. Modern Jewish Reflection on Homelessness and Homecoming. Indianapolis 1986, S. XI.

Minderheitsstatus festschreibt, ist Galut ein Begriff, der immer einen latenten Vektor in sich trägt. Die Heimat ist anderswo, und dieses *Anderswo* verbindet alle, die sich der Zugehörigkeit *Jude* verschrieben sehen. Der Begriff „Galut" schafft insofern zugleich mit der Homogenität auch eine Differenz zwischen einer Glaubensgemeinschaft global Verstreuter und einem Volk mit einem gemeinsamen Zentrum.

Doch Galut ist auch ein existentieller Zustand der Welt. Da, als messianisches Gegenbild, die Wiedererrichtung des Königshauses Davids ersehnt wird, ist das Ausbleiben des Welterlösers Messias auch für die Welt selbst Zeichen ihrer Unerlöstheit. Und da Gott, später auch des zweiten Jerusalemer Tempels verlustig gegangen, auf Erden keinen „Fußschemel" mehr hat, wie der Tempel gemäss Jes 65,1 genannt wird, ist auch er faktisch mit seinem Volk exiliert. Dieses Bild, das die Juden im Zentrum des Weltgeschehens, als Abbild des leidenden Gottesknechts (nach Jes 53) sieht, ist Trost und Potenzierung ihres Elends in einem.

In den vergangenen hundert Jahren hat der Galut-Begriff in der jüdischen Religions- und Populärkultur eine bedeutende Rolle gespielt. Der Untergang des europäischen Judentums in den Krematorien der Vernichtungslager, die Gründung Israels, dessen Sieg im Sechstagekrieg von 1967, die daraus entstehende Siedlungspolitik, die parallel aber anwachsende Sensibilität für die Problematik der Besatzungspolitik und die verklärenden Geschichtsbilder Israels haben alle in der einen oder anderen Form mit der Galut-Frage zu tun. Hier sollen drei Ansätze in den Blick genommen werden, die, mit Bezug auf Ort und Zeitpunkt ihrer Formulierung, Schlüsse darauf zulassen, wie wandelbar der Umgang mit dem Begriff *Galut* ist. Dessen wissenschaftliche Ausleuchtung in unterschiedlichen Kontexten zeigt zugleich seine Unverzichtbarkeit als Korrektiv im Prozess innerjüdischer Auseinandersetzungen und Neuorientierungen.

Jizchak Fritz Baer: *Galut*

Der Historiker Jizchak Fritz Baer (1888–1980) zählte zu der Handvoll deutsch-jüdischer Intellektueller, die bereits zur Zeit der Weimarer Republik Deutschland verließen und nach Palästina auswanderten, wo mit der Hebräischen Universität in Jerusalem in jenen Jahren auch eine akademische Institution gegründet worden war, die ihnen im neuen Umfeld eine Wirkungsmöglichkeit bot. Der seit 1928 in Palästina lebende Baer wird dort 1930 Professor. Während sein Magnum opus der Geschichte der Juden im christlichen Spanien gewidmet ist, veröffentlicht er 1936 ein schmales Buch mit dem schlichten Titel *Galut* in der Bücherei des Schocken Verlags. Die immense Bedeutung dieser Reihe in den dreißiger Jahren für das vom allgemeinen Kulturleben immer stärker ausgeschlossene und zusehends bedrängte deutsche Judentum ist bekannt,[2] und kaum ein Thema könnte näher an den drängendsten Fragen liegen, die sie in jener Zeit beschäftigten.

Baers Studie, die auf hundert Seiten den Zeitraum von der Spätantike bis in die Moderne umfasst, verfolgt die Begriffsgeschichte des für ihn eindeutig negativ konnotierten Zustands von *Galut*. Er zeichnet ein kontingentes Bild. Galut erachtet er immer als mit Bezug auf die mit ihr verbundene Heteronomie und die daraus erwachsenden Leiden und ihr herbeizuführendes Ende, aber zugleich auch überhöht als Zustand, der dazu diene, durch Zerstreuung Gottes Lehre unter den Völkern zu verbreiten und damit zur Erlösung beizutragen. Ein geradezu exemplarisches Bild der Galut zeichnet laut Baer das Werk des mittelalterlichen, in Spanien lebenden, später gen Palästina aufgebrochenen Philosophen und Dichters Jehuda Halevi (1075–1141; nach Baers Transkriptionsweise: ha-Lewi):

> Demütiges Leiden und Dulden ist die Aufgabe der Juden in der Galut. [...] In Wirklichkeit ist der verachtete und niedrige Zustand des jüdischen Volkes gerade der stärkste immanente Beweis für seine historische Sendung. Jehuda ha-Lewi erneuert auch das alte apologetische Motiv, daß die Galut zur Verbreitung des wahren Glaubens diene, in einer durch die historische Erfahrung und die vergleichende Religionswissenschaft der Araber vertieften Form. Christentum und Islam verdanken ihre Entstehung dem stillen Wirken der durch das jüdische Volk ausgestreuten Saat. Die beiden anderen Religionsgemeinschaften bereiten in ihrer Art die messianische Zeit vor. Damit wird ihnen noch für die Gegenwart ein Standort in der Geschichte zugewiesen, wie ihn die anderen Völker dem Judentum nicht zuerkannten.[3]

Galut ist also spätestens seit der Unterwerfung fast aller Juden weltweit unter eine von zwei vorherrschenden, sich auf den Monotheismus beziehenden Religionen ein dialektischer Zustand. Doch dem Sicheinrichten in dieser Galut, wie es nach Baer die Realpolitiker des jüdischen Spaniens seiner Zeit anstrebten, habe sich der ältere Jehuda Halevi verweigert. Dieser habe erfasst, dass das Sicheinrichten ausserhalb des Heiligen Landes gerade zu seiner Zeit, als die Kreuzfahrer die jüdische Existenz dort, im ewigen Referenzraum der jüdischen Diaspora bis ins Hochmittelalter, bedrohten, ein Zementieren der Galut bedeutet hätte. Zu dieser

---

[2] Volker Dahm: Das jüdische Buch im Dritten Reich. Zweiter Teil. Salman Schocken und sein Verlag. Frankfurt a. M. 1982; Saskia Schreuder und Claude Weber (Hg.): Der Schocken Verlag/Berlin. Jüdische Selbstbehauptung in Deutschland 1931. Essayband zur Ausstellung „Dem suchenden Leser unserer Tage" der Nationalbibliothek Luxemburg. Berlin 1994; Stefanie Mahrer: Salman Schocken. Topographien eines Lebens. Berlin 2021, S. 150–184.
[3] Jizchak Fritz Baer: Galut. Berlin 1936, S. 25 f.

Zeit erkannte er die Notwendigkeit, das Land selbst aufzusuchen (seine Spuren verlieren sich allerdings auf der Reise dorthin).

Baer beobachtet einen sukzessiven Substanzverlust der Galut-Idee infolge der Geschichte der Marranen auf der iberischen Halbinsel seit dem fünfzehnten Jahrhundert. Diese getauften, nach christlichem Brauch lebenden, im Geheimen noch Versatzstücke jüdischen Brauchtums pflegenden und sich mit dem Judentum identifizierenden Kryptojuden praktizierten faktisch ein Judentum fern der Dynamik der mündlichen Lehre. Die daraus im siebzehnten Jahrhundert vornehmlich von Dissidenten der portugiesisch-jüdischen Gemeinschaft in Amsterdam ausgehende Kritik an der mündlichen Lehre, die ihrem Verständnis gemäß in Babylon geschaffen und danach durch einen Wust von Literatur ergänzt worden sei, habe, so Baer, der Galut ihre religiöse Sinnebene entzogen.[4]

In diesem Ansatz liegt für Baer bereits die Vorankündigung der jüdischen Aufklärung und ihrer Religionskritik verborgen – zusammen mit dem im weiteren Verlauf des siebzehnten Jahrhunderts zu verortenden Spaltungsmoment durch den Messiasprätendenten Sabbatai Zwi sei das Glaubensgerüst sowohl von der Gültigkeit seiner Ursprünge wie auch der Integrität seines Ziels her erschüttert worden. Damit ging für Baer letztlich die selbsttragende innere Sinngebung des Judentums in die Brüche, bis hin zu einer Assimilationspraxis, die sich mit einem falsch verstandenen Missionsgedanken des Judentums (als einer Art ethischer Grundbasis für ein Leben unter vermeintlich emanzipierten Umständen) ins Abseits manövriert habe. Aus der Perspektive des Jahrs 1936 zieht Baer die ernüchterte Folgerung:

> Die Galut ist zu ihrem Ausgangspunkt zurückgekehrt. Sie ist und bleibt, was sie immer war: politische Knechtschaft. [...] Nachdem den Juden heute das Heimatrecht in Europa abgesprochen wird, ist es die Pflicht der europäischen Völker, das von ihren geistigen und körperlichen Ahnen begangene Unrecht wieder gut zu machen, dem jüdischen Volk an seinem Werk der Erlösung in Palästina zu helfen und sein Anrecht auf das Land der Väter anzuerkennen. [...]
> Die Zerstreuung Israels unter den Völkern ist etwas Unnatürliches. Da die Juden eine nationale Einheit bilden, und zwar in weit höherem Grade als die anderen Völker, ist es nötig, daß sie wieder zu einer faktischen Einheit werden. Auch ist es nach der Ordnung der Natur nicht erträglich, daß eine Nation die andere knechte; denn Gott hat jede Nation für sich geschaffen. Die Galut kann also nach dem Naturgesetz nicht ewig dauern.[5]

---

4 Baer: Galut, S. 87.
5 Baer: Galut, S. 101 f.

Das Interessante an Baers Werk ist, dass es aufgrund eines religionsgeschichtlichen Abrisses der Galut eine Botschaft formuliert, die sowohl innere Begründung wie äußeren Anspruch des Zionismus über die Argumentation einer politischen Notwendigkeit hinaus zu heben versucht. Die innere Aushöhlung der Galut-Idee trifft mit der Desillusionierung durch die brutale Realität in seinem Herkunftsland Deutschland zusammen – diese Kombination reduziert die Galut auf die simple Formel der politischen Knechtschaft, sie erweist eine zweitausendjährige Praxis komplexer Überhöhungsstrategien als obsolet und weist einen Weg in eine alternativlose Zukunft: den von außen, sicher aber von innerhalb des Judentums zu tragenden Aufbau eines jüdischen Staatswesens in dem Land, das immerhin durch die Galut hindurch seine Referenzfunktion als Zieldestination einer einstigen Erlösung erhalten hat. Implizit wird dabei die Diskreditierung des Messiasgedankens im Zeitalter Sabbatai Zwis als Argument dafür verstanden, dass „nach dem Naturgesetz" (das mit göttlichem Willen in eins gesetzt wird) nun einer Entwicklung Einhalt zu gebieten sei, die einen Aufschub auf unklare messianische Erlösungstaten nicht duldet.

Begriffsentwicklungen seit den 1980er Jahren

Fünfzig Jahre nach Baers Schrift *Galut* erschien das oben kurz erwähnte Buch Arnold M. Eisens mit demselben Titel. Auch Eisen betont in seinem Überblick, der, um einiges detaillierter als Baers programmatische Schrift, von den Erzählungen des Buchs Genesis bis in die zeitgenössische Gegenwart Israels reicht, das heteronome Moment des Begriffs Galut. Dabei geht er explizit auf Situationen ein, die diese Heteronomie auch im Lande Israel dokumentieren, seien es Situationen der Bedrängnis im Buch Genesis oder eine kompromissgesteuerte Existenz der antiken Rabbinen im römisch beherrschten Palästina. Nun, nach dem Holocaust, nach der Gründung eines Staates, der im dauernden Überlebenskampf steht und in existentiellen Situationen praktisch auf sich selbst gestellt war, kann eine Beendigung der Galut durch die alleinige Umsetzung der zionistischen Idee laut Eisen nicht mehr erhofft werden – zumindest nicht, wenn Galut als Begriff verstanden wird, dessen Überwindung nicht weniger als die wahre Erlösung des jüdischen Volkes brächte. Dennoch sieht Eisen, auch wenn er als amerikanischer Jude der Idee einer lebbaren Existenz in der Diaspora aufgeschlossen gegenübersteht, die Gründung Israels als außerordentliche Errungenschaft an, die allerdings seiner Ansicht nach aufgerieben zu werden droht zwischen der (post-)modernen Skepsis gegen die Illusion einer wirklichen „Beheimatung" von Menschen oder Völkern und einer Tradition, die über Jahrtausende kaum eine Handhabe dafür geschaffen hat zu verstehen, wie sie in einem eigenen Staat angewandt werden sollte.[6]

Gerade mit dem letzteren Punkt trifft Eisen eine sensible Problematik. Sie rekurriert auf die Tatsache, dass der Begriff „Jude" selbst einen Bezug zur Existenz in der Galut hat, in der er nicht mehr das Primat geographisch/souveräner Zugehörigkeit beschreibt, sondern das einer nur noch indirekt auf dieses Gebiet bezogenen ethnisch/religiösen Gemeinsamkeit. Judentum in sich, so könnte also argumentiert werden, ist von seinem Wesen her eine schwierige Voraussetzung dafür, Staatsvolk zu werden.

Diese Argumentation hat in den Jahren unmittelbar nach Erscheinen von Eisens Buch an Relevanz gewonnen. Mit Ausbruch der ersten Intifada 1987 und der seit 1988 sich als *Neue Historiker* bezeichnenden Richtung israelischer Geschichtswissenschaftler, die Israels Gründungsgeschichte kritisch hinsichtlich des Schicksals der arabischen Bewohner des Landes und der Kriegsführung jüdischer Milizen bzw. der israelischen Armee zu schreiben begannen (ein Thema, das bei Eisen noch praktisch keine Rolle spielt), wurde das Verhältnis von *Galut* und *Heimat* in Israel noch einmal ganz anders reflektiert.

Diese neue Sicht gibt ein Aufsatz von Amnon Raz-Krakozkin wieder, der 1993 und 1994 in zwei Teilen auf Hebräisch erschien und dessen gekürzte Übersetzung ins Englische über zwanzig Jahre später, im Jahr 2017, erfolgte. Raz-Krakozkin wendet sich darin vor allem gegen die „Negation der Galut", einem als klassisch geltenden Ansatz des Zionismus, der die jüdische Existenz außerhalb des Landes Israel als verhängnisvollen Irrweg des Judentums betrachtete. Er dreht den Spieß um: Mit Bezug auf Walter Benjamins im französischen Exil verfasste geschichtstheologische Thesen, die dem machtkonformen Historismus die Zentralität der Erinnerung der Verfolgten gegenüberstellte, positioniert sich Raz-Krakozkin gegen eine israelische Geschichtsschreibung, die ein Narrativ territorialer Hegemonie und Souveränität und faktischer Ausblendung der palästinensischen Opfer pflege. Mit diesem Narrativ nämlich klinke sich die zionistische Historiografie in eine evolutionär argumentierende Geschichtsschreibung ein und verrate das von Benjamin vertretene jüdische Konzept eines Messianismus, dessen Spezifität im permanenten Erwarten eines messianischen Bruchs und im dauernden Streben nach Erlösung (nicht nur der Gegenwart, sondern auch der Vergangenheit) bestehe.[7] Er fordert entsprechend eine neue, de-kolonisierte Ausrichtung auf das Land, nicht als territorialer Besitz, sondern als Symbol der Erlösung, die

---

6 Vgl. Eisen: Galut, S. 193.
7 Vgl. Amnon Raz-Krakozkin: Exile within Sovereignty. Critique of ‚The Negation of Exile' in Israeli Culture. In: Zvi Ben-Dor Benite, Stefanos Geroulanos und Nicole Jerr (Hg.): The Scaffolding

er als „exile within the place"⁸ bezeichnet und deren Konsequenz ein voller Einbezug auch der Palästinenser und ihrer Erinnerung wäre.

In gewisser Weise nimmt der in Beirut lehrende Medienwissenschaftler Greg Burris Raz-Krakozkins Ansatz in Form einer Inversion auf, wenn er, im Sinne einer Identitätsfindung der Palästinenser, fordert, das Judentum statt aus seiner territorialen Identität aus seiner Galut-Identität heraus zu verstehen und gerade jenen Teil auf die palästinensische Identität zu übertragen:

> If instead of negating galut we embrace it – that is, if we understand Jewishness not only as an identity but also as a way of relating to otherness and displacement – it becomes something else, a social position that can potentially be inhabited by anybody, even by the Palestinian [...]. Instead of negating Palestinian galut (in Arabic, shatat) and installing a new, harmonious Palestinian identity in its place, one must look for a way to explode form and annihilate existing modes of thinking and being.⁹

Eine andere Position, die vor allem in den angelsächsischen Jüdischen Studien ein Echo hat, ist die dezidierte Abgrenzung vom Galut- zugunsten des Diaspora-Begriffs. Sind die bekanntesten Proponenten dieser Haltung Daniel und Jonathan Boyarin, so hat Erich S. Gruen die Differenz zwischen den beiden Ansätzen besonders griffig formuliert. Mit Bezug auf eine lange Tradition, die Abwesenheit vom nationalen Zentrum mit Entwurzelung und ewiger Wanderung gleichzusetzen, erklärt er:

> The gloomy approach holds primacy. On this view, diaspora dissolves into *galut*, exile, a bitter and doleful image, offering a bleak vision that issues either in despair or in a remote reverie of restoration. The negative image dominates modern interpretations of the Jewish psyche. Realization of the people's destiny rests in achieving the ‚return'. The alternative approach takes a very different route. It seeks refuge in a comforting concept: that Jews require no territorial sanctuary or legitimation. They are ‚the people of the Book'. Their homeland resides in the text – not just the canonical Scriptures but an array of Jewish writings that help to define the nation and give voice to its sense of identity. Their ‚portable Temple' serves the purpose.¹⁰

---

of Sovereignty. Global and Aesthetic Perspectives on the History of a Concept. New York 2017, S. 406.
8 Raz-Krakozkin: Exile, S. 418.
9 Greg Burris: The Palestinian Idea. Film, Media, and the Radical Imagination. Philadelphia 2019, S. 76.
10 Erich S. Gruen: Diaspora and Homeland. In: Howard Wettstein (Hg.): Diasporas and Exiles. Varieties of Jewish Identity. Los Angeles, London 2002, S. 18.

Während also Raz-Krakozkin die Übernahme eines Galut-Blickwinkels für unerlässlich hält, um den jüdischen Charakter Israels zu wahren, sieht Gruen schon in den Konsequenzen, die sich aus der Anwendung des Begriffs Galut ergeben, ein Problem, das letztlich der Selbstdefinition des Judentums als Buch-Religion zuwiderlaufe.

Eine radikal konträre Position, die stärker auf klassisch zionistischem Denken fußt, hat zuletzt der Publizist Amotz Asael formuliert. In seinem Buch *The Jewish March of Folly*, das in Israel zum Bestseller avancierte, kehrt er in gewissem Sinne zur Position von Jizchak Fritz Baer zurück.[11] Er erklärt die Juden und schon die Israeliten vor ihnen zu einer notorisch politisch versagenden Gruppe, die – und deren geistige Führer, schon seit Moses – praktisch durchgehend Fehlentscheide getroffen hätten, wenn es gegolten habe, die nationale und territoriale Integrität oder die physische Unversehrtheit der jüdischen Bevölkerung zu wahren. Seien die Israeliten und die Juden zur Zeit, von der die Hebräische Bibel erzählt, und noch bis weit später in ihrer territorialen Existenz anarchisch veranlagt gewesen und hätten zu innerer Spaltung geneigt, so seien sie später, verteilt über die Welt, Fatalisten geworden.[12] Beide Neigungen hätten dazu geführt, dass sie das Primat einer organisierten, territorial fokussierten Herrschaft zur Sicherung ihres Überlebens nicht erreicht und dafür jeweils einen hohen Preis und Blutzoll gezahlt hätten. Ohne den Begriff Galut ins Zentrum zu stellen, argumentiert Asael somit konträr zu Raz-Krakozkin.

Es macht den Anschein, als würde das Konzept von Galut nicht so rasch aus dem kulturwissenschaftlichen und politischen Diskurs verschwinden. In gewisser Weise bleibt Galut aber immer ein Begriff, um den gekämpft wird: Es kann das Gegenmodell zur Akzeptanz eigener Marginalisierung und Verfolgung, das Gegenmodell zu eigenen hegemonialen Ansprüchen, das Gegenmodell zu einer Wertschätzung bzw. geistig-transzendenten Überhöhung der diasporischen Situation sein. Galut ist, zumal in der Moderne, nie ein Wort, das sich in seinem Gebrauch von selbst versteht und erklärt, sondern ruft immer eine Gegenposition auf den Plan, mit der es konfrontiert und definiert werden muss. In diesem Sinn kann man heute Galut als Begriff der existentiellen Antithese bezeichnen.

---

11 Amotz Asael: The Jewish March of Folly (Hebr.) Tel Aviv 2019.
12 Diesen Punkt führt Asael noch expliziter in einem hebräischen Podcast zu seinem Buch aus: Daphna Liel: Podcast „Osim Politika", 6.10.2019, https://podtail.com/no/podcast/עושים-פוליטיקה-עם-דפנה-ליאל/06-10-2019-- (Zugriff 5.1.2022).

Literaturverzeichnis

Asael, Amotz: The Jewish March of Folly (Hebr.). Tel Aviv 2019.
Baer, Jizchak Fritz: Galut. Berlin 1936.
Burris, Greg: The Palestinian Idea. Film, Media, and the Radical Imagination. Philadelphia 2019.
Dahm, Volker: Das jüdische Buch im Dritten Reich. Zweiter Teil. Salman Schocken und sein Verlag. Frankfurt a. M. 1982.
Eisen, Arnold M.: Galut. Modern Jewish Reflection on Homelessness and Homecoming. Indianapolis 1986.
Gruen, Erich S.: Diaspora and Homeland. In: Howard Wettstein (Hg.): Diasporas and Exiles. Varieties of Jewish Identity. Los Angeles, London 2002, S. 18–46.
Liel, Daphna: Podcast „Osim Politika", 6.10.2019, https://podtail.com/no/podcast/ עושים-פוליטיקה-עם-דפנה-ליאל/2019-10-06-- (Zugriff 5.1.2022).
Mahrer, Stefanie: Salman Schocken. Topographien eines Lebens. Berlin 2021.
Raz-Krakozkin, Amnon: Exile within Sovereignty. Critique of ‚The Negation of Exile' in Israeli Culture. In: Zvi Ben-Dor Benite, Stefanos Geroulanos und Nicole Jerr (Hg.): The Scaffolding of Sovereignty. Global and Aesthetic Perspectives on the History of a Concept. New York 2017, S. 393–420.
Schreuder, Saskia und Claude Weber (Hg.): Der Schocken Verlag/Berlin. Jüdische Selbstbehauptung in Deutschland 1931. Essayband zur Ausstellung „Dem suchenden Leser unserer Tage" der Nationalbibliothek Luxemburg. Berlin 1994.

Grenzregime und Exil
(Sabine Hess)

„Ich mußte zur kubanischen und deutschen Botschaft, zum Außenministerium, dem Einwohnermeldeamt und immer wieder zur Ausländerbehörde. Wir hatten Glück: es gab für Einwanderungen eine kurze Liste mit Ländern, aus denen Immigration erwünscht war. Dazu gehörten im Jahr 1993 Kuba und Westdeutschland ... ein polizeiliches Führungszeugnis benötigte ich aus dem Land, in dem ich die letzten fünf Jahre gelebt hatte, also aus Kuba."[1]

Mit diesen knappen Sätzen beschreibt Margit Schiller, ehemalige RAF-Aktivistin, ihre ersten Schritte in Uruguay, wohin sie 1993 mit ihrer Familie nach acht Jahren Exil in Kuba weiterzog. Nicht nur die wirtschaftlichen und politischen Entwicklungen in Kuba, sondern auch ihre zunehmend rechtlich unabgesicherte Lage als offiziell nicht anerkannter politischer Flüchtling hatten Schiller das zweite Mal ihre Koffer packen lassen, um sich in einem weiteren südamerikanischen Land „ein Leben im Exil" aufzubauen. Zurück nach Deutschland getraute sie sich immer noch nicht, da nicht geklärt war, ob sie noch auf der Fahndungsliste stand. Doch auch die Ankunft in ihrem neuen Wunsch-Exil ist, wie es die Beschreibung demonstriert, durch eine ganze Reihe bürokratischer einwanderungsrechtlicher Prozeduren gekennzeichnet, die internationale Mobilität, ob freiwillig oder erzwungen, zu einer Frage migrations- und grenzpolitischer Regulation machen, die zusammengefaßt ein „Grenzregime" ausmachen. Das Grenzregime-Konzept, wie ich es im Folgenden ausführen werde[2], verweist auf eine sozialwissenschaftliche Heuristik in den internationalen Border Studies, welche „Grenze" enträumlicht, nicht (mehr nur) als Grenz-Linie um nationalstaatliche Territorien herum denkt. Vielmehr intendiert der Regimebegriff, dass sich „Grenze" im Sinne eines Geflechts aus rechtlichen und bürokratischen Prozeduren, Institutionen, Akteuren, Praktiken und Diskursen konstituiert, die versuchen, Mobilitäten zu steuern, zu „filtern", zu begrenzen oder zu beschleunigen und hierzu diverse rechtliche Rahmungen und Kategorien vorsehen.[3] Dabei werde

---

[1] Margit Schiller: So siehst du gar nicht aus. Berlin, Hamburg 2011, S. 108
[2] Der Artikel beruht auf Ausführungen, die ich alleine oder mit Kolleg*innen aus dem Netzwerk für kritische Migrations- und Grenzregimeforschung sowie aus dem Labor für kritische Migrations- und Grenzregimeforschung an der Universität Göttingen anderorts bereits hier und dort mit unterschiedlichen Foki getätigt habe.
[3] William Walters: Mapping Schengenland: Denaturalizing the border. In: Environment and Planning D: Society and Space 20 (2002), H. 5; Sabine Hess, Bernd Kasparek und Maria Schwertl:

ich zeigen, wie eine derartige Grenzregime-Analytik positivistische Setzungen vieler Migrationsforschungen vermeidet, die politisch-rechtliche Kategorisierungen wie die des Flüchtlings oder des Arbeitsmigrierenden zum eigenen primären wissenschaftlichen Konzeptbegriff erheben.[4] Hierbei wird aber auch deutlich werden, dass die weltweite Tendenz zu restriktiveren Grenzregimen seit den 1980er Jahren eine Flucht mit der Perspektive, in einem anderen Land „Exil" zu finden, immer schwieriger macht.

Dabei zeigen historische Forschungen zum Flüchtlingsbegriff, wie der Flüchtlingsbegriff und die „Figur des Exils" grundlegend verschiedenen Konnotationen und Verhältnissen zum Staat folgt.[5] Während Exil, als individuelle Erfahrung zwar der Entfremdung, jedoch mit Vorstellungen der „solitude and spirituality" verbunden vor allem im Kunst- und Literaturdiskurs eine erhebliche „Ästhetisierung" und „Romantisierung" erfuhr, konnotiert das Label „Flüchtling" eine durch und durch „bürokratische und humanitäre" Erfahrung.[6] Die klassische Exilforschung scheint diese Differenzierung mit zu konturieren, galt doch vor allem die Migration und Flucht von Bildungseliten als Exil und würdig, in ihren kulturellen Zeugnissen (z. B. als Exilliteratur) dargestellt zu werden, während die Flucht der Massen aus den Wirren der zwei Weltkriege nicht unter dem Label Exil betrachtet wurde. Und auch heute sind es wieder Literat*innen und Wissenschaftler*innen aus der Türkei oder Syrien wie Can Dündar oder Asli Erdogan[7], die als „Exilant*innen" vorgestellt werden. Die Analytik auf Grenzregime dagegen vermeidet, diese Klassifikationssysteme auch als wissenschaftliche Analysekategorien a priori zu setzen, vielmehr macht sie es im Sinne des doing-border-Ansatzes möglich, die rechtlich-politische und subjektive Hervorbringung dieser Kategorien in den Blick zu nehmen. Im Folgenden werde ich die jüngeren Entwicklungen in den Border Studies darstellen und zeigen, welche zusätzlichen Perspektiven mit der Grenz-Regime-Analytik verbunden sind und skizzieren, welche Anschlüsse und Einsichten dies für das Feld der Exilforschung bereit hält.

Regime ist nicht Regime ist nicht Regime. Zum theoriepolitischen Einsatz der ethnographischen (Grenz-)Regimeanalyse. In: Andreas Pott, Christoph Rass und Frank Wolff (Hg): Was ist ein Migrationsregime? What is a migration regime? Wiesbaden 2018.
4 siehe auch Roger Zetter: Labelling Refugees: Forming and Transforming a Bureaucratic Identity. In: Journal of Refugee Studies 4 (1991).
5 Liisa H. Malkki: Refugees and Exile. From Refugee Studies to the National Order of Things. In: Annual Review of Anthropology 24 (1995), S. 513.
6 Malkii: Refugees and Exile, S. 513–514.
7 Siehe beispielsweise die Serie von Gastbeiträgen von Can Dündar in der *Süddeutschen Zeitung*, die ihn und andere geflohene Literatinnen als „im Exil" sich aufhaltend darstellen: Süddeutsche Zeitung, z. B. 29. Oktober 2021.

Grenze in den internationalen Border Studies

Auch wenn wir gerade in Folge der massenhaften Fluchtbewegungen der Jahre 2014 bis 2016 quer durch Europa die Wiederkehr ganz handfester Grenzinfrastrukturen im Sinne von Zäunen, Gräben oder Wachtürmen entlang der nationalen territorialen Grenzverläufen beobachten können, waren „Grenzen" schon in der Hochzeit der nationalstaatlichen Moderne immer mehr als nur die „Linie" rund um ein Territorium herum.[8] Andererseits waren Zäune und Stacheldraht trotz Ausbau des EU-europäischen Binnenmarkts mit dem Abbau materieller Grenzanlagen in den letzten 20 bis 30 Jahren nie gänzlich aus der europäischen Praxis verschwunden. So wurde parallel zum Abbau der Schlagbäume innerhalb des Schengen-Raums eine neue „EU-Außengrenze" errichtet, die teils mit Zäunen und anderen Grenztechnologien massiv ausgerüstet wurde – wie etwa um die spanischen Exklaven Ceuta und Melilla. Neben diesen sichtbaren Grenzarchitekturen wurde zusätzlich eine Vielzahl von technischen, digitalen Apparaturen installiert, die im Sinne einer „smarten Grenze" mehr oder weniger ‚unsichtbar' bleiben sollten,[9] und eine netzwerkartige Grenzinfrastruktur hervorbrachte.

In diesem Sinne herrscht im interdisziplinären Feld der Border Studies ein weitgehender Konsens bezüglich der Transformationsprozesse, denen territoriale Staatsgrenzen in den letzten drei Jahrzehnten unterlagen – bezüglich ihrer Form und Territorialität, aber auch in Bezug auf ihre Funktion.[10] Dies zog auch eine methodologische Neuausrichtung nach sich. „Statt die Grenze an sich"[11] zu fokussieren, rückten zunehmend Prozesse der Grenzziehung und Praktiken des „borderings" in den Mittelpunkt der Betrachtung und damit eine Vielzahl von Institutionen, Akteuren und Praktiken, die die „Grenze" täglich hervorbringen. Denn Grenze, auch die alte „Staatsgrenze", mußte immer auch performiert werden und benötigt neben der materiellen Grenzinfrastruktur weitere soziale und kulturelle, ja emotionale, affektive Komponenten, Investitionen und Arrangements. So zeigt die Geschichtsforschung, wie schwierig es war, Staatsgrenzen zu errichten und Grenz-Praktiken durchzusetzen. Grenzen bedürfen nicht nur Gesetze, Bürokratien, Abläufe und Repräsentationen (Pässe, Stempel, Akten,

---

8 Walters: Mapping Schengenland, S. 564 f.
9 Rey Koslowski: Smart Borders, Virtual Borders or No Borders: Homeland Security Choices for the United States and Canada, 2005, www.albany.edu/~rk289758/documents/Koslowski_Smart_Borders_SMU_law_Review05.pdf (Zugriff: 6.8.2019).
10 Vgl. Hastings Donnan und Thomas M. Wilson: Borderlands: Ethnographic Approaches to Security, Power, and Identity. Lanham, New York, Oxford 2010.
11 David Newman: The Lines that Continue to Separate Us: Borders in a Borderless World. In: Progress in Human Geography 30 (2006), H. 2.

Landkarten), sondern müssen auch ihren Platz auf unseren geistigen Landkarten, in kulturellen Bildern und unseren moralischen Urteilen haben, um „bedeutungsgebend und bedeutungstragend" zu sein.[12]

Grenze als Filter und Transformationsregime von Rechten

Während im öffentlichen Diskurs gerade auch angesichts der jüngsten Entwicklungen in Europa und seiner Aufrüstung der Grenzräume die Metapher der „Festung" wieder virulent ist, waren Grenzen auch immer ‚Tor zur Welt' und insofern eine Institution der Mobilität wie ihrer Kontrolle. Grenzen unterscheiden sich jedoch in Bezug auf diese Flow-Management-Capacity erheblich im Hinblick darauf, wie sie selektiv auf Mobilitäten zugreifen und Ströme verlangsamen bzw. beschleunigen. In diesem Zusammenhang beschreibt William Walters Grenze als „firewall", die basierend auf einem sehr differenzierten Raster ablehnt und selektiert.[13] Diese Selektivität führt nicht nur dazu, dass sie Grenzen auch sehr unterschiedlich erfahren werden. Vielmehr machen Grenzen qua Übertritt aus „Reisenden" sehr unterschiedlich rechtlich gefasste Subjekte. Der US-amerikanische Kulturanthropologe Michael Kearney äußerte sich zu dieser Funktion der Grenzen in seiner Forschung über die seit Langem militarisierte US-amerikanisch-mexikanische Grenze bereits in den 1990er-Jahren wie folgt:

> Rhetoric aside, [...] the de facto immigration policy of the unitedstatesian government is not to make the US-Mexican border impermeable to the passage of ‚illegal' entrants, but rather to regulate their flow, while at the same time maintaining the official distinctions between [...] kinds of people, that is to constitute classes of peoples.[14]

Kearney geht dabei noch einen Schritt weiter als nur von der filternden Funktion der Grenzkontrolle zu sprechen. Vielmehr verweist seine Formulierung, dass die Grenze ‚Klassen von Menschen' bildet, darauf, dass Grenze als ‚produktiver' Mechanismus im Sinne von Foucaults Begriff der Biomacht zu verstehen ist. Der rechtlich-politische (staatsbürgerliche) Status der Menschen wird zum Zeitpunkt seiner Grenzüberschreitung in Frage gestellt oder gar beseitigt, indem die

---

12 Donnan/Wilson: Borderlands, S. 4.
13 William Walters: Border/Control. In: European Journal of Social Theory 9 (2006), H. 2, S. 197.
14 Michael Kearney: Borders and Boundaries of State and Self at the End of Empire. In: Journal of Historical Sociology 4 (1991), S. 58.

grenzüberschreitende Mobilität einmal als ‚illegal' oder ‚irregulär' delegitimiert wird und dem dazugehörigen Subjekt seine bisherigen Rechte entzogen werden, während andere mehr oder weniger unbefragt als Tourist*innen, Fachkräfte oder Expert*innen reisen und als volle Rechtsubjekte weiter handeln können. In diesem Sinne stellt die Grenze ein gigantisches Transformationsregime dar, das durch die kategoriale Erfassung und Bearbeitung der Mobilitäten neue Hierarchien von Menschen unter den migrationspolitischen Kategorien entstehen lässt. Diejenigen, die die entsprechenden wirtschaftlichen Mittel, Nationalität und Dokumente besitzen, haben in den letzten Jahren eine europaweite Reisefreiheit genossen. Andere hingegen, wie die Menschen, die zu den Staaten aus dem Globalen Süden gehören, begegnen den Grenzen in Zügen oder an Bahnhöfen, auf Flughäfen, in Schulen und in Gesundheitseinrichtungen auf Gemeindeebene.

So erfahren auch Menschen, die ins Exil aufbrechen, den ‚langen Arm der Grenze' ganz unterschiedlich. Als erstes entscheidet das mittlerweile international durchgesetzte Visasystem, welches die Grenze im Sinne der „remote control" bereits in den Herkunftsländern implementiert[15], darüber, welche Pfade Migrierende und Fliehende nehmen können und als ‚was' sie landen bzw. ankommen: als „Geschäftsmann" ausgestattet mit einem business-Visum, als „Wisseschaftler" oder als irregulärer Migrierender/Fliehender an der belarussisch-polnischen Grenze. Dabei ist es auch eine Frage der Zeit, wer gestern noch als „Geschäftsmann" reisen konnte, kann paar Tage später bei Ausbruch von Kriegen schon als „Fliehender" ohne legale Einreisepapiere unterwegs und auf die internationalen irregulären Fluchtruten verwiesen sein, da die Botschaften entweder gänzlich ihre Tore schließen oder keine Visa mehr ausstellen, da sie befürchten, dass diese zu Fluchtzwecken ‚zweckentfremdet' werden könnten.[16]

Europäisiertes Grenzregime

Mit dem Schengener Abkommen von 1985 läutete das europäische Projekt mit dem neu geschaffenen Konstrukt der „Außengrenze" die Bildung eines EU-europäischen Grenzregimes ein. Seine Genese lässt sich dabei nicht als ein linearer politischer Akt verstehen, vielmehr ist er gekennzeichnet von zahlreichen Rück-

---

[15] Stephan Scheel: Real fake? Appropriating mobility via Schengen visa in the context of biometric border controls. In: Journal of Ethnic and Migration Studies 44 (2018), H. 16.
[16] Sabine Hess und Vasileios Petrogiannis: Border Experiences and Practices of Refugees – Comparative Report. RESPOND Working Paper Series, 2020, https://respondmigration.com/wp-blog/border-experiences-and-practices-of-refugees-comparative-report (Zugriff: 23.12.2021).

schlägen und widersprüchlichen (politisch-sozialen) Visionen und Interessen unterschiedlichster Akteursgruppen.[17] Dies führt jedoch auch dazu, dass das europäische Grenzregime als eine multiskalare Assemblage zu verstehen ist: Neben den klassischen Institutionen der Mitgliedsstaaten besteht es aus Agenturen der EU wie FRONTEX (Europäische Grenz- und Küstenwache), Institutionen des europäischen Rechts (wie das Gemeinsame Europäische Asylsystem) und Standardisierungs- und Harmonisierungsprozessen innerhalb der EU, vor allem im Bereich des Grenzmanagements. Ein weiteres Merkmal ist die flexible Beteiligung von IGOs (Intergovernmental Organizations), darunter internationale und zwischenstaatliche Organisationen wie der Hohe Flüchtlingskommissar der Vereinten Nationen (UNHCR) oder die Internationale Organisation für Migration (IOM). Darüber hinaus setzte das EU-europäische Grenzregime von Beginn an darauf, die Grenzkontrollen fernab der Grenze und außerhalb der Staaten zu platzieren, was zu ihrer skizzierten geografischen Ausdehnung führte.[18] Im sogenannten „Global approach on Migration" hat die Kommission dies 2005 wortwörtlich als „migration routes"-Ansatz ausbuchstabiert, wobei die Vorverlagerung der Kontrolltätigkeiten entlang der Routen alle Migrierenden und Fliehenden trifft und dazu führt, dass sie immer gefährlicher werden.[19] In diesem Sinne sind Stipendien und Visa (für Wissenschaftler*innen, Literat*innen und alle anderen) teils überlebenswichtig, da sie es nur ermöglichen, einen sicheren Einreiseweg zu nehmen. Als weiteres Kennzeichen des EU-europäischen Grenzregimes lässt sich festhalten, dass die EU und ihre Mitgliedsländer bis heute weitegehend das Europäische Asylsystem (GEAS) als zentrale Regulationsinstanz der globalen Migrationsbewegungen vorsehen – so verfügt die EU bis heute über kein differenziertes Einwanderungsrecht.

Dabei schwand bereits ab Mitte der 1980er Jahre, als sich die Himmelsrichtung der Fluchtbewegungen nahezu umzudrehen begannen (im Vergleich zur Flucht der Weltkriege) und mehr Menschen aus den Diktaturen und postkolonialen

---

17 Bernd Kasparek: Europa als Grenze. Eine Ethnografie der Grenzschutz-Agentur Frontex. Bielefeld 2021; Sabine Hess und Vassilis Tsianos: Europeanizing Transnationalism! Provincializing Europe! – Konturen eines Neuen Grenzregimes. In: Transit Migration Forschungsgruppe (Hg.): Turbulente Ränder. Neue Perspektiven auf Migration an den Grenzen Europas. Bielefeld 2007.
18 Gallya Lahav und Virginie Guiraudon: Comparative Perspectives on Border Control: Away from the Border and Outside the State. In: Peter Andreas und Timothy Snyder (Hg.): The Wall Around the West: State Borders and Immigration Controls in North America and Europe. Lanham, New York, Oxford 2000; Sandra Lavenex: EU External Governance in „Wider Europe". In: Journal of European Public Policy 11 (2004), H. 4.
19 Elsbeth Guild: The Europeanisation of Europe's Asylum Policy. In: International Journal of Refugee Law 18 (2006), H. 3–4.

Staaten des Globalen Südens auf der Suche nach Schutz im Norden einzutreffen begannen, der Exil-Fokus der internationalen Flüchtlingspolitik, verstanden als Schutzgewährung außerhalb des Herkunftslands, und machte einem „non-entree-regime" Platz.[20] Nun begann nicht nur „the battle over the definition of the term ‚refugee'" sowohl auf der politischen wie wissenschaftlichen Ebene,[21] welcher vor allem auch mit einer postkolonialen Differenzsetzung verbunden war. Diese zog eine unhintergehbare Unterscheidung ein zwischen den Fluchtgeschehen auf dem europäischen Kontinent und den Flüchtlingsbewegungen im globalen Süden: „Thereby, an image of a ‚normal' refugee was constructed – white, male and anti-communist – which clashed sharply with individuals fleeing the Third World."[22] Diese diskursive Konstruktion war auch begleitet von politischen Transformationen. Vor allem wurde der „exilic bias of international refugee law", von einer „containment"-Politik abgelöst, die Fluchtbewegungen in den Herkunfts-Regionen aufzuhalten versucht. Dies war begleitet von einem „repatriation turn" der westlichen Flüchtlingspolitik, welcher nach wie vor Abschiebungen auch unter Zwang zum zentralen Instrument der asylpolitischen Steuerung erhebt.[23] Heute, sechs Jahre nach den Ereignissen der Jahre 2015 bis 2016, sprechen internationale Migrationsforschende wie Alison Mountz angesichts des weltweit zu beobachtendem Abbaus von Rechts- und Schutzstandards für Flüchtende sowie der zunehmenden Implementierung von Abschottungspolitiken vom „death of asylum".[24]

---

20 B. S. Chimni: The Geopolitics of Refugee Studies: A View from the South. In: Journal of refugee studies 11 (1998).
21 B. S. Chimni: The Birth of a ‚Discipline': From Refugee to Forced Migration Studies. In: Journal of Refugee Studies 22 (2009), S. 15; Malkki: Refugees and Exile.
22 Chimni: The Geopolitics of Refugee Studies, S. 351.
23 Chimni: The Geopolitics of Refugee Studies, S. 352.
24 Alison Mountz: The Death of Asylum: Hidden Geographies of the Enforcement Archipelago. Minneapolis, London 2020; Sabine Hess: Umkämpfte Neuordnung. Europas neues-altes Grenzregime fünf Jahre später. In: Jahrbuch für Europäische Ethnologie 2020. Paderborn 2021; Sabine Hess und Bernd Kasparek: De- and Restabilising Schengen: The European Border Regime after the Summer of Migration. In: Cuadernos Europeos de Deusto: Governing Mobility in Europe: Interdisciplinary Perspectives 56 (2017).

Die methodologischen Implikationen des Grenzregimeansatzes

Auch wenn die Kontrollapparate durch den Abbau von Rechts- und Schutzstandards, den Ausbau der Vorverlagerung von Kontrolltätigkeiten sowie die Ausübung purer Gewalt wie im Rahmen der systematisch zum Einsatz kommenden push-backs von Geflüchteten die Migrations- und Fluchtbewegungen stark zurückdrängen konnten – in die europäischen Hinterhöfe wie Bosnien-Herzegowina oder in angrenzende Transit-Staaten wie die Türkei –, haben die Migrationsbewegungen des Sommers 2015 die Mächtigkeit und die agency der Migration zurück auf die politische Agenda gesetzt. Die Ereignisse und die Kraft der Migration, die in ihnen zum Ausdruck kam, haben auch die Border Studies epistemologisch herausgefordert. Selbst wenn die neueren Border Studies-Ansätze praxeologisch argumentieren und „border work"[25] – und damit die praktische Involviertheit verschiedener Akteur*innen in der Hervorbringung von Grenzen – in den Mittelpunkt der Betrachtung stellten, war die Migration selbst dabei nur marginal mit gemeint. Die Migration wird allenfalls als Objekt und Adressat der Grenze verhandelt, nicht jedoch als Kraft und (ko)konstitutiver Faktor der Ausdeutung von Grenzen.

Sandro Mezzadra und Brett Neilson dagegen betonen in ihrem Werk „Border as Method" mit dem Begriff der „border struggles"[26] jene Mächtigkeit der Migration als wesentliches dynamisches Moment der Bildung eines spezifischen Grenzregimes. Auch für die ethnografische Grenzregimeanalyse bildet die Mächtigkeit der Migration den Ausgangspunkt der Theoretisierung.[27] Sie verwirft vereinfachte binäre Modelle, die Struktur in einem einfachen Gegensatz zu Handlungsmacht verorten. Stattdessen wird die Grenze als Raum der Herausforderung, des Konflikts und der Verhandlung neu konzeptualisiert. So sind die Wege, die „Exilierte" auf der Suche nach Schutz und Aufnahme gehen (können), und die rechtlichen Möglichkeiten auf Teilhabe und Subjektposition nach Ankunft, als Resultat der Bestrebungen der Akteure und ihren aktivierbaren Taktiken, Ressourcen und Kapitalien (wie Netzwerke, Wissen, Finanzen, Bildung, Qualifikationen) einer-

---

[25] Chris Rumford: Introduction: Citizens and Borderwork in Europe. In: Space and Polity 12 (2008), H. 1.
[26] Sandro Mezzadra und Brett Neilson: Border as Method, or, the Multiplication of Labor. Durham, London 2013, S. 264.
[27] Transit Migration Forschungsgruppe (Hg.): Turbulente Ränder. Neue Perspektiven auf Migration an den Grenzen Europas. Bielefeld 2007.

seits und andererseits den Zugriffen und Rahmungen des Grenzregimes zu verstehen.

Dabei wurden gerade auch in jüngster Zeit verschiedene Stipendienprogramme und Aufnahmeformate für spezifische Gruppen gebildeter Flüchtlinge (wie das Phillip-Schwartz-Stipendium der Alexander von Humboldt Stiftung) geschaffen, welche Flucht und Schutz im Sinne des klassischen „Exils" für bildungs- und künstlerische Eliten an den restriktiven einwanderungspolitischen Bestimmungen ‚vorbei' möglich zu machen versuchen. Diese Stipendien, die sich selbst das Exil-Narrativs bedienen[28], erlauben nicht nur eine legale, sicher Einreise in Folge des Visaerwerbs, sondern gestatten auch ein Leben im Exil ohne sich den asylpolitischen Verfahren zu unterwerfen.

Literatur

Andreas, Peter: Introduction: The Wall after the Wall. In: ders. und Timothy Snyder (Hg.): The Wall around the West: State Borders and Immigration Controls in North America and Europe. Lanham, New York, Oxford 2000, S. 1–14.

Chimni, B. S.: The Geopolitics of Refugee Studies: A View from the South. In: Journal of refugee studies 11 (1998), S. 350–374.

Chimni, B. S.: The Birth of a ‚Discipline': From Refugee to Forced Migration Studies. In: Journal of Refugee Studies 22 (2009), S. 11–29.

Donnan, Hastings und Thomas M. Wilson: Borderlands: Ethnographic Approaches to Security, Power, and Identity. Lanham, New York, Oxford 2010.

Guild, Elsbeth: The Europeanisation of Europe's Asylum Policy. In: International Journal of Refugee Law 18 (2006), H. 3–4, S. 630–651.

Hess, Sabine: Umkämpfte Neuordnung. Europas neues-altes Grenzregime fünf Jahre später. In: Jahrbuch für Europäische Ethnologie 2020. Paderborn 2021, S. 183–208.

Hess, Sabine und Vassilis Tsianos: Europeanizing Transnationalism! Provincializing Europe! – Konturen eines Neuen Grenzregimes. In: Transit Migration Forschungsgruppe (Hg.): Turbulente Ränder. Neue Perspektiven auf Migration an den Grenzen Europas. Bielefeld 2007, S. 23–38.

Hess, Sabine und Bernd Kasparek: De- and Restabilising Schengen: The European Border Regime after the Summer of Migration. In: Cuadernos Europeos de Deusto: Governing Mobility in Europe: Interdisciplinary Perspectives 56 (2017), S. 47–78.

Hess, Sabine, Bernd Kasparek und Maria Schwertl: Regime ist nicht Regime ist nicht Regime. Zum theoriepolitischen Einsatz der ethnographischen (Grenz-) Regimeanalyse. In: Andreas Pott, Christoph Rass und Frank Wolff (Hg): Was ist ein Migrationsregime? What is a migration regime? Wiesbaden 2018, S. 257–284.

---

[28] Vgl. https://www.tagesspiegel.de/wissen/fuenf-jahre-philipp-schwartz-initiative-im-exil-neu-zu-starten-bleibt-sehr-schwer/27071174.html (Zugriff: 4.5.2022).

Hess, Sabine und Vasileios Petrogiannis: Border Experiences and Practices of Refugees – Comparative Report. RESPOND Working Paper Series, 2020, https://respondmigration.com/wp-blog/border-experiences-and-practices-of-refugees-comparative-report (Zugriff: 23.12.2021).

Kasparek, Bernd: Europa als Grenze. Eine Ethnografie der Grenzschutz-Agentur Frontex. Bielefeld 2021.

Kasparek, Bernd und Marc Speer: Of hope. Ungarn und der lange Sommer der Migration, 2015, https://bordermonitoring.eu/ungarn/2015/09/of-hope/ (Zugriff: 17.11.2021).

Kearney, Michael: Borders and Boundaries of State and Self at the End of Empire. In: Journal of Historical Sociology 4 (1991), S. 52–74.

Koslowski, Rey: Smart Borders, Virtual Borders or No Borders: Homeland Security Choices for the United States and Canada, 2005, www.albany.edu/~rk289758/documents/Koslowski_Smart_Borders_SMU_law_Review05.pdf (Zugriff: 6.8.2019).

Lahav, Gallya und Virginie Guiraudon: Comparative Perspectives on Border Control: Away from the Border and Outside the State. In: Peter Andreas und Timothy Snyder (Hg.): The Wall Around the West: State Borders and Immigration Controls in North America and Europe. Lanham, New York, Oxford 2000, S. 55–77.

Lavenex, Sandra: EU External Governance in „Wider Europe". In: Journal of European Public Policy 11 (2004), H. 4, S. 680–700.

Malkki, Liisa H.: Refugees and Exile. From Refugee Studies to the National Order of Things. In: Annual Review of Anthropology 24 (1995), S. 495–523.

Mezzadra, Sandro und Brett Neilson: Border as Method, or, the Multiplication of Labor. Durham, London 2013.

Mountz, Alison: The Death of Asylum: Hidden Geographies of the Enforcement Archipelago. Minneapolis, London 2020.

Newman, David: The Lines that Continue to Separate Us: Borders in a Borderless World. In: Progress in Human Geography 30 (2006), H. 2, S. 143–161.

Rumford, Chris: Introduction: Citizens and Borderwork in Europe. In: Space and Polity 12 (2008), H. 1, S. 1–12.

Scheel, Stephan: Real fake? Appropriating mobility via Schengen visa in the context of biometric border controls. In: Journal of Ethnic and Migration Studies 44 (2018), H. 16, S. 2747–2763.

Schiller, Margit: So siehst du gar nicht aus. Berlin, Hamburg 2011.

Transit Migration Forschungsgruppe (Hg.): Turbulente Ränder. Neue Perspektiven auf Migration an den Grenzen Europas. Bielefeld 2007.

Walters, William: Mapping Schengenland: Denaturalizing the border. In: Environment and Planning D: Society and Space 20 (2002), H. 5, S. 561–580.

Walters, William: Border/Control. In: European Journal of Social Theory 9 (2006), H. 2, S. 187–203.

Zetter, Roger: Labelling Refugees: Forming and Transforming a Bureaucratic Identity. In: Journal of Refugee Studies 4 (1991), S. 39–62.

Kosmopolitismus und Exil
(Sandra Narloch)

Unter dem Eindruck weltweiter Migrationsbewegungen und zunehmender globaler Vernetzung lässt sich disziplinübergreifend ein wachsendes Interesse an transnationalen und transkulturellen Phänomenen beobachten. Die in diesem Zusammenhang immer öfter gestellte Frage nach Alternativen zu nationalen Konzepten von Zugehörigkeit und Gemeinschaft hat auch der Idee des Kosmopolitismus zu neuer Aufmerksamkeit verholfen. Die regen Debatten, die derzeit über das besondere gesellschaftliche Potenzial des Kosmopolitismus geführt werden, forcieren dabei weniger eine bloße Wiederaufnahme, sondern vielmehr eine grundlegende Neubestimmung des Begriffs. Bereits seit Mitte der 1990er Jahre lassen sich so vor allem in der englischsprachigen Forschung zahlreiche Bemühungen verzeichnen, einen sogenannten *Neuen Kosmopolitismus* zu etablieren. Ausgangspunkt dieser Neuausrichtung bildet die Annahme, dass zentrale Ideen, die gemeinhin mit der Idee des Kosmopolitismus assoziiert werden, kaum noch auf die gegenwärtige gesellschaftliche Realität übertragen werden können. Für Vertreter*innen eines Neuen Kosmopolitismus droht sowohl die emphatische Rede von der ‚Gleichheit' aller Menschen als auch die Vorstellung von der *einen* Weltgemeinschaft die tatsächliche Pluralität gegenwärtiger Lebenswirklichkeiten – und die damit verbundenen Ungleichheiten – zu übergehen. Zugleich gehen sie davon aus, dass gerade Erfahrungen der kulturellen Differenz die Ausbildung kosmopolitischer Praktiken und Perspektiven in besonderer Weise befördern. Neokosmopolitische Ansätze orientieren sich daher nicht länger an vermeintlich universalen Kategorien von Vernunft, Menschheit oder Welt, sondern stellen vielmehr die Diversität individueller Lebenswirklichkeiten in den Vordergrund.[1] Inwiefern im Zuge dieses Wandels Fragen und Aspekte an Bedeutung gewinnen, die auch zentrale Themen der Exilforschung berühren, soll im Folgenden skizziert werden.[2]

---

[1] Vgl. Benedikt Köhler: Soziologie des Neuen Kosmopolitismus. Wiesbaden 2006, S. 14.
[2] Die Ausführungen im vorliegenden Artikel basieren auf Überlegungen, die ich bereits im Rahmen meiner Dissertation ausführlicher thematisiert habe. Vgl. Sandra Narloch: Zwischen Weltbürgertum und Neuem Kosmopolitismus. Verhandlungen übernationaler Gemeinschaft und Zugehörigkeit in der Exilliteratur. Berlin 2022.

Vom kosmopolitischen Universalismus zum Kosmopolitismus der Differenz: Kosmopolitismuskonzepte im Wandel

Als eigenständiges philosophisches Konzept tritt die kosmopolitische Idee erstmals in der griechischen Antike in Erscheinung.³ Bei den Stoikern bezeichnet Kosmopolitismus ein auf die Überschreitung lokaler Grenzen abzielendes Modell von Zugehörigkeit, das sich mit Fragen nach den moralischen Verpflichtungen des Einzelnen gegenüber seiner Umwelt verknüpft. Sie gehen davon aus, dass sich das Selbst im Zentrum einer Reihe konzentrischer Kreise verorten lässt, die je unterschiedliche Ebenen von Zugehörigkeit symbolisieren. Der Kosmopolitismus der Stoiker strebt dabei eine ständige Erweiterung der Kreise an, bis sich das Individuum nicht länger mit lokalen Größen wie Familie oder Heimatland, sondern der Menschheit und damit dem äußersten aller Kreise identifiziert.⁴

Im Kontext der Aufklärung gewinnen kosmopolitische Ideen insbesondere durch Immanuel Kants Entwürfe eines kosmopolitischen Rechtsbegriffs an Popularität.⁵ Zugleich etabliert sich ein Verständnis des Kosmopolitismus als „sittliche[s] Programm", das den Kosmopoliten „zum Inbegriff und Synonym für den guten und humanen Menschen emporstilisier[t]"⁶. Wird in der Frühphase des modernen Kosmopolitismus zunächst noch von einer grundlegenden „Kompatibilität"⁷ kosmopolitischer und nationaler Positionen ausgegangen, rückt in der zweiten Hälfte des 18. Jahrhunderts die Frage nach der Vereinbarkeit von Patriotismus und Kosmopolitismus ins Zentrum der Auseinandersetzung. Mit dem Erstarken des Nationalismus treten kosmopolitische Ideale in den öffentlichen Diskursen des 19. Jahrhunderts immer weiter hinter nationale Überzeugungen zurück, während sich zeitgleich die Auffassung manifestiert, dass es sich bei Kosmopolitismus und Nationalismus um antagonistische Konzepte handelt. Präsentiert sich der Nationalismus in dieser Gegenüberstellung – die bis ins 20. Jahrhundert hinein die Auseinandersetzung mit dem Begriffspaar prägt – als

---

3 Vgl. Robert Fine und Robin Cohen: Four cosmopolitan moments. In: Steven Vertovec und Robin Cohen (Hg.): Conceiving Cosmopolitanism. Theory, Context and Practice. Oxford 2002.
4 Vgl. Köhler: Soziologie des Neuen Kosmopolitismus, S. 26.
5 Vgl. hierzu ausführlicher auch Pauline Kleingeld: Kant and Cosmopolitanism. The Philosophical Ideal of World Citizenship. Cambridge 2012.
6 Sigrid Thielking: Weltbürgertum. Kosmopolitische Ideen in Literatur und politischer Publizistik seit dem achtzehnten Jahrhundert. München 2000, S. 27.
7 Axel Horstmann: „Kosmopolit, Kosmopolitismus". In: Joachim Ritter und Karlfried Gründer (Hg.): Historisches Wörterbuch der Philosophie, Bd. 4. Basel, Stuttgart 1976, Sp. 1165.

Synonym für die Verwurzelung im Lokalen, wird der Kosmopolitismus gemeinhin als Ausdruck einer universalen Perspektive verstanden, die sich aus eben diesen lokalen Zusammenhängen zu befreien sucht.

Mit den Ansätzen eines Neuen Kosmopolitismus wird die tradierte Gleichsetzung von Universalismus und Kosmopolitismus kritisch zur Disposition gestellt. In Abgrenzung zu früheren Definitionen des Begriffs heben neokosmopolitische Überlegungen nicht länger den universellen Anspruch kosmopolitischer Positionen und Konzepte hervor, sondern betonen vielmehr ihre Situiertheit, d. h. ihre je spezifische Einbettung in Raum und Zeit.[8] Kosmopolitismus stellt sich so in gegenwärtigen Debatten nicht länger als Aufhebung des Partikularen im Universalen dar, sondern zielt vielmehr auf die Vereinbarkeit partikularer und universaler Perspektiven und Einflüsse ab.

Theoretiker*innen eines Neuen Kosmopolitismus gehen davon aus, dass heutige Lebensrealitäten überwiegend nicht von der Zugehörigkeit zu einer einzigen Gruppe oder Kultur bestimmt werden, sondern durch die zeitgleiche Einbettung in verschiedene lokale und globale Kontexte. Deren Verhältnis zueinander wird in neokosmopolitischen Theorien nicht hierarchisch, sondern eher als gegenseitige Durchdringung verstanden. Sie betrachten die Zugehörigkeit zur Menschheit als *eine*, jedoch nicht länger als „primäre Identifikations- und Loyalitätsquelle"[9] moderner Kosmopolit*innen. Kwame Anthony Appiah spricht in diesem Zusammenhang auch von einem „rooted cosmopolitanism" bzw. „cosmopolitan patriotism"[10] – einen im Lokalen ‚verwurzelten' Kosmopolitismus, für den die Verbundenheit mit partikularen Gemeinschaften nicht im Widerspruch zur Anerkennung allgemeiner ethischer Verpflichtungen steht.[11] Zur zentrale Prämisse wird die Wertschätzung von Diversität und kultureller Differenz. Der Neue Kosmopolitismus kann in diesem Sinne auch verstanden werden als ein „spezifische[r] Modus im Umgang mit der Andersheit der Anderen, der diese weder in universalistischen Prinzipien auflöst, noch deren partikularen Eigenschaften verabsolutiert und essentialisiert"[12].

In Abgrenzung zu einem idealistischen Verständnis des Begriffs bemühen sich gegenwärtige Auseinandersetzungen verstärkt darum, Kosmopolitismus als Bestandteil einer ‚realen' Erfahrung globaler Vernetzungen und gegenseitiger

---

8 So betont Robbins: „Cosmopolitanism [...] is always situated, never a mere abstraction, never a matter of either belonging everywhere or belonging nowhere." Bruce Robbins: Perpetual War. Durham, London 2012, S. 26.
9 Köhler: Soziologie des Neuen Kosmopolitismus, S. 25.
10 Kwame Anthony Appiah: Cosmopolitan Patriots. In: Critical Inquiry 23 (1997), H. 3, S. 618.
11 Vgl. Appiah: Cosmopolitan Patriots, S. 622.
12 Köhler: Soziologie des Neuen Kosmopolitismus, S. 38.

Abhängigkeiten zu beschreiben.[13] Kosmopolitismus manifestiert sich für sie nicht ausschließlich in bestimmten Einstellungen und Haltungen, sondern findet seinen konkreten Niederschlag insbesondere auch in spezifischen kulturellen Praktiken. Diese begründen sich im Kontext eines Neuen Kosmopolitismus nicht auf eine abstrakte „Vernunftidee", die auf die Verwirklichung aufklärerischer Ideale abzielt, sondern werden zunehmend in der Alltagspraxis marginalisierter Gruppierungen verortet.[14] Als (neue) Träger des „spirit of the cosmopolitical community"[15] werden nun immer öfter die „victims of modernity"[16], d.h. Geflüchtete, Migrant*innen und Exilant*innen genannt.

Benedikt Köhler betont die entscheidende Bedeutung, die dem Exil in diesem Zusammenhang zukommt, indem er auf die besondere „Dialektik, die das Exil als paradigmatischen Ort eines Neuen Kosmopolitismus erscheinen lässt"[17], verweist. Den Ausgangspunkt von Köhlers Überlegungen bildet dabei ein – insbesondere von der postkolonialen Theorie beeinflusstes – Verständnis des Exils, das dieses nicht länger als reine Verlusterfahrung beschreibt, sondern auch seine produktiven Dimensionen anerkennt. Das Exil wird in diesem Sinne nicht nur als Zustand der ‚Entwurzelung' oder Isolation aufgefasst: Es steht auch für die Etablierung neuer sozialer Kontexte und Verbindungen, die sich nicht länger in den Grenzen nationaler oder ethnozentrischer Gemeinschaftsvorstellungen bewegen. ‚Heimat' und ‚Welt', das Lokale und das Globale bilden demnach vom exilischen Standpunkt aus keine zwangsläufigen Gegensatzpaare. Das Exil präsentiert sich in der Regel gerade nicht als „vollständige[] Distanzierung von dem Herkunftszusammenhang", sondern vielmehr als „Balance zwischen Verwurzelung und Mobilisierung oder der Verortung im Zwischenraum zwischen Herkunftskontext und gegenwärtiger Position."[18]

---

13 Vgl. Rosi Braidotti, Patrick Hanafin und Bolette Blaagaard: Introduction. In: Dies. (Hg.): After Cosmopolitanism. Abingdon u. a. 2013, S. 3–4.
14 Mit seinen Überlegungen zu sogenannten ‚diskrepanten Kosmopolitismen' brachte James Clifford als einer der Ersten den Begriff des Kosmopolitismus auf diese Weise in Zusammenhang mit globalen Entortungserfahrungen. Vgl. James Clifford: Traveling Cultures. In: Lawrence Grossberg, Cary Nelson und Paula A. Treichler (Hg.): Cultural Studies. London 1992, S. 108. Vgl. zum wachsenden Interesse an den sogenannten „marginal cosmopolitanisms" auch Pnina Werbner: Vernacular Cosmopolitanism. In: Theory, Culture & Society 23 (2006), H. 2–3, S. 497.
15 Carol A. Breckenridge, Sheldon Pollock, Homi K. Bhaba und Dipesh Chakrabarty: Cosmopolitanisms. In: Dies. (Hg.): Cosmopolitanism. Durham, London 2002, S. 6.
16 Breckenridge et al.: Cosmopolitanisms, S. 1.
17 Köhler: Soziologie des Neuen Kosmopolitismus, S. 101.
18 Köhler: Soziologie des Neuen Kosmopolitismus, S. 103.

Das historische Exil als Impulsgeber neokosmopolitischer Reflexionen

Tatsächlich sind es nicht erst die Überlegungen eines Neuen Kosmopolitismus, in denen sich ein besonderer Zusammenhang von Exil und Kosmopolitismus offenbart: Bereits im historischen Exil der 1930er und 1940er Jahren entstehen zahlreiche Texte, die ein deutliches Interesse an kosmopolitischen Identitäts- und Gemeinschaftsentwürfen artikulieren. Dass diese bisher kaum in Verbindung zu neokosmopolitischen Konzepten gebracht wurden, erscheint durchaus erstaunlich, zeigen sich darin doch gegenwärtige Problemkonstellationen und Fragestellungen häufig auf bemerkenswerte Weise vorweggenommen. So berufen sich Autor*innen wie Stefan Zweig, Peter Weiss, Thomas Mann, Lion Feuchtwanger, Joseph Roth oder Irmgard Keun einerseits ausdrücklich auf tradierte Konzepte von Kosmopolitismus und Weltbürgertum.[19] Zugleich beziehen sie sich, über die Verhandlung des fortschreitenden Zerfalls einer zuvor als Einheit wahrgenommenen Welt, jedoch immer wieder auch kritisch auf die ‚universelle Idee' des Kosmopolitismus – und schreiben auf diese Weise schon zu Beginn des 20. Jahrhunderts an einer Revision des Begriffs mit.

Die unter dem Eindruck des historischen Exils formulierten, vielfach ambivalent konstruierten Weltbürgergeschichten verdeutlichen das besondere Spannungsverhältnis bzw. die komplexe Verbindung zwischen den Begriffen von Exil und Kosmopolitismus besonders anschaulich. Mit der Idee des Kosmopolitismus greifen sie eine Tradition auf, die Konzepte wie ‚Heimat' und ‚Zugehörigkeit' nicht als lokale Phänomene definiert, sondern vielmehr deren universale Ausweitung anstrebt: Die kosmopolitische Vorstellung von einem ‚Zuhause in der Welt'-Sein und der Teilhabe an einer übernationalen Gemeinschaft aller Menschen bietet den Exilierten einerseits die Möglichkeit, der Totalität des vermeintlich erlittenen ‚Heimat*verlusts*' mit einem positiven konnotierten Gegenentwurf zu begegnen. Andererseits steht der traditionell mit dem Begriff des Kosmopolitismus aufgerufene universelle Anspruch auf Zugehörigkeit sichtlich im Widerspruch zu den

---

19 In den Texten des historischen Exils werden die Begriffe „Kosmopolitismus" und „Weltbürgertum" weitestgehend synonym verwendet. Auch in gegenwärtigen Debatten wird zwischen ihnen häufig nicht trennscharf unterschieden. Bei genauerer Betrachtung eröffnet der deutsche Begriff jedoch durchaus eine eigene Bedeutungsebene: So stellt die Bezeichnung ‚Weltbürgertum' – die unmittelbar auf den Begriff des Bürgers rekurriert – zum einen stärker das Subjekt ins Zentrum. Zum anderen bezieht sich der Begriff stärker auch auf eine bestimmte ‚kosmopolitische Klasse', wodurch er insgesamt enger gefasst scheint als der Begriff des Kosmopolitismus.

Erfahrungen von Ausschluss und Ausgrenzung, die die Lebensrealität im Exil wesentlich prägen.

Besonders prägnant hat sich diese Spannung zwischen der imaginierten globalen Gemeinschaft und der erlebten exilischen Unzugehörigkeit in autobiografische Exiltexte eingeschrieben. Finden sich darin einerseits besonders häufig emphatische Identifikationen mit kosmopolitischen Ideen, sind diese andererseits in besonderer Weise mit der Erschütterung bzw. Auflösung bestehender Sinn- und Ordnungszusammenhänge befasst – und stellen damit universelle Konzepte von ‚Ich' und ‚Welt' grundlegend zur Disposition. Deutlich zeigt sich dies etwa am Beispiel von Stefan Zweigs *Die Welt von Gestern* (1942).[20] Seine eigene Lebensgeschichte entwirft der Autor darin ausdrücklich als Biografie eines Weltbürgers, dem nationale Grenzen wenig bedeuten und der sich überall auf der Welt zu Hause fühlt. Im Text wird dieser Selbstentwurf jedoch zugleich dadurch herausgefordert, dass sich das autobiografische Ich von Anfang an in einer Doppelrolle als Weltbürger und Heimatloser präsentiert. In der Forschung hat diese Gleichzeitigkeit bisher nur wenig Berücksichtigung gefunden, vielmehr wurde die zunehmende Heimatlosigkeit des erzählenden Ichs überwiegend als Ausdruck seines gescheiterten Weltbürgertums gelesen. Was der Text bei genauerer Betrachtung jedoch vor allem verwirft, ist die Vorstellung einer ‚freischwebenden' kosmopolitischen Existenz, die jeglicher Einbettung in lokale Kontexte enthoben ist. Als ‚kosmopolitische Träumerei' erweist sich das Weltbürgertum des Autors aus der Perspektive des Exils vor allem deshalb, weil es die tatsächliche Schutz- und Rechtlosigkeit, die der Ausstoß aus der nationalen Gemeinschaft für ihn nach sich zieht, nicht aufzuheben vermag. Es ist weniger die Idee des Kosmopolitismus selbst, die hier kritisiert wird, sondern vor allem die totalitäre Durchsetzung (ethno-)nationalistischer Homogenisierung, welche die Etablierung übernationaler Orientierungsgrößen gezielt verhindert. Die Heimat- und Staatenlosigkeit des Protagonisten stellt damit einerseits ein eindringliches Plädoyer für den Kosmopolitismus und zugleich dessen Negation dar.

Nicht nur in Zweigs Lebensbericht eines heimatlosen Weltbürgers, auch in zahlreichen weiteren Exiltexten bildet Unzugehörigkeit das wesentliche Charakteristikum kosmopolitischer Figuren. Fast immer präsentieren diese sich als Ausgeschlossene und Ausgestoßene, nicht selten werden sie durch ihre kosmopolitischen Ambitionen – die zumeist den Identitätskonzepten ihrer Umwelt zuwiderlaufen – zu ‚Fremden' innerhalb der eigenen Herkunftsgemeinschaft. Mit dem kosmopolitischen Selbstentwurf wird die gesellschaftliche Randstellung

---

20 Stefan Zweig: Die Welt von Gestern. Erinnerungen eines Europäers (1942), hg. u. kommentiert v. Oliver Matuschek. Frankfurt a. M. 2017.

nicht aufgehoben, vielmehr scheinen sich Kosmopolitentum und Außenseitertum gegenseitig zu bedingen und zu befördern. Die literarischen Auseinandersetzungen mit Kosmopolitismus und Weltbürgertum präsentieren sich damit in den Texten des Exils weniger als idealistische Schwärmereien, sondern lenken die Aufmerksamkeit im Gegenteil ausdrücklich auf die Herausforderungen und Ambivalenzen, die sich mit der kosmopolitischen Existenz verknüpfen. Trotz gewisser inhaltlicher Gemeinsamkeiten folgen die kosmopolitischen Perspektiven, die sie eröffnen, zum Teil unterschiedlichen Prämissen. Rückbezüge auf eine humanistische Tradition des Weltbürgertums[21] lassen sich in den Exiltexten ebenso finden wie Konzepte eines ‚nationalen Kosmopolitismus'[22] oder Auseinandersetzungen mit einem aus der jüdischen Exiltradition hergeleiteten Kosmopolitismus.

Die Frage nach dem Zusammenhang von Kosmopolitismus, Judentum und Exil erweist sich dabei als besonders komplex, verbindet diese doch eine überaus „ambivalente[] Beziehungsgeschichte"[23]. Auf der einen Seite steht hier eine, seit der Aufklärung kursierende, diffamierende Rhetorik, die die Juden bzw. das ‚Jüdische' zur „Inkarnation des ‚Kosmopolitismus' in seiner negativsten Form"[24] ernennt. In Nationalsozialismus und Stalinismus mündet diese stigmatisierende Rede schließlich in die unverhohlene Verfolgung der sogenannten ‚wurzellosen jüdischen Kosmopoliten'.[25] Auf der anderen Seite lassen sich im deutschsprachigen Kontext seit Beginn des 20. Jahrhunderts intensive Bemühungen verzeichnen, die vermeintliche jüdische Heimat- und Wurzellosigkeit positiv umzudeuten. Die Identifikation mit einem jüdisch-diasporischen Kosmopolitismus fungiert dabei nicht nur als alternativer Identitätsentwurf zu Zionismus und Assimilation, vielmehr wird dieser nun zum Paradigma der modernen Existenz überhaupt ernannt.[26] In den Jahren nach 1933 gewinnen Aufrufe zu einer Rückbesinnung auf übernationale Traditionen neue Aktualität und Brisanz. So formu-

---

[21] Vgl. z. B. Stefan Zweig: Triumph und Tragik des Erasmus von Rotterdam (1935). Frankfurt a. M. 1950.
[22] So beschreibt etwa Thomas Mann die Affinität zu kosmopolitischen Ideen als charakteristische Eigenart einer genuin deutschen Identität. Niederschlag hat diese Idee z. B. in seiner im amerikanischen Exil verfassten Goethefiktion *Lotte in Weimar* (1939) gefunden.
[23] Mirjam Thulin: Zwischen Selbstverständnis und Stigma: zur ambivalenten Beziehungsgeschichte von Kosmopolitismus und Judentum. In: Isabella Löhr und Bernhard Gißibl (Hg.): Bessere Welten. Kosmopolitismus in den Geschichtswissenschaften. Frankfurt a. M. 2017, S. 47.
[24] Thulin: Zwischen Selbstverständnis und Stigma, S. 49.
[25] Vgl. hierzu etwa Murav: „Kosmopoliten." In: Enzyklopädie jüdischer Geschichte und Kultur, hg. v. Dan Diner. Bd. 3: He-Lu.
[26] Vgl. Lion Feuchtwanger: Der historische Prozeß der Juden. In: ders.: Ein Buch nur für meine Freunde. Frankfurt a. M. 1984, S. 464.

liert etwa Joseph Roth immer wieder eindringliche Appelle, in denen er vor einer Preisgabe der Übernationalität des Judentums warnt. Für ihn sind es in erster Linie die Juden, an die sich seine Hoffnung auf ein zukünftiges kosmopolitisches Europa knüpft. In einer Ära der „Vaterländer" schreibt er ihnen die Aufgabe zu, den „Gedanken[] vom allgemeinen Vaterland"[27] – in dem „jedermann ohne Paß, ohne Namen herumwandern oder bleiben kann"[28] – zu bewahren und über die Zeit zu retten.

Eine besonders intensive literarische Auseinandersetzung mit den Besonderheiten eines jüdischen Kosmopolitismus findet sich in Lion Feuchtwangers *Josephus*-Trilogie (1932–1945).[29] Entlang der wechselvollen Lebensgeschichte des jüdischen Chronisten Josef Ben Matthias – der das ehrgeizige Ziel verfolgt, der erste Weltbürger der Geschichte zu werden – verhandeln die Romane das konflikthafte Aufeinandertreffen kosmopolitischer und nationaler Identitäts- und Gemeinschaftsentwürfe. Indem Feuchtwanger die darin erzählte Handlung eng mit der Zerstörung des Zweiten Jerusalemer Tempels und der daraus resultierenden Deterritorialisierung der jüdischen Gemeinschaft verknüpft, führt er unmittelbar an die Ursprünge der jüdischen Exiltradition zurück. Im Kontext dieser spezifischen historischen Konstellation wird die kosmopolitische Vision des Protagonisten von verschiedenen Seiten herausgefordert. Während antisemitische Kräfte in Rom die Spaltung zwischen Römern und Juden vorantreiben, streben die jüdischen Gelehrten eine nationale Ausrichtung der jüdischen Lehre an – in der Hoffnung, so den Zusammenhalt und damit letztlich das Überleben der jüdischen Gemeinschaft in der Zerstreuung zu erhalten. Im Mittelpunkt der Trilogie steht damit nicht nur der individuelle Werdegang eines Kosmopoliten. Darüber hinaus entwirft Feuchtwanger – über die Auseinandersetzung mit der sich zeitgleich vollziehenden Nationalisierung des Diaspora-Judentums – vor allem auch das Porträt einer zwischen universalen und partikularen Positionen zerrissenen Gemeinschaft.

Wie viele Weltbürgergeschichten des Exils lesen sich auch Feuchtwangers *Josephus*-Romane einerseits als scharfe Kritik an den Ausschlussmechanismen des Nationalen, stellen zugleich aber auch die Herausforderungen und Grenzen kosmopolitischer Selbst- und Gemeinschaftsentwürfe in den Fokus. Die Unzu-

---

27 Joseph Roth: Jedermann ohne Pass. Schlußwort zum ‚Segen des ewigen Juden'. In: ders.: Werke, Bd. 3: Das journalistische Werk 1929–1939, hg. v. Klaus Westermann. Köln, Amsterdam 1991.
28 Roth: Jedermann ohne Pass, S. 546.
29 Umfasst die Romane: Der jüdische Krieg (1932), Die Söhne (1935), Der Tag wird kommen (1945).

gehörigkeit des Protagonisten wird im Text nicht zum Ausdruck individueller Freiheit verklärt, sondern besitzt für den Juden Josef eine sichtlich bedrohliche Komponente. So wird dieser zwar einerseits von dem Wunsch geleitet, die Beschränkungen nationaler Gemeinschaftsmodelle zu überwinden. Zugleich betonen die Romane – mit Bezug auf die jüdischen Exilerfahrung – jedoch ausdrücklich auch deren schützende Funktion. Das Leben außerhalb bestehender Gemeinschaften stellt in diesem Sinn für Josef eine unerwünschte Nebenfolge, jedoch keineswegs Ziel seines Weltbürgertums dar. Feuchtwangers Trilogie führt damit exemplarisch vor, wie sehr sich gerade im Exilkontext nicht nur eine ideelle oder kulturelle, sondern vor allem auch eine politische Dimension mit dem Begriff des Kosmopolitismus verknüpft. Welche gravierenden Folgen das Fehlen einer übernationalen, kosmopolitischen Rechtsordnung für die aus der Nation Ausgeschlossenen besitzt, haben zahlreiche Exilierte während ihrer Flucht vor den Nationalsozialisten schmerzlich erfahren müssen. Dies zeigen auch die auf die historische Exilerfahrung bezogenen literarischen Auseinandersetzungen, in denen das Exil als Paradigma und zugleich Prüfung des Kosmopolitismus zutage tritt. Die Texte des Exils sind dabei weniger als modellhafte Entwürfe idealtypischer kosmopolitischer Identitäten und Gemeinschaften zu verstehen: Indem sie den Begriff des Kosmopolitismus im Spannungsfeld zwischen politischer Utopie und real existierender Praxis verorten, plädieren sie vielmehr für ein ständiges Erproben, Revidieren und Neuformulieren kosmopolitischer Möglichkeiten und Notwendigkeiten in ihrem jeweiligen historischen Kontext.

Literaturverzeichnis

Appiah, Kwame Anthony: Cosmopolitan Patriots. In: Critical Inquiry 23 (1997), H. 3, S. 617–639.
Braidotti, Rosi, Patrick Hanafin und Bolette Blaagaard: Introduction. In: dies. (Hg.): After Cosmopolitanism. Abingdon u. a. 2013, S. 1–7.
Breckenridge, Carol A., Sheldon Pollock, Homi K. Bhaba und Dipesh Chakrabarty: Cosmopolitanisms. In: dies. (Hg.): Cosmopolitanism. Durham, London 2002, S. 1–14.
Clifford, James: Traveling Cultures. In: Lawrence Grossberg, Cary Nelson und Paula A. Treichler (Hg.): Cultural Studies. London 1992, S. 96–116.
Feuchtwanger, Lion: Der historische Prozeß der Juden. In: ders.: Ein Buch nur für meine Freunde. Frankfurt a. M. 1984, S. 460–466.
Fine, Robert und Robin Cohen: Four cosmopolitan moments. In: Steven Vertovec und Robin Cohen (Hg.): Conceiving Cosmopolitanism. Theory, Context and Practice. Oxford 2002, S. 137–138.
Horstmann, Axel: „Kosmopolit, Kosmopolitismus". In: Historisches Wörterbuch der Philosophie, Bd. 4. Hg. v. Joachim Ritter und Karlfried Gründer. Basel, Stuttgart 1976, Sp. 1155–1167.

Kleingeld, Pauline: Kant and Cosmopolitanism. The Philosophical Ideal of World Citizenship. Cambridge 2012.

Köhler, Benedikt: Soziologie des Neuen Kosmopolitismus. Wiesbaden 2006.

Murav, Harriet: „Kosmopoliten." In: Enzyklopädie jüdischer Geschichte und Kultur, hg. v. Dan Diner. Bd. 3: He-Lu, S. 424–427.

Narloch, Sandra: Zwischen Weltbürgertum und Neuem Kosmopolitismus. Verhandlungen übernationaler Gemeinschaft und Zugehörigkeit in der Exilliteratur. Berlin 2022.

Robbins, Bruce: Perpetual War. Durham, London 2012.

Roth, Joseph: Jedermann ohne Pass. Schlußwort zum ‚Segen des ewigen Juden'. In: ders.: Werke, Bd. 3: Das journalistische Werk 1929–1939, hg. v. Klaus Westermann. Köln, Amsterdam 1991, S. 543–548.

Thielking, Sigrid: Weltbürgertum. Kosmopolitische Ideen in Literatur und politischer Publizistik seit dem achtzehnten Jahrhundert. München 2000.

Thulin, Mirjam: Zwischen Selbstverständnis und Stigma: zur ambivalenten Beziehungsgeschichte von Kosmopolitismus und Judentum. In: Isabella Löhr und Bernhard Gißibl (Hg.): Bessere Welten. Kosmopolitismus in den Geschichtswissenschaften. Frankfurt a. M. 2017, S. 47–70.

Werbner, Pnina: Vernacular Cosmopolitanism. In: Theory, Culture & Society 23 (2006) H. 2-3, S. 496–498.

Zweig, Stefan: Die Welt von Gestern. Erinnerungen eines Europäers (1942), hg. u. kommentiert v. Oliver Matuschek. Frankfurt a. M. 2017.

Zweig, Stefan: Triumph und Tragik des Erasmus von Rotterdam (1935). Frankfurt a. M. 1950.

Marginal Man
(Norbert Gestring)

Das Konzept des marginal man

Das kultursoziologische Konzept des *marginal man* entwickelte Robert E. Park in dem Aufsatz „Human migration and the marginal man"[1], der zu den zentralen Texten der klassischen Soziologie des Fremden gehört. Georg Simmel, bei dem Park ein Semester in Berlin studierte, hatte sich 1908 in einem kleinen Exkurs mit dem Fremden befasst und damit die Grundlagen für die soziologische Auseinandersetzung mit Fremdheit gelegt. Simmel hatte den Fremden in einer berühmt gewordenen Formulierung folgendermaßen definiert:

> Es ist hier also der Fremde nicht in dem bisher vielfach berührten Sinn gemeint, als der Wandernde, der heute kommt und morgen geht, sondern als *der, der heute kommt und morgen bleibt* – sozusagen der potentiell Wandernde, der, obgleich er nicht weitergezogen ist, die Gelöstheit des Kommens und Gehens nicht ganz überwunden hat.[2]

Der Fremde ist hier also nicht jemand, der ein Gastrecht wahrnimmt oder ein fahrender Händler, der seine Waren anbietet und nach kurzer Zeit weiterzieht, sondern ein Immigrant, der zum Mitbürger oder gar zum Nachbarn, jedenfalls zum Mitglied der Gruppe wird. Als solcher unterscheidet den Fremden vom Einheimischen, dass er aufgrund der Erfahrung der Wanderung potentiell beweglicher ist, dass er zunächst kein Bodeneigentümer ist, keine gemeinsame Geschichte mit den Einheimischen hat und dass er Neues – seien es Waren, seien es Ideen – einbringt. Zudem ist der Fremde aufgrund dieser Bestimmungen freier und zu einer besonderen „Objektivität" fähig: „Er ist der Freiere, praktisch und theoretisch, er übersieht die Verhältnisse vorurteilsloser, misst sie an allgemeineren, objektiveren Idealen und ist in seiner Aktion nicht durch Gewöhnung, Pietät, Antezedentien gebunden."[3] Die Einheimischen könnten aus der Begegnung mit

---

[1] Robert E. Park: Human migration and the marginal man. In: American Journal of Sociology 6 (1928).
[2] Georg Simmel: Exkurs über den Fremden. In: ders.: Soziologische Untersuchungen über die Formen der Vergesellschaftung. [1908]. Gesamtausgabe Bd. 11, hg. von Otthein Rammstedt. Frankfurt a. M. 1992, S. 764 (Hervorhebung NG).
[3] Simmel: Exkurs über den Fremden, S. 767.

Fremden etwas hoch Modernes lernen, nämlich dass „sie eine ‚Kultur' haben, dass diese Kultur aber nur eine von vielen möglichen Kulturen ist."⁴ Sie können dem Fremden aber auch mit Misstrauen begegnen und seine Objektivität als bedrohlich und potentiell illoyal empfinden.

An dieses Bild vom Fremden als moderne und produktive Figur knüpft Park zwanzig Jahre nach Simmels Exkurs mit dem Konzept des *marginal man* an. Park lehrte Soziologie in Chicago und entwickelte mit anderen Mitgliedern des Instituts in der Erforschung städtischer Lebensweisen in der Einwanderungsstadt Chicago grundlegende soziologische Konzepte und Methoden, die als ‚Chicago School' die Soziologie lange Zeit prägten. Chicagos Bevölkerung wuchs in den ersten Jahrzehnten des zwanzigsten Jahrhunderts rasant; aus einer kleinen Ansiedlung war durch die Industrialisierung und Urbanisierung eine Metropole geworden, in der 1930 über drei Millionen Menschen lebten – zum großen Teil Immigrant*innen aus Europa.

Im Aufsatz von 1928 diskutiert Park erstmals den Fremden als *marginal man*. Wie Simmels Fremder ist auch der *marginal man* ein Immigrant. Park macht zunächst klar, dass die moderne Migration im Gegensatz zu den Völkerwanderungen eine Angelegenheit von Individuen ist und deshalb nicht mehr den Zusammenbruch von Gesellschaften zufolge hat. Fast alle Nationen seien geprägt durch Migrationen und Wanderungen, „Every nation [...] turns out to have been a more or less successful melting-pot."⁵ Mit der Entwicklung einer globalen Ökonomie (‚world economy') sei der Wechsel von Wohnorten längst zum Regelfall geworden. Gleichwohl sollten nicht nur die Makroeffekte von Migrationen untersucht werden, sondern auch die individuellen Effekte, die sich am deutlichsten im Wandel von Persönlichkeitstypen zeigten. Wie Simmel hebt Park die Emanzipation des Immigranten von traditionellen Bindungen hervor, was ihn – mehr oder weniger – zu einem Kosmopoliten mache. Am besten sei das in den großen Städten zu beobachten, wo man diese Entwicklung der Zivilisation wie unter einem Mikroskop beobachten könne. Am Beispiel emanzipierter Juden, die aus europäischen ‚Ghettos' in amerikanische Großstädte gewandert waren, entfaltet Park das Konzept des *marginal man*. Aber Emanzipation und Kosmopolitismus haben eine Kehrseite, und das ist die Orientierungslosigkeit bis hin zur persönlichen Krise. Der jüdische Immigrant sei zu einem „cultural hybrid [geworden], a man living and sharing intimately in the cultural life and traditions of two distinct peoples".⁶ Dieses Leben in zwei Kulturen sei einerseits für die Betroffenen selbst

---

4 Rudolf Stichweh: Der Fremde. In: Hans-Peter Müller und Tilmann Reitz (Hg.): Simmel-Handbuch. Begriffe, Hauptwerke, Aktualität. Berlin 2018, S. 206.
5 Park: Human migration and the marginal man, S. 883.
6 Park: Human migration and the marginal man, S. 892.

eine Zumutung, da diese zwei Welten nicht ohne Weiteres zu vereinbaren seien, andererseits sei es Anlass für Vorurteile seitens der Einwanderungsgesellschaft. „The emancipated Jew was, and is, historically and typically the *marginal man*, the first cosmopolite and citizen of the world. He is par excellence, the ‚stranger', whom Simmel, himself a Jew, has described."[7] Die Ambivalenzen, die aus kulturellen Konflikten entstehen, seien aber nicht auf Juden beschränkt, sondern unvermeidliches Schicksal aller Immigranten. Der *marginal man* ist eine zugleich „prekäre und produktive Existenz"[8], denn Emanzipation und Kosmopolitismus – oder im Simmel'schen Sinne die ‚Objektivität' – sind notwendig verbunden mit Phasen der Krise und dem Risiko des Absturzes. Für die Immigrant*innen komme es darauf an, dass die innere Zerrissenheit eine befristetete Periode bleibt und nicht zum Dauerzustand wird, denn so, wie Park die inneren Turbulenzen beschreibt, sind sie kaum lange auszuhalten:

> It is in the mind of the marginal man that the moral turmoil which new cultural contacts occasion manifests itself in the most obvious forms. It is in the mind of the marginal man – where the changes and fusions of culture are going on – that we can best study the process of civilization and of progress.[9]

Wenn Park den *marginal man* gleichsam als Prototypen des modernen Menschen beschreibt, dann wird das Konzept zu einem zentralen Instrument der Gesellschaftsanalyse.

In der Einleitung zur Dissertation seines Schülers Everett V. Stonequist über ‚The Marginal Man' betont Park noch einmal die Ambivalenzen des *marginal man*, betont aber auch, dass es darauf ankomme, dass die Figur nicht in erster Linie als Persönlichkeitstyp zu verstehen sei, sondern als Teil des sozialen Prozesses, den er als ‚Akkulturation' bezeichnet.[10] Ist Fremdheit bei Simmel ein Dauerzustand und eine produktive Ressource, so ist der *marginal man* eine Phase kultureller Hybridität auf dem Weg zur Integration und – nach Parks Theorie – der Assimilation.[11]

---

[7] Park: Human migration and the marginal man, S. 892.
[8] Walter Siebel: Die Stadt und die Zuwanderer. In: Hartmut Häußermann und Ingrid Oswald (Hg.): Zuwanderung und Stadtentwicklung. Leviathan Sonderband 17. Opladen 1997, S. 31.
[9] Park: Human migration and the marginal man, S. 893.
[10] Robert E. Park: Introduction. In: Everett V. Stonequist: The Marginal Man. A Study in Personality and Culture Conflict [1937]. New York 1961, S. xviii.
[11] In seiner Assimilationstheorie (dem *‚race-relations-cycle'*) ist Assimilation ein notwendiges Ergebnis des Integrationsprozesses, vgl. Robert E. Park: Our racial frontier on the Pacific. In: ders. (Hg.): Race and Culture. Chicago 1950.

Rezeption und Kritik

In den folgenden Abschnitten geht es um die Frage, wie das Konzept rezipiert, kritisiert und weiterentwickelt wurde. Dabei werden vor allem sozialwissenschaftliche Reflexionen in den Blick genommen.

Alfred Schütz, der 1944 den dritten klassischen Text der Soziologie des Fremden verfasste, bezog sich auf Simmel und Park nur summarisch mit anderen Autor*innen in einer Fußnote. Das ist erstaunlich, weil er wie Park sich mit den besonderen Anforderungen auseinandersetzte, mit denen Fremde, die sich einer Gruppe anschließen wollen, konfrontiert sind. Auch er sieht den Immigranten eine „Krisis" durchleben infolge der Erfahrung, dass die in der Sozialisation in einem anderen Land erworbenen „Zivilisationsmuster des Gruppenlebens" keine hinreichende Orientierung für das Alltagshandeln mehr bieten.[12] Aber auch Schütz erkennt im Fremden die besondere Kompetenz und Objektivität, die notwendig sind, sich kritisch mit der unbekannten Kultur auseinanderzusetzen: „er hat ein lebendiges Gefühl für die Inkohärenz und Inkonsistenz der Zivilisationsmuster."[13] Fremdheit ist auch bei Schütz mit Verunsicherung und der Unterstellung mangelnder Loyalität verbunden. Die Krise ist aber, wie bei Park, nicht ein Dauerzustand, sie wird überwunden durch Assimilation, wenn also die „Kultur- und Zivilisationsmuster der fremden Gruppe [...] für den Neuankömmling eine Selbstverständlichkeit, ein unbefragter Lebensstil, Obdach und Schutz [werden]. Aber dann ist der Fremde kein Fremder mehr."[14]

Seit den 1990er Jahren gibt es vor allem in der *Stadtforschung* eine Rückbesinnung auf die klassischen Texte über Fremdheit. Dass in dieser Zeit auch der *marginal man* wiederentdeckt wurde, könnte damit zusammenhängen, dass es nach dem Zusammenbruch der DDR und des Ostblocks vergleichsweise hohe Zuwanderungszahlen gab und es in diesem Zusammenhang erstmals zu militanten Anschlägen gegen Wohnhäuser von Immigrant*innen gekommen ist (Mölln, Solingen, Rostock Lichtenhagen, Hoyerswerda).

Rolf Lindner hat sich in einem Buch über Robert E. Park auch mit dessen Konzept des *marginal man* befasst und vielfältige Anknüpfungspunkte formuliert: für die Migrations-, Kultur- und Stadtforschung, wenn es etwa um Fragestellungen im Zusammenhang mit „Emigration, Flucht und Verbannung, um Fragen

---

12 Alfred Schütz: Der Fremde. Ein sozialpsychologischer Versuch [1944]. In: Peter-Ulrich Merz-Benz und Gerhard Wagner (Hg.): Der Fremde als sozialer Typus: klassische soziologische Texte zu einem aktuellen Phänomen. Konstanz 2002, S. 74.
13 Schütz: Der Fremde, S. 90.
14 Schütz: Der Fremde, S. 91 f.

des Kulturkontakts und Kulturkonflikts"[15] geht. Instruktiv ist darüber hinaus sein Hinweis, dass Forschende sich in der Feldforschung mit qualitativen Methoden wie etwa offene Interviews und teilnehmende Beobachtungen sich in die Lage eines „experimentelle[n] *marginal man*"[16] versetzen sollten, um die produktiven Seiten von Fremdheit zu nutzen.

Ein zentrales Thema der Stadtforschung im Hinblick auf Immigration ist die residentielle Segregation von Zugewanderten und die damit verbundene Herausbildung von migrantisch geprägten Quartieren. Von manchen wurden solche Quartiere als Gefahr für die Integration gesehen, von anderen wurde mit Verweis auf Parks *marginal man* argumentiert, dass solche Enklaven von Immigrant*innen das Eingewöhnen in der Fremde erleichtern, soziales Kapital vermitteln und so einen Beitrag zur Integration leisten können.[17]

Aus kulturtheoretischer Perspektive wurden allerdings auch kritische Überlegungen zur Aktualität des *marginal man* und der Soziologie des Fremden vorgetragen. Die Kritik lässt sich in vier Punkten zusammenfassen.

Erstens wird in den zitierten Texten von kulturell homogenen Gesellschaften ausgegangen. Der Fremde kommt von außen in eine kulturell homogen gedachte Gesellschaft.[18] Park orientierte sich am Bild des *melting pots*, das mit der Vorstellung verbunden ist, dass durch eine Vermischung von kulturell diversen Immigrantengruppen eine neue Kultur der amerikanischen Gesellschaft entsteht. War dieses Konzept angesichts der Dominanz der *White Anglo-Saxon Protestants* schon immer fragwürdig, so ist es für kulturell hoch differenzierte Gesellschaften völlig unangemessen. Einerseits misslingen deshalb die Ausarbeitungen zu einer nationalen Leitkultur regelmäßig so gründlich, andererseits haben moderne Gesellschaften gelernt mit kultureller Vielfalt umzugehen.[19] In der Migrationsforschung wird der ‚kulturelle Hybrid', den Park als einen Typ des *marginal man*

---

15 Rolf Lindner: Die Entdeckung der Stadtkultur. Soziologie aus der Erfahrung der Reportage. Frankfurt a. M. 1990, S. 202.
16 Lindner: Die Entdeckung der Stadtkultur, S. 210.
17 Vgl. Hartmut Häußermann: Die Stadt und die Stadtsoziologie. Urbane Lebensweise und die Integration des Fremden. In: Berliner Journal für Soziologie 1 (1995); Walter Siebel: Die Stadt und die Zuwanderer.
18 Vgl. zum Folgenden Armin Nassehi: Der Fremde als Vertrauter. Soziologische Beobachtungen zur Konstruktion von Identitäten und Differenzen. In: Kölner Zeitschrift für Soziologie und Sozialpsychologie 3 (1995).
19 Vgl. Michael Bommes: Transnationalism or Assimilation. In: Journal of Social Science Education 4 (2005) H. 1. Onlinejournal. https://www.jsse.org/index.php/jsse/article/view/338/335 (Zugriff: 2.1.2022).

ansah, als eine Figur diskutiert, die souverän mit den Anforderungen aus verschiedenen kulturellen Milieus umgehen kann.[20]

Zweitens entsteht Fremdheit in der modernen Gesellschaft nicht nur durch Zuwanderung, sondern durch die fortschreitende Differenzierung gesellschaftlicher Teilbereiche sowie die weitere Ausdifferenzierung von Lebensstilen. Die moderne Gesellschaft produziert Fremdheit aus sich heraus, durch Immigration werden Fremdheit und Vielfalt verstärkt, aber nicht allein konstituiert.[21] Didier Eribon hat den Begriff des „gespaltenen Habitus"[22] verwendet, um das Ausmaß der Fremdheit und Verunsicherung zu beschreiben, das er als Sohn einer Arbeiterfamilie aus der Provinz im akademischen Milieu von Paris erlebt hat.

Drittens, kulturelle Fremdheitserfahrungen müssen im 21. Jahrhundert nicht zuletzt aufgrund der weitgehenden Verfügbarkeit digitaler Informations- und Kommunikationstechnologien anders analysiert werden als vor hundert Jahren. Wer heute in ein fremdes Land migriert, kann sich weitgehend über die Kulturen des Landes informieren. Hinzu kommt, dass Lebensstile längst durch transnationale Beziehungen geprägt sind, wie es etwa im Hip-Hop der Fall ist. Immigrant*innen haben unter Umständen im Ankunftsland Anknüpfungspunkte, die ihnen den Zugang zu relevanten Bereichen der Gesellschaft erheblich erleichtern können. Zugespitzt formuliert könnte man sagen, dass Fremdheit nicht mehr eine Frage kultureller Distanz ist, sondern vor allem eine Frage der Konstruktion von Fremdheit, wer also definiert, was in einer Gesellschaft als fremd zu gelten hat und was nicht.

Viertens stellt sich die Frage nach der *marginal woman*. Der Genderaspekt spielte bei Park und den anderen Klassikern keine Rolle. In der Rezeption von Parks *marginal man* wird zwar verschiedentlich betont, dass es ein „gendered and racialised concept rooted in the patriarchal sociology of Park's time"[23] ist, aber theoretische oder empirische Arbeiten, die neue Perspektiven für die Genderforschung im Anschluss an Parks Konzept eröffnen, gibt es nicht. Eine Recherche in den einschlägigen Journals zur Migrationsforschung ergab dabei keine Treffer, der Unterschied der Geschlechter ist nach wie vor ein Forschungsdesiderat.

---

20 Vgl. Naika Foroutan: Hybride Identitäten – Normalisierung, Konfliktfaktor und Ressource in postmigrantischen Gesellschaften. In: Heinz-Ulrich Brinkmann und Haci-Halil Uslucan (Hg.): Dabeisein und Dazugehören – Integration in Deutschland. Wiesbaden 2013.
21 Vgl. Nassehi: Der Fremde als Vertrauter, 1995.
22 Didier Eribon: Rückkehr nach Reims. Berlin 2016, S. 12.
23 Nikita A. Kharlamov: Boundary Zone between Cultural Worlds or the Edge of the Dominant Culture? Two Conceptual Metaphors of Marginality. In: Journal of Intercultural Studies 33 (2012), H. 6, S. 624.

Angesichts der genannten Kritik wird deutlich, wie sehr das Konzept des *marginal man* gebunden ist an die Zeitumstände in den ersten Jahrzehnten des zwanzigsten Jahrhunderts. Gleichwohl ist es ein Verdienst des Konzepts, dass Park die Anforderungen hervorhebt, die Immigrant*innen zu bewältigen haben. Die Bedingungen sind andere, aber das Grundproblem, dass Fremdheit ein Doppelgesicht von Chance und Krise haben kann, ist keineswegs aus der Welt. Und überall dort, wo Fremdheit in diesem Sinne virulent ist, kann ein Rückgriff auf den *marginal man* helfen: Für die Thematisierung und Interpretation von Literatur und Filmen, in denen Lebensverhältnisse von Migrant*innen geschildert werden, lassen sich zahlreiche Beispiele anführen.[24]

marginal man und Exil

Bis hierhin war nur allgemein von Immigration die Rede. Migrant*innen wandern aber aus unterschiedlichen Motivationen und mit unterschiedlichen Perspektiven aus. Ludger Pries hat vier Formen der Migration unterschieden: die klassische Immigration, die durch eine dauerhafte Niederlassung im Ankunftsland gekennzeichnet ist, die zeitlich befristete Migration, die eine nur vorübergehende Niederlassung und dann folgende Rückkehr ausmacht, die Diaspora-Migration und die transnationale Migration, die definiert ist durch dauerhafte Beziehungen zwischen Herkunfts- und Ankunftsland.[25] Für die Exilforschung ist der „Diaspora-Migrant" von besonderem Interesse, den Pries so definiert:

> Ein Diaspora-Migrant richtet sich physisch-räumlich und vielleicht auch wirtschaftlich, aber nur in einem sehr begrenzten Grade sozial und politisch in der Ankunftsgesellschaft ein. Er behält gleichzeitig und auf Dauer starke sozial-kulturelle Bindungen zu seinem Herkunftsland [...].[26]

---

24 Zu denken wäre etwa an Fatih Akins Filme *Gegen die Wand* und *Auf der anderen Seite*, in denen zwei Protagonisten als die zwei Seiten des *marginal man* interpretiert werden können. Im ersten Film ist Cahit (gespielt von Birol Ünel) ein suizidgefährdeter Alkoholiker, der in völliger Orientierungslosigkeit einen Absturz erfährt, während Nejat (Baki Davrak), der als Sohn eines rauhbeinigen ‚Gastarbeiters' im zweiten Film ein Germanistikprofessor geworden ist, als Kosmopolit gelten könnte.
25 Vgl. Ludger Pries: Transnationalisierung. Theorie und Empirie grenzüberschreitender Vergesellschaftung. Wiesbaden 2010, S. 57 ff.
26 Pries: Transnationalisierung, S. 61.

Das Exil ist nach Pries' Konzept eine Form der Diasporamigration. Exilant*innen, die ihren Aufenthalt im Ankunftsland für zeitlich befristet ansehen, einen engen Kontakt zum Herkunftsland aufrechterhalten und ihre Identität auf ein Land beziehen, in das sie in der Regel nicht ohne Weiteres reisen können, während das Land, in dem sie leben, als Erleidensraum angesehen wird, könnten stärker als andere Migrant*innen mit den Problemen konfrontiert sein, die den *marginal man* kennzeichnen. Wenn Exil als eine zeitlich befristete Phase verstanden wird, dann liefen besonders Exilant*innen Gefahr, in eine Situation zu geraten, vor der Park gewarnt hat: des oder der auf Dauer gestellten marginal (wo)man. Sie könnten aber auch als transnationale Mittler in Erscheinung treten,[27] die nationale und kulturelle Homogenisierungszwänge kritisch betrachten und alternative Gemeinschaftsformen wie etwa die Diaspora praktizieren und reflektieren.

Literatur

Bischoff, Doerte und Susanne Komfort-Hein: Programmatische Einleitung: Literatur und Transnationalität. In Doerte Bischoff und Susanne Komfort-Hein (Hg.): Handbuch Literatur & Transnationalität Handbücher zur kulturwissenschaftlichen Philologie 5. Berlin 2019, S. 1–46

Bommes, Michael: Transnationalism or Assimilation. In: Journal of Social Science Education 4 (1995), H. 1. Onlinejournal. https://www.jsse.org/index.php/jsse/article/view/338/335 (Zugriff 2.1.2022).

Eribon, Didier: Rückkehr nach Reims. Berlin 2016

Foroutan, Naika: Hybride Identitäten – Normalisierung, Konfliktfaktor und Ressource in postmigrantischen Gesellschaften. In: Heinz-Ulrich Brinkmann und Haci-Halil Uslucan (Hg.): Dabeisein und Dazugehören –Integration in Deutschland. Wiesbaden 2013, S. 85–99.

Häußermann, Hartmut: Die Stadt und die Stadtsoziologie. Urbane Lebensweise und die Integration des Fremden. In: Berliner Journal für Soziologie 1 (1995), S. 89–98.

Kharlamov, Nikita A.: Boundary Zone between Cultural Worlds or the Edge of the Dominant Culture? Two Conceptual Metaphors of Marginality. In: Journal of Intercultural Studies 33 (2012), H. 6, S. 623–638.

Lindner, Rolf: Die Entdeckung der Stadtkultur. Frankfurt a. M. 1990.

Nassehi, Armin: Der Fremde als Vertrauter. Soziologische Beobachtungen zur Konstruktion von Identitäten und Differenzen. In: Kölner Zeitschrift für Soziologie und Sozialpsychologie 47 (1995), H. 3, S. 443–463.

Park, Robert Ezra: Human migration and the marginal man. In: American Journal of Sociology 23 (1928), H. 6, S. 881–893.

---

27 Vgl. Doerte Bischoff und Susanne Komfort-Hein: Programmatische Einleitung: Literatur und Transnationalität. In: Doerte Bischoff und Susanne Komfort-Hein (Hg.): Handbuch Literatur & Transnationalität. Berlin 2019, S. 23.

Park, Robert E.: Introduction. In: Everett V. Stonequist: The Marginal Man. A Study in Personality and Culture Conflict [1937]. New York 1961, S. xiii–xviii.

Park, Robert E.: Our racial frontier on the Pacific. In: ders. (Hg.): Race and Culture. Chicago 1950, S. 81–116.

Pries, Ludger: Transnationalisierung. Theorie und Empirie grenzüberschreitender Vergesellschaftung. Wiesbaden 2010.

Schütz, Alfred: Der Fremde. Ein sozialpsychologischer Versuch [1944]. In: Peter-Ulrich Merz-Benz und Gerhard Wagner (Hg.): Der Fremde als sozialer Typus: klassische soziologische Texte zu einem aktuellen Phänomen. Konstanz 2002, S. 73–92.

Siebel, Walter: Die Stadt und die Zuwanderer. In: Hartmut Häußermann und Ingrid Oswald (Hg.): Zuwanderung und Stadtentwicklung. Leviathan Sonderband 17. Opladen 1997, S. 30–41.

Simmel, Georg: Exkurs über den Fremden. In: Simmel, Georg: Soziologische Untersuchungen über die Formen der Vergesellschaftung [1908]. Gesamtausgabe, Bd. 11, hg. von Otthein Rammstedt. Frankfurt a. M. 1992, S. 764–771.

Stichweh, Rudolf: Der Fremde. In: Hans-Peter Müller und Tilmann Reitz (Hg.): Simmel-Handbuch. Begriffe, Hauptwerke, Aktualität. Berlin 2018, S. 203–208.

Migration und Exil
(Kristina Schulz)

Migration und Exil stehen in einem ähnlichen Verhältnis zueinander wie die Felder, die sich mit ihrer Erforschung befassen: Sie sind aufeinander bezogen, ohne sich zu decken und mitunter, ohne voneinander Kenntnis zu nehmen. Je nachdem, ob als historische oder als analytische Kategorie betrachtet, als Selbstbeschreibung, Fremdzuschreibung oder als behördlicher Terminus gebraucht, verändert ferner jeder der Begriffe seine Bedeutung und damit auch die Beziehung zum jeweils anderen Konzept. Entsprechend haben die Exil- und die Migrationsforschung mal ähnliche Untersuchungsgegenstände (aus unterschiedlicher Perspektive) in den Blick genommen, sich mal mit sehr unterschiedlichen historischen Phänomenen befasst. Um die Beziehung von Exil und Migration zu untersuchen, schlägt der folgende Artikel einen historisch-kontextualisierenden, einen analytisch konzeptuellen und einen programmatischen Zugriff vor. Er zielt darauf, den trotz aller Abgrenzungsbemühungen stets aufeinander bezogenen Begriffen „Exil" und „Migration" historische und theoretische Tiefenschärfe zu geben, indem er, erstens, die Genese von Exil- und Migrationsforschung im transatlantischen Kontext nachzeichnet (1), zweitens Wertbezüge und Erkenntnisinteressen beider Forschungsbereiche aufeinander bezieht (2) und drittens ein Vorschlag zur Rekonzeptualisierung von Exil als Gegenstand der Migrationsgeschichte diskutiert (3). Dieser Vorschlag trägt dem heuristischen Mehrwert eines Exilbegriffs Rechnung, der nicht in den parallel benutzten Begriffen von „Zwangsmigration", „Flucht" oder „Vertreibung" aufgeht.

Exil- und Migrationsforschung im transatlantischen Raum

Exil- und Migrationsforschung bzw. -geschichte haben sich seit den Anfängen dessen, was ab den 1970er Jahren Exilforschung genannt wurde, separat entwickelt. Beide schreiben sich in die Wissensgeschichte des 20. Jahrhunderts ein. Aufgrund der Migrationssysteme des ausgehenden 19. Jahrhunderts und der Zwischenkriegszeit war der transatlantische Raum zentral.

Als traditionelles Einwanderungsland wurden die Vereinigten Staaten zu Beginn des zwanzigsten Jahrhunderts zum Ausgangspunkt einer systematischen

Einwanderungsforschung (*Immigration studies*). Dort wurde 1907 die Dillingham-Commission eingerichtet, die 1911 zu Händen des United States Congress einen umfangreichen Bericht über die zunehmend als bedrohlich wahrgenommene Masseneinwanderung veröffentlichte.[1] Die in dieser Tradition stehenden Immigration Studies richteten den Fokus auf das Ankunfts- und (zumindest seinem Selbstverständnis nach) Einwanderungsland USA. Sie stellte, auf die Metapher des Melting Pot rekurrierend, die Assimilation von massenhaften und namenlosen Immigranten in den Mittelpunkt, ihre räumliche Verteilung und ihre sozialen Merkmale.

Parallel begann sich in den Vereinigten Staaten das Feld der Immigration History zu entwickeln. Der Historiker Marcus Lee Hansen erklärte 1927 die amerikanische Zuwanderung zum historiographischen Forschungsfeld.[2] Als einer der Ersten begriff er Migration „als Bestandteil der amerikanischen Gesellschaftsgeschichte".[3] Zur Popularisierung des Feldes trug Oskar Handlin bei. Für sein – auch umstrittenes – Buch *The Uprooted* (1951) erhielt der Historiker 1952 den Pulitzer Preis. Er spielte auch eine zentrale Rolle bei der Herausgabe des Berichts *The Positive Contribution by Immigrants* (1955) zu Händen der Unesco.[4] Zentrale Konzepte der Migrationsforschung wurden damals entwickelt, etwa der von Paul Siu 1952 geprägte Begriff des „Sojourner", der im Deutschen seine Entsprechung im Konzept des „Gastarbeiters" fand.[5]

Exile Studies und Exilforschung

Bemühungen zur Dokumentation der Literatur Vertriebener lassen sich bis in die 1930er Jahre zurückverfolgen, als emigrierte Intellektuelle begannen, die Namen und Werke der vertriebenen Elite der Weimarer Kultur zu sammeln. Aus diesen

---

[1] Robert F. Zeidel: Immigrants, Progressives, and Exclusion Politics. The Dillingham Commission, 1900–1927. DeKalb 2004.
[2] Marcus Lee Hansen: The history of American immigration as field of research. In: The American Historical Review 32 (1927).
[3] Frank Wolff: Oscar Handlins „The Uprooted". Eine migrationshistorische Passionsgeschichte. In: Julia Reuter und Paul Mecheril (Hg.): Schlüsselwerke der Migrationsforschung. Pionierstudien und Referenztheorien. Berlin 2015, S. 37.
[4] Oscar Handlin: The Uprooted. The Epic Story of the Great Migrations that Made the American People. New York 1951; Oscar Handlin (Hg.): The Positive Contributions by Immigrants. A Symposium Prepared for UNESCO by the International Sociological Association and the International Economic Association. Paris 1955.
[5] Paul Siu: The Sojourner. In: American Journal of Sociology 58 (1952/53).

Anstrengungen hervorgegangen ist etwa das schon bei seinem Erscheinen 1939 als „Who's who in Exile" bezeichnete Buch *Escape to life* von Erika und Klaus Mann.[6] Dazu zählt die von dem deutsch-jüdischen Literaturwissenschaftler Alfred Kantorowicz und dem Publizisten Richard Drews herausgegebene Anthologie *Verboten und verbrannt*, die 1947 erschien, nachdem Kantorowicz aus dem amerikanischen Exil nach Deutschland zurückgekehrt war.[7] Ein weiteres Beispiel stellt die 1946 in Zürich unter dem Titel *Die humanistische Front* publizierte *Einführung in die Emigranten-Literatur* dar, die der Literaturwissenschaftler Walter A. Berendsohn von Dänemark und Schweden aus erarbeitete, wohin er 1933 als Jude geflohen war.[8]

Eine besondere Rolle spielten intellektuelle Zirkel in den Vereinigten Staaten.[9] Wie Tobias Brinkmann gezeigt hat, unterhielten deutsch-jüdische Auswanderer*innen seit dem neunzehnten Jahrhundert ein transnationales Beziehungsnetz, das für die jüdischen Emigrant*innen in den Jahren nach der nationalsozialistischen Machtübernahme einen Anlaufpunkt darstellte.[10] Als die Optionen für Andersdenkende in Europa weiter abnahmen und Hoffnungen auf ein rasches Ende des nationalsozialistischen Terrorregimes schwanden, wurden die Vereinigten Staaten zu einem Fluchtpunkt, nicht nur der jüdischen Emigration. Für eine Reihe von Wissenschaftler*innen entstand mit der University in Exile ein Ort der Begegnung, die 1933 an der New School for Social Research in New York ins Leben gerufen. Hier trafen so genannte „refugee scholars", also vom nationalsozialistischen Deutschland ihres Postens enthobene und vertriebene Forschende, mit amerikanischen Kolleg*innen zusammen. Diese standen der deutschen Sprache und Kultur oft nahe, waren aus dem deutschsprachigen Raum zu einem früheren Zeitpunkt eingewandert oder hatten an deutschen Universitäten studiert.

---

6 Erika Mann und Klaus Mann: Escape to life. Boston 1939.
7 Richard Drews und Alfred Kantorowicz: Verboten und verbrannt. Deutsche Literatur zwölf Jahre unterdrückt. München 1947.
8 Walter A. Berendsohn: Die Humanistische Front. Einführung in die deutsche Emigranten-Literatur. Erster Teil: Von 1933 bis zum Kriegsausbruch 1939. Zürich 1946.
9 Dazu stellvertretend für andere: Lewis A. Coser: Refugee Scholars in America. Their Impact and their Experiences. New Haven 1984; Claus-Dieter Krohn: Wissenschaft im Exil. Deutsche Sozial- und Wirtschaftswissenschaftler in den USA und die New School for Social Research. Frankfurt 1987; Eckart Goebel und Sigrid Weigel (Hg.): „Escape to Life": German Intellectuals in New York. A Compendium on Exile after 1933. Berlin 2012; Hartmut Lehmann und James J. Sheehan: An Interrupted Past. German-Speaking-Refugee Scholars in the United States after 1933. Cambridge 1991.
10 Tobias Brinkmann: Migration und Transnationalität. Paderborn 2012, vgl. bes. S. 141–143.

Der deutsch-amerikanische Historiker Herbert A. Strauss brachte den aus der Migrationsforschung stammenden Begriff der Akkulturation, der zunehmend in der Historiographie zur jüdischen Geschichte benutzt wurde, in die Debatten der sich konstituierenden Exilforschung ein. Der Vorschlag weckte jedoch beim internationalen Symposium zur Literatur des Exils in Kopenhagen 1972 zunächst kein weiterführendes Interesse an neueren theoretischen Ansätzen der Migrationsgeschichte und der Erforschung der jüdischen Diaspora. Solche Konzepte griffen im Kern auf innovative, aber in der Mainstream-Forschung wenig rezipierte Konzepte der Transkulturation zurück, die intellektuelle Migranten in den 1930er Jahren entfaltet hatten.[11] In die Exilforschung fanden sie erst in den 1990er Jahren Eingang, als die jüdische Emigration ins Zentrum rückte und wenig später Konzepte der Postcolonial und der Cultural Studies rezipiert wurden.

Exilforschung statt Erforschung der Emigration

Im Schatten der durch die Nationalsozialisten und den Holocaust freigesetzten Gewalt widmete sich die Exilforschung in erster Linie dem Gedenken an die Opfer von politischer Repression und rassischer Verfolgung zwischen 1933 und 1945. Ziel war es, den Leistungen und Leiden der Emigration nachträglich Anerkennung zu zollen und die Lebenswege, Netzwerke, Ideen und Werke des deutschsprachigen Exils ans Licht zu holen. In dieser Zeit bürgerte sich der – damals nicht unumstrittene – Begriff des Exils ein, während derjenige der Emigration – die letzte semantische Brücke zur Migrationsforschung – in den Hintergrund rückte. Dies wird vor dem Hintergrund verständlich, dass der Begriff der Emigration in den 1930er Jahren in den Ohren vieler einen beschönigenden Beiklang hatte, weil er ein Verlassen aus freien Stücken implizierte. Die Nationalsozialisten hatten ihn zudem in diffamierender Absicht benutzt („Emigrantenschrifttum").

Im deutschen Kontext dominierte die Literaturwissenschaft in den Anfangsjahren der Exilforschung. Damit standen literarische Werkanalysen, biografische Einzelstudien zu Exilautor*innen und innerliterarischen Bezügen im Fokus, und der Blick richtete sich zunächst auf einen eingeschränkten Kreis von Personen.[12]

---

11 Christiane Harzig und Dirk Hoerder: What is Migration History? Cambridge 2009, S. 64–66.
12 Claus-Dieter Krohn: Die Herausforderung der Exilliteraturforschung durch die Akkulturations- und Hybridtheorie. In: Doerte Bischoff und Susanne Komfort-Heim (Hg.): Literatur und Exil. Neue Perspektiven. Berlin 2013 sowie Claus-Dieter Krohn: Exilforschung. In: Docupedia-Zeitgeschichte (2012), http://docupedia.de/zg/krohn_exilforschung_v1_de_2012, S. 15 (Zugriff: 12.1.2022).

Zudem entfaltete sich die Exilforschung vor dem Hintergrund eines in den 1970er und 1980er Jahren dominierenden Interpretationsparadigmas des Holocausts, das von der Singularität der Judenvernichtung 1933–1945 ausging. Damit lässt sich die anfänglich vorherrschende, generelle Zurückhaltung der Exilforschung erklären, Anschluss an andere Forschungsrichtungen zu suchen, die sich mit Migrationsprozessen befassen.

Zur Exilforschung gehörte anfangs auch ein moralischer Impetus, für den die Begriffe „Erinnerungsarbeit" und „Wiedergutmachung" stehen. Die sittliche Verpflichtung, als Überlebende und Nachgeborene den Vertriebenen und Verfolgten der Jahre 1933 bis 1945 eine Geschichte zurückzugeben, die ihnen das nationalsozialistische Gewaltregime entrissen hatte, mündete in die Erarbeitung zahlreicher biografischer Einzelstudien und Nachschlagewerke.[13] Das in dem Gefühl kollektiver Betroffenheit begründete Verlangen nach (kaum erreichbarer) Vollständigkeit führte in den 1980er Jahren unter dem Einfluss der Alltagsgeschichte dazu, die Ermittlungen von den „großen Männern" der Emigration auf das „Exil der kleinen Leute" und auf Frauen im Exil auszuweiten.[14] Forschungen auf die Opfer des Nationalsozialismus zu begrenzen, war die Voraussetzung für einen Forschungsansatz, der sich der Inventarisierung des Exils und der Bilanzierung seiner kulturellen Leistungen verschrieben hatte. Die Selbstbeschränkung der Exilforschung hatte also auch mit dem Ruf nach „Vergangenheitsbewältigung" zu tun, der das politische Klima in den Jahren prägte, in denen sich die Exilforschung etablieren konnte.

Migrations- und Exilforschung

Festzuhalten ist, dass sich Migrations- und Exilforschung auseinanderentwickelten. Die unterschiedlichen Erkenntnisinteressen – hier: die Fokussierung auf die Aufnahmegesellschaft massenhafter Immigration und auf den angemessenen Umgang mit kultureller Vielfalt, dort: die Rekonstruktion individueller Lebenswege von Exponentinnen und Exponenten deutscher Kultur im Ausland und die Sammlung ihrer Werke – führten zu konzeptionellen Unterschieden, die eine wechselseitige Befruchtung erschwerten. Wo Migrationsforschung ihr

---

[13] Stellvertretend für andere: Werner Röder und Herbert A. Strauss (Hg.): Biographisches Handbuch der deutschsprachigen Emigration nach 1933, 3 Bde. München 1980–1983.
[14] Wolfgang Benz: Das Exil der kleinen Leute. München 1991. Gravitationszentrum der frauenbezogenen Exilforschung war und ist die 1991 ins Leben gerufene Arbeitsgemeinschaft Frauen im Exil in der Gesellschaft für Exilforschung e. V. und ihre Reihe „Frauen und Exil".

Forschungsobjekt tendenziell als Massenphänomen, als *crossing units, flow of labour* oder *ethnic community* betrachtete, rekonstruierte die Exilforschung einzelne Lebens- und Emigrationswege oder Kollektivbiografien fest umrissener Gruppen. Sie beschäftigte sich mit den individuellen Lebensgeschichten und Erfahrungen von Verbannung sowie deren literarischer und künstlerischer Verarbeitung.

Diese unterschiedlichen Sichtweisen standen unmittelbar im Zusammenhang mit vorherrschenden – und sich zudem wandelnden –Auffassungen der Begriffe von Exil und Migration. „Migration" (mit seinen Derivaten Emigration und Immigration) verband sich seit der Ära der transatlantischen Auswanderungen im 19. Jahrhundert (manchmal fälschlicherweise) mit Freiwilligkeit und mit der Eröffnung von Lebenschancen, häufig durch Verbesserung ökonomischer Bedingungen. In der Zeit der durch innereuropäische Süd-Nord-Arbeitsmigrationen geprägten so genannten Trente glorieuses nach 1945 dominierte zudem die Vorstellung, Migrationen seien in aller Regel ökonomisch motiviert und könnten grundsätzlich rückgängig gemacht werden, wenn sich die Umstände änderten, die zur Auswanderung geführt hatten. Das in den 1960er Jahren von Everett Lee entwickelte Push-and-Pull Modell der Migration legte eine ökonomisch-rationalistische Interpretation von Wanderungen nahe, bei der Akteur*innen angesichts von abstoßenden Faktoren einerseits und anziehenden Faktoren andererseits Migrationsentscheidungen treffen.[15] Die „Gastarbeitermigration", welche die europäischen Gesellschaften des Südens und des Nordens unterschiedlich, aber einschneidend betraf, gab hier das Paradigma.

Der Exilbegriff dagegen erfuhr insbesondere auch im deutschsprachigen Kontext eine Verengung auf die Protagonist*innen der Jahre 1933 bis 1945 und ihre Nachfahren. Mit Exil verbindet sich der erzwungene Charakter des Weggehens, die Unmöglichkeit der Rückkehr und die Vorstellung eines einschneidenden biografischen Bruchs, der als Einschränkung von Lebenschancen interpretiert wird. Es sind diese Einschränkungen und Verhinderungen, die zu individuellen, manchmal auch kollektiven Rebellionen führen, die literarischen, künstlerischen, manchmal auch politischen Ausdruck finden.

---

15 Everett S. Lee: A Theory of Migration. In: Demography 3 (1966), 1. Vgl. auch Ludger Pries, Internationale Migration. Bielefeld 2001, bes. S. 13–16.

Exil: Ein Vorschlag zur Rekonzeptualisierung

Wie lassen sich die Erkenntnisse der Exilforschung für die Erforschung von Migrationen fruchtbar machen? Es könnte sich als lohnend erweisen, Exil als einen *spezifischen* Gegenstandsbereich der Migrationsgeschichte zu betrachten und zugleich davon auszugehen, dass die Erfahrung des Exils eine ist, die Menschen in verschiedenen Formen von Migration machen. Ein solches Verständnis von Exil setzt voraus, die vorherrschende Begrenzung auf die Zeit des Nationalsozialismus aufzugeben. Stattdessen wären die in der Auseinandersetzung mit der NS-Zeit gewonnenen Erkenntnisse zu nutzen, um Exil als Zustand zu konzeptualisieren, der auch in anderen historischen Konstellationen durch die Unterdrückung von Andersdenkenden, die Verletzung der Menschenrechte und existentielle Notsituationen hervorgerufen wurde (und wird). Wenn man Exil im Zusammenhang mit anderen Formen von Migration untersuchen möchte, erscheint es sinnvoll von den Chancen auszugehen, die migrantische Subjekte haben, eigene Entscheidungen über den Zeitpunkt und den Verlauf, die Länge der Abwesenheit und die zurückgelegte Distanz zu treffen. Die Frage der Entscheidungsmöglichkeiten und der Alternativen – oder eben deren Abwesenheit – könnte ein Kriterium sein, Wohlstands- und freie Arbeitsmigration von Sklaven- und Zwangsarbeit sowie von Zwangswanderungen zu unterscheiden. Man kann ferner von drei übergeordneten Faktoren ausgehen, die Einfluss auf Migrationsentscheidungen haben, namentlich politisch/religiös/weltanschauliche, sozioökonomische und Klimafaktoren. Entsprechend wäre Exil als eine „sich alternativlos aus einer Nötigung zur Abwanderung aus politischen, ethno-nationalen, rassistischen oder religiösen Gründen"[16] ergebene Migration zu bestimmen. Exil wäre dann als ein durch Intoleranz und Gewalt erzwungenen Zustand der Abwesenheit von dem Ort zu definieren, an dem eine Person beheimatet ist, ein Zustand, auf dessen bestimmende Faktoren (Zeitpunkt, Dauer, Distanz) die Betroffenen keinen Einfluss haben. Die empirische Erforschung von Wanderungen dagegen hat es oft mit Mischtypen zu tun und ein Wechsel von der einen zur anderen Kategorie ist möglich, wenn die politischen oder ökonomischen Rahmenbedingungen des Exils sich markant verändern. Genauso können die Einflusschancen im Laufe der Zeit graduell variieren.

Durch was unterscheidet sich Exil von Zwangsmigration? Die Untersuchung des Exils als Zustand der Abwesenheit wäre wenig produktiv, wenn sie nicht zusätzliche Aspekte miteinbeziehen würde, die das Exil innerhalb des weiten Feldes der Migration profilieren:

---

16 Jochen Oltmer: Globale Migration. Geschichte und Gegenwart. Bonn 2012, S. 21.

Der Begriff des Exils lädt erstens dazu ein, *Praktiken* der Vergemeinschaftung und Ausdrucksformen identitärer Rückversicherung zu untersuchen, etwa Konstruktionen eines kollektiven Gedächtnisses oder des gesteigerten Nationalstolzes, den manche Exilierten entwickeln und mit dem sie sich von Menschen anderer Nationalität abgrenzen, die in der gleichen Situation sind wie sie. Exil ist, zweitens, geknüpft an ein *Selbstverständnis*, einer über die aktuelle Situation hinaus- und in die Geschichte zurückweisenden abstrakte Gemeinschaft von Exilierten anzugehören. Johannes F. Eveline hat aufgezeigt, wie Autor*innen, die in der Zeit des Nationalsozialismus fliehen mussten, Bezüge zu einer Schicksalsgemeinschaft herstellten, die Persönlichkeiten wie Ovid, Heinrich Heine oder Victor Hugo umfasst.[17]

Es scheint – drittens – so, als ob Menschen im Exil den Bezug zu ihrem Herkunftsland nicht aufgeben. Oft ist der Wunsch nach Rückkehr mit dem Wissen um deren Unmöglichkeit eng verbunden. Der *Rückbezug* auf das Herkunftsland verleiht dem Exil Sinn und verschafft den Exilierten eine Aufgabe, sie sind etwa bei Heinrich Mann „die Stimme ihres stumm gewordenen Volkes, sie sollte es sein vor aller Welt."[18]

Viertens ist es fruchtbar, die Frage nach der *Erfahrung* von Alterität und Isolation im Exil zu stellen. Der französische Ansatz der *études exiliques* knüpft hier an, indem er nach der Möglichkeit von Menschen fragt, eine exilische Subjektivität (*subjectivité exilique*) auszuprägen. Für Alexis Nouss zählt die Exilerfahrung, wenn sie auch durch konkrete historische Situationen bedingt ist, zu den Grunderfahrungen menschlicher Existenz.[19] Während der Begriff der Migration die Vorstellung der Ankunft – und des Weggehens – beinhalte, beziehe sich das Konzept des Exils auf die Alteritätserfahrung, die Subjekte machten, die sich zwischen Welten, „nicht hier – nicht da", befinden. Als ob man sich in London mit einem Stadtplan von Paris orientieren wolle, so das Bild, das die exilische Erfahrung umschreibt. Oder, mit den Worten Edward Saids: „For an exile, habits of life, expression or activity in the new environment inevitably occur against the memory of these things in another environment."[20]

Ein Ansatz, der nach den Praktiken, dem Selbstverständnis, dem Rückbezug und den Erfahrungen des Exils fragt, trägt keine Wertung. Er spricht von Men-

---

[17] Eveline, Johannes F.: Literary Exiles from Nazi Germany. Exemplarity and the Search for Meaning. New York 2014, S. 10.
[18] Heinrich Mann: Aufgaben der Emigration (1934). In: ders.: Verteidigung der Kultur. Antifaschistische Streitschriften und Essays. Berlin 1960, S. 16.
[19] Vgl. Alexis Nouss: La condition de l'exilé. Penser les migrations contemporaines. Paris 2015, S. 12.
[20] Edward Said: Reflexions on Exile and other Essays. Harvard 2000, S. 186. (Original 1983).

schen im Exil weder als Opfer noch als Helden. Es erlaubt, Verlusterfahrungen und Fremdheitsgefühle ebenso in den Blick zu nehmen, wie kreative Potentiale, die durch Kulturkontakt entstehen können, oder die Möglichkeit eines besseren Lebens. Der Zugriff ermöglicht es, die sozialen und kulturellen Teilhabemöglichkeiten von Menschen, dort zu suchen, wo man angesichts der Armut und der Isolation, welche das Exil für die meisten mit sich bringt, keine vermuten würde. Solche Handlungen und Haltungen, die auf einen durch Exterritorialität hervorgebrachten Zustand der wahrgenommenen Einsamkeit und Nicht-Zugehörigkeit reagieren, können auch für andere Formen der Migration, etwa armuts- oder umweltbedingte, charakteristisch sein.

Der Exilbegriff ergänzt und erweitert andere Konzepte, die Phänomene der erzwungen Migration beschreiben, wie etwa der auf die Bedingungen im Ausgangsland konzentrierte Term der Zwangsmigration oder der auf den behördlichen Umgang und die rechtliche Regelung im Ankunftsland fokussierte Begriff des Asyls. Als ein durch exilische Praktiken und Erfahrungen, ein entsprechendes Selbstverständnis und den Rückbezug auf das Herkunftsland geprägter Zustand, gehört Exil zu den Schlüsselbegriffen für das Verständnis von Menschen in vielfältigen Migrationssituationen.

Literaturverzeichnis

Arendt, Hannah: Wir Flüchtlinge. In: dies.: Zur Zeit. Politische Essays, hg. und mit einem Nachwort versehen von Marie Luise Knott. Hamburg 1999, S. 7–21.
Benz, Wolfgang: Das Exil der kleinen Leute. München 1991.
Berendsohn, Walter A.: Die Humanistische Front. Einführung in die deutsche Emigranten-Literatur. Erster Teil: Von 1933 bis zum Kriegsausbruch 1939. Zürich 1946.
Brinkmann, Tobias: Migration und Transnationalität. Paderborn 2012.
Coser, Lewis A.: Refugee Scholars in America. Their Impact and their Experiences. New Haven 1984.
Diner, Hasia R.: History and the Study of Immigration. Narratives of the Particular. In: Caroline B. Brettell und James F. Hollifield (Hg.): Migration Theory. Talking across Disciplines. New York, London 2008 (2. Aufl.), S. 31–50.
Drews, Richard und Alfred Kantorowicz: Verboten und verbrannt. Deutsche Literatur 12 Jahre unterdrückt. München 1947.
Dufoix, Stéphane: Politiques d'Exile hongrois, polonais, tchécoslovaques en France après 1945. Paris 2002.
Eveline, Johannes F.: Literary Exiles from Nazi Germany. Exemplarity and the Search for Meaning, New York 2014.
Goebel, Eckart und Sigrid Weigel (Hg.): „Escape to Life". German Intellectuals in New York. A Compendium on Exile after 1933. Berlin 2012.

Handlin, Oscar (Hg.): The Positive Contribution by Immigrants. A Symposium Prepared for UNESCO by the International Sociological Association and the International Economic Association. Paris 1955.

Handlin, Oscar: The Uprooted. The Epic Story of the Great Migrations that Made the American People. New York 1951.

Hansen, Marcus Lee: The history of American immigration as field of research. In: The American Historical Review 32 (1927), S. 500–518.

Harzig, Christiane und Dirk Hoerder: What is Migration History. Cambridge 2009.

Jerome, Harry: Migration and Business Cycles. New York 1926.

Krohn, Claus-Dieter: Die Herausforderung der Exilliteraturforschung durch die Akkulturations- und Hybridtheorie. In: Doerte Bischoff und Susanne Komfort-Heim (Hg.): Literatur und Exil. Neue Perspektiven. Berlin 2013, S. 23–48.

Krohn, Claus-Dieter: Exilforschung. In: Docupedia-Zeitgeschichte (2012), http://docupedia.de/zg/krohn_exilforschung_v1_de_2012 (Zugriff: 12.1.2022).

Krohn, Claus-Dieter: Wissenschaft im Exil. Deutsche Sozial- und Wirtschaftswissenschaftler in den USA und die New School for Social Research. Frankfurt 1987.

Langkau-Alex, Ursula: Geschichte der Exilforschung. In: Handbuch der deutschsprachigen Emigration 1933–1945. Darmstadt 1998, S. 1195–1209.

Lee, Everett S.: A Theory of Migration. In: Demography 3 (1966), 1, S. 47–57.

Lehmann, Hartmut und James J. Sheehan: An Interrupted Past. German-Speaking-Refugee Scholars in the United States after 1933. Cambridge 1991.

Mann, Erika und Klaus Mann: Escape to life. Boston 1939.

Mann, Heinrich: Aufgaben der Emigration (1934). In: ders.: Verteidigung der Kultur. Antifaschistische Streitschriften und Essays. Berlin 1960, S. 5–43.

Nouss, Alexis: La condition de l'exilé. Penser les migrations contemporaines. Paris 2015.

Oltmer, Jochen, Globale Migration. Geschichte und Gegenwart. Bonn 2012.

Röder, Werner und Herbert A. Strauss (Hg.): Biographisches Handbuch der deutschsprachigen Emigration nach 1933, 3 Bde. München 1980–1983.

Said, Edward: Reflexions on Exile and other Essays. Harvard 2000.

Schiller, Dieter: Zur Exilforschung in der DDR. Ein Rückblick aus persönlicher Sicht. In: Exilforschung 14 (1996), S. 95–118.

Siu, Paul: Der Gastarbeiter. In: Peter Ulrich Merz-Benz et al. (Hg.): Der Fremde als sozialer Typus. Konstanz 2002, S. 111–137.

Siu, Paul: The Sojourner. In: American Journal of Sociology 58 (1952/53), S. 34–44.

van Rahden, Till: Verrat, Schicksal oder Chance. Lesarten des Assimilationsbegriffes in der Historiographie zur Geschichte der Juden. In: Historische Anthropologie 13 (2005), S. 245–264.

Wolff, Frank: Oscar Handlins „The Uprooted". Eine migrationshistorische Passionsgeschichte. In: Julia Reuter und Paul Mecheril (Hg.): Schlüsselwerke der Migrationsforschung. Pionierstudien und Referenztheorien. Berlin 2015, S. 31–43.

Zeidel, Robert F.: Immigrants, Progressives, and Exclusion Politics. The Dillingham Commission, 1900–1927. DeKalb 2004.

Mobilität
(Nils Grosch)

Diagnosen

Exil steht in einem bemerkenswerten Spannungsverhältnis zur Mobilität. Denn einerseits ist es eng mit Phänomen wie Zwangs- und Fluchtmigration verbunden und wird, als durch Verfolgung, Bedrohung oder Exklusion verursachter Bewegungsimpuls, auch von den Mobility Studies als Gegenstand ihrer Analyse betrachtet.[1] Zum anderen gilt Exil, schon durch seine Wortherkunft aus „exilium" (Verbannung), als ein dauerhafter, wenngleich als fremd zugeschriebener Aufenthaltsort von Personen oder Gruppen. Lässt sich der gleiche Forschungsgegenstand – etwa die Biografie oder das schöpferische Tun einer Person während oder nach der Flucht von einem Ort zu einem anderen – sowohl als Exil als auch als Mobilität bezeichnen und untersuchen, so verbinden sich mit beiden Begriffen doch sehr unterschiedliche Ansätze und Zielsetzungen. Es sind deshalb weniger die Gegenstände selbst, als vielmehr der Zugang der Betrachtung und die mit den Begriffen verbundenen Forschungstraditionen, die einen Unterschied machen, wenn wir von Exil, Mobilität oder auch Migration sprechen.

Die Mobilitätsforschung hat seit den 2000er Jahren, ausgehend von der Soziologie und der (Human-)Geografie zu einem „neuen Paradigma" oder „Turn" geführt,[2] der recht bald auch in den Kulturwissenschaften konstruktiv aufgenommen wurde.[3] Innovativ und für manche überraschend ist hier der Hinweis auf die Ubiquität und Normalität von Mobilität, insbesondere in Kontexten, in denen Sesshaftigkeit, Ortsbezogenheit und Statik, zumeist unausgesprochen, als Normalzustand vorausgesetzt werden. Die Aufmerksamkeit der Mobility Studies richtet sich auch auf das Gegenkonzept zu Mobilität, das zumeist mit dem schwer übersetzbaren Begriff ‚Fixity' umrissen wird. Dabei ist einerseits abstrahierend

---
1 Vgl. Stephen Greenblatt: Cultural mobility: an introduction. In: ders. u. a. (Hg.): Cultural mobility: a manifesto. Cambridge 2010, S. 2.
2 Vgl. Mimi Sheller und John Urry: The new mobilities paradigm. In: Environment and Planning A: Economy and Space 38 (2006), H. 2. S. 207–226. Online: https://doi.org/10.1068/a37268 (Zugriff: 29.1.2021).
3 Vgl. Stephen Greenblatt u. a. (Hg.): Cultural mobility: a manifesto. Cambridge 2010. Online: https://doi.org/10.1017/CBO9780511804663 (Zugriff: 13.6.2021).

an Vorstellungen von Bewegungslosigkeit, Unbeweglichkeit oder Statik, andererseits auch konkreter etwa an Sesshaftigkeit, Ortsbezogenheit, Regionalismus oder nationale Zuschreibung zu denken. Fixity ist oft als Illusion oder Konstruktion kritisiert worden,[4] die nichtsdestoweniger – etwa im Diskurs zur kollektiven Identität – im Denken über Kultur und im politischen Diskurs folgenreich ist.

Andreas Wimmer und Nina Glick Schiller haben aus der Perspektive der Migrationssoziologie heraus in der Forschung die Nichtwahrnehmung der Bedeutung des Nationalismus für die modernen Gesellschaften, gepaart mit einer Naturalisierung des Nationalstaats, dessen Grenzen unhinterfragt für selbstverständlich genommen werden, sowie einer unbegründeten territorialen Limitierung von Forschungsgegenständen und daraus folgend deren Bestätigung kritisiert – die sie als „methodischen Nationalismus" bezeichnen.[5] Eine solche Nationalismuskritik hatte schon Vilém Flusser in seiner Migrationsphilosophie im Kontext mit der Analyse des Exils zum Ausdruck gebracht.[6] Sie ist aber im Kontext des ‚New Mobility Paradigm' explizit zum Ausgangspunkt einer Revision von Forschungsmethoden und -zugängen geworden und somit auch zu einem theoretischen Perspektivwechsel der Forschung selbst, und nicht allein (und nicht zwangsläufig) ihres Gegenstands.

Die Geschichte des Begriffs Exil und die damit in Verbindung gebrachten Lebensformen gehen bis in die Frühe Neuzeit zurück.[7] Doch die zentrale Forschungstradition der Exilstudien wurde, beginnend mit den 1960er Jahren, von der literaturwissenschaftlichen Germanistik geprägt und schwerpunktmäßig auf die während der NS-Zeit Geflüchteten bezogen, zunächst insbesondere der literarisch Tätigen, in Folge auch auf Berufszweige in der Musik, den bildenden und performativen Künsten, der Wissenschaft.[8] Ein entscheidender Impuls war, den Exilierten und ihren Leistungen, die bislang aus dem Fokus der Wahrneh-

---

[4] Vgl. Peter Adey: Mobility. London 2010. Online: https://doi.org/10.4324/9781315669298 (Zugriff: 13.6.2021).
[5] Andreas Wimmer und Nina Glick Schiller: Methodological nationalism, the social sciences, and the study of migration: an essay in historical epistemology. In: International Migration Review 37 (2003), H. 3, S. 577–582. Online: http://dx.doi.org/10.1111/j.1747-7379.2003.tb00151.x (Zugriff: 29.1.2021).
[6] Vgl. Vilém Flusser: Von der Freiheit des Migranten. Einsprüche gegen den Nationalismus [1994]. Berlin 2000.
[7] Vgl. Raingard Esser: Exil. In: Friedrich Jaeger u. a. (Hg. u. a.): Enzyklopädie der Neuzeit Online. Leiden, Boston 2014. Online: http://dx.doi.org/10.1163/2352-0248_edn_COM_261674 (Zugriff: 8.6.2021).
[8] Vgl. u. a. Claus-Dieter Krohn: Exilforschung. In: Docupedia-Zeitgeschichte, 2012. Online: http://dx.doi.org/10.14765/zzf.dok.2.253.v1 (Zugriff: 9.6.2021).

mung verdrängt waren, Aufmerksamkeit und Würdigung zukommen zu lassen. Eine häufig verfolgte Strategie war es, sie in den Kanon der deutschen Literatur- oder allgemeiner: Kulturgeschichte hineinzureklamieren. Dies erscheint im Nachhinein als ein naheliegender Schritt zu einer Zeit, als die Vorstellung eines nationalen Kanons und dessen fraglos vorausgesetzter Hegemonie, trotz all seiner germanozentrischen und essentialistischen Implikationen, noch kaum in der Kritik stand. Die Ansätze des Mobilitätsparadigmas und des methodischen Nationalismus ermöglichen heute einen analytischen Rückblick auf diese Axiome der Exilforschung und eine Untersuchung der oft unterschätzen Bedeutung und Zuschreibungen zum Bereich von Fixity durch Exilierte wie Exilforschende.

Auch die rhetorische Abgrenzung des Exils von anderen Formen der Mobilität und Migration – eine Denkfigur, die der Exilforschung wesentlich zur Abstandsgewinnung von den eher soziologisch und ethnologisch geprägten Konzepten der Migrationsforschung diente – kann aus der Perspektive der Mobilitätsforschung heute kritisch betrachtet und neu bewertet werden. Einem Diktum Bertolt Brechts folgend wurde die Unfreiwilligkeit des Exils auf der einen und die dieser eingeschriebenen Vorläufigkeit („schlage keinen Nagel in die Wand"[9]) auf der anderen Seite betont. Dass Migration sich durch Freiwilligkeit von Exil grundlegend unterscheidet, wurde von Exilierten und Exilforschenden in diesem Zusammenhang immer wieder fälschlich unterstellt. Die Spannung zwischen Zwang und Freiwilligkeit konstituiert gerade in Situationen der Migration ein dynamisches Feld, in dem Entscheidungen von teils großer Tragweite getroffen werden, und das eine differenzierte Betrachtung verdient, die über eine bloße binäre Zuordnung (mit all ihren Wertungen sowie politischen und rechtlichen Folgen) hinausgehen sollte. Tatsächlich fragen gerade die Mobility Studies differenziert nach der Bestimmung von Motivationen für Bewegung und haben dabei die Agency der betroffenen Personen besonders im Blick, ohne diese binär auf ein Entweder/Oder von freiwillig oder unfreiwillig zu reduzieren.

Eine weitere, hier wichtige Strategie der Exilforschung, die ja in ihren Anfängen den Blick vor allem (schaffens-)biografisch auf „große" weiße Männer richtete, ist die Betonung und analytische Herleitung herausragender (schöpferischer) Leistungen. Diese wiederum zeichnen sich gerade nicht dadurch aus, dass sie mobil oder fluide wären, indem sie etwa stilistische oder gattungsmäßige Adaptionen an eine neue Umgebung oder dem Gastland zugewandte Adressierungsstrategien entwickeln würden. Darin wurde eher ein Moment des Unauthentischen, des durch den Kompromiss Kompromittierten gesehen. Bestes

---

[9] Bertolt Brecht: Gedanken über die Dauer des Exils. In: ders.: Gesammelte Werke. Band 9: Gedichte 2. Frankfurt a. M. 1967, S. 719 f.

Beispiel hierfür ist die Kritik u. a. Theodor W. Adornos an Kurt Weills im US-amerikanischen Exil entstandenen Schaffen für den Broadway. Vielmehr wurden in der Exilsituation entstandene Artefakte fokussiert und aufgewertet, bei denen eine stilistische Homogenität, bezogen auf die oftmals national bestimmte Herkunftskultur, diagnostiziert und als Anzeichen eines geschlossenen, organischen Schaffens und einer robusten inneren Haltung gelesen wurde. Eine derartige Hermeneutik steht unausgesprochen, manchmal auch explizit, im Hintergrund zahlreicher Exilstudien.[10] Bemerkenswerterweise offenbart gerade die Exilforschung darin eine Zugangsweise, wie sie von den Mobility Studies kritisiert wurde. Deutlich führt der Literaturwissenschaftler und Pionier der kulturwissenschaftlichen Mobilitätsforschung, Stephen Greenblatt, aus:

> Das Problem ist, dass die hergebrachten analytischen Werkzeuge selbstverständlich von stabilen Kulturen oder doch zumindest davon ausgehen, dass Kulturen in ihrem originalen, natürlichen Zustand fest im Boden des Blutes verwurzelt und quasi bewegungslos sind. Man preist gewöhnlich bestimmte Kulturen für ihre Tiefe, Authentizität und Organizität, während andere als oberflächlich, orientierungslos und inkohärent kritisiert werden. Oft wird ein Gefühl von Heimatverbundenheit zur Bedingung robuster kultureller Identität reklamiert.[11]

Ein Moment von Heimatverbundenheit zeigt sich auch in der Selbstverständlichkeit, mit der künstlerische Selbstkonzepte und Biografien von Exilierten als Verlust- oder Beschädigungsgeschichten erzählt werden, wie etwa im Falle von Stefan Zweig oder Ernst Krenek.

Perspektiven

Selbstverständlich ist Exilforschung nicht auf die geschilderten Paradigmen festgelegt. Neuere Studien gehen längst andere Wege, etwa indem sie mithilfe methodischer Modelle aus der Ethnografie oder der ‚Histoire croisée' komplexe Strukturen und Dynamiken von Interaktion im Exil aufzeigen und analytisch beschreiben.[12] So erscheinen auch die grundlegenden Vorschläge der Mobility Studies, die zunächst vor allem angestoßen waren von den neuen Mobilitäten

---

[10] Vgl. Grosch, Nils: Musik und Mobilität. In: Wolfgang Gratzer u. a. (Hg.): Musik und Migration: Ein Theorie- und Methodenhandbuch. Münster 2022 [im Druck].
[11] Greenblatt: Cultural mobility, introduction, S. 3.
[12] Vgl. Anna Langenbruch: Topographien musikalischen Handelns im Pariser Exil. Eine Histoire croisée des Exils deutschsprachiger Musikerinnen und Musiker in Paris 1933–1939. Hildesheim 2010.

des späten zwanzigsten und frühen einundzwanzigsten Jahrhunderts, durchaus fruchtbringend etwa auch in Hinblick auf das Tun und Schaffen von Akteur*innen, die im Fokus der (klassischen, historisch orientierten, überwiegend an künstlerisch aktiven Exilierten interessierten) Exilforschung stehen. Ich möchte im Folgenden fünf Aspekte diskutieren, für die ein „mobile turn" des Exildiskurses neue Perspektiven und Erkenntnisse verspricht:

1. Greenblatts Appell, Mobilität auch im wörtlichen Sinne – also im Hinblick etwa auf das Planen einer Flucht, das Antreten einer Reise, das Besteigen eines Fahrzeugs – als Schlüsselmomente kultureller Weichenstellungen ernst zu nehmen,[13] lässt sich umstandslos auf Exilsituationen beziehen. Dies würde bedeuten, das Schaffen oder Handeln nicht nur an einem bestimmten Ort, sondern auch in der Bewegung analytisch in den Blick zu nehmen, Flucht und Emigration also stärker als integralen und wichtigen (mobilen und liminalen) Teil des Exils, und nicht als Vorstufe, zu verstehen und entsprechend als Forschungsgegenstand in den Blick zu nehmen.

2. Die Betrachtung verborgener Bewegungsimpulse und Mobilitäten erscheint als aufschlussreicher Zugang der Exilforschung. Die Routen, die Exilierte nahmen bzw. nehmen sind von einer Vielzahl von Faktoren abhängig, die unter Druck und schnell entschieden werden können, die manchmal auch vielschichtig abgewogen werden. Nicht nur die tatsächlich genommenen Fluchtrouten, sondern auch die imaginierten und verworfenen können Aufschluss geben etwa über das Spannungsverhältnis zwischen Zwang und Planung, und somit über die Agency von Geflüchteten; imaginierte und nicht ausgeführte Pläne und Ziele können – gerade unter den sich ständig ändernden Lebensbedingungen im Umfeld von Verfolgung, Krieg und Flucht – Vorstufen zu anderen Projekten werden, etc.

3. Das Exil beschreibt nicht nur den Ortswechsel von Personen, sondern auch von *Dingen des Exils* (so der Titel eines von Bischoff und Schlör 2013 herausgegebenen Bandes)[14]: Gegenstände, Konzepte, Ästhetiken, Symbole verändern sich selbst, ihre Bedeutung, Bezugssysteme und ihre Zuschreibungen in der Bewegung. Die Notwendigkeit, zu entscheiden, was auf der Flucht mitgenommen, was zurückgelassen wird, fordert Bedeutungszuschreibungen – praktische wie symbolische – heraus. Mitgenommene Dinge könnten das Konstruieren und Modellieren migrantischer wie postmigrantischer Identitäten bestimmen und wichtige Symbole (und somit Quellen) von Zugehörigkeiten werden.

---

13 Vgl. Stephen Greenblatt: A mobility studies manifesto. In: ders. (Hg.): Cultural mobility: a manifesto. Cambridge 2010, S. 250.
14 Vgl. Doerte Bischoff und Joachim Schlör (Hg.): Dinge des Exils. Berlin, Boston 2013, S. 1–8.

4. Kulturproduktion lässt sich analytisch als in beweglichen, teilweise dynamisch oszillierenden Bahnen befindlich begreifen. Dies gilt etwa in hohem Maße für die Produktion von Theater, so dass darstellende Künstler*innen, Kreative und andere an der Theaterproduktion Beteiligte selbst mobil sind, aber ebenfalls ihre Produktionen, Ästhetiken, Marketingstrategien, Stile usw. So existierten Netzwerke der Kulturproduktion, die in der Vertreibungssituation für viele Exilierte Fluchtrouten und weitere Entfaltungsmöglichkeiten zugleich boten. Jenseits klassischer Vorstellungen von Diaspora und Exil lassen sich hier mobile Dispositionen von Lebens- und Fluchtrouten sowie von kreativen Konzepten beobachten und beschreiben.

5. Das Spannungsfeld von Mobilität und Fixity, wie es die Mobility Studies interessiert, lädt dazu ein, besonders die Konstruktionen von Ortszugehörigkeiten in Migrationssituationen zu betrachten. Das betrifft etwa die Modellierung und Inszenierungen von Zugehörigkeiten, die Geflüchtete selbst vornehmen und die ihnen, etwa von der aufnehmenden Gesellschaft oder auch in der Folge von der Forschung zugeschrieben werden. Die Konstruktion von ‚Heimat' (als „Identitätsfabrik"[15]) oder die Denkfigur räumlich zugeschriebener Repertoires oder Gattungen (z. B. Kultur der Heimat, Deutsche Musik, nationale oder regionale Volksmusik) mit ihrer Funktion, in der Bewegung Stabilität anzubieten, spielt im Exil oft eine wichtige Rolle für die Selbstpositionierung, Image-, Identitäts- und Heimatkonstruktion und Impression-Management, also der Steuerung des eigenen Eindrucks auf andere, im Prozess der Integration. Die theoretische Ausgangsbasis der Mobility Studies gibt nicht nur Anlass, die Formen und Strategien solcher Heimatinszenierung analytisch zu beobachten, sondern auch, selbstverständlich angenommene oder behauptete Zugehörigkeiten zu hinterfragen. Hiervon ausgehend lassen sich alternative Zugänge zur räumlichen Verortung der Aktivitäten von Exilierten beschreiben, jenseits der Zuordnung zur Heimat als ‚richtigem' und Exil als ‚falschem' Ort des Aufenthalts und der Betätigung.

Abschließend möchte ich darauf hinweisen, dass insbesondere bei der (kritischen) Betrachtung der Paradigmen traditioneller Exilforschung und der diskursiven Formung des ‚Nachruhms' von Exilierten, ihres Images und heutigen Bildes in der Öffentlichkeit, auch im Hinblick auf Strategien der Vermarktung, spielt nicht nur räumliche Zugehörigkeit, sondern insbesondere die Vertreibung eine wichtige Rolle. Ausstellungen, Veröffentlichungen, Veranstaltungen und Tonträgerreihen zur Kunst des Exils greifen oftmals auf einstmalige Rhetoriken und

---

15 Vgl. Köstlin, Konrad: „'Heimat' als Identitätsfabrik". In: *Österreichische Zeitschrift für Volkskunde* 99 (1996). Online: https://volkskundemuseum.at/jart/prj3/volkskundemuseum/data/uploads/downloads/OeZV_Volltexte/OEZV_19 96.pdf (Zugriff: 25.5.2021).

Begriffe der Diffamierung zurück: Die Adjektive „Entartet", „Verboten", „Verfolgt" bildeten wichtige Marker in dem Bestreben, Aufmerksamkeit für die Exilierten, Verfolgten und Ermordeten der NS-Zeit zu erzeugen, und sind für Wahrnehmung und Rahmung vieler von ihnen ein wichtiger Bestandteil geblieben. So bildet das Exil einen Baustein für die Einbettung in memorialstrategische Diskurse. Auch beim Framing von Kulturinstitutionen und Veranstaltungsreihen spielt dies eine Rolle. Titel wie jener der Wiener Einrichtung „ExilArte", des Berliner Vereins „Musica Reanimata" oder der Decca-Tonträgerserie „Entartete Musik" zeigen, welche Rolle solche Formen des Otherings noch immer für das Hervorbringen kulturellen, symbolischen sowie ökonomischen Kapitals besitzen.

Die theoretischen Rahmungen und methodischen Hinweise der Mobility Studies können helfen, darüberhinausgehend Exil und Diaspora aus der Auffassung von statischen Zuständen des Postmigrantischen herauszulösen, Exil selbst als etwas Mobiles aufzufassen und die Dynamiken und Prozessualitäten des Exils in den Blick zu nehmen. Dazu gehören, über die immer wieder neu dynamisierten Fragen von Identitäts- und Zugehörigkeitskonstruktion hinaus, auch die Strategien des Weitergehens, Weiterziehens in der Imagination oder Planung von (Flucht-)Routen und Zukunftsperspektiven. Diese können an anderen Orten liegen, oder auch, wie etwa die Tätigkeit von vielen Theaterschaffenden im Exil zeigt, selbst in Räumen dazwischen, in oszillierenden Bahnen geschehen.[16]

Literatur

Adey, Peter: Mobility. London 2010. https://doi.org/10.4324/9781315669298 (Zugriff: 13.6.2021).
Bischoff, Doerte und Joachim Schlör (Hg.): Dinge des Exils. Berlin, Boston 2013.
Brecht, Bertolt: Gedanken über die Dauer des Exils. In: ders.: Gesammelte Werke. Band 9: Gedichte 2. Frankfurt a. M. 1967, S. 719 f.
Esser, Raingard: Exil. In: Friedrich Jaeger et al. (Hg.): Enzyklopädie der Neuzeit Online, 2019. http://dx.doi.org/10.1163/2352-0248_edn_COM_261674 (Zugriff: 8.6.2021).
Flusser, Vilém: Von der Freiheit des Migranten. Einsprüche gegen den Nationalismus [1994]. Berlin 2000.
Greenblatt, Stephen: Cultural mobility: an introduction. In: ders. u. a. (Hg.): Cultural mobility: a manifesto. Cambridge 2010, S. 1–23.
Greenblatt, Stephen: A mobility studies manifesto. In: ders. u. a. (Hg.): Cultural mobility: a manifesto. Cambridge 2010, S. 250–253.

---

[16] Vgl. Nils Grosch: The Mobile Exile. Urban theatrical migration. In: Burcu Dogramaci u. a. (Hg.): Urban Exile. Theories, Methods, Research Practices. Bristol 2022 [im Druck].

Greenblatt, Stephen et al. (Hg.): Cultural mobility: a manifesto. Cambridge 2010. https://doi. org/10.1017/CBO9780511804663 (Zugriff: 13.6.2021).

Grosch, Nils: Musik und Mobilität. In: Wolfgang Gratzer u. a. (Hg.): Musik und Migration: Ein Theorie- und Methodenhandbuch. Münster 2022 [im Druck].

Grosch, Nils: The Mobile Exile. Urban theatrical migration. In: Burcu Dogramaci, Ekaterina Aygün Mareike Hetschold, Laura Karp Lugo, Rachel Lee und Helene Roth (Hg.): Urban Exile. Theories, Methods, Research Practices. Bristol 2022 [im Druck].

Köstlin, Konrad: 'Heimat' als Identitätsfabrik. In: Österreichische Zeitschrift für Volkskunde 99 (1996), S. 321–338. https://volkskundemuseum.at/jart/prj3/volkskundemuseum/data/uploads/downloads/OeZV_Volltexte/OEZV_1996.pdf (Zugriff: 25.5.2021).

Krohn, Claus-Dieter: Exilforschung. In: Docupedia-Zeitgeschichte (2012). http://dx.doi.org/10.14765/zzf.dok.2.253.v1 (Zugriff: 9.6.2021).

Langenbruch, Anna: Topographien musikalischen Handelns im Pariser Exil. Eine Histoire croisée des Exils deutschsprachiger Musikerinnen und Musiker in Paris 1933–1939 Hildesheim 2014.

Sheller, Mimi und John Urry: The new mobilities paradigm. In: Environment and Planning A: Economy and Space 38 (2006), H. 2, S. 207–226. https://doi.org/10.1068/a37268 (Zugriff: 29.1.2021).

Wimmer, Andreas und Nina Glick Schiller: Methodological nationalism, the social sciences, and the study of migration: an essay in historical epistemology. In: International Migration Review 37 (2003), H. 3, S. 576–610. http://dx.doi.org/10.1111/j.1747-7379.2003.tb00151.x (Zugriff: 29.1.2021).

Place-making und Exil
(Burcu Dogramaci)

Place-making und Exil stehen in einem spannungsreichen Verhältnis: Die Exilierung als erzwungene Ausreise ohne Aussicht auf sofortige Rückkehr wird in den Selbstbeschreibungen von Exilierten häufig als Vorgang des Fremdseins oder Befremdens gefasst. Dies meint sprachliche, kulturelle, religiöse, klimatische Anpassungsschwierigkeiten.[1] Place-making wiederum ist ein Vorgang des Ankommens, des sich Einfindens in neue Kontexte. Dabei wird Place-making oftmals im Kontext globaler Migrationsbewegungen diskutiert.[2] Die folgenden Überlegungen werden sich mit Place-making als Vorgang der Aneignung neuer Ortskontexte und Exil als erzwungenem grenzübergreifendem Ortswechsel befassen und die Beziehung beider Begriffe zueinander untersuchen. Während die Forschung Placemaking, Migration und Segregation ethnischer Gruppen häufig zusammen behandelt, ist der Begriff im Kontext der Exilforschung bislang kaum gebräuchlich.[3]

Place-making wird vor allem in der Stadtforschung verwendet, um Prozesse der Aneignung urbaner Räume zu beschreiben. Während „space" den „euklidischen, geometrischen, abstrakten Raum" bezeichnet, „der sich vermessen lässt und in dem eine Verortung durch Angaben von Koordinaten vorgenommen werden kann [, …] ist place ein Ort innerhalb dieses Raums, der für seine Bewohner, Besucher oder Betrachter eine Bedeutung und einen Wert hat".[4] „Place" wird also im

---

[1] Seine ersten Tage des Exils in Antwerpen beschreibt der emigrierte Schriftsteller Jean Améry als „Torkeln[s] über schwanken Boden", in der Selbstbeschreibung seiner Autobiografie bleibt er als Exilant ein „Verlorener" und „gelernter Heimatloser". Jean Améry: Jenseits von Schuld und Sühne. Bewältigungsversuche eines Überwältigten. Stuttgart 1977, S. 90, 94, 103.
[2] Vgl. u. a. Jock Collins, Branka Krivokapic-Skoko, u. a.: Cosmopolitan Place Making in Australia. Immigrant Minorities and the Built Environment in Cities, Regional and Rural Areas. Singapur 2020; siehe auch die Ausstellung Placemaking. Mapping, Migration and Mauerfall von 2009, https://scheringstiftung.de/de/projektraum/stefanie-buerkle-placemaking-mapping-migration-und-mauerfall/ (Zugriff: 7.1.2022).
[3] Das Forschungsprojekt METROMOD, das sich dem künstlerischen Exil in sechs globalen Städten in der ersten Hälfte des 20. Jahrhunderts widmet, richtete am 14. Januar 2021 ein Online Panel zum Thema „Placemaking/Belonging" aus. Siehe https://metromod.net/2021/04/13/urban-exile-panel-2-placemaking-belonging-recording-of-14-01-2021/ (Zugriff: 19.1.2021).
[4] Pierre Smolarski: Rhetorik der Stadt. Praktiken des Zeigens, Orientierung und Place-Making im urbanen Raum. Bielefeld 2017, S. 145.

https://doi.org/10.1515/9783110770995-015

Gegensatz zu „space" erst durch Handlungen am und mit Orten, durch (emotionale) Zuschreibungen und bedeutungsstiftende Gestaltung hervorgebracht.[5]

John Friedman akzentuiert die Perspektive der Bewohnenden und Gestaltenden, indem er schreibt: „[...] place is experienced and sometimes transformed by those who dwell in the urban."[6]

„Place-making" wird im Folgenden weniger als Konzept der Stadtplanung oder Aufgabe von Urban Designs, also als top-down-Verfahren, verstanden.[7] Vielmehr soll Place-making vor allem als gemeinschaftsbildender bottom-up-Prozess *und* durch Gemeinschaften und Individuen angeeigneter urbaner Raum begriffen werden. Dieses Verständnis ist vor allem dann naheliegend, wenn Place-making im Kontext von Migrationsbewegungen fokussiert wird. Palermo/Ponzini schreiben dazu:

> Today, place-making discourses generally refer to community-based conceptions of an urban place's inhabitants. The tendency is to assume that a unified collective subject exists and that it is ware, far-thinking, and able to express legitimate and shared positions concerning urban issues and daily life. [...] This hypothesis can be considered well founded in specific conditions when a context's social composition is substantially homogenous due to selective differentiation or spatial segregation processes that came about over time.[8]

Auch Wolfgang Kempf, Toon van Meijl und Elfriede Hermann definieren Place-making anhand des Beispiels Oceania mit einem Schwerpunkt auf Migration und Mobilität:

> Those who set forth in the Pacific do not simply leave behind land and socio-cultural communities, they also acquire a web of multiple spatial and social relationships. Installed in a new environment, they create new places and communities, while often maintaining ties with their homeland as well as with other diasporas.[9]

---

[5] Smolarski: Rhetorik der Stadt, S. 146–151.
[6] John Friedmann: Place and Place-Making in Cities: A Global Perspective. In: Planning Theory & Practice 11 (2010), H. 2, S. 149–165, hier S. 152, https://doi.org/10.1080/14649351003759573 (Zugriff: 7.1.2022).
[7] Zur vielfältigen Bedeutung des Place-making, speziell auch innerhalb von Planungsprozessen, siehe Pier Carlo Palermo und Davide Ponzini: Place-Making and Urban Development. New Challenges for Contemporary Planning and Design. London, New York 2015, S. 1–5.
[8] Palermo/Ponzini: Place-Making, S. 19.
[9] Elfriede Hermann, Wolfgang Kempf und Toon van Meijl: Introduction. Movement, Place-making and Cultural Identification. Multiplicities of Belonging. In: dies. (Hg.): Belonging in Oceania. Movement, Place-Making and Multiple Identifications. New York, Oxford 2014, S. 1.

Leitend für die Art und Weise des Place-Making ist demnach nicht nur die Gegenwart vor Ort, sondern es wird auch durch die Erfahrungen der Vergangenheit, vor der Migration, bestimmt. Diese prägen die Ortswahl, besondere Verhaltensmuster und Orientierungen: Menschen mit ähnlicher Migrationserfahrung – etwa aus einem Herkunftsland –, die Sprache und Geschichte(n) teilen, lassen sich häufig in denselben städtischen Vierteln nieder, wo bereits zuvor angekommene Migrant*innen Infrastrukturen schufen: Geschäfte des täglichen Bedarfs, Gastronomie, Import- und Exportläden, die ihnen Zugang zu vertrauten Waren, Geschmäckern und Gerüchen vermitteln.[10] Doug Saunders beschreibt diese städtischen Ankunftsorte als „Arrival Cities"[11]. Die Praxis, den eigenen Raum zu gestalten, sieht Saunders einerseits als fortwährenden Prozess der Ankunft von Migrant*innen an ihren neuen Orten, andererseits beschreibt er auch die Auswirkung auf die Städte:

> Reine Wohnstraßen können [...] von den Migranten in Wohnstraßen mit Gastronomie- und Einzelhandelsbetriebe verwandelt werden, aus dem Erdgeschoss eines Wohnblocks können Flächen für Handel und Dienstleistung werden, eine Ecke oder ein öffentlicher Platz kann als informelle Einzelhandelsfläche in Gestalt eines Marktes genutzt werden.[12]

Der Deutsche Pavillon auf der Architekturbiennale zu Venedig 2016 verwendete Saunders' Konzept der „Arrival Cities" als Leitmotiv der Ausstellung und erfasste die migrantische Stadt anhand der Aneignungen in den Erdgeschosszonen. Denn Arbeitsmigrant*innen, die seit den 1950er Jahren nach Deutschland kamen, waren überdurchschnittlich häufig selbstständig und eröffneten Schneidereien, Imbisse oder Lebensmittelgeschäfte.[13]

---

10 Jürgen Friedrichs: Die Arrival City und die Integration von Migranten. In: Making Heimat. Germany, Arrival Country, hg. v. Peter Cachola Schmal, Oliver Elser und Anna Scheuermann, Ausst.-Kat. Deutscher Pavillon auf der 15. Internationalen Architekturausstellung 2016 – La Biennale di Venezia, Venedig, Ostfildern 2016, S. 79. Friedrichs schreibt (S. 81): „Die Migranten ziehen in ein Wohngebiet, in dem ihre Ethnie stark vertreten ist. [...] Je größer die Minorität ist, desto eher kann sie in einem Wohngebiet ihre eigene Infrastruktur aufbauen, zum Beispiel religiöse Zentren, Banken, Reisebüros, Einzelhandelsgeschäfte, und desto eher kann sie deshalb auch ‚eigenethnische' Arbeitsplätze anbieten."
11 Doug Saunders: Arrival City: How the Largest Migration in History is reshaping Our World. London 2010.
12 Doug Saunders: An der Schwelle: Migrantenquartiere und die Architektur der Inklusion. In: Making Heimat. Germany, Arrival Country, hg. v. Peter Cachola Schmal, Oliver Elser und Anna Scheuermann, Ausst.-Kat. Deutscher Pavillon auf der 15. Internationalen Architekturausstellung 2016 – La Biennale di Venezia, Venedig, Ostfildern 2016, S. 29.
13 Siehe den bebilderten Abschnitt „Die Arrival City ist im Erdgeschoss" in: Making Heimat. Germany, Arrival Country, hg. v. Peter Cachola Schmal, Oliver Elser und Anna Scheuermann, Ausst.-

Insofern bildet sich Place-Making unmittelbar im Gesicht der Städte ab. Doch wie verhält sich das Verständnis von Place-making „in the sense of developing embodied relationships with localities and endowing them with cultural meaning"[14], wenn nicht Migration, sondern Exil als Konzept herangezogen wird? Zum besseren Verständnis sollen hier zunächst die angenommenen Unterschiede zwischen Migration und Exil in aller Kürze konturiert werden.[15] Beide Begriffe lassen sich unter das Konzept Mobilität fassen.[16] Migration meint, wie Mark Terkessidis schreibt, allgemein die „Wanderung von Individuen oder Gruppen im sozialen oder geographischen Raum", wobei er den Terminus spezifisch auf die Arbeitsmigration in den Jahrzehnten nach dem Zweiten Weltkrieg bezieht.[17] Bei Migration ist die Hin- und Rückreise zwischen Herkunfts- und Zielort zumeist möglich, was sich in den Pendelbewegungen vieler südosteuropäischer Arbeitsmigrant*innen der 1960–1980er Jahre aufzeigen lässt. So war die Europastraße 5 eine vielgenutzte Route des Ferientransits zwischen Deutschland und der Türkei. Die automobilen Hin- und Rückreisen fanden ein Echo in dem Roman *Europastraße 5* von Güney Dal und dem Ausstellungs- und Forschungsprojekt „Sıla Yolu".[18]

Der angenommenen engen Verbindung zwischen vergangenem und gegenwärtigem Wohnort von (Arbeits-)Migrant*innen steht ein anderes Verständnis von Exil gegenüber. Das Exil sei „kein Anfang und kein Ende; es ist weder Ursprung noch Ziel"[19] heißt es im Editorial des Themenheftes „Exil" der *Zeitschrift für Ideen-*

Kat. Deutscher Pavillon auf der 15. Internationalen Architekturausstellung 2016 – La Biennale di Venezia, Venedig, Ostfildern 2016, S. 172–175.
14 Elfriede Hermann, Wolfgang Kempf und Toon van Meijl: Introduction, S. 6.
15 Siehe dazu den Beitrag von Kristina Schulz in diesem Band.
16 Siehe dazu den Beitrag von Nils Grosch in diesem Band.
17 Mark Terkissidis: Migranten. Hamburg 2006, S. 6. Das Nebeneinander einer allgemeinen Definition von Migration als „dauerhafte Verlagerung des Lebensmittelpunktes von Personen" und Arbeitsmigration und dem Arbeitsmigranten als Fremden einer „Mehrheitsgesellschaft" findet sich auch bei Helmuth Berking: Der Migrant. In: Stephan Moebius und Markus Schroer (Hg.): Diven, Hacker, Spekulanten. Sozialfiguren der Gegenwart. Frankfurt am Main 2010, hier vor allem S. 293.
18 Güney Dal: Europastraße 5. München 1990. Als Ergebnis des Projekts „Sıla Yolu" entstand die Publikation *Sıla Yolu – Der Ferientransit in die Türkei und die Erzählungen der Autobahn*, hg. v. bi'bak/ DOMID. bi'bak, Berlin 2016. Besonders aufschlussreich ist der enthaltene Aufsatz (S. 15–28) „Sommer, Sonne, Autobahn: Die Ferienstraße in die Türkei und das Erfahren von Heimat[en]" von Fabian Engler.
19 Michael Matthiesen, Tim B. Müller und Martial Straub: Zum Thema. In: Zeitschrift für Ideengeschichte, Themenheft: Exil, 1/2008, S. 4. In einem weiteren Beitrag im Heft zu Thomas Mann wird ebenfalls die Unmöglichkeit der Heimkehr, aber das stete Nachdenken darüber exponiert. Vgl. Martial Staub: Im Exil der Geschichte. In: Zeitschrift für Ideengeschichte 2 (2008), H. 1, hier vor allem S. 6.

geschichte. Für den Zustand der Exilierung wird in der Literatur der uneingelöste Wunsch nach Rückkehr exponiert. Doron Rabinovici schreibt etwa: „Wer von Exil spricht, weiß noch, wo die Heimat liegt, aus der er sich verstoßen glaubt und in die er zurückkehren will."[20] Diese Definition wird ähnlich auch von Krohn/ zur Mühlen verwendet: „Als Exil [...] bezeichnet man den erzwungenen und unfreiwilligen Aufenthalt eines Menschen im Ausland, der durch den Wunsch nach späterer Rückkehr bestimmt wird."[21] In Selbstzeugnissen des Exils in der Zeit 1933–1945 ist die Sehnsucht nach der Vergangenheit und dem/den Zurückgelassenen betont.[22]

Auch in zeitgenössischen Texten begegnet das Sehnsuchtsmotiv, das die Vergangenheit als fortdauernden Bezugspunkt der Existenz beschreibt. In der Textsammlung *Stimmen des Exils* schreibt Mohammed Ghunaim: „Ich sehne mich nach dem Brot meiner Mutter,/ dem Kaffee meiner Mutter,/ der Berührung meiner Mutter."[23] Ins Exil zu gehen, bedeutet nicht nur aus dem Herkunftsland vertrieben worden zu sein, sondern auch häufig, Familienmitglieder zurückzulassen oder diese verstreut über andere Exilländer zu wissen.[24] Sehnsucht bedeutet also nicht nur Heimweh nach der verlassenen Vergangenheit, sondern auch nach der verstreuten Familie. Insofern ist Exil nicht nur ein Wandern zwischen zwei Punkten auf der Weltkarte, inklusive der durchkreuzten Exilorte, sondern vielmehr multireferentiell zu verstehen.

Dennoch hat der Ankunftsort und damit die Gegenwart des Lebens, Wohnens und Arbeitens auch für Exilierte eine herausragende Bedeutung. Das Placemaking, die kulturelle, sprachliche oder ökonomische Aneignung des Ortes

---

20 Doron Rabinovici: Das Versagen der Heimat. In: Exil. Erfahrung und Zeugnis, Ausst.-Kat. Deutsches Exilarchiv 1933–1945 der Deutschen Nationalbibliothek, Göttingen 2019, S. 18.
21 Claus-Dieter Krohn und Patrick von zur Mühlen: Vorwort. In: Handbuch der deutschsprachigen Emigration 1933–1945. Darmstadt 1998, S. XII.
22 Beispielhaft sind die autobiografischen Texte in der Sammlung Walter Zadek (Hg.): Sie flohen vor dem Hakenkreuz. Selbstzeugnisse der Emigranten. Ein Lesebuch für Deutsche. Reinbek bei Hamburg 1981. Dort schreibt Schalom Ben-Chorin: „Ihr [Schriftsteller der Emigration] Gestern war ihre Heimat: ihr Heute war das Exil." (S. 140) Karl O. Paetels Text zu seinen Emigrationserfahrungen ist mit der Überschrift „Obdachlos in vielen Ländern" versehen (S. 191–199).
23 Ghunaim trug seinen Text am 12. April 2018 in einer szenischen Lesung im Thalia in der Gaußstraße (Ballsaal) vor. Mohammed Ghunaim: An meine Mutter. In: Thalia Theater (Hg.): Stimmen aus dem Exil. Hamburg 2020, S. 10.
24 Mit Blick auf das Exil 1933–1945 heißt es im Katalog *Exil. Erfahrung und Zeugnis*: „Für Familien bedeutete das Exil häufig Trennung. Viele mussten Familienmitglieder zurücklassen, denen es etwa aufgrund bürokratischer Bestimmungen nicht möglich war, ins Exil bzw. ins gleiche Exilland zu gehen." Exil. Erfahrung und Zeugnis, Ausst.-Kat. Deutsches Exilarchiv 1933–1945 der Deutschen Nationalbibliothek, Frankfurt a. M. 2019, S. 90.

begegnet auch bei den historischen Exilen. Die deutschsprachige Exil-Community, die seit 1933 nach London kam, ließ sich u. a. im Umfeld der Finchleyroad nieder. Hier eröffneten Wiener Cafés, Lebensmittelgeschäfte mit kontinentalen Produkten. Die enge Verbindung zwischen den Emigrierten und ihrem Wohnquartier ging so weit, dass der Busfahrer den Namen der Station stets auf Deutsch, also „Finchleystraße", ausrief.[25] Ähnliche Formen der Aneignung urbaner Räume lassen sich beispielsweise für Shanghai oder New York in den 1930er und 1940er Jahren beobachten, wo Wiener Cafés, Berliner Bars oder Bayerische Bierstuben entstanden und Hausmannskost, Mehlspeisen und vertraute Getränke konsumiert werden konnten. Place-making bedeutete in diesem Kontext einerseits die Einrichtung von Infrastrukturen des Konsums, die der Befriedigung nach den Lebensmitteln und Speisen der Herkunftsorte dienten. Andererseits wurden am fremden Ort soziale Räume geschaffen, die Austausch und Zusammenhalt ermöglichten und Trost spenden konnten. Zu Shanghai schreibt Helga Elmbacher:

> Cafés und Restaurants versorgten Vertriebene nicht nur mit Gerichten, die sie aus der Heimat kannten und die ihnen zumindest ein klein wenig über das Heimweh hinweghelfen konnten, sondern spielten insgesamt eine wichtige gesellschaftliche Rolle im Leben jener Emigranten, die sich einen Besuch und zumindest ein Glas Tee leisten konnten. Es gab internationale Zeitungen, man konnte Landsleute treffen, Neuigkeiten austauschen oder ganz einfach ein bißchen Wiener oder Berliner Luft schnappen [sic!].[26]

In New York City bildete sich, wie Helene Roth in ihrem digitalen Stadtspaziergang rekonstruiert, das German Yorkville rund um die East 86th Street mit Wurstgeschäften, Brauhäusern, rheinländischen Restaurants (Abb. 1).[27] Noch heute lassen sich in Gestalt des Lebensmittelladens „Schaller & Weber" die Spuren dieses historischen Place-making finden (Abb. 2, 3). Place-making kann sogar mit dem eigenen Tod verbunden sein: so fanden einige Exilierte, die nach Istanbul flüchteten, selbstgewählt ihre letzte Ruhe auf den Friedhöfen der Stadt am Bosporus. Die emigrierten Zoologen Curt und Leonore Kosswig ließen sich – obgleich Curt Kosswig 1955 einen Ruf nach Hamburg angenommen hatte – auf dem Fried-

---

25 Ausführlich dazu Rachel Dickson und Sarah MacDougall: Mapping Finchleystraße: Mitteleuropa in North West London. In: Burcu Dogramaci, Mareike Hetschold u. a. (Hg.): Arrival Cities. Migrating Artists and New Metropolitan Topographies in the 20th Century. Leuven 2020, S. 229–248.
26 Helga Embacher: It took me a long time to eat Chinese food in America. Erinnerungen an Essen im Shanghaier Exil. In: Veronika Zwerger und Ursula Seeber (Hg.): Küche der Erinnerung. Essen & Exil. Wien, Hamburg 2018, S. 223.
27 Helene Roth: New York Walk, https://walks.metromod.net/walks.p/17.m/new-york (Zugriff: 20.1.2022). Ich danke Helene Roth, dass sie mir Bildmaterial aus ihrer Sammlung für meinen Aufsatz zur Verfügung stellte.

hof Rumeli Hısarı in Istanbul bestatten. Auch das Grab des Literaturwissenschaftlers und Künstlers Traugott Fuchs (Abb. 4) findet sich an seinem Exilort Istanbul auf dem Protestantischen Friedhof in Feriköy.[28]

Mit Blick auf die genannten Beispiele für eine Aneignung von Räumen an global verstreuten Exilorten plädiert dieser Beitrag dafür, Place-making als produktive Untersuchungskategorie für die Exilgeschichte zu verwenden. Denn auch im Exil nach 1933 fand – wenngleich mitunter auf Zeit – eine Aneignung neuer Kontexte und der (gebauten) Umwelt statt. Place-making ist insofern kein Antipode des Exils.

Abb. 1: Postkarte des deutschen "Rheinland Cabaret and Restaurant", 228 East/86th St., undatiert (© Collection of the New-York Historical Society).

---

28 Vgl. Brian Johnson und Richard Wittmann: A Brief Guide to Istanbul's Feriköy Protestant Cemetery, 17. Juni 2020, S. 20, Feriköy Protestant Cemetery Initiative, http://www.ferikoycemetery.org/visitor-guide/ (Zugriff: 23.1.2022). Ich danke Richard Wittmann, dass er mir sein Foto der Grabstätte von Traugott Fuchs zur Verfügung stellte. Zu Traugott Fuchs in Istanbul siehe https://archive.metromod.net/viewer.p/69/2949/object/5138-10832903 (Zugriff: 23.1.2022).

Abb. 2, 3: Lebensmittelgeschäft Schaller & Weber, establ. 1937, Upper East Side (Foto: Helene Roth, 2019).

Abb. 4: Grab von Traugott Fuchs, Protestantischer Friedhof Feriköy, Istanbul (Foto: Richard Wittmann, 2019).

Zudem sei abschließend auf die unterschiedlichen grammatikalischen Implikationen von Place-making und Exil verwiesen. Place-making ist ein Kompositum aus zwei Wörtern, die mal mit, mal ohne Bindestrich verbunden werden. Der zweite Wortteil, das „making", kann ein Substantiv sein (die Herstellung). Making ist aber auch das Present-continuous von „to make" (machen) und impliziert damit eine Tätigkeit oder Handlung – „sich einen Platz machen" oder herstellen. Exil ist ein Substantiv, das einen Status oder Zustand beschreibt, also ein „im Exil sein".[29] Exil kann in einer Passivkonstruktion zur Handlung werden: ins

---

[29] Auf Exil als Zustand, im Sinne des von Dante verwendeten „esìlio", verweist auch Peter Burke: Exiles and Expatriates in the History of Knowledge, 1500–2000. Waltham/Mass. 2017, S. 2.

Exil verbannt, geschickt oder gedrängt werden. Zwar kann eine Person ‚ins Exil gehen', doch ist das Substantiv zur Beschreibung des aktiven Handelns notwendig. Diese begrenzte Möglichkeit – also die Unmöglichkeit, sich zu exilieren – legt den Schwerpunkt der Aktivität auf die Seite der Verursachenden der Exilierung beziehungsweise auf den als ‚Exil' konnotierten Ort. Bei Place-making ist hingegen das Handeln der sich einen Platz aneignenden Personen eine grundlegende Voraussetzung. Die Verwendung von Place-making im Kontext Exil kann damit dazu führen, neu über Aktivität und Handlungsmacht, über das Handeln und das Behandelt-werden, nachzudenken. Beide Begriffe können sich dabei gegenseitig Bedeutung geben und auch inhaltlich interagieren.

Wenn das Place-making als Praxis von Exilierten verstanden werden kann, dann ließen sich andere Perspektiven auf beide Konzepte entfalten: Place-making bedeutet also nicht unweigerlich, dass die Aneignung von Umwelt nur aus der Idee entsteht, sich niederzulassen, anzukommen, auf unbestimmte Zeit zu bleiben. Place-making kann auch stattfinden, wenn es einen nicht enden wollenden Wunsch nach Rückkehr gibt und zugleich der Kontakt zur Herkunftsheimat unterbrochen ist. Zugleich muss Exil nicht ausschließlich von einer Sehnsucht nach Rückkehr bestimmt sein.[30] Die vielfältigen und ambivalenten Formen von Place-making und Exilierung sollten stets kontextverbunden Berücksichtigung finden.

Literatur

Améry, Jean: Jenseits von Schuld und Sühne. Bewältigungsversuche eines Überwältigten. Stuttgart 1977.

Berking, Helmuth: Der Migrant. In: Stephan Moebius und Markus Schroer (Hg.): Diven, Hacker, Spekulanten. Sozialfiguren der Gegenwart. Frankfurt a. M. 2010, S. 201–302.

Burke, Peter: Exiles and Expatriates in the History of Knowledge, 1500–2000. Waltham/Mass. 2017.

Collins, Jock, Branka Krivokapic-Skoko u. a.: Cosmopolitan Place Making in Australia. Immigrant Minorities and the Built Environment in Cities, Regional and Rural Areas. Singapur 2020.

Embacher, Helga: It took me a long time to eat Chinese food in America. Erinnerungen an Essen im Shanghaier Exil. In: Veronika Zwerger und Ursula Seeber (Hg.): Küche der Erinnerung. Essen & Exil. Wien, Hamburg 2018, S. 215–225.

Dal, Güney: Europastraße 5. München 1990.

Dickson, Rachel und Sarah MacDougall: Mapping Finchleystraße: Mitteleuropa in North West London. In: Burcu Dogramaci, Mareike Hetschold u. a. (Hg.): Arrival Cities. Migrating Artists and New Metropolitan Topographies in the 20th Century. Leuven 2020, S. 229–248.

---

30 Siehe auch den Begriff „Diaspora" in diesem Band.

Engler, Fabian: Sommer, Sonne, Autobahn: Die Ferienstraße in die Türkei und das Erfahren von Heimat[en]. In: bi'bak/DOMID (Hg.): Sıla Yolu – Der Ferientransit in die Türkei und die Erzählungen der Autobahn, bi'bak, Berlin 2016, S. 15–28.
Friedmann, John: Place and Place-Making in Cities: A Global Perspective. In: Planning Theory & Practice 11 (2010), H. 2, S. 149–165, https://doi.org/10.1080/14649351003759573 (Zugriff: 17.1.2022).
Friedrichs, Jürgen: Die Arrival City und die Integration von Migranten. In: Peter Cachola Schmal, Oliver Elser und Anna Scheuermann (Hg.): Making Heimat. Germany, Arrival Country, Ausst.-Kat. Deutscher Pavillon auf der 15. Internationalen Architekturausstellung 2016 – La Biennale di Venezia, Venedig, Ostfildern 2016, S. 77–85.
Hermann, Elfriede, Wolfgang Kempf und Toon van Meijl: Introduction. Movement, Place-making and Cultural Identification. Multiplicities of Belonging. In: dies. (Hg.): Belonging in Oceania. Movement, Place-Making and Multiple Identifications. New York, Oxford 2014, S. 1–24.
Johnson, Brian und Richard Wittmann: A Brief Guide to Istanbul's Feriköy Protestant Cemetery, 17 Juni 2020, Feriköy Protestant Cemetery Initiative, http://www.ferikoycemetery.org/visitor-guide/ (Zugriff: 23.1.2022).
Krohn, Claus-Dieter und Patrick von zur Mühlen: Vorwort. In: Handbuch der deutschsprachigen Emigration 1933–1945. Darmstadt 1998, S. XI–XIII.
Matthiesen, Michael, Tim B. Müller und Martial Straub: Zum Thema. In: Zeitschrift für Ideengeschichte 1/2008: Themenheft Exil, S. 4.
Palermo, Pier Carlo und Davide Ponzini: Place-Making and Urban Development. New Challenges for Contemporary Planning and Design. London, New York 2015.
Rabinovici, Doron: Das Versagen der Heimat. In: Exil. Erfahrung und Zeugnis, Ausst.-Kat. Deutsches Exilarchiv 1933–1945 der Deutschen Nationalbibliothek. Frankfurt a. M., Göttingen 2019, S. 16–29.
Saunders, Doug: Arrival City: How the Largest Migration in History is reshaping Our World. London 2010.
Saunders, Doug: An der Schwelle: Migrantenquartiere und die Architektur der Inklusion. In: Peter Cachola Schmal, Oliver Elser und Anna Scheuermann (Hg.): Making Heimat. Germany, Arrival Country, Ausst.-Kat. Deutscher Pavillon auf der 15. Internationalen Architekturausstellung 2016 – La Biennale di Venezia, Venedig, Ostfildern 2016, S. 23–39.
Sıla Yolu – Der Ferientransit in die Türkei und die Erzählungen der Autobahn, hg. v. bi'bak/DOMID. bi'bak, Berlin 2016.
Smolarski, Pierre: Rhetorik der Stadt. Praktiken des Zeigens, Orientierung und Place-Making im urbanen Raum. Bielefeld 2017.
Staub, Martial: Im Exil der Geschichte. In: Zeitschrift für Ideengeschichte 2 (2008), H. 1, S. 5–23.
Terkissidis, Mark: Migranten. Hamburg 2006.
Zadek, Walter (Hg.): Sie flohen vor dem Hakenkreuz. Selbstzeugnisse der Emigranten. Ein Lesebuch für Deutsche. Reinbek bei Hamburg 1981.

Postmigration und Exil[1]
(Ömer Alkin)

> Ayrılık, zaman değil, yol değil;
> Ayrılık, aramızda bir köprü …
> Kıldan ince, kılıçtan keskin.
>
> *Trennung, ist nicht Zeit, ist nicht Weg;*
> *Trennung ist eine Brücke zwischen uns …*
> *dünner als jedes Haar, schärfer als jedes Schwert.*[2]
>
> **Nazım Hikmet, 6. Juni 1960, Berlin**[3]

1 Bindende Trennung: Exil als Verbindung denken

In dem Auszug aus Nazım Hikmets Gedicht *Ayrılık* ist die Inversion des Konzepts der Trennung bemerkenswert, meint Trennung doch das Entferntsein beziehungsweise die Entfernung von Dingen, Menschen, Entitäten. Hikmet definiert jene Trennung als eine Bindung. Die Strophe setzt mit der Behauptung ein, dass weder zeitliche noch räumliche Größen („Weg") angemessen zu beschreiben oder zu definieren imstande sind, was Trennung ausmacht. Wie kann Trennung gleichzeitig Verbindung und „Brücke" sein?

Trennungen verbinden, weil der Verlust in der Trennung erst die Bedeutsamkeit eines zuvor Verfügbaren deutlich werden lässt und erfahrbar macht. Die Trennung baut dann zuerst die Brücke. Im Zustand vor der Trennung war sie vielleicht überhaupt nicht sichtbar. Dass Trennungen manchmal erforderlich sind, um „Brücken zu bauen", ist eine Grundannahme, die den westlichen Blick auf partnerschaftliche Beziehungen aller Art charakterisiert, Liebesbeziehungen eingeschlossen. Erst die Trennung ermöglicht es, eine Bindung wiederherzustel-

---

[1] Der Beitrag knüpft an einen Essay an, der ebenfalls konzeptvergleichend verfahren ist; dort zu den beiden Begriffen „Postkolonialismus und Postmigration". Siehe: Ömer Alkin: Postmigration und Postkolonialismus. Mäandernd-essayistische Überlegungen I. In: ders. und Lena Geuer: Postkolonialismus und Postmigration. Münster 2022.
[2] Übersetzung: Ömer Alkin.
[3] Nazım Hikmet: Ayrılık [1960], https://www.gizliilimler.org/Ayrilik--k1-Siir-d--Nazim-Hikmet-k2-.htm (Zugriff: 15.3.2022).

https://doi.org/10.1515/9783110770995-016

len, in der Einkehr zu sich selbst und damit im Modus der Selbstfindung die*den Partner*in wieder oder von Neuem zu lieben.

Bemerkenswert sind in diesem Kontext die beiden Metaphern, mit denen Hikmet die Trennung als Brücke charakterisiert: „dünner als jedes Haar, schärfer als jedes Schwert"; damit ist die Labilität und Feinheit der Verbindung anschaulich gemacht. Durch die Referenz auf ein Körperobjekt (Haar) auf der einen Seite und eine Waffe (Schwert) auf der anderen Seite spannt sich der Assoziationsbogen zwischen Liebe (das Haar der*des Geliebten) und Krieg auf, Ereignissen also, die oft mit Trennung einhergehen und Schmerzen bergen. In dieser Beschreibung der zunächst als schmerzhaft erfahrenen Trennung liegt zugleich eine positive Umkehr, wenn das Moment der Hoffnung mit dem der Trennung verschränkt wird. Da die Brücke, egal wie dünn und scharf sie ist, stets besteht und vorhanden ist, lässt sich die Bindung nicht ignorieren und auch nicht verweigern. Auf ihr laufen kann Mensch nicht, da die Brücke zu scharf und zu dünn ist, aber sie hält die Bindung aufrecht.

Hikmet war überzeugter Kommunist, wurde aus politischen Gründen in der Türkei verhaftet, floh mehrfach und lebte seit 1959 dauerhaft im Moskauer Exil. Der Zustand, in der Fremde leben zu müssen, ob nun aus freiwilligen Migrationsgründen oder dem Zwang zum Exil, wird im Türkischen mit einem Konzept bezeichnet, für das es keine angemessene deutsche Übersetzung gibt: „Gurbet". Gerade die Kulturen der Türkei sind durchsetzt mit masochistischen Feldern, in denen Grenzerfahrungen ein kulturelles Ausagieren ermöglichen. Am Beispiel von Arabesk, einer hybriden Mischung aus arabischer und türkischer Volksmusik, wird deutlich, was darunter zu verstehen ist. Lieder von Schmerz und Trauer, von Mitleid und Selbstbemitleidung stellen Gemeinschaftsgefühle und Verbundenheit her. Sie prägen bis heute massen- und sozialpsychologisch relevante Dynamiken. Hikmets nüchterne Poesie greift diese Implikationen des *gurbet* auf, ist jedoch weit entfernt von der zum Teil populären und kitschigen Ästhetik des Arabesks. Mitten im *gurbet* versucht der Literat und Dichter, der Trennung etwas abzugewinnen, das Bindende und Verbindende darin zu sehen. Diese positiv affektive Besetzung ist etwas, das das Konzept des Exils aus der produktiven Aneignung postmigrantischer Perspektiven gewinnen könnte. Denn anders als es das Konzept Postmigration mit sich bringt, scheint Exil in seinen vielfältigen medialen Konstruktionen eher durch eine affektive Bedrückung ausgezeichnet zu sein.

Um die positive Besetzung des Exilkonzepts zu argumentieren, möchte ich einen mäandernd-essayistischen Weg gehen, der über vier thesenhafte Aspekte und damit zwei Argumentationsrichtungen führen wird: die eine ist philosophisch-politisch gemeint und denkt den Begriff des Exils als strategische Chance gegen postkoloniale Dynamiken; die andere ist begriffsstrategisch produktiv gemeint, um den Begriff Exil in die Nähe einer Diskurs-Popularität zu argumentieren, als der sich auch der Diskurs um das Postmigrantische verstehen lässt. Nachdem im ersten Teil das Konzept Postmigration reflektiert worden ist, werden sich die Ausführungen von raumtheoretischen Überlegungen, zu Affektivität, sowie zu Okzidentalismus auf die Ausgangsfrage der Relationalität von Postmigration und Exil bewegen: ‚Wie lassen sich Exil und Postmigration zusammendenken' ist hierbei die konzeptoffene Frage, die es nun weiter zu konkretisieren gilt.

2 Postmigration – Quo Vadis?

Das Konzept der Postmigration ist ein strategischer Begriff der positiven Migrationspolitiken geworden. Mit positiven Migrationspolitiken meine ich solche Strategien eines Akteurs- und Systemfeldes, das gesellschaftliche sowie insbesondere politische Aushandlungsprozesse zum Thema der Migration so zu beeinflussen sucht, dass Migration nicht als kultureller oder insbesondere nationaler destabilisierender Ausnahmefall konzipiert und gedacht wird, sondern als immer schon konstitutive, produktive Kraft sozialer Prozesse.[4] Es sind also spezifische Akteur*innen aus unterschiedlichen Bereichen der Politik, der Kunst und Kultur, der Wissenschaft und Wirtschaft, die im Rekurs auf das Konzept des Postmigrantischen ein spezifisches Verhandlungsinteresse ausagieren. Es besteht darin, Migration in ein Spektrum positiver Konnotationen zu rücken. So existieren zahlreiche kulturelle, künstlerische sowie wissenschaftliche Veranstaltungen, Bücher und Filme, die als postmigrantisch gelabelt oder als postmigrantisch kontextualisiert werden. Das Label hat hierbei vielfache Bedeutungen: Personen oder Umstände, die als postmigrantisch bezeichnet werden, verweisen darauf, dass auch Menschen, die nicht unmittelbar migriert sind, von Migrationseffekten maßgeblich betroffen sind. Gemeint sind damit Kinder, Enkel und Urenkel von international migrierten Personen, die in dem Land, in dem sie leben, immer noch als *andere* Migrant*innen wahrgenommen und damit also andersgemacht/ *geothered* werden.

Das *othering* findet hierbei auf Basis eines Macht-Wissen-Nexus statt, der oft rassistisch fungiert, indem äußere Merkmale als Index für eine Migrationsandersheit herangezogen werden: beispielsweise die Annahme, dass, wer *asiatisch* aussieht oder dunkle oder schwarze Haut hat, über eine Migrationsgeschichte zum

---

[4] Vgl. Marc Hill und Erol Yildiz: Postmigrantische Visionen: Erfahrungen – Ideen – Visionen. Bielefeld 2018.

Aufenthalt in einem als nicht-asiatisch oder nicht-schwarz angenommenen Land gekommen sein muss.[5]

Der Begriff ‚postmigrantisch' birgt jedoch nicht nur eine deskriptive Dimension, um migrantische Verwicklungen jenseits eines Migrationsdiskurses angemessener zu verorten. Dieser geht zum Beispiel davon aus, dass Migration nicht den Ausnahmefall gesellschaftlicher Umstände darstellt, sondern soziales Konstituens ist: Migration ist menschlicher Normal- nicht Ausnahmefall. Denn sowohl historisch wie empirisch ist das menschliche Leben durch grenzüberschreitende Bewegungen und nicht dauerhafte, gar nationale Zentralität geprägt[6], zumal Nationalität überhaupt erst eine moderne Erfindung ist.[7] Dieser Perspektivwechsel zeitigt epistemologische Neuperspektivierungen, die damit als postmigrantisch bezeichnet werden können: Normalitäten aus der Perspektive der Grundsätzlichkeit von Migration zu sehen, ist insbesondere ein wissenschaftlicher Anspruch, der sich an das Konzept des Postmigrantischen knüpft. So sprechen Marc Hill und Erol Yildiz von „postmigrantischen Visionen", die diesen epistemologischen Perspektivwechsel beschreiben sollen.[8] Der Begriff des Postmigrantischen lässt sich somit auch aus einer dezidiert wissenschaftlichen Genealogie beschreiben, die im Spannungsfeld deskriptiver und normativer Konzeptionen der „postmigrantischen Gesellschaft"[9] weiter differenziert werden.

Im deutschsprachigen Kontext ist Postmigration jedoch vor allem ein Aushandlungsbegriff in einem Feld zahlreicher Akteure und Systeme, wie z. B. dem Kunst-, Kultur- und Medienbetrieb. Die normative Dimension des Begriffs besteht in seiner strategisch eingesetzten, essentialistischen Verwendung: Gerade solche Subjekte, die sich gegen einen rassialisierenden, sie andersmachenden Migrationsdiskurs stellen wollen, nutzen das Label ‚postmigrantisch' als Bezeichnung, um damit die eigene, als unterdrückt und marginalisiert erachtete Erfahrungs-

---

5 Vgl. Paul Mecheril und María do Mar Castro Varela: Grenze und Bewegung. Migrationswissenschaftliche Klärungen. In: dies., İnci Dirim, Annita Kalpaka und Claus Melter (Hg.): Bachelor | Master. Migrationspädagogik. Weinheim 2010.
6 Vgl. Erol Yildiz: Vom methodologischen Nationalismus zu postmigrantischen Visionen. In: ders. und Marc Hill (Hg.): Postmigrantische Visionen. Erfahrungen – Ideen – Reflexionen. Bielefeld 2018, S. 43–44.
7 Vgl. Benedict Anderson: Die Erfindung der Nation. Zur Karriere eines folgenreichen Konzepts. Frankfurt a. M., New York 2005.
8 Marc Hill und Erol Yildiz (Hg.): Postmigrantische Visionen. Erfahrungen – Ideen – Reflexionen. Bielefeld 2018.
9 Naika Foroutan: Die Postmigrantische Gesellschaft. Ein Versprechen der pluralen Demokratie. Bielefeld 2021 (2. Aufl.). Siehe darin auch zur Unterscheidung der deskriptiven und normativen Funktionalität des Postmigrationsbegriffs im Kapitel „Grundlagen und Kernthese", S. 27–72.

dimension und Position gegenüber nationalisierenden sowie nationalistischen Positionen selbstbewusst darzustellen und die Deutungshoheit für den Migrationsdiskurs auf eigener Seite verortet zu wissen. So hat die damalige Theaterintendantin des Ballhaus an der Naunynstraße, Shermin Langhoff, den Begriff konturiert, als sie ihn als Label für ihre Strategie der Sichtbarmachung marginalisierter, migrantischer Wirklichkeiten benutzte: um den Migrationsdiskurs aus seiner problematisierenden Diskurssphäre in ein pro-migrantisches Akteursfeld zu überführen.[10]

Besonders hier wird deutlich, dass Postmigration ein Konzept ist, das als Neologismus entstanden ist, also intentional erfunden wurde, um positive Migrationspolitiken zu verwirklichen und damit vielfache strategische Implikationen birgt. Im Folgenden möchte ich diese strategischen Diskursivierungen des Postmigrantischen heuristisch zu Konzeptionen des Exils reflektieren. Ziel ist es dabei, eine vergleichend-analytische Perspektivierung beider Konzepte zu erreichen, die in politischen Kontextualisierungen wie dem Postkolonialismus ihre Fruchtbarmachung sucht.

3 Raumtheoretisch Grundsätzliches: Versuche über Exil und Migration

Exil scheint eine Art Subtypus von Migration zu sein. Migration ist eine substantielle Bewegungsform, während das Exil spezifischer als Migration ist, spezifischer also als eine im/materielle grenzüberschreitende Bewegung, die eine qualitativ substantielle Veränderung von Gefügen mit sich bringt. Exil ist weniger Bewegung als eine Ortsbezeichnung, die eine Raumbeziehung vorauszusetzen scheint, die einen primären nicht-exilischen Ort involviert. Das Exil ist also spezifisch voraussetzungsvoll durch einen Referenzort. Wer im Exil ist, war zuvor in einem Raum des Nicht-Exils. Das Präfix „ex", dass die Negation von einem Bezugsfeld schon in sich trägt – außerhalb von etwas – charakterisiert das Exil damit als etwas, das in Bezug zu einem nicht mehr verfügbaren Raum besteht. Insofern geht mit dem Exil stets ein Verlust einher, was die entsprechende melancholische Konnotation des Begriffs erklärt. Melancholie ist Trauer für etwas Ver-

---

10 Katharina Donath: Die Herkunft spielt keine Rolle – „Postmigrantisches" Theater im Ballhaus Naunynstraße. Interview mit Shermin Langhoff, 10.3.2011, https://www.bpb.de/lernen/kulturelle-bildung/60135/die-herkunft-spielt-keine-rolle-postmigrantisches-theater-im-ballhaus-naunynstrasse/ (Zugriff: 4.4.2022).

lorengegangenes, wie Freud einsichtig lehrt; und sie verkehrt sich in Depressionen, wenn das verlorene Objekt als solches unbewusst bleibt.[11] Im Exil ist etwas nicht mehr da, und dieses Nicht-mehr-vorhandene Objekt wird betrauert. Trauer bedeutet jedoch auch oft sentimentale Verklärung oder mythische Überhöhung. Daran erinnert der positiver konnotierte Komplementärbegriff zu Exil, nämlich „Heimat".[12] Dieser wird herangezogen, um das Exil im Binarismus zu definieren. Im Exil ist der Mensch dann, wenn sie*er (gezwungenermaßen) nicht mehr in der „Heimat" ist. Und knüpft sich dieses Nicht-mehr-dort-sein an einen Umstand des unaufhörlichen Ausgeschlossenseins von der „Heimat", wird das Exil ein mit besonderer Trauer besetztes Ereignis oder Raum.

Die Begriffsspezifizierung von Exil wird demnach dort sinnvoll, wo der Begriff über die Migrationsdimension, im Sinne einer dauerhaft grenzüberschreitenden Bewegung hinausweist. Dieses Spezifikationsmoment scheint mir die Betonung des Moments einer Trennung von einem Bezugsort zu sein.

Denken wir an dieser Stelle an Hikmets Gedicht zurück, lässt sich hieraus die Existenzform des Exils von der Verlusterfahrung ins Positive verkehren: Exil ist Trennung, aber eine haarscharfe, verbindende Trennung. Die Trennung ist gekoppelt an Verbindungsmomente zum Raum der Trennung in den vielzähligen Möglichkeiten, die auch die Migration mit sich bringt. Postmigrant*innen sind nicht frei von diesen Bindungen. Sie behaupten, in dem Land/Raum, in dem sie leben, substantieller, gleichberechtigter Teil davon zu sein. Doch trotz der teilweise nicht mehr bestehenden Bezüge in die Räume der Migration ihrer (Groß-)Eltern suchen die Räume, die nur als Beziehungen bestehen können, sie immer wieder heim. Auf vielfältige Weise geschieht dies durch Medien, durch die *othernden* Anrufungen als Ausländer*innen[13]; oder eher noch: sie bestehen gerade in diesen Bindungen. Exil *wird* also, und Exil *wird* dort, wo der Überhang auf Seiten des Moments einer räumlichen Entfremdung Überhand zu nehmen scheint oder noch vollzogen wird.

Für Postmigrant*innen ist das Exil insofern möglich, als dass die Räume, in denen sie leben exilisch oder zum Exil werden. Die mentale Exilierung meint dann den Vorgang, in dem sich eine Person in eine Raumbeziehung begibt, in der sie vom Raum entkoppelt oder verbannt ist oder sich entkoppelt oder verbannt

---

11 Sigmund Freud: Trauer und Melancholie [1917]. Berlin 1982.
12 Vgl. Alexandra Ludewig: Screening Nostalgia. 100 Years of German Heimat Film. Bielefeld 2011.
13 Vgl. Nanna Heidenreich: Die V/erkennungsdienste, das Kino und die Perspektive der Migration. Bielefeld 2015, S. 48–51.

fühlt.¹⁴ Insofern sich Postmigrant*innen als Andersgemachte vorstellen, birgt dieses Moment das Potential, Exilierung voranzutreiben oder ein Teil von ihr zu sein. Soziales Exil meint die Auskapselung aus Zugehörigkeit zu den Menschen und Räumen, in denen das Subjekt lebt. Eindrücklich hat sich dies zuletzt im Film *Exil* (D 2020) von Visar Morina gezeigt, in dem anhand desintegrativer Dynamiken ein Pharmaingenieur ins gesellschaftliche Abseits gedrängt wird. Der Film macht die vielfältigen Dimensionen von Exilierungen deutlich, die auf dem Spektrum mentaler, sozialer, materieller Verdrängungen sichtbar werden.

Das Genre des Zombiefilms, um das Spektrum an filmischen Verhandlungen der Exilierung an einem populären Beispiel zu erweitern, erlaubt weitere Überlegungen. In Zombiefilmen wird durch das Verzehren der Lebenden durch die „Untoten" und das Infizieren durch die Bisse der Zombies der soziale Raum des Lebens, die Heimatstadt/der Heimatort belagert und zu einem apokalyptischen, lebensfeindlichen Ort – mit der Folge, dass der Raum und die Stadt nicht mehr erkennbar, sozial transformiert und verändert sind. Den noch nicht Infizierten wird der vormals heimische Ort insofern genommen, da alle anderen Menschen zu Zombies, zu einem Menschentyp einer anderen Ordnung werden und damit die Sozialität im eigenen/bekannten Gefüge getilgt wird. Zerstörungen der Infrastrukturen und der Räume in ihren Grundfesten tragen dazu bei, denn aus jeder Ecke droht Gefahr durch einen Zombie, der sich beißend auf die Nicht-Infizierten stürzen kann. Damit wird deutlich: Das Exil ist nicht immer nur eine Nation oder ein räumlich woanders liegender Ort, sondern eine Atopie, ein kultureller Raum des Anderen, der jenseits der Ordnung gewöhnlicher Räume liegen kann oder zu einem solchen wird. Freud hatte diese Transformation der Räume zugleich als Verunheimlichung beschrieben, also als Anderswerden der Räume des Heimischen und zugleich ihre Verbergung.¹⁵ Foucault hatte in seinen „Anderen Räumen"¹⁶, die Heterotopien beschrieben (Bordelle, Friedhöfe, Krankenhäuser, Gefängnisse), um darin die Wirksamkeit von anderen gesellschaftlichen Ordnungen zu betonen, die im Verhältnis zu Räumen bestehen, die der diskursiven Ordnung angehören (Haus, Straßen, Märkte, Gerichte). Im Exil wird das Moment der Exilierung zugleich ein heterotopisches Moment, weil es die Ordnung des eigenen bekannten, heimischen Raums gegen einen Raum einer anderen, nun

---

14 Deswegen ist das Studium von Grenzen substantiell für die Exilforschung (siehe Beitrag von Sabine Hess hier im Jahrbuch).
15 Sigmund Freud: Das Unheimliche [1919], hg. von Oliver Jahraus. Stuttgart 2020.
16 Michel Foucault: Die Heterotopien. Der utopische Körper: Zwei Radiovorträge. Frankfurt a. M. 2005 (2. Aufl.).

fremdgewordenen Ordnung eintauscht: eine subjektive Heterotopisierung, wie sie vor allem das Einzelexil, nicht das Massenexil auszeichnet.

4 Postmigration und Exil: Ein Worte zur Affektivität

In den filmischen Milieus trägt das Exilische fast immer eine Konnotationsdimension, die mit Trauer und Verlust besetzt ist.[17] Dafür lässt sich einerseits auf das gesamte filmische Spektrum blicken, in dem Gewaltmigration verhandelt wird (Kriegsfilme, Filme über Flucht), andererseits auf filmkulturelle Umstände, in denen Filmemacher*innen wie andere Künstler*innen ins Exil fliehen mussten.[18] In seinen vielfältigen medialen Aufgreifungen wird das Exil dadurch oft mit einer traurigen Gestimmtheit konnotiert, denn die Exilant*innen können nicht heimkehren, tragen oft aber die Sehnsucht dorthin mit und in sich.

Postmigration hingegen trägt eine Art freudiger, taktischer Affektivität mit sich. Postmigrantisch ist ein Mehr: ein mehr an Wunsch nach Anerkennung, ein Wunsch nach Veränderung; ein subversives Mehr, das den Umstand des Verlusts nicht toleriert, sondern permanent um Additivität kämpft: ein Mehr an Sichtbarkeit, ein Mehr an Teilhabe, ein Mehr an inklusiver Sozialität. Das Exil ist tendenziell eine Form des Austritts, das eher als Motivation die Überwindung des Exils kennt und damit um die Reversion der Verlusterfahrung bemüht ist. Es ist gebunden an das Phantasma des Widerrufs, das dann wieder in die eigene vormalige Ordnung führen soll. Oft geht es mit dem Versuch einher, das Alte ohne Aufruhr zurückzulassen, auch mit dem Wunsch nach Unsichtbarkeit – weil in der Sichtbarkeit die eigene Lokalisierung und damit Gefährdung droht. Sichtbarkeit, Anerkennung und Teilhabe werden für Exilant*innen nur insofern wichtig, wie das Überkommen des Exils als Modus auch gewünscht ist. Daher scheinen die Diskurse um das Postmigrantische quer zu exilischen Anliegen zu stehen. Doch dies muss nicht zwingend der Fall sein.

---

17 Ulrich Meurer und Maria Oikonomou: Fremdbilder. Auswanderung und Exil im internationalen Kino. Bielefeld 2010.
18 In der Türkei gehört beispielsweise der Filmemacher Yılmaz Güney zu den bekanntesten Exilant*innen. Güney ist 1981 ins Pariser Exil geflohen, um der Haftstrafe wegen Mordes an einem Richter zu entgehen. Zugleich hatte der 1980 stattgefundene Militärputsch, der auf die seit Ende der 1960er Jahre entstandenen massiven Rechts-Links-Konflikte folgte, ebenfalls eine Emigrationswelle für die Türkei zur Folge, der mit dem Exil für viele geflohene Menschen verbunden war. Vgl. Nihat Taydaş: Yılmaz Güney Sineması. Ankara 2015.

Es können Postmigrant*innen zugleich Exilant*innen sein, wenn das selbst konstruierte, empfundene oder zugewiesene Raumverhältnis migrantischer Personen als exilisch empfunden wird: also eine Art soziale, psychische Flucht erfolgt oder Empfindungen und Eindrücke der Verfremdung sich einstellen, ohne dass es auf Seiten von Migrant*innen einer Fluchtbewegung bedarf.

Es können auch Exilant*innen zu Postmigrant*innen werden, jedoch nur dann, wenn sie sichtbar werden wollen und sich durch das Label selbst strategisch essentialisieren. Eine postmigrantische Befragung des Exils würde also danach fragen, wo es einer selbstbewussten Sichtbarmachung von Exilant*innen bedarf. Wo möchten sich diese und auf welche Weise jenseits einer Fremdfixierung stabilisieren? Damit dies möglich wird, braucht es einen (Wieder)Aneignungswunsch des exilierten Raumes. Die postmigrantische Gesellschaft exkludiert Exilant*innen hierbei nicht, sondern versteht sie als Subjekte eines Existenzmodus, der durch Migration geprägt ist. Einfach ausgedrückt: Exilant*innen sind Postmigrant*innen.

Können also Exilant*innen postmigrantisch sein? Sehr wohl, insofern auch für sie der Wunsch nach Anerkennung und Normalisierung möglich ist. Sichtbarmachung und Sichtbarkeit im Exil sollten ohne negative Affektivitäten und Emotionalitäten möglich sein und aus der Aporie des Exils – nie zu wissen, wann es endet – herausführen können.

Eventuell liegt eine Chance für Exilant*innen darin, ihre Situation des Exils nicht als eine radikale Trennung zu verstehen. Die Grenze zwischen Nicht/Exil ist dünner als angenommen, die Verbindungen zwischen den Räumen werden nicht gekappt. Das Moment der Empowerments exilierender/exilierter Postmigrant:innen oder postmigrantischer Exilant:innen liegt nicht nur in den Versuchen, sich als Zugehörige zu den verschiedentlich verteilten Räumen („Heimat", Lebensort/-raum entlang diverser Skalen) zu behaupten, sondern immer im Insistieren auf den Bindungen der Trennungen, die „dünner" sein können als jedes „Haar" und „schärfer" als jedes „Schwert".

5 Postkolonialismus, Exil und Postmigration: Okzidentalismus und *Ausgang/Exit*

Zu guter Letzt möchte ich ein Verschränkungsmoment hervorheben, das ich in der Inverhältnissetzung der Konzepte Postkolonialismus, Exil und Postmigration erkenne. Davon erhoffe ich mir, der Brauchbarkeit des Exilkonzepts für eine kritisch-politische Reflexion geopolitischer Verhältnisse einen gegebenenfalls neuen Aspekt zur Seite zu stellen.

Oft ist das Exil Resultat gewaltsamer Prozesse, weshalb es eine politische Bedeutung in sich trägt. Raumtheoretisch, daran sei nochmal erinnert, gilt für das Exil die Voraussetzung einer Grenze, zwischen einem Raum des Exils und dem nicht-exilischen Raum. Diese Dialektik, die eine Grenze einfordert, operiert auf einem Raum- und Zeitregime, das die Geographie und Temporalität des Postkolonialen reglementiert und den Binarismus und Dichotomie als schädlichen Strukturalismus widerspiegelt, so auch in den Binarismen von Westen/Nicht-Westen, Orient/Okzident, Kolonisierer/Kolonisierte, Innen/Außen oder eben Exil/Nicht-Exil.

Für die Soziologin Meltem Ahıska birgt das Exilische die Möglichkeit, der Ordnung der Moderne in seinem linearen, phasenmodal gedachten Raum- und Zeitregime und so auch den strukturalen Dichotomien zu entfliehen.[19] Phasenmodal bedeutet hier, dass Zeit in einer linearen, eben phasenspezifischen Reihung von Vergangenheit, Gegenwart und Zukunft gedacht wird; dabei wissen wir, dass Zeitlichkeit nicht nur linear sondern auch räumlich gedacht werden kann, nämlich als eine Art Arrangement auf einem Feld, in dem die verschiedenen Temporalitäten nicht aufeinander folgen, sondern je spezifisch interagieren und verteilt sind. Für den Raum bedeutet die Kritik an dessen Linearität, das Denken von Raum als Containermetapher zu überkommen.[20]

Nicht-westliche Länder, Regionen, Kulturen, Gesellschaften können sich von ihrer Verstrickung mit dem Anderen (Westen) und dem von ihm implementierten und bereits genannten Zeit- und Raumregime lösen, wenn sie sich auf Ontologien (Geisterhaftes, Spurhaftes) und Epistemologien (natives Wissen) berufen, die im Prekären bestehen. Das Exilische ist demnach eine Dynamik, die die Ordnung der Dinge in ihrer Uneindeutigkeit, Ambivalenz und den Rändern seines Bestehens aufsucht, weil es jenen Raum beschreibt, in dem Räume und Zeiten in ihren bestehenden Logiken verlassen werden sollen, also dorthin, wo es eine noch offene Zukunft und damit Unvorhersehbarkeit[21] überhaupt geben kann.

---

19 Meltem Ahıska: Occidentalism in Turkey: The Impasse Between the Past and the Future. Unpublizierte Keynote auf der Internationalen Konferenz „Media Aesthetics of Occidentalism", an der Philipps-Universität Marburg vom 27.01.2022, https://wconf03-lb.hrz.uni-marburg.de/playback/presentation/2.3/6dd0afc362404ff98c5d72266127eaad056ab1f2-1643267498110 (Zugriff: 22.4.2022).
20 Raum ist vielmehr Beziehung, sozial produziert und in dieser Metapher des Containers kaum angemessen zu erfassen, vgl. Jörg Dünne und Stephan Günzel (Hg.): Raumtheorie: Grundlagentexte aus Philosophie und Kulturwissenschaften. Frankfurt a. M. 2006.
21 Vgl. Stephan Trinkaus: „Die absolute Macht besteht in der Unvorhersehbarkeit". Folter, Prekarität, Zukunft. In: Reinhold Görling (Hg.): Die Verletzbarkeit des Menschen. Folter und Politik der Affekte. München 2011.

Leela Gandhi hat in ihrem „Beinahe Manifest"[22] beschrieben, wie „Ausgang/Exit"[23], wie sie es nennt, im Sinne einer Verweigerung von Konsens eine Handlung sein kann, der diskursiven Ordnung zu entkommen. Zu Konsens zähle ich auch Raum- und Zeitordnungen, die das Begehren nicht-westlicher Zusammenhänge fatal kanalisieren, sodass eine Loslösung nicht möglich wird. Meltem Ahıska beschreibt zum Beispiel die Türkei als einen nationalen Zusammenhang, der sich von der westlichen Fortschrittsmetapher nicht löst und stattdessen einen sinnlosen Diskurskrieg führt, in dem er sich unentwegt als Referenz an die vom Westen produzierte phasenmodale Zeitregime hält.[24] Das Prozedere des Ausgangs, wie es Gandhi imaginiert und Ahıska reflektiert, erlaubt nun, jene Exilformen zu erfassen, die aus diesem Modus des „Ausgangs/Exits" herrühren und den imperialen Kräften widerstehen oder ein ‚Schnippchen schlagen'. So schreibt Gandhi:

> Ideale des Ausgangs manifestieren sich auch in solchen Handlungen, die sich aktiv der Interessensbefriedigung verweigern, sei es entweder durch eine Norm, eine Hegemonie oder durch einen Zwang bzw. eine Fremdbestimmung. Zu solchen Handlungsweisen gehören ziviler Ungehorsam, Nicht-Kooperation und Nicht-Anpassung, die mit einer vorherrschenden Ordnung brechen. Auch die Marronage, die Sklavenflucht innerhalb der karibischen und amerikanischen Sklavensysteme, ist als einzigartige Praxis der Freiheit und eines erstrebten Aufbruchs in ein neues Leben nennenswert. Sogar der Pazifismus zeugt von Relevanz, insofern Frieden bedeutet, sich aus der Versuchung der negativen Kritik auf eine dritte (oder sogar vierte oder fünfte) Position zu begeben, ‚um so weit wie möglich den vorherrschenden Bedingungen des Antagonismus zu entkommen'.[25]

Das Exilische hat dem Postmigrantischen hier etwas voraus, weil das Postmigrantische dem Ideal der Inklusion folgt und hier also eine Einebnung fordert, wo dies einem Konsens mit postkolonialen Dynamiken gleichkommt. Das heißt, dass das Postmigrantische eine Utopie des Immer-schon-Gemeinsamen, eine Utopie der Inklusion phantasmiert, die sich damit aber nie der Ordnung der Dinge entgegenstellt, sondern sich auf sie in einer neuen Weise anzunähern versucht. Wenn also Theoretiker*innen des Postmigrantischen eine neue Epistemologie der Migration

---

[22] Leela Gandhi: „Wenn dies ein Manifest für postkoloniales Denken wäre …". In: Ömer Alkin und Lena Geuer: Postkolonialismus und Postmigration. Münster 2022.
[23] Gandhi, Leela: „Wenn dies ein Manifest für postkoloniales Denken wäre …". In: Ömer Alkin und Lena Geuer (Hg.): Postkolonialismus und Postmigration. Münster 2022, S. 40.
[24] Meltem Ahıska: Okzidentalismus: Die historische Fantasie des Modernen. In: Ilker Ataç, Bülent Küçük und Ulaş Şener (Hg.): Perspektiven auf die Türkei. Ökonomische und gesellschaftliche (Dis)Kontinuitäten im Kontext der Europäisierung. Münster 2008, S. 38–41.
[25] Gandhi: „Wenn dies ein Manifest für postkoloniales Denken wäre …", S. 41.

für sich reklamieren (Hill und Yildiz), von Widerstandspraktiken und subversiven Taktiken sprechen oder diese gar umsetzen, tun sie dies in der Überzeugung einer Umwandlung ihrer normativen Vorstellung einer pro-migrantischen Gesellschaftsordnung – die aber immer auf der Bestehenden fußt.

Das Exil ist jedoch die Bewegung des Ausgangs. Das ist eine Bewegung, welche die Ordnung der Dinge schon seit jeher verweigert und an deren Stelle weder Inklusion noch Korrektur einen Ort hat. Das Exil ist die Verweigerung und der Bruch mit den Gegebenheiten; ein radikaler Entzug, der Freiheit bedeuten kann. Diese Freiheit macht es notwendig, das Exil nicht nur in seiner bekannten Form zu imaginieren, in der es die Heimat negiert oder in ihrem Verlust betrauert. Es gilt auch, die am „seidenen Faden hängenden" Bindungen in der Trennung zu bedenken. Erinnern wir uns also mit Nazım Hikmet daran: „Trennung, ist nicht Zeit, ist nicht Weg; Trennung ist eine Brücke zwischen uns ... dünner als jedes Haar, und schärfer als jedes Schwert."

Literaturverzeichnis

Ahıska, Meltem: Okzidentalismus: Die historische Fantasie des Modernen. In: Ilker Ataç, Bülent Küçük und Ulaş Şener (Hg.): Perspektiven auf die Türkei. Ökonomische und gesellschaftliche (Dis)Kontinuitäten im Kontext der Europäisierung. Münster 2008, S. 24–49.

Ahıska, Meltem: Occidentalism in Turkey: The Impasse Between the Past and the Future. Unpublizierte Keynote auf der Internationalen Konferenz „Media Aesthetics of Occidentalism" an der Philipps-Universität Marburg vom 27.1.2022, https://wconf03-lb.hrz.uni-marburg.de/playback/presentation/2.3/6dd0afc362404ff98c5d72266127eaad056ab1f2-1643267498110 (Zugriff: 22.4.2022).

Alkin, Ömer und Lena Geuer (Hg.): Postkolonialismus und Postmigration. Münster 2022.

Alkin, Ömer: Postmigration und Postkolonialismus. Mäandernd-essayistische Überlegungen I. In: ders. und Lena Geuer (Hg.): Postkolonialismus und Postmigration. Münster 2022, S. 153–166.

Benedict Anderson: Die Erfindung der Nation. Zur Karriere eines folgenreichen Konzepts. Frankfurt a. M., New York 2005.

Donath, Katharina: Die Herkunft spielt keine Rolle – „Postmigrantisches" Theater im Ballhaus Naunynstraße. Interview mit Shermin Langhoff, 10.3.2011, https://www.bpb.de/lernen/kulturelle-bildung/60135/die-herkunft-spielt-keine-rolle-postmigrantisches-theater-im-ballhaus-naunynstrasse/ (Zugriff: 4.4.2022).

Dünne, Jörg und Stephan Günzel (Hg.): Raumtheorie: Grundlagentexte aus Philosophie und Kulturwissenschaften. Frankfurt a. M. 2006.

Foroutan, Naika: Die Postmigrantische Gesellschaft. Ein Versprechen der pluralen Demokratie. Bielefeld 2021 (2. Aufl.).

Foucault, Michel: Die Heterotopien. Der utopische Körper: Zwei Radiovorträge. Frankfurt a. M. 2005 (2. Aufl.).

Freud, Sigmund: Das Unheimliche [1919], hg. von Oliver Jahraus. Stuttgart 2020.

Freud, Sigmund: Trauer und Melancholie [1917]. Berlin 1982.
Gandhi, Leela: „Wenn dies ein Manifest für postkoloniales Denken wäre ...". In: Ömer Alkin und Lena Geuer (Hg.): Postkolonialismus und Postmigration. Münster 2022, S. 27–70.
Heidenreich, Nanna: Die V/erkennungsdienste, das Kino und die Perspektive der Migration. Bielefeld 2015.
Hikmet, Nazim: Ayrılık [1960]. https://www.gizliilimler.org/Ayrilik--k1-Siir-d--Nazim-Hikmet-k2-.htm (Zugriff: 15.3.2022).
Hill, Marc und Erol Yildiz (Hg.): Postmigrantische Visionen. Erfahrungen – Ideen – Reflexionen. Bielefeld 2018.
Ludewig, Alexandra: Screening Nostalgia. 100 Years of German Heimat Film. Bielefeld 2011.
Mecheril, Paul und María do Mar Castro Varela: Grenze und Bewegung. Migrationswissenschaftliche Klärungen. In: dieselb., İnci Dirim, Annita Kalpaka und Claus Melter (Hg.): Bachelor | Master. Migrationspädagogik. Weinheim, Basel 2010, S. 23–53.
Meurer, Ulrich und Maria Oikonomou: Fremdbilder. Auswanderung und Exil im internationalen Kino. Bielefeld 2010.
Taydaş, Nihat: Yılmaz Güney Sineması. Ankara 2015.
Trinkaus, Stephan: „Die absolute Macht besteht in der Unvorhersehbarkeit". Folter, Prekarität, Zukunft. In: Reinhold Görling (Hg.): Die Verletzbarkeit des Menschen. Folter und Politik der Affekte. München 2011, S. 229–244.
Yildiz, Erol: Vom methodologischen Nationalismus zu postmigrantischen Visionen. In: ders. und Marc Hill (Hg.): Postmigrantische Visionen. Erfahrungen – Ideen – Reflexionen. Bielefeld 2018, S. 43–62.

Sans Papiers
(Doerte Bischoff)

Die Bezeichnung ‚Sans Papiers' (dt.: Papierlose) verbindet sich zunächst mit Vorgängen in Frankreich in den 1990er Jahren, als eine Gruppe von Menschen, die ohne regulären Aufenthaltstitel im Land lebten, in öffentlichen Aktionen die Legalisierung ihres Status forderten. Es handelte sich vor allem um Arbeitsmigrant*innen aus afrikanischen Ländern, die durch die französische Kolonialgeschichte mit Sprache und Kultur verbunden waren, ohne doch in Frankreich gleiche Rechte beanspruchen zu können.[1] Die öffentlichkeitswirksamen Aktionen, etwa die Besetzung von Kirchen 1996, die von der Regierung geräumt worden waren, mobilisierten Unterstützung und Sichtbarkeit in weiten Teilen der Bevölkerung und machten deutlich, dass es sich hier nicht um ein partikulares Problem einiger weniger, sondern um ein grundsätzliches Dilemma der europäischen Staaten handelte, das im Rahmen der geltenden nationalen Gesetze kaum gelöst werden konnte. Der Begriff und die mit ihm verbundene Bewegung, die nicht legalisierten Einwanderern eine Stimme gab und gibt, hat sich in Frankreich inzwischen fest etabliert[2] und taucht auch in anderen Sprachen und Länderkontexten gelegentlich auf.

Neben Bedenken in Bezug auf die wörtliche Übersetzbarkeit des Begriffs – ‚papierlos' oder ‚paperless' wird heute eher mit der zunehmenden Digitalisierung von Büroabläufen assoziiert als mit dem Fehlen von Identitätspapieren – spielen hier auch Akte der grenzüberschreitenden Solidarisierung eine Rolle. Dabei wird auch gelegentlich daran erinnert, dass Frankreich als Nation, in der Menschenrechte im Zusammenhang mit der französischen Revolution erstmalig proklamiert wurden, historisch eine Schlüsselrolle für europäische Entwicklungen und Konstellationen insgesamt einnimmt. An diese zu erinnern bedeutet, sich gemeinsamer europäischer Traditionen und Ideale zu versichern und zugleich danach zu fragen, inwiefern die Realität zu diesen im Kontrast steht. Das impliziert auch,

---

[1] Madjiguène Cissé: Parole de sans-papiers. Paris 1999 (Dt.: Papiere für alle. Aus dem Französischen von Nicola Schieweck-Rajaswaran, Göttingen 2002; im Folgenden wird diese Ausgabe zitiert).
[2] Marcus Engler: Irreguläre Zuwanderung nach und Abschiebungen aus Frankreich, in: BpB 2017; https://www.bpb.de/gesellschaft/migration/laenderprofile/246831/irregulaere-zuwanderung-und-abschiebungen (Zugriff: 15.02.2022).

den strukturellen Eurozentrismus universalistischer Ideen aufzudecken und Kolonialismus als eine Vergangenheit zu reflektieren, die Europas Verhältnis zu anderen Teilen der Welt nachhaltig prägt. Die Aktionen der *Sans Papiers* machen darauf aufmerksam, dass das gleichberechtigte Nebeneinander der Nationen als zentrales westliches Ordnungsmuster eine Illusion ist, da von gleichen Lebensbedingungen ebenso wenig die Rede sein kann wie von vergleichbarem staatlichem Schutz.

Auch haben Pässe offensichtlich einen sehr unterschiedlichen Wert im Hinblick auf die Mobilität, die sie ermöglichen.[3] Damit bezieht sich die Thematisierung der Papierlosigkeit auch auf Situationen, in denen Menschen die Länder, für die sie zunächst Pässe besitzen, wegen dieser teilweise eklatanten Ungleichheiten oder explizit weil sie in diesen Repressionen ausgesetzt sind und verfolgt werden, verlassen. Die Diagnose von Papierlosigkeit bezieht sich in der Regel auf eine nationale Perspektive und bedeutet, dass eine legitime Zugehörigkeit von Menschen, die sich in einem bestimmten Territorium aufhalten, nicht nachgewiesen werden kann. Darüber hinaus kann sie aber explizit auch mit Staatenlosigkeit verknüpft sein, die unterschiedlich bedingt ist, etwa durch Akte und Prozesse der Denaturalisation – also einer dekretierten Ausbürgerung oder einer zeitlichen Entwicklung wie dem Ablaufen von Fristen/Papieren –, durch eine Veränderung der Machtverhältnisse oder der Territorialität des Herkunftslandes[4] oder schon durch Geburt außerhalb staatlicher Ordnungen (auf der Flucht, in einem Flüchtlingslager o. ä.). Schließlich kann sie auch eine Folge gezielt vernichteter Identitätspapiere durch Migrant*innen sein, die als „Harraga" (abgeleitet vom Arabischen: diejenigen, die ihre Papiere und damit soziale und kulturelle Verbindungen ‚verbrennen')[5] sich als ungeschützte Grenzüberwinder*innen präsentieren, um Ankunftsländer zu Aufnahmegesten herauszufordern.

---

3 Vgl. Lena Laube: Was ist (m)ein Pass wert? Ungleiche Mobilitätsrechte, der strategische Erwerb von Staatsbürgerschaft und Migrations- und Grenzdiplomatie. In: Doerte Bischoff und Miriam Rürup (Hg.): Ausgeschlossen. Staatsbürgerschaft, Staatenlosigkeit und Exil, Berlin 2018. Vgl. hierzu auch den Beitrag von Sabine Hess im vorliegenden Band.
4 Besonders viele staatenlose Flüchtlinge gab es im frühen 20. Jahrhundert infolge der russischen Revolution (für sie wurde der sogenannte Nansenpass erfunden) sowie durch die Entstehung neuer Nationalstaaten nach dem Zusammenbruch des Habsburgerreiches und durch kriegsbedingte Grenzverschiebungen.
5 Roberto Beneduce: Undocumented bodies, burned identities: refugees, *sans papiers, harraga* – when things fall apart. In: Social Science Information 47 (2008) H. 4: special issue: Migrants and clandestinity, S. 513. Vgl. Amade M'charek: *Harraga*: burning borders, navigating colonialism. In: The Sociological Review 68 (2020), H.2.

Insofern globale Chancenungleichheit und sehr selektiv durchlässige Grenzen zwischen Staaten solches Verhalten hervortreiben, kann dieses auch als spezifische Form politischer Agency begriffen werden. Diese lenkt den Blick auf Widersprüche und Ausgrenzungslogiken zentraler westlicher Ordnungsstrukturen und stellt ihre Geltung in Frage: „Through these practices, illegal immigrants build a new space for their existences, while shattering the concept of citizenship, which is at the very basis of the modern State."[6] So lässt sich zeigen, dass die Sichtbarkeit und die Kämpfe undokumentierter Migrant*innen nicht nur die Zugangsregeln der Staatsbürgerschaft eines bestimmten Landes kritisieren und unter Umständen auch transformieren können, sondern „struggles over citizenship" in einer grundsätzlichen Weise dazu veranlassen, Formen der Zugehörigkeit neu zu denken.[7] Wenn auf diese Weise undokumentierte Migrant*innen und Geflüchtete als „epistemological and political detectors of the present, of modernity and of modernity's primordial fetish, the nation-state"[8] werden, so impliziert dies auch eine Neubestimmung dessen, was unter politischer Handlungsfähigkeit (‚agency') verstanden werden kann. Denn weder eine Vorstellung heroischer Subjektivität, wie sie mit einem klassischen Exil-Begriff häufig verbunden worden ist, der von dem verbannten oder vertriebenen großen Einzelnen als Akteur oppositioneller Positionierung und Aktivität ausging,[9] noch totale Passivität und Handlungsunfähigkeit werden offensichtlich der komplexen Situation der ‚displaced persons' gerecht. Die durchaus prekären Kämpfe und Sichtbarkeiten der *Sans Papiers* können für die Notwendigkeit, ‚agency' von Geflüchteten in einem größeren Kontext zu denken, sensibilisieren, darüber hinaus aber auch dazu beitragen, Exilgeschichte(n) neu zu schreiben und Kategorien der Exilforschung, die in vieler Hinsicht in den vergangenen Jahren bereits Bewegung geraten sind, einer Revision zu unterziehen.

Schuldlos schuldig: Grenzen des Rechts

Wo der Begriff der Sans Papiers verwendet wird, geschieht dies häufig explizit auch, um andere Begriffe zu vermeiden. Insbesondere betrifft das den Begriff der

---

[6] Beneduce: Undocumented Bodies, S. 514.
[7] Anne McNevin: Political Belonging in a Neoliberal Era: The Struggle of the Sans-Papiers. In: Citizenship Studies 10 (2006), H. 2.
[8] Beneduce: Undocumented Bodies, S. 506.
[9] Vgl. Simon Behrman: Accidents, Agency and Asylum: Constructing the Refugee Subject. In: Law Critique 25 (2014), S. 250.

Illegalen, da dieser ein Rechtssystem affirmiert, dessen Ungerechtigkeit durch die Existenz der Papierlosen gerade aufgewiesen wird.[10] Madjiguène Cissé, aus dem Senegal stammende Wortführerin der *Sans Papiers*, schreibt dazu: „Die Regierung bezeichnet uns als ‚Clandestins', als ‚Illegale'. Damit werden wir von vornherein für schuldig erklärt, und ein ganzes Arsenal von juristischen und technischen Mitteln kann bei Bedarf gegen uns aufgefahren werden."[11]. Das Schicksal der Sans Papiers, die sich oft allein wegen ihres Aufenthaltsstatus kriminalisiert sehen, beschreibt die Aktivistin, die u. a. in Saarbrücken Germanistik studiert hat, auch mit einem Verweis auf die Literatur der westlichen Moderne. Berichte eines Migranten aus Mali, der sich zunächst sicher fühlt, da er ja nichts verbrochen habe, erinnern sie an Kafkas Joseph K.: „‚ohne dass er etwas Böses getan hätte, wurde er eines Tages verhaftet.'"[12] Die paradoxe Situation, dass jemand als schuldig klassifiziert und verfolgt wird, ohne sich eines Vergehens schuldig gemacht zu haben, führt offensichtlich an die Grenzen der Rechtsordnung, deren Bestimmungen, Gesetze und Strafen für alle Bürger*innen nachvollziehbar sein müssen. Wo dies nicht der Fall ist, wie in Kafkas Bürokratieromanen, in denen sich die Mechanismen des Rechtssystems und der Verwaltungsapparaturen verselbstständigt zu haben scheinen, stehen ihre Legitimität und Akzeptanz auf dem Spiel. Cissé macht dies sehr deutlich, indem sie die Diskrepanz zwischen Bürgerrechten und Menschenrechten – etwa in Bezug auf Arbeit, Bildung, Gesundheit, Freizügigkeit, politische Teilhabe – akzentuiert, die gerade durch die *Sans Papiers* erkennbar werden, die als ‚Menschen ohne Rechte' in Erscheinung treten.[13]

In dieser Geste lassen sich viele Bezüge zu jener Argumentation erkennen, die Hannah Arendts Auseinandersetzung mit den Aporien der nationalstaatlichen Ordnung und dem Problem der Staatenlosigkeit in der ersten Hälfte des 20. Jahrhunderts leitet. In ihrem 1943 erstmals (auf Englisch) veröffentlichten Essay „Wir Flüchtlinge", der in den vergangenen Jahren im Kontext von Debatten um Fluchtmigration viel zitiert wurde, konstituiert sich in dem ‚Wir' des Titels die Erfahrung und Perspektive einer Gruppe, die hier als die der (jüdischen) Flüchtlinge benannt wird. Dabei wird gleich zu Beginn darauf hingewiesen, dass dieser Begriff nicht eindeutig semantisch bestimmt, sondern vielmehr einer Bedeutungsverschiebung ausgesetzt sei:

---

10 Andere synonym verwendete Begriffe sind etwa ‚non-citizen' oder undocumented migrant.
11 Cissé: Parole de sans-papiers, S. 73. In einer Rede, die Cissé anlässlich der Verleihung der Carl-von-Ossietzky-Medaille 1998 in Berlin an sie hielt, sprach sie der in Deutschland organisierten Bewegung „Kein Mensch ist illegal" ausdrücklich ihre Unterstützung aus.
12 Cissé: Parole de sans-papiers, S. 13.
13 Cissé: Parole de sans-papiers, S. 142.

> Als Flüchtling hatte bislang gegolten, wer aufgrund seiner Taten oder seiner politischen Anschauungen gezwungen war, Zuflucht zu suchen. Es stimmt, auch wir mußten Zuflucht suchen, aber wir hatten vorher nichts begangen, und die meisten von uns hegten nicht einmal im Traum irgendwelche radikalen politischen Auffassungen. Mit uns hat sich die Bedeutung des Begriffs ‚Flüchtling' gewandelt.[14]

Der „moderne Flüchtling", so heißt es dann weiterführend in Arendts Totalitarismusschrift, „ist das, was ein Flüchtling seinem Wesen nach niemals sein darf: er ist unschuldig selbst im Sinne der ihn verfolgenden Mächte."[15] Die Paradoxie, dass jemand verfolgt wird, obgleich er unschuldig ist, erinnert an die Formulierung bei Cissé und ihre Kafka-Referenz. Tatsächlich bezieht sich auch Arendt auf Kafkas Romane, die sie als Satire auf eine Gesellschaft versteht, in der die Bürokratie den Staat absorbiert hat und beherrscht.[16] Ausdruck dieser Verschiebung, in der das Mittel, das eigentlich als Band zwischen Mensch und Staat gedacht war, zum (Selbst-)Zweck geworden ist, sind in Kafkas Schlossroman etwa die omnipräsenten Akten, die im Zentrum einer geheimnisvollen Geschäftigkeit stehen, welche die Geschicke der Menschen bestimmen und in sich bergen.[17] Der Landvermesser K., der als Fremder in die Stadt kommt, beobachtet diese zuweilen ins Groteske verzerrten ‚Aktenvorgänge' nicht nur sehr aufmerksam, da er sich von ihnen Aufschluss über Logik und Bedeutung der Gesellschaft, in die er hineingeraten ist, erhofft. Er ist besonders auch daran interessiert zu erfahren, ob sich unter ihnen Papiere verbergen, die ganz persönlich ihn betreffen. So gipfelt die absurde Schilderung der täglichen Aktenverteilung, d. h. ihrer Zuordnung zu sie bearbeitenden Beamten, in einer Szene, in der aus dem Beobachter ein Beteiligter wird.

> Inzwischen hatte der Diener seine Arbeit beendigt; nur ein einziger Akt, eigentlich nur ein Papierchen, ein Zettel von einem Notizblock, war durch Verschulden der Hilfskraft im Wägelchen zurückgeblieben, und nun wußte man nicht wem ihn zuzuteilen. Das könnte recht gut mein Akt sein, ging es K. durch den Kopf. Der Gemeindevorsteher hatte ja immer von diesem allerkleinsten Fall gesprochen.[18]

Der Versuch, sich dem Zettel, in dem sich sein eigenes Schicksal materialisiert, zu nähern und ihn womöglich an sich zu bringen, scheitert jedoch, da der Diener

---

14 Hannah Arendt: Wir Flüchtlinge. In: dies.: Zur Zeit. Politische Essays, hg. v. Marie Luise Knott, aus dem Amerikanischen übersetzt von Eike Geisel. Berlin 1986, S. 110.
15 Hannah Arendt: Elemente und Ursprünge totaler Herrschaft. München 1986, S. 459.
16 Arendt: Elemente und Ursprünge, S. 522.
17 Vgl. Cornelia Vismann: Akten. Medientechnik und Recht. Frankfurt a. M. 2000.
18 Franz Kafka: Das Schloss, hg. v. Max Brod. Frankfurt a. M. 1983, S. 263.

offenbar aus einer Laune heraus den Zettel in kleine Stücke zerreißt und in seine Tasche steckt.[19] So tritt K. als jemand in Erscheinung, dessen Schicksal offensichtlich mitverhandelt wird, der aber selbst nicht in gleicher Weise wie die Beamten mit Akten oder Papieren umgeht. Wo alles durch Zirkulation, Verteilung, Bearbeitung und Archivierung von Papieren bestimmt ist, bleibt K. ohne Papiere. Das Papier, das sein ‚Akt' sein könnte – hier schwingt auch ein Verweis auf die existentielle Performanz der bürokratischen Vorgänge mit – wird zerrissen, offenkundig vor allem deswegen, weil es sich nicht klar zuordnen ließ. Es wird angedeutet, dass er sich durch unbefugte Einmischung, die als Grenzübertretung eines von außen kommenden Fremdlings wahrgenommen wird, schuldig macht, ohne dass er diese Schuld eigentlich nachvollziehen könnte: „‚Aber was hatte er denn getan?'"[20]

Identitätspapiere, die sich seit der französischen Revolution als materieller Ausdruck für die Bindung des Individuums an den Staat etablieren, repräsentieren Zugehörigkeit.[21] Spätestens seit dem Ersten Weltkrieg, in dem im Zusammenhang mit der nationalen Mobilisierung die allgemeine Passpflicht eingeführt wurde, verschiebt sich allerdings das Verhältnis: Identitätspapiere bezeichnen nicht mehr nur einen Menschen in seiner sozialen Zugehörigkeit, sondern offenbaren zunehmend ihre performative Kraft der Erzeugung von Identität und sozialem Status. Das bedeutet, dass der Pass nicht nur bestimmte Rechte und Möglichkeiten gewährt – etwa die eines Grenzübertritts, den der Begriff des Passes ja ursprünglich impliziert –, sondern als Identitätspapier in einem umfassenden Sinne fungiert. Im Zeitalter der Nationalstaaten bedeutet dies, dass Identität, die durch Papiere beglaubigt wird, vor allem als nationale bestimmt ist. Und da die Ordnung der Nationalstaaten dadurch geprägt ist, dass im Neben- und Miteinander von lauter gegeneinander abgegrenzten souveränen Einheiten ein „Netz über die Erde gesponnen"[22] wird, gibt es hier im Prinzip kein Außen bzw. keine Alternative. Das hat fatale Konsequenzen für diejenigen, die keine nationale Zugehörigkeit nachweisen können bzw. die diese verlieren: „Wer aber nicht mehr von diesem Netze mitumfaßt ist, der ist aus dem Rahmen der Legitimität überhaupt herausgeschleudert"[23], schreibt Hannah Arendt 1949.

---

19 Kafka: Das Schloss, S. 264.
20 Kafka: Das Schloss, S. 266.
21 Vgl. John Torpey: The Invention of the Passport. Surveillance, Citizenship and the State. Cambridge 2000; Dieter Gosewinkel: Schutz und Freiheit? Staatsbürgerschaft in Europa im 20. und 21. Jahrhundert, Frankfurt a. M. 2016.
22 Hannah Arendt: Es gibt nur ein einziges Menschenrecht, in: Die Wandlung 4 (1949), S. 757. Die Passage wurde später in *Elemente und Ursprünge totaler Herrschaft* aufgenommen.
23 Arendt: Menschenrecht, S. 757.

Lebendige Tote, Existenzen im Niemandsland: Literarische Figurationen von Passlosigkeit

Dass die Exilantin und politische Theoretikerin Hannah Arendt ebenso wie die Aktivistin Madjiguène Cissé mit Verweisen auf Kafka literarische Texte der Moderne zitieren, um den Zustand derjenigen zu beschreiben, die im politischen und rechtlichen System ihrer Zeit keinen Ort haben, ist bemerkenswert. Offenbar wird literarischen Figurationen nicht nur eine gewisse Anschaulichkeit zugetraut, die der Explikation der eigenen Anliegen dient. Da letztere mit dem Problem verknüpft sind, menschliche Existenzen und politische Handlungen jenseits etablierter Repräsentationsformen darstellen zu wollen, erscheint der Bezug auf literarische Gestaltungen offenbar auch gerade darin besonders produktiv, dass er imaginäre Szenarien entwirft, in denen die ansonsten undokumentierten Perspektiven von Grenzgängern, Außenseiterinnen oder Exilierten in den Blick gerückt werden. Absurde und groteske Beschreibungen eröffnen dabei häufig Möglichkeiten, deplatzierte Räume und Positionen der Wahrnehmung einzubeziehen, deren Widersprüche und Ambivalenzen im literarischen Medium nicht getilgt, sondern gerade besonders deutlich zur Schau gestellt werden. So entwerfen insbesondere viele Texte der Zwischenkriegszeit und des Exils ‚displaced persons' auf unterschiedliche Weise als lebendige Tote und finden so zu eindrucksvollen Bildern sozialer Nichtexistenz.

Zu fragen wäre also, inwiefern eine stärkere Annäherung von literatur- und sozialwissenschaftlichen Perspektiven auf Migration, Flucht und Exil nicht insgesamt produktive Prozesse wechselseitiger Reflexion von Formen, Strukturen und Begriffen der (Un-)Zugehörigkeit in Gang setzen kann. Denn auch wenn etwa die Bezeichnung ‚sans papiers' in älterer Literatur nicht wörtlich vorkommt, so gibt es doch spätestens seit der Zwischenkriegszeit, in der zahlreiche literarische Texte Europa als Schauplatz von Vertreibungen, massenhaften Fluchtbewegungen und ungeklärten Zugehörigkeiten beschreiben, eine intensive Auseinandersetzung mit der Bedeutung von Identitätspapieren, den nationalen Regimen von Zugehörigkeit sowie den (Nicht-)Orten der Ausgegrenzten. Hannah Arendt hätte also ebenso auf viele andere literarische Text ihrer Zeit Bezug nehmen können; tatsächlich lesen sich manche Darstellungen bei Joseph Roth, Franz Werfel, Ödön von Horváth, Bertolt Brecht, Irmgard Keun oder Stefan Zweig wie literarisierte Szenen der bei ihr analysierten Verhältnisse.[24] Da sie selbst später bzw. im Fall

---

24 Zur Parallelität von „Wir Flüchtlinge" und einem Drama von Werfel vgl. Doerte Bischoff: Exilanten oder Emigranten? Reflexionen über eine problematische Unterscheidung anlässlich

der Exiltexte teilweise gleichzeitig schreibt, sind Einflüsse literarischer Lektüren auf ihre Theoriebildung durchaus möglich.

Dies soll weniger als Appell verstanden werden, solchen Einflüssen im Detail philologisch nachzuspüren, als vielmehr die Aufmerksamkeit auf signifikante Konstellationen und strukturelle Anschlüsse lenken, die literarische Texte auch für eine neuere Theoriebildung über Papierlose in den Sozial- und Kulturwissenschaften als Impulsgeber interessant machen.[25] Für die von Ausgrenzung und Unzugehörigkeit Betroffenen und ihren prekären Identitätsstatus finden sich in literarischen Texten des 20. Jahrhunderts und der Zwischenkriegszeit eindrückliche Szenen und Bilder. Dabei wird deutlich, was auch Arendt betont: der Erste Weltkrieg stellt die einschneidende Zäsur dar, nach der die Frage der Staatsangehörigkeit und ihrer sichtbaren Nachweisbarkeit durch Identitätspapiere einen potentiell existentiellen Charakter annimmt. Unmittelbar nach dem Ende des Krieges erscheinen Feuilletons, etwa von Kurt Tucholsky oder Joseph Roth, in denen die andauernden Effekte der Militarisierung, der biopolitischen Erfassung und Kontrolle der Menschen sowie ihre Reduktion auf ihre Existenz als Staatsbürger verdichtet als Signatur der Zeit gestaltet werden.[26] Wiederkehrend erscheint dabei die Beobachtung, dass menschliche Existenz überhaupt nur dann anerkannt wird, wenn sie behördlich beglaubigt ist. In einem Feuilletontext „Über die Staatenlosen" berichtet Roth von einem russischen Emigranten, dass man ihm „das nackte Leben nicht glauben wollte"[27]: Evidenz vor der Staatsbürokratie produziert erst ein authentifiziertes Stück Papier. Der Mensch als solcher ist praktisch nicht existent. „Vor der abstrakten Nacktheit des Menschseins hat die Welt keinerlei Ehrfurcht empfunden"[28], schreibt Arendt entsprechend. Wer auf das ‚bloße Menschsein' zurückgeworfen ist, ist durch kein Gesetz und keine

---

einer Lektüre von Werfels *Jacobowsky und der Oberst* mit Hannah Arendt. In: dies. und Susanne Komfort-Hein (Hg.): Literatur und Exil. Neue Perspektiven. Berlin, New York 2013.

25 Eine Kontaktstelle sind etwa biografische Narrationen von ‚displaced persons', die häufig angesichts instabiler Bezugssysteme und traumatisierender Erfahrungen von besonderen Schwierigkeiten in Bezug auf kohärente Darstellung geprägt sind. Vgl. dazu Beneduce: Undocumented Bodies, S. 506 f.

26 Vgl. hierzu auch Doerte Bischoff: Kriegszustand. Logiken des Militärischen und die Macht der Pässe in literarischen Reflexionen über Staatsbürgerschaft seit 1918. In: dies. und Miriam Rürup (Hg.): Ausgeschlossen. Staatsbürgerschaft, Staatenlosigkeit und Exil, Berlin 2018.; Charlton Payne: Displaced Papers: Keeping Records of Persons on the Move. In: Doris Bachmann-Medick und Jens Kugele (Hg.): Migration. Changing Concepts, Critical Approaches. Berlin, Boston 2018.

27 Joseph Roth: Für die Staatenlosen, In: Das Tagebuch 30.11.1929, zit. nach: Das journalistische Werk 1929–1939, hg. von Klaus Westermann. Köln 1991, S. 135. Fast wortgleich findet man diese Formulierung auch in B. Travens Roman *Das Totenschiff* von 1926.

28 Arendt: Elemente und Ursprünge, S. 466.

politische Instanz geschützt und deshalb hochgradig prekär, wie Arendt in „Wir Flüchtlinge" formuliert:

> Eine gefährlichere Haltung kann ich mir kaum vorstellen, denn tatsächlich leben wir in einer Welt, in welcher bloße menschliche Wesen schon eine geraume Weile nicht mehr existieren. Die Gesellschaft hat mit der Diskriminierung das soziale Mordinstrument entdeckt, mit dem man Menschen ohne Blutvergießen umbringen kann; Pässe und Geburtsurkunden [...] sind keinen formellen Unterlagen mehr, sondern zu einer Angelegenheit der sozialen Unterscheidung geworden."[29]

Distinktion meint hier nicht die Differenzierung sozialer Klassen, sondern Inklusion und Exklusion, wobei letztere an den Verlust bürgerlicher Rechte geknüpft ist und den hochgradig prekären Status des Menschseins zur Anschauung bringt. Dass dieser als solcher u. U. nicht mehr gegenüber Tieren und nicht-lebenden Gegenständen abgegrenzt behauptet werden kann, zeigt eine 1932 verfasste „Planskizze" für ein Projekt über Staatenlose von Franz Werfel:

> Ich bin nicht geboren. Mama hat mich geworfen, eh sie starb. Mein Vaterhaus ist eine Bahnstation. Ich habe keinen Pass. Kontrabande. Schub. Der Wahrheit die Ehre, ich habe nirgends optiert. Ich sehe oft Menschen, die sich küssen. Bei Demonstrationen rufen sie Heil und Nieder. Mich fasst ein Neid, denn nicht einmal zu denen, die verrecken sollen, gehöre ich. Ich bin ein Findling der ganzen Erde. Jeder Schotterstein blickt mich überheblich an, da er seine Zuständigkeit besitzt. Wirklich, mir bleibt nur Gott übrig, in dem auch ich zu Hause bin. (Will ich heiraten, hapert's mit dem Papier.) Bin ich ein Ausnahmefall? Bin ich ein Mensch?[30]

Evoziert wird ein Zustand, in dem der Pass- und Staatenlose nicht nur von sozialer Teilhabe in Bezug auf ein bestimmtes Gemeinwesen ausgeschlossen ist, vielmehr empfindet er sich als „Findling der ganzen Erde", da ihm Zugehörigkeit überhaupt verwehrt ist. Dies erstreckt sich auch auf vermeintlich unpolitische Verhältnisse wie Liebesbeziehungen, die nicht durch eine Heirat legalisiert werden können und dem auf fundamentale Weise Ausgeschlossenen fremd bleiben müssen. Wo der Pass als Identitätsdokument fehlt, wird das eigene Menschsein fragwürdig. Diese Konstellation beschreibt eine Form des Exiliertseins, die unabhängig vom tatsächlichen Ort der Erzählinstanz auf Exklusion und Nicht-Teilhabe verweist. Präfiguriert werden hier, kurz vor der Machtergreifung der Nationalsozialisten, auch historische bzw. biografische Exilkonstellationen, die in den folgenden

---

29 Arendt: Wir Flüchtlinge, S. 18 f.
30 Franz Werfel: Der Staatenlose. In: ders.: Zwischen Oben und Unten. Prosa, Tagebücher, Aphorismen, Literarische Nachträge, hg. von Adolf D. Klarmann. München, Wien 1975, S. 788.

Jahren literarisch reflektiert werden. In Werfels Exildrama *Jacobowsky und der Oberst* etwa wird von einem Konsul berichtet, der wahnsinnig wird und aus einer Laune heraus seine Macht über Menschen missbraucht:

> Er fand den Sommer 1940 zu kalt und die Arbeit zu übertrieben. So zündete er ein behagliches Feuer in seinem Kamin an und warf all unsere Pässe und Dokumente hinein. Und er rief: ‚Heil Hitler! Ich heize mit Menschen!' Und er *hat* mit Menschen geheizt. Denn was ist ein Mensch ohne Papiere? Nackter als ein Neugeborener, nein, nackter als ein Skelett unter der Erde![31]

Auch hier wird der Begriff der Nacktheit noch einmal in einem Sinne aufgerufen und präzisiert, der eine Identifikation mit einem natürlichen Urzustand, aus dem etwaige Menschenrechte abgeleitet werden könnten, problematisiert: der mehrfach verwendete Komparativ ‚nackter als' deutet vielmehr daraufhin, dass es sich hier um einen exzessiven und nicht-repräsentierbaren Zustand des Ausgesetztseins handelt, für den es in der Staatsbürokratie keine Kategorie gibt, der aber auch in tradierten Vorstellungen und philosophischen Konzepten vom Menschsein nicht angemessen gefasst werden kann. Letztlich ist der prekäre Zustand der Sans Papiers in diesem Sinne der eines Ausgesetztseins vor dem Gesetz, das dessen verdrängte Ausschlusslogiken herausfordert und damit zur Schau stellt. In seinem Schwanken zwischen Passivität und Aktivität, Exponiertsein und sich Exponieren, das in der politischen Aktion, aber auch literarisch performiert werden kann, präsentiert er menschliche Existenz jenseits der Kategorisierungen und fordert zu seiner Anerkennung heraus.

Literaturverzeichnis

Arendt, Hannah: Elemente und Ursprünge totaler Herrschaft, München 1986.
Arendt, Hannah: Es gibt nur ein einziges Menschenrecht. In: Die Wandlung 4 (1949), S. 754–770.
Arendt, Hannah: Wir Flüchtlinge. In: dies.: Zur Zeit. Politische Essays, hg. v. Marie Luise Knott, aus dem Amerikanischen übersetzt von Eike Geisel. Berlin 1986, S. 110–117.
Behrman, Simon: Accidents, Agency and Asylum: Constructing the Refugee Subject. In: Law Critique 25 (2014), S. 249–270.
Beneduce, Roberto: Undocumented bodies, burned identities: refugees, *sans papiers*, *harraga* – when things fall apart. In: Social Science Information 47 (2008) H. 4: special issue: Migrants and clandestinity, S. 505–527.

---

[31] Franz Werfel: Jacobowsky und der Oberst. Komödie einer Tragödie in drei Akten. Stockholm 1944, S. 104.

Bischoff, Doerte: Exilanten oder Emigranten? Reflexionen über eine problematische Unterscheidung anlässlich einer Lektüre von Werfels *Jacobowsky und der Oberst* mit Hannah Arendt. In: dies. und Susanne Komfort-Hein (Hg.): Literatur und Exil. Neue Perspektiven. Berlin, New York 2013, S. 213–238.

Bischoff, Doerte: Kriegszustand. Logiken des Militärischen und die Macht der Pässe in literarischen Reflexionen über Staatsbürgerschaft seit 1918. In: dies. und Miriam Rürup (Hg.): Ausgeschlossen. Staatsbürgerschaft, Staatenlosigkeit und Exil. Berlin 2018, S. 165–183.

Cissé, Madjiguène: Parole de sans-papiers. Paris 1999. (Dt.: Papiere für alle. Aus dem Französischen von Nicola Schieweck-Rajaswaran, Göttingen 2002.)

Engler, Marcus: Irreguläre Zuwanderung nach und Abschiebungen aus Frankreich, in: BpB 2017; https://www.bpb.de/gesellschaft/migration/laenderprofile/246831/irregulaere-zuwanderung-und-abschiebungen (Zugriff: 15.2.2022).

Gosewinkel, Dieter: Schutz und Freiheit? Staatsbürgerschaft in Europa im 20. und 21. Jahrhundert. Frankfurt a. M. 2016.

Kafka, Franz: Das Schloss. Hg. v. Max Brod. Frankfurt a. M. 1983.

Laube, Lena: Was ist (m)ein Pass wert? Ungleiche Mobilitätsrechte, der strategische Erwerb von Staatsbürgerschaft und Migrations- und Grenzdiplomatie. In: dies. und Miriam Rürup (Hg.): Ausgeschlossen. Staatsbürgerschaft, Staatenlosigkeit und Exil. Berlin 2018, S. 243–267.

M'charek, Amade: *Harraga*: burning borders, navigating colonialism. In: The Sociological Review 68 (2020) H. 2, S. 418–434.

McNevin, Anne: Political Belonging in a Neoliberal Era: The Struggle of the Sans-Papiers. In: Citizenship Studies 10 (2006) H. 2, S. 135–151.

Payne, Charlton: Displaced Papers: Keeping Records of Persons on the Move. In: Doris Bachmann-Medick und Jens Kugele (Hg.): Migration. Changing Concepts, Critical Approaches. Berlin, Boston 2018, S. 101–120.

Roth, Joseph: Für die Staatenlosen. In: Das Tagebuch 30.11.1929, zit. nach: Das journalistische Werk 1929–1939, hg. von Klaus Westermann. Köln 1991, S. 132–136.

Torpey, John: The Invention of the Passport. Surveillance, Citizenship and the State. Cambridge 2000.

Vismann, Cornelia: Akten. Medientechnik und Recht, Frankfurt a. M. 2000.

Werfel, Franz: Der Staatenlose. In: ders.: Zwischen Oben und Unten. Prosa, Tagebücher, Aphorismen, Literarische Nachträge. Hg. von Adolf D. Klarmann. München, Wien 1975, S. 788.

Werfel, Franz: Jacobowsky und der Oberst. Komödie einer Tragödie in drei Akten. Stockholm 1944.

Time, Exile, and Post-Exile
(Katja Sarkowsky)

"Even if you return, you will not return," reports Chilean-American writer Ariel Dorfman the psychoanalyst Bruno Bettelheim telling him in a conversation between the two exiles.¹ Bettelheim had fled from Nazi persecution in 1939 and remained in the United States; Dorfman had fled Chile after Salvatore Allende's democratically elected Unidad Popular government was overthrown by Augusto Pinochet's military coup on September 11, 1973. Bettelheim's prediction to the younger man – which turned out to be in many respects accurate in Dorfman's case – refers to an experience shared by many exiles in very different contexts: that once the reasons for exile have ceased and return appears possible, it still might remain an impossibility, the state and time of post-exile irrevocably severed by exile from the time before departure, the creation of temporal and experiental continuity an illusion.

The very time of exile is characterized by the simultaneity of different time frames: the past of the exile's home country which they remember; the present of their home country, a time and space from which they are exiled; and the present of their host country in which they live.² One could add to this the different futures – that of the home country and that of the exile – which might not concur, for not always does the exile have a place in rebuilding their country after the end of a dictatorship. In this context, the term 'post-exile' is ambiguous. While some critics understand it as referring to the time after a person goes into exile, that is, the time after the beginning of exile,³ others have more frequently used the term to mark the end of exile, the time when the reason for a person's involuntary departure from the country or place of origin no longer exists and a return is at least theoretically possible.⁴ This time, however, can be – and mostly is – marked

---

1 Ariel Dorfman: Feeding on Dreams. Reflections of an Unrepentant Exile. Boston 2011, S. 9.
2 Sophia McClennen: The Dialectics of Exile. Nation, Time, Language, and Space in Hispanic Literatures. West Lafayette, Indiana 2004, S. 58.
3 Letizia Fusini: Testing the Limits of Freedom. The Tragic Mode as Post-Exilic Discourse in Gao Xingjian's 1993 Play The Sleepwalker (Yeyoushen). In: Bettina Bannasch und Katja Sarkowsky (Hg.): Nachexil/Post Exile. Berlin, Boston 2020; Mary Mazzili: Gao Xingjian's Post-Exile Plays: Transnationalism and Postdramatic Theatre. London 2015.
4 Luis Roniger, Leonardo Senkman, Saul Sosnowski, Mario Sznyjder: Exile, Diaspora, and Return: Changing Cultural Landscapes in Argentina, Chile, Paraguay, and Uruguay. Oxford 2018.

by fundamental ambivalences and tensions, in which the effects of exile have become irreversible as in the initially cited example.[5]

It is this second understanding this contribution will adopt. Yet, reading both conceptualizations side-by-side for a moment highlights not only the ambiguity of the term's meaning (in the first understanding, post-exile and exile appear to mark the identical timeframe), but also that of its temporal implications, particularly with regard to the concept qualified by 'post', that is, exile. In each understanding, 'post' emphasizes a different rupture: either between the time 'before exile' and 'exile' or between 'exile' and the time 'after exile'. The first, however, appears merely a temporal marker for an oeuvre, while the second – taking the fundamental disruption of exile with the life 'before' as a given – implies not only a temporal, but also an experiental relation. The prefix 'post' relates the time 'after' constitutively to exile; very much in analogy to others 'posts', it is not only temporal but also marks a fundamental and irreversible if mostly critical engagement with the term qualified by the prefix. In 'post-exile,' exile continues to mark the life 'afterwards'; in some cases, exile may even continue in changed form.[6] But the 'post' in 'post-exile' also, in the sense proposed by Felipe Espinoza Garrido in his reading of post-exilic Chilean film, "draws heavily on the notion of 'post' as Kwame Anthony Appiah's 'space-clearing gesture', which must thus include a transcending, 'going beyond', and an interrogating of the notion of exile," that is, an "inquisitive approach into the discursive constructions of exile and after".[7]

In this understanding, everything hinges not only on the question of the possibility of return to the place involuntarily left, but also on the how such a possibility is actualized – or not. As Espinoza Garrido continues to observe, "not all returns from exile can be understood as post-exilic to the same extent"[8], emphasizing the decisiveness of the spaces in which such an "inquisitive," in

---

Mario Sznajder und Lois Roniger: The Politics of Exile in Latin America. New York, Cambridge 2009.
5 Bettina Bannasch und Katja Sarkowsky: Nachexil/Post-Exil: Eine Einleitung. In: dies. (Hg.): Nachexil/Post Exile. Berlin, Boston 2020; Sandra Barialles-Bouche: Jorge Guillén in Post-Exile. In: Hispanic Review 85 (2017), H. 4; Stefan Braese: Nach-Exil. Zu einem Entstehungsort westdeutscher Nachkriegsliteratur. In: Claus-Dieter Krohn et al. (Hg.): Jüdische Emigration zwischen Assimilation und Verfolgung, Akkulturation und jüdischer Identität. München 2001.
6 See Bannasch/Sarkowsky: Nachexil/Post-Exil: Eine Einleitung, S. 1.
7 Felipe Espinoza Garrido: Imagine your past as a film: Post-exile re-projections in Los Náufragos and Imagen Latente. In: Bettina Bannasch und Katja Sarkowsky (Hg.): Nachexil/Post Exile. Berlin, Boston 2020, S. 297.
8 Espinoza Garrido: Imagine your past as a film, S. 297.

consequence also self-reflexive approach happens. Mario Sznajder and Luis Roniger have outlined five what they call "post-exilic paths": return home and emigration; expatriation and integration abroad; return; death and return of remains; continuing life in exilic condition.[9] Not captured by Sznajder and Roniger's schematic model – but discussed nevertheless in their text – is that 'return' has both a geographical and the psychological dimension implied by Bettelheim: Physical return to a place of departure may be possible when the initial reasons for exile are no longer given, for instance, when a repressive regime enters a phase of liberalization, or when such regimes have been overthrown. Return may even be explicitly desired not only by the exile but also by those institutions that have replaced the repressive regime.[10] Many exiles return and rebuilt their lives; many play a crucial role in their country's future design. But this is not a given, as numerous examples show: Returning exiles might also find the place they left irrevocably changed, their former position in that society lost, their status questioned *because* of exile; or they might find themselves so fundamentally changed by the experience in and of exile that reintegration is psychologically difficult or even impossible. 'Post-exile' as a "mode of existence"[11] is characterized by a tension between expectations, hopes, and memories nurtured during the time of exile, the often-disillusioning experience of a newly constituted present, and the loss of a hoped-for future.

Writers have described this tension frequently, but mostly without calling it 'post-exile'. The term nevertheless seems crucial to mark the difference between exile as involuntary displacement and the time afterwards that finds the place left defamiliarized – if return is an option at all. The temporal relation between exile and post-exile is thus anything but clear-cut: The passing of time does not necessarily relate to the actual experience of time, and the disillusionment of post-exile often hinges on temporal incongruencies between the exile's experience and the development that their place of origin undergoes in their absence. The experience of such incongruencies is often exacerbated by the traumatic rupture of exile, by the loss of loved ones as well as of property, and by financial or even existential uncertainty. To varying extents and forms, post-exile continues to be shaped by the experience of exile. While, as Snzajder and Roniger also point out, not all effects of exile on the post-exilic condition are necessarily negative, exile as a

---

[9] Sznajder und Roniger: The Politics of Exile in Latin America. S. 307.
[10] See Sznajder und Roniger, The Politics of Exile in Latin America.
[11] Braese: Nach-Exil, S. 229.

"fundamentally discontinuous state of being"[12] may transfer into a different, but not necessarily less discontinuous a state.

The documents attesting to the experiences of both exile and post-exile are legion, and particularly for exiled writers and artists, the question of how to find expression for such disruptive and often deeply traumatic experiences has been an important issue. In another conversation that Ariel Dorfman reports in his initially cited memoir *Feeding on Dreams*, Heinrich Böll tells him that, under the Hitler regime, language "was kidnapped" by the Nazis, and that reclaiming language "was the task we could not avoid, that is what you must worry about most. Not allowing them to control the language with which you will tell the story of your times".[13] Language's potential to capture the disruption of exile as well as a future beyond exile and the oppression that necessitated it is explored and reappropriated in fictional as well as autobiographical writing; the latter is not simply a report on 'what happened', but, like fiction, a constructive process of selection, omission, and (re)combination of more or less reliable memories through narrative. Narrative form thus may be crucial for how experiences of exile and post-exile are not only depicted but also negotiated, revisited, and probed, and how time functions as a multilayered, dynamic relation between different spaces.

In the following, I will take Dorfman's two memoirs, *Heading South, Looking North. A Bilingual Journey* (1998) and *Feeding on Dreams. Confessions of an Unrepentant Exile* (2011) as examples of such autobiographical writing and of the ways in which memoirs – beyond the politically crucial form of testimony – can simultaneously reflect upon and demonstrate the displacements of both exile and post-exile. I thus propose to read Dorfman's two memoirs not as mere illustrations of such a process of narrative negotiation, but, in the texts' unique combination of the shared experiences of exile and post-exile in a very specific context (here, Chilean exiles fleeing the brutal repressions of the military junta particularly between 1973 and 1983) with a life story and individual metaphors for a life lived and made sense of in the context of a familial history of dislocation. I read both texts as, on the one hand, exploring the experience as well as the notion of exile, and, on the other hand, as demonstrating the conceptual need for 'post-exile' as an analytical term to address the complexities of exile as multilayered temporal relations between the past, present, and future. In short, I read them as forms of both autobiographical storytelling and as an exploration of the productivity of a theoretical concept.

---

12 Edward Said: The Mind of Winter. Reflections on Life in Exile. In: Harper's Sept 1, (1984), S. 51.
13 Dorfman: Feeding on Dreams, S. 30.

Life Writing After Exile: Ariel Dorfman's *Heading South, Looking North* and *Feeding on Dreams*

Ariel Dorfman, poet, novelist, playwright, academic, human rights activist, and internationally probably best known for his play *Death and the Maiden* (1990), was an ardent supporter of and cultural advisor to President Salvatore Allende when the Chilean military – with the support of the US government and the CIA – staged its successful coup on September 11, 1973. Having been born in Argentina, Dorfman managed to leave Chile via the Argentinian embassy and went into exile, first in Paris, then in Amsterdam and Washington DC. He became a professor of literature and Latin American Studies at Duke University in 1985. His two memoirs – written 13 years apart – are post-exilic texts, written after not only the political reason for his exile had ended with Chile's return to democracy in 1989, but also after he gave up his plans for returning to Chile in 1991.[14] Sophia A. McClennen's observation regarding Dorfman's post-exilic fiction certainly applies to his memoirs as well: With Dorfman's exile officially ending simultaneously with the end of the Cold War and the era of globalization, she argues, "his post-exile writing bridges the local and the global".[15] Analogously, particularly *Heading South* interweaves, as McClennen observes elsewhere, "personal memory and the history of the Americas,"[16] but it also depicts the personal as deeply transnational, even cosmopolitan,[17] very much in tension with – at least in *Heading South* – a display of passionate Chilean nationalism.

'Belonging' emerges as a central theme in both memoirs, precisely because it is constantly at stake. The family's history is one of migration and displacement with both of Dorfman's parental families having fled from anti-Jewish persecution (on his mother's side) or migrated (on his father's) from Eastern Europe to Argentina in the early 20th century (stories related in the second chapter of *Heading*

---

14 I base this sketch of Dorfman's life on both his memoirs and on Sophia McClennen's outline in Ariel Dorfman: An Aesthetics of Hope. Durham, North Carolina 2010.
15 Sophia McClennen: Torture and Truth in Ariel Dorfman "La muerte y la doncella". In: Revista Hispánica Moderna 62.2 (2009), S. 179.
16 Sophia McClennen: The Diasporic Subject in Ariel Dorfman's Heading South, Looking North. In: MELUS 30.1 (2005), S. 170.
17 In her reading of the memoir – in the cited article as well as the 2010 monograph *Ariel Dorfman. An Aesthetics of Hope* – McClennen contextualizes *Heading South* in the framework of American minority writing and Ethnic Studies. While both memoirs are certainly not independent of the discursive context in which Dorfman moved at the time, I will not follow this line of argument but read them as post-exilic reflections of both the experience of exile, of post-exile, and of a post-exilic 'state of existence'.

South); and with his family having to first leave Argentina for the United States in 1943 after the military pro-Axis coup[18] and then again the United States for Chile in 1954 to avoid his father's persecution as a communist during the McCarthy era.[19] Dorfman narrates his life as a story of displacements, literal and metaphorical: the five-year-old boy confined to an all-English-speaking hospital in 1947 is "lost and found in the first exile of his life,"[20] life itself is exile.[21] By thus blending the literal with the metaphorical component of exile, the individual and family history with the experiental concept, the autobiographical narrator emphasizes a continuity of displacement that lends additional urgency to his eventual identification with Chile and with Salvatore Allende's political agenda, for Dorfman a crucially future-oriented, even utopian vision of political and social participation. The relation to Chile is one that Dorfman thereby describes as emerging out of a complex exilic constellation: He came to live in Chile at the age of 15 when his father was expelled from the United States for his communist sympathies, and Dorfman narrates his first years in Chile as a spatial, cultural, temporal, and linguistic displacement from his "beloved United States"[22] that leaves him with a "barren exile's heart," as he puts it ironically at one point.[23] The final political and linguistic identification with Chile, paradoxically, he then attributes to the time of his return to the United States on a university fellowship – a time that, in the trajectory of his narrative of early exile from the United States, might be characterized as post-exilic – and to the realization of the role of American imperialism in the Americas and Asia: "My stay in Berkeley was to lash me even more tightly to the Chile I had chosen as my own, was to force me eventually to realize that in order to really go back [to Chile] I needed to rid myself of that last link, the English language, which still tied my to the United States".[24] It is distance that seals identification.

Heading South and *Feeding on Dreams* cover different time frames, the earlier text recalling the autobiographical narrator's life from birth to the 1973 coup and his flight to Argentina, the later text telling the story of exile and however incomplete return to Chile. *Heading South* thus revolves around the rupture that exile – but even more so the violent events necessitating it – meant, but in a context of an ongoing experience of displacement that predates his flight after the military

---

18 Dorfman: Heading South, Looking North. A Bilingual Journey. New York 2012, S. 23.
19 Dorfman: Heading South, S. 76.
20 Dorfman: Heading South, S. 4.
21 Dorfman: Heading South, S. 12.
22 Dorfman: Heading South, S. 101.
23 Dorfman: Heading South, S. 107.
24 Dorfman: Heading South, S. 209.

coup. *Feeding on Dreams*, while centering the story that it tells strongly on the experience of exile from Chile, equally strongly highlights the ongoing experience and disillusionment of post-exile – the time frames covered and the reflections of experiences of dislocation are thus not always temporally aligned but interweave and overlap.

Neither text follows a straightforward narrative chronology. Rather, the complex overlap of time frames is reflected in a dual temporal structure that both texts share but that differ in kind: *Heading South* alternates between chapters covering the time of the military coup (the period from the evening of September 10, 1973 to Dorfman's flight to the Argentinian embassy and his eventual arrival in Buenos Aires as an exile) and those narrating his childhood, youth, and young adulthood up to 1973. *Feeding on Dreams*, by contrast, alternates between narrating the time of actual exile, continuing at the point when *Heading South* ended, and the time of return to Chile, drawing on and quoting seemingly verbatim the journal Dorfman kept when he travelled back and attempted to resettle in Chile, sections entitled "Fragment from the Diary of My Return to Chile in 1990". This temporal double structure in both memoirs, I want to suggest, not only showcases the interplay between present and past in exilic memories and the simultaneity and overlap of different experiental time frames. Conceptually, it also rejects linear time as an adequate mode of narrating exile – the "suspension of linear time" that McClennen identifies as characteristic for exilic writing[25] – and as an appropriate temporal relation between exile and the 'time after'. If *Heading South* interweaves the traumatic events of expulsion with a narrative that highlights the continuity of familial exile and search for belonging throughout Dorfman's life, *Feeding on Dreams* combines the narrative of exilic experience with that of a disillusionment of post-exile. Unlike the earlier memoir, this later text does not alternate the focus between chapters; instead, it oscillates between the different time frames within three large parts the titles of which – "Arrivals," "Returns," and "Departures" – signal the restless movement of the autobiographical subject as well as the open-endedness of his life journey. The overlapping of different time frames finds an even more complex structural expression here than it does in *Heading South*. So, while each memoir follows an overall chronological trajectory, the alternating structure calls into question the link between the passing of historical time, its experience, and its narratability.

Such a disjunction finds a manifestation not only in narrative structure but also in language itself. Language is, on the one hand, a central topic with the auto-

---

[25] Sophia McClennen: The Dialectics of Exile. Nation, Time, Language, and Space in Hispanic Literatures. West Lafayette, Indiana 2004, S. 2.

biographical narrator's constant oscillating between English and Spanish – an in-between state in which the self-reflexive choice of language comes to serve as a marker of both belonging and displacement, and sometimes both at the same time.[26] On the other hand, it is, of course, the very means by which the experiences of exile and post-exile are rendered, and the use of language, the choice of tenses and grammatical form, are an integral part of such rendering. Marcia Sá Cavalcante Schuback suggests that "exile interrupts any experience of time as continuous succession of before and after, the very measure of the movement of this flow, precisely because, in exile, existence is suspended in the *between*".[27] While she generally seems to subscribe to the very metaphorization of exile as an existential (or in her conception, post-existential) mode that many scholars and writers reject as problematic, her answer to the question of "how to conceive of and find an adequate formulation to describe the experience of exile from within, that is, from exile while exiling"[28] aligns in very literal terms with Dorfman's own strategy of capturing that 'between' experience of exile in and through the use of tense and grammatical form: Sá Cavalcante Schuback suggests the gerund as a "an ongoing action, without provenance or destiny, without a beginning or end".[29] Indeed, the gerunds in both of Dorfman's titles – heading, looking, feeding – seem to suggest a process of unfulfilled desire and unreached destination reflected in the narrative – and exacerbated by its interwoven temporal structure.[30]

If the choice of grammatical form signals an ongoing emotional and geographical movement, the unfulfilled desire for a place of belonging – and the impossibility of return – are made very explicit in *Feeding on Dreams*. This impossibility is not due to the political circumstances: In a plebiscite of 1988, Chileans voted for an end to Pinochet's tenure, and in 1990, the democratically elected president Patricio Aylwin took office; Dorfman had planned a permanent return, but he

---

26 Steven G. Kellman: Writing South and North. Ariel Dorfman's Linguistic Ambidexterity. In: Orbis Litterarum 68.3 (2013); Fiona J Doloughan.: Translating the self: Ariel Dorfman's Bilingual Journey. In: Language & Intercultural Communication 2 (2002), H. 2.
27 Marcia Sá Cavalcante Schuback: Time in Exile: In Conversation with Heidegger, Blanchot, and Lispector. Albany, New York 2020, S. 4.
28 Sá Cavalcante Schuback: Time in Exile, S. 5.
29 Sá Cavalcante Schuback: Time in Exile, S. 5
30 In the Spanish title of Dorfman's first memoir, *Rumbo al Sur, deseando el Norte*, "deseando" suggests a similar process, and even more strongly so, with the term 'looking' in the English language title replaced with 'desiring' in the Spanish (see Steven G. Kellman: Writing South and North, S. 212.)

and his wife left Chile for good in 1991.[31] In his alternating narrative of exile and post-exile in *Feeding on Dreams,* the difficulties of this plan come to the fore. The memoir describes an experience of fundamental alienation; loss emerges as a loss of idea (Allende's socialism), a loss of friends and comrades, a loss of home – but also a loss of an envisioned future. Time has passed in Chile without the exiles, and *Feeding on Dreams* in its doubled temporal structure narrates the pain of disillusionment when the autobiographer realizes that both he and Chile have irrevocably and incompatibly changed during his absence. The future of longing in exile, the longing for return, becomes the present of post-exile. "Well, the future is now, the year 1990,"[32] Dorfman writes, and as a present, it does not align with the hopes invested in it when it was still the time to come. In the introduction to *Feeding on Dreams,* Dorfman is very explicit:

> [T]his is not the future I had imagined, this separation from my community, this mongrel heretic of language that I have become, this insurgent nomad of the earth who writes these words. How did it come to pass? How did the exile I had been intend on renouncing forge me into someone who could not find a way home?[33]

Formulated in this introductory paratext, the expressed sentiment sets the tone of the memoir; the future disappointment is known to the reader before she begins reading Dorfman's recollections.

The disappointment Dorfman reflects on throughout the memoir is not only of failed recognition as a writer and activist after his return, even though it is that, too. But it is, as he tells it, even more fundamentally with the future/present of Chile as a transformed post-dictatorial society; as Roniger et al. explain, "given the changes that took place during the dictatorship, to return meant relocating to an only partially known scenario – a fact that transformed the return into a new exile,"[34] and Dorfman's memoir clearly narrativizes such an experience of 'new exile' – or post-exile. Intertwined with the story of writing his famous play *Death and the Maiden* while in Chile in 1990 – a play about a woman, Paulina, who thinks she recognizes the man who tortured her during the dictatorship, a man whose face she never saw but whose voice and smell she never forgot – Dorfman tells the story of his disappointment with a country that, from his perspective, gave up solidarity with the victims for the peace of coexistence in "this Chile where

---

31 Dorfman: Feeding on Dreams, S. 330.
32 Dorfman: Feeding on Dreams, S. 101.
33 Dorfman: Feeding on Dreams, S. 117–128.
34 Roniger et al.: Exile, Diaspora, and Return, S. 174.

victims and torturers walk side by side".[35] The autobiographical narrator reflects on this development as what he perceives as a betrayed future, the "glorious anticipation of what the country could become if we managed to rid ourselves of the dictator – and of our own inner dictators, the censors inside," the anticipation that "spoiled me and cradled me and nursed me, that vision of a home for us all" bitterly disappointed: "That's what really hurt, then, upon my return to Chile in 1990, continues to hurt each time I go back to a country that seems farther and farther from that communal dream of solidarity".[36] The story of post-exile that *Feeding on Dreams* tells is one of someone who cannot return because the country he returns to lives a different future than the country that he left had envisioned. Spaces may align, but time does not.

Exile, Diaspora, and the Necessity of 'Post-Exile'

The experiences related and reflected upon in Dorfman's two memoirs present one example of post-exilic life writing. While many aspects that these texts touch upon are very specific in both experience and narrative rendering – for instance the leitmotif of transgenerational displacement, or the foregrounding of bilingualism – others appear to typify wide-spread issues that confront exiles after exile and across different "post-exilic paths," to evoke Sznajder and Roniger again: the experience of a fundamental personal transformation through exile; the perception of the homeland having irrevocably changed; and a loss of status and/or a lack of place within the social structure of one's post-dictatorial homeland. All of these aspects call into question the possibility of 'return' after the objective reason for exile is no longer given. And they also highlight not only exile as a form of spatial displacement but they also foreground the discontinuous experience of time in and through exile: the exilic simultaneity of one's home country's time and the exile's time abroad, the overlap of present, past, and visions of the future, and the temporal complexity of exile's lasting impact on the 'time after' – particularly if return turns out to be impossible.

It is in light of such an example, understood as both specific and exemplary, that the potential need for post-exile as a term other than denoting the time after the end of exile has to be considered – as a conceptual, not just a temporal term. 'Diaspora' is an obvious alternative candidate, and McClennen for instance dis-

---

[35] Roniger et al.: Exile, Diaspora, and Return, S. 224.
[36] Roniger et al.: Exile, Diaspora, and Return, S. 268.

cusses Dorfman explicitly as a diasporic writer, highlighting his triple dispersal as well as his Jewish heritage and his family's history of displacement, but also identifying the etymological meaning of 'diasporein' as 'scatter' and 'sow' as "two notions [that] inseparably traverse Dorfman's memoir".[37] Dorfman himself rarely resorts to the term diaspora, and when he does, he does not explicitly refer to the transgenerational component of his experience of displacement, as in the following example from one of the diary fragments of 1990:

> But there will never again be a day in my life when all my friends from Chile and from abroad are together, *when the diaspora and scattering of seeds will end*, there will never be again a day or a night, there will never again be a simple gathering that is not inescapably incomplete. *The doubleness of exile has followed me home.*[38]

While this passage appears to suggest the aptness of diaspora as a term to capture the time after exile, read together, the highlighted sentences bring forth a constitutive tension between the utopian promise of ended dispersal of friends united not only by affection but also a shared dream of a just society and the individual and inescapable experience of exile *at home*, that is, after return. In Dorfman's memoirs, there is no return, and the memoir echoes Bettelheim's prediction cited at the beginning: "Even if you return, you will not return".[39] The claim I want to make in this conclusion is of course not that there cannot be a return for exiles after the objective end of exile and that Dorfman's memoir exemplifies such an impossibility; this would be preposterous. Neither do I want to suggest that 'diaspora' as a term cannot capture a particular kind of post-exilic condition; it clearly can do so, with many an exile turning into diaspora over time. What I want to propose is that Dorfman's two memoirs offer a poignant example of texts the temporal complexity of which may overlap with, but cannot be captured by the notion of diasporic dispersal – and that thus require different critical terminology and concepts. 'Post-exile' – regardless of whether writers use the term or not (Dorfman does not) – may well be such a concept; it draws analytic attention to the complexities of a specific *temporal* relation that plays on but in effect fundamentally defies sequence and chronology and that thus helps conceptualize the temporal layeredness and discontinuity of experiences of past, present, and future shaped by exile beyond exile, post-exile, to put it once again with Braese, as a mode of existence.

---

37 Sophia McClennen: Ariel Dorfman: An Aesthetics of Hope, S. 192.
38 Dorfman: Feeding on Dreams, S. 168 [emphasis added].
39 Dorfman: Feeding on Dreams, S. 9.

References

Bannasch, Bettina und Katja Sarkowsky: Nachexil/Post-Exil: Eine Einleitung. In: Bettina Bannasch und Katja Sarkowsky (Hg.): Nachexil/Post Exile. Berlin, Boston 2020, S. 1–11.

Barialles-Bouche, Sandra: Jorge Guillén in Post-Exile. In: Hispanic Review 85 (2017), H. 4, S. 393–417.

Braese, Stefan: Nach-Exil. Zu einem Entstehungsort westdeutscher Nachkriegsliteratur. In: Claus-Dieter Krohn et al. (Hg.): Jüdische Emigration zwischen Assimilation und Verfolgung, Akkulturation und jüdischer Identität. München 2001. S. 227–253.

Doloughan, Fiona J.: Translating the self: Ariel Dorfman's Bilingual Journey. In: Language & Intercultural Communication 2 (2002), H. 2, S. 147–152.

Dorfman, Ariel: Heading South, Looking North. A Bilingual Journey. New York 2012.

Dorfman, Ariel: Feeding on Dreams. Reflections of an Unrepentant Exile. Boston 2011.

Espinoza Garrido, Felipe: Imagine your past as a film: Post-exile re-projections in Los Náufragos and Imagen Latente. In: Bettina Bannasch und Katja Sarkowsky (Hg.): Nachexil/Post Exile. Berlin, Boston 2020, S. 295–316.

Fusini, Letizia: Testing the Limits of Freedom. The Tragic Mode as Post-Exilic Discourse in Gao Xingjian's 1993 Play The Sleepwalker (Yeyoushen). In: Bettina Bannasch und Katja Sarkowsky (Hg.): Nachexil/Post Exile. Berlin, Boston 2020, S. 317–337.

Kellman, Steven G. Writing South and North. Ariel Dorfman's Linguistic Ambidexterity. In: Orbis Litterarum 68.3 (2013), S. 207–221.

Mazzili, Mary: Gao Xingjian's Post-Exile Plays: Transnationalism and Postdramatic Theatre. London 2015.

McClennen, Sophia: The Dialectics of Exile. Nation, Time, Language, and Space in Hispanic Literatures. West Lafayette, Indiana 2004.

McClennen, Sophia: The Diasporic Subject in Ariel Dorfman's Heading South, Looking North. In: MELUS 30.1 (2005), S. 169–188.

McClennen, Sophia: Torture and Truth in Ariel Dorfman "La muerte y la doncella". In: Revista Hispánica Moderna 62.2 (2009), S. 179–195.

McClennen, Sophia: Ariel Dorfman: An Aesthetics of Hope. Durham, North Carolina 2010.

Roniger, Luis, Senkman, Leonardo Senkman, Sosnowski Saul, Sznyjder, Mario: Exile, Diaspora, and Return: Changing Cultural Landscapes in Argentina, Chile, Paraguay, and Uruguay. Oxford 2018.

Sá Cavalcante Schuback, Marcia. Time in Exile: In Conversation with Heidegger, Blanchot, and Lispector. Albany, New York 2020.

Said, Edward: The Mind of Winter. Reflections on Life in Exile. In: Harper's Sept 1, (1984), S. 49–55.

Sznajder, Mario, Lois Roniger: The Politics of Exile in Latin America. New York, Cambridge 2009.

Transmigration and Exile
(Yaatsil Guevara González)

Preface

The grandparents of my father's best friend, Epifanio,[1] were Spanish exiles. During his visits to our home, Epifanio used to tell us stories about his grandparents. One of the anecdotes I remember most was one about his grandmother: "My grandmother always had two suitcases ready under her bed, because she said that at any moment they would return to Spain when Franco died," Epifanio told us. However, Epifanio's grandparents, who arrived in Mexico in the early 1940s, on the cusp of what became known in Mexico as "the Spanish exile," never returned to Spain. Some of their children were born in Spain and others in Mexico, like Epifanio's parents. The grandparents died in Mexico, always thinking about the possibility of returning to their country of origin at some point.

Exile and its temporalities are embedded in Epifanio's grandmother's anecdote. Emigration, arrival, waiting, integration are topics always shaped by time passing. In this sense, this contribution discusses the importance time plays when approaching the concept of exile. The discussion is structured as follows. First, I briefly sum up the use of the category of exile and related concepts used in the Mexican context. Second, I introduce the concept of transmigration and explore the contributions that this concept could give to the way in which the temporal perspective of exile has been approached in the Mexican context. For this I explore how contemporary Central American transit migration in Mexico has been differently approached as other migratory flows, like for example the Spanish and South American exiles. Finally, I argue that the concept of time needs to be addressed within the debates of exile and transmigration research to overcome the frequent conceptualization of those mobility processes as linear and static. Epifanio's grandparents' example, who kept their suitcases ready for thirty years while waiting to return to Spain, gives us important insights about the complexity of the temporalities involved in forced migration.

---

[1] Pseudonym.

https://doi.org/10.1515/9783110770995-019

The concept of exile in the Mexican context

Within the Latin American context, the *Convención de La Habana sobre Derecho de Asilo* [Havana Convention on the Right of Asylum] held in 1928 served as the basis for opening the debates on the protection of politically persecuted persons and the use of the category of exile or political asylum. Generally, in Latin America, a historical differentiation has been taking place between what was initially called "diplomatic asylum" and "territorial asylum.[2]" In this way, diplomatic asylum has been used as a synonym for political asylum or exile sought via legations, warships and military camps or aircraft. Moreover, the term of territorial asylum has been employed to categorize those people entering to a country through land routes and seeking the refugee status. The differentiation of diplomatic asylum and territorial asylum has its origin in the *Convenciones sobre Asilo Diplomático y Asilo Territorial* [Conventions on Diplomatic Asylum and Territorial Asylum] held in 1954 in Caracas, Venezuela, where for the first time diplomatic and territorial asylum were defined.[3] Mexico ratified those Conventions in 1957 and 1981, respectively.

In the Mexican context, the concepts of exile, diplomatic and political asylum[4] have often been used interchangeably. In a very general way, it can be affirmed that the three terms have been conceived as a protection mechanism for those politically persecuted people in their countries of origin to whom the Mexican State – especially in a first step through its diplomatic representations abroad, and often in a discretionary manner –, grants political asylum.[5] One of the first examples of exile policies in Mexico can be identified through the *Tratado de No extradición por Delitos Políticos* [Treaty of Non-Extradition for Political Crimes], signed between Mexico and Colombia in 1823.[6] Thus, the use of the category of exile or political asylee in the Mexican context has historical connotations preceding those of the refugee category. In this respect, the onset of

---

[2] Manuel Ángel Castillo und Fabienne Venet Rebiffé: El asilo y los refugiados: una visión histórica y crítica hasta nuestros días. In: Francisco Alba, Manuel Ángel Castillo, and Gustavo Verduzco (eds.): Migraciones Internacionales III. Mexico 2010.
[3] Castillo and Venet Rebiffé: El asilo y los refugiados, p. 211.
[4] There is a conceptual gap due to language translation. The English term does not embrace the conceptual differentiations made by the Mexican law. In the Mexican context, it will be differentiated between "exiliado," [exiled] or "asilado político," [political asylee] and "refugiado" [recognized refugee].
[5] Claudia Fedora Roja Mira: La política de asilo en México: una perspectiva crítica. In: Revista Divergencia 6 (2016).
[6] Castillo and Venet Rebiffé: El asilo y los refugiados, p. 196.

the use of the refugee category has its origin in the mass forced migration flows of Guatemalans to Mexico that occurred in the late 1970s and at the beginning of the 1980s due to the civil war and *guerrilla*.[7] These occurrences were a turning point for opening the debates about the definition of the term "refugee." A clear example of the lack of clarity in the use of the term is its quite "tardy" definition, only established for the first time in the *Ley General de Población* [General Population Law] of 1990.

Castillo and Venet Rebiffé point out that the category of political asylee in the Mexican legislation had its roots in the Constitutions of 1856 and 1917, where the prohibition of deportation of political prisoners served as a basis for the contemporary legislations.[8] Even so, the authors rightly affirm that the Mexican State has failed to create a solid asylum regime, and that the way humanitarian protection policies have been formed in the country have been inertial and discretional. The clearest example is the way Mexico responded to the Spanish exile in the late 1930s and early 1940s. During this time, Mexico received approximately 20,000 Spaniards fleeing Franco's dictatorship.[9] It must be noticed that Mexico's "affable" reception of the Spanish exiles was an exception, since the government normally treated these migratory flows in a more conservative way. One example of this rather conservative reception's policies was the obstacles faced by the Jews fleeing the Second World War and their struggles for being recognized as exiles in Mexico.[10] This was not the case with the Spanish exiles, who received better treatment and were allowed and able to integrate into Mexican society.[11] The Spanish exile gave rise to countless discussions about the Mexican international protection policies and for the first time the category of political asylee was considered in the *Ley General de Población* [General Population Law] of 1947.[12] Another example helping to explain the changes in the political agendas and debates surrounding exile or political asylum was the Chilean and Argentine exile in Mexico.

---

[7] Luis Ortiz Monasterio: Refugiados guatemaltecos: lecciones y aprendizajes. In: Katya Somohano and Pablo Yankelevich (eds.): El refugio en México: entre la historia y los desafíos contemporáneo. Mexico: Secretaría de Gobernación 2011.

[8] Castillo and Venet Rebiffé: El asilo y los refugiados, p. 196.

[9] Castillo and Venet Rebiffé: El asilo y los refugiados, p. 198.

[10] See: Daniela Gleizer: El exilio incómodo. México y los refugiados judíos. 1933–1945. Mexico 2011; Yael Siman: Tránsito y Llegada de Refugiados Judíos y Sobrevivientes del Holocausto a México, 1939–1960. In: Comparative Cultural Studies: European and Latin American Perspectives 11 (2021).

[11] Guiomar Acevedo-López: El exilio republicano español en México: Memoria e identidad. In: Revista De Estudios Latinoaméricanos 69 (2021).

[12] Castillo and Venet Rebiffé: El asilo y los refugiados, p. 197.

The coup d'état in Chile during 1973 forced around 4,000 Chileans to leave their country and seek political asylum in the diplomatic representations of Mexico in South America;[13] similarly in 1976 with the coup d'état in Argentina, Mexico again received thousands of Argentines as exiles.[14] Thus, the dictatorships of the 1970s in several South American countries inertially increased the pressure for Mexico to create new reception policies.

Central American forced migration

However, this type of "reception" policy was notoriously implemented, again, in a different manner for other migratory flows that also occurred in the late 1970s and early 1980s. The most significant example is the forced migration of thousands of Guatemalans fleeing the civil war in Guatemala and the *guerrillas*. Unlike the Spanish exile of the 1930s and 1940s and the exiles from the south of the continent in the 1970s, the Central American diaspora was treated – in the best case – as a matter of territorial asylum, which diminished its importance. One of the reasons why Mexico's reaction to this new panorama was chaotic, was that for the first-time other factors beyond political persecution were at the origin of such migratory flows. This time, generalized violence, mass killings, forced disappearance, and extreme poverty were forcing thousands of Central Americans to flee. Hence, these causes forced thousands of Maya populations and peasants to flee inland or to Mexico in the late 1970s and early 1980s. Some statistics estimate that at the beginning of the eighties there were half a million Guatemalan Mayas who had abandoned their homes or were living in the Guatemalan jungle, and another 400,000 who had fled to other countries, principally to Mexico.[15]

Due to international pressure (for example from the United Nations Refugee Agency), Mexico created in 1980 the Mexican Commission for Aid to Refugees (COMAR) to attend the issues of the (mainly) Guatemalan forced migration. This was the first attempt of the Mexican government to recognize the problem occurring in Mexico's southern border. The category of refugee was included in the General Population Law of 1990; and it was based in both the 1984 *Declaración*

---

13 Pablo Yankelevich: Exilios: México en la memoria latinoamericana. In: Elena Díaz Silva, Aribert Reimann und Randal Sheppard (eds.): Horizontes del exilio: nuevas aproximaciones a la experiencia de los exilios entre Europa y América Latina durante el siglo XX. Frankfurt a. M., Madrid 2018.
14 Pablo Yankelevich: Ráfagas de un exilio: Argentinos en México, 1974–1983. Mexico 2009.
15 Lynn V. Foster: A brief history of Central America. New York 2007.

de Cartagena de Indias [Declaration of Cartagena de Indias], and the 1951 Refugee Convention. In the year 2000, Mexico ratified the 1951 Convention and its 1967 Protocol.

Thus, the historical contexts from which the terms exile, diplomatic asylum and political asylum arise diverge from those of the term refugee. The current *Ley sobre refugiados, protección complementaria y asilo politico* [Law on Refugees, Complementary Protection, and Political Asylum], in its last reform of February 2022, states that a political asylee is a foreign person who obtains protection by the Mexican State for being considered persecuted for political reasons or crimes, and this can be requested through diplomatic or territorial channels. The latter refers to the fact that political asylum may be requested once the foreigner is within Mexican territory. On the other hand, refugee status is defined as a person who, due to a well-founded fear of being persecuted for reasons "of race, religion, nationality, gender, belonging to a certain social group or political opinions," is unable or unwilling to return to his or her country of origin.[16]

Exile, transmigration, and the temporal condition

The categories of exile, political asylum, and refugee have been consummated in an inertial manner within the Latin American and Mexican context. The historical contexts and geopolitics have obviously influenced the way in which these concepts have been discussed, modified, and established along the years. The formulation of laws and regulations in Mexico regarding these terms has been intertwined with initiatives and responses to the migration phenomenon at the Latin American level, but also with influences from the international sphere. Similarly, other types of categories and concepts have emerged around forced migration phenomena. Thus, the General Population Law had been updated several times. Here I take up the example of the 1974 General Population Law. In that version, the Law included a new term labeling another type of migratory flows, the *transmigrante* [transmigrant]. A transmigrant was defined as a person "in transit to another country and that could stay in national territory up to thirty days".[17] The incorporation of this term came as a result due to the increasing trend to

---

[16] Cámara de Diputados: Ley sobre refugiados, protección complementaria y asilo político. México 2022. https://www.diputados.gob.mx/LeyesBiblio/pdf/LRPCAP.pdf accessed May 09 (Accessed: 9.5.2022).

[17] Secretaría de Gobernación: Ley General de Población. Mexico 1974 http://www.diputados.gob.mx/LeyesBiblio/ref/lgp/LGP_orig_07ene74_ima.pdf (Accessed: 23.3.2022).

use Mexico as a transit country to reach the United States. The generalized violence in Central America prompted new mobility patterns, and the United States-Central America migratory corridor was gradually consolidated. Nowadays, this migratory corridor is constituted by very diverse migratory flows coming from the south of the continent, the Caribbean, and even extra-continental mostly trying to crossing Mexico clandestinely. Hence, in the Americas, Mexico is one of the most important transit countries due to its geopolitical location and proximity to the United States.

In the early academic discussions, brought from public policy, the Mexican researchers coined this kind of mobility as transmigration,[18] but the use of this term was gradually substituted by the concept used within the international sphere which is largely known as transit migration.[19] The bulk of the academic work discussing transit migration in Mexico has considerably increased in the last ten years.[20] Among others, time has become an important analytical concept to explore transit migration, mainly also due to the shift in the temporalities of this kind of mobility. Increased border enforcement and migratory control had highly influenced the spatial and temporal conditions when crossing a country without a regular migratory status. Hence, it is possible to confirm that transiting a country is not only about motion and flow; conversely, transit migration also embeds immobility and stuckness. In this sense, Mexico for example, has become a destination country and a *país tapón*[21] [stopper country] where thousands of transmigrants – mainly Central American –, get stuck.

In this regard, one important topic that the terms transmigrant and transmigration bring up to the discussion is temporality. What does "a person in transit" mean? How long can a person be in transit? When does transit end? The term transmigrant serves as platform to discuss the temporal approaches of this kind

---

18 Rodolfo Casillas: Usos identitarios y culturales en la transmigración por México. In: Migración y Desarrollo 9 (2011).
19 See for example: Tanya Basok, Danièle Bélanger, Martha Luz Rojas Wiesner, and Guillermo Candiz: Rethinking Transit Migration: Precarity, Mobility, and Self-Making in Mexico. London 2015; Wendy Vogt: Lives in Transit: Violence and Intimacy on the Migrant Journey. California 2018.
20 See: Noelle Bridgen and Ćetta Mainwaring: Matryoshka Journeys: Im/mobility During Migration. In: Geopolitics 21 (2016); Guillermo Candiz and Danièle Bélanger: Del tránsito a la espera: El rol de las casas del migrante en México en las trayectorias de los migrantes centroamericanos. In: Canadian Journal of Latin American and Caribbean Studies-Revue Canadienne Des Études Latino-Américaines Et Caraïbes 43 (2018), Issue 2.
21 Amarela Varela Huerta: México, de "frontera vertical" a "país tapón." Migrantes, deportados, retornados, desplazados internos y solicitantes de asilo en México. In: Iberoforum. Revista de Ciencias Sociales de la Universidad Iberoamericana 27 (2019).

of migratory events. At first glance, it may seem that this is a separate discussion from the definition of the term exile. But the example with which I opened this contribution shows the complex and diverse temporalities exiles (and refugees, or transmigrants) continuously face during their life in Mexico. Even if the questions about being in transit arise from very different historical and geopolitical contexts, forced migrants have something in common: facing the challenges of the everyday life of being now and here, but not-yet at the "final destination." For Epifanio's grandmother as well as for many Central American migrants, the migratory experience becomes an active liminal state, where one tries to live in the present, is always aspiring for a future that has not yet arrived, and at the same time is continuously remembering and longing the past. For Epifanio's grandmother her life in Mexico became an active interim. This interim was crystallized by keeping their lives "on-the-go" in Mexico while waiting for the return to Spain. As Cathrine Brun affirms, through experiences of displacement, there is a continuous "protracted uncertainty" that makes "people simultaneously move on, feel stuck in the present, and still actively relate to alternative and changing notions of the future.[22]" Similar conditions and feelings to Epifanio's grandmother, can be observed in Central Americans when experiencing uncertain waiting phases at the time they seek refugee status in Mexican territory.

In this sense, both the concept of exile and of transmigration lead us to the following questions: How do transmigrants, exiles, or refugees experience the passing of time? How do exiles (or asylum seekers, refugees) experience feelings of stuckness or waiting phases in Mexico? For example, why did Epifanio's grandparents store two suitcases for over thirty years? Within the Mexican context, the concept of time and time-passing has been problematized in exile studies[23] and in transit migration research.[24] Nevertheless, a general criticism regarding

---

22 Cathrine Brun: Active Waiting and Changing Hopes. Toward a Time Perspective on Protracted Displacement. In: Social Analysis 59 (2015), Issue 1.
23 See: María Soledad Lastra Viaña: Del exilio al no retorno: experiencia narrativa y temporal de los argentinos en México. In: Aletheia 1 (2011) https://memoria.fahce.unlp.edu.ar/art_revistas/pr.4814/pr.4814.pdf (Accessed: 4.3.2022); Jorge de Hoyos Puente: La utopía del regreso: Proyectos de estado y sueños de nación en el exilio republicano en México. Mexico 2012; Daniela Gleizer und Yael Siman: Holocaust survivors in Mexico: Intersecting and conflicting narratives of open doors, welcoming society and personal hardships. In: Navras J. Aafreedi and Priya Singh (eds.): Conceptualizing mass violence: Representations, recollections, and reinterpretations. London 2021.
24 Alain Musset und Laurent Vidal: Waiting territories in the Americas: Life in the intervals of migration and urban transit. Newcastle upon Tyne 2016; Yaatsil Guevara González: Inmovilidades en tránsito: Vida cotidiana de migrantes irregularizados y personas refugiadas en Tenosique, Tabasco. In: Enrique Coraza de los Santos and Luis Alredo Arriola Vega (eds.): Ráfagas y vientos

transmigration and exile is that it does not capture the complex temporalities involved in such migratory experiences.[25] In Mexico, based on his research on Central American migration, Luis Alfredo Arriola,[26] proposes to conceptualize transit migrants as persons *en-de tránsito* [in-on transit] or in *transitoriedad* [in a transitory phase. Thus, the same concept could be used to approach Epifanio's grandmother's example. What I want to state here is that both, the terms exile and transmigration encompass the challenges about how to analyze the diverse temporalities embedded in such migratory experiences. The concepts of liminality and in-betweenness, for example, could certainly help to understands Epifanio's grandmother's desire to be ready to move on (return to Spain) at any possible future moment. That is, her life in Mexico was somehow considered as a "passage" or a "temporal" life-course while waiting for Franco to die.

Maybe looking through the conceptual lens of "waiting" or "time-passing" could be helpful to understand how the past, the present (being-here), and the imagined future is experienced in refugees' and exiles' everyday life. In that sense, Epifanio's grandmother continued with her life in Mexico, just as Central Americans do while "transiting" Mexico. Hence, if we consider waiting for time to pass as the opposite of a passive and deleterious status, we can observe that, even if people consider their life in Mexico as "transitory" or "killing time", they engage in resilience and resistance states to overcome time. In this respect, the analytical concept of transmigration and the discussions about its temporalities, can help us to better understand how exiles and refugees cope while waiting for the imagined future yet to come. Even if Epifanio's grandmother stored the suitcases for decades, she fostered their children in Mexico and continued her life. In Bourdieu's[27] words, we should look closer at the "plurality of times," embedded in the experiences of exile and transmigration. It is maybe precisely in the interim, between the being here and not-yet that exiles, and transmigrants learn to cope with temporal disruptions originated by their experiences of flight.

---

de un sur global: movilidades recientes en estados fronterizos del sur-sureste de México. Mexico 2021; Luis Alfredo Arriola Vega: Central American Asylum Seekers in Southern Mexico: Fluid (Im)mobility in Protracted Migration Trajectories. In: Journal of Immigrant & Refugee Studies 19 (2021).

25 Heaven Crawley and Katharine Jones: Beyond here and there: (re)conceptualising migrant journeys and the 'in-between'. In: Journal of Ethnic and Migration Studies 47 (2021), Issue 14; Mari Paz Balibrea: Tiempo de exilio: una migrada crítica a la modernidad española desde el pensamiento republicano en el exilio. Barcelona 2007.

26 Luis Alfredo Arriola Vega: Migrantes centroamericanos en transitoriedad hondureños en Tabasco, México. In: Migración Internacional: Algunos Desafíos (2012).

27 Pierre Bourdieu: Pascalian meditations. Stanford 2000, p. 224.

References

Acevedo-López, Guiomar: El exilio republicano español en México: Memoria e identidad. In: Revista De Estudios Latinoaméricanos 69 (2021), pp. 151–167.

Arriola Vega, Luis Alfredo: Central American Asylum Seekers in Southern Mexico: Fluid (Im)mobility in Protracted Migration Trajectories. In: Journal of Immigrant & Refugee Studies 19 (2021), pp. 349–363.

Arriola Vega, Luis Alfredo: Migrantes centroamericanos en transitoriedad hondureños en Tabasco, México. In: Migración Internacional: Algunos Desafíos (2012), pp. 193–216.

Balibrea, Mari Paz: Tiempo de exilio: una migrada crítica a la modernidad española desde el pensamiento republicano en el exilio. Barcelona 2007.

Basok, Tanya, Danièle Bélanger, Martha Luz Rojas Wiesner und Guillermo Candiz: Rethinking Transit Migration: Precarity, Mobility, and Self-Making in Mexico. London 2015.

Bourdieu, Pierre: Pascalian meditations. Stanford 2000.

Bridgen, Noelle und Ċetta Mainwaring: Matryoshka Journeys: Im/mobility During Migration. In: Geopolitics 21 (2016), Issue 2, pp. 407–434.

Brun, Cathrine: Active Waiting and Changing Hopes. Toward a Time Perspective on Protracted Displacement. In: Social Analysis 59 (2015), Issue 1, pp. 19–37.

Cámara de Diputados: Ley sobre refugiados, protección complementaria y asilo político. México 2022. https://www.diputados.gob.mx/LeyesBiblio/pdf/LRPCAP.pdf (Accessed: 9.5.2022).

Candiz, Guillermo und Danièle Bélanger: Del tránsito a la espera: El rol de las casas del migrante en México en las trayectorias de los migrantes centroamericanos. In: Canadian Journal of Latin American and Caribbean Studies/Revue Canadienne Des Études Latino-Américaines Et Caraïbes 43 (2018), pp. 277–297.

Casillas, Rodolfo: Usos identitarios y culturales en la transmigración por México. In: Migración y Desarrollo 9 (2011), pp. 145–155.

Castillo, Manuel Ángel und Fabienne Venet Rebiffé: El asilo y los refugiados: una visión histórica y crítica hasta nuestros días. In: Francisco Alba, Manuel Ángel Castillo, and Gustavo Verduzco (eds.): Migraciones Internacionales III. Mexico 2010, pp. 195–226.

Crawley, Heaven und Katharine Jones: Beyond here and there: (re)conceptualising migrant journeys and the 'in-between'. In: Journal of Ethnic and Migration Studies 47 (2021), Issue 14, pp. 3226–3242.

de Hoyos Puente, Jorge: La utopía del regreso: Proyectos de estado y sueños de nación en el exilio republicano en México. Mexico 2012.

Foster, Lynn V.: A brief history of Central America. New York 2007.

Gleizer, Daniela: El exilio incómodo. México y los refugiados judíos. 1933–1945. Mexico 2011.

Gleizer, Daniela und Yael Siman: Holocaust survivors in Mexico: Intersecting and conflicting narratives of open doors, welcoming society and personal hardships. In: Navras J. Aafreedi and Priya Singh (eds.): Conceptualizing mass violence: Representations, recollections, and reinterpretations. London 2021, pp. 29–44.

Guevara González, Yaatsil: Inmovilidades en tránsito: Vida cotidiana de migrantes irregularizados y personas refugiadas en Tenosique, Tabasco. In: Enrique Coraza de los Santos and Luis Alredo Arriola Vega (eds.): Ráfagas y vientos de un sur global: movilidades recientes en estados fronterizos del sur-sureste de México. Mexico 2021, pp. 53–76.

Lastra Viaña, María Soledad: Del exilio al no retorno: experiencia narrativa y temporal de los argentinos en México. In: Aletheia 1 (2011) https://memoria.fahce.unlp.edu.ar/art_revistas/pr.4814/pr.4814.pdf (Accessed: 4.3.2022).

Musset, Alain und Laurent Vidal: Waiting territories in the Americas: Life in the intervals of migration and urban transit. Newcastle upon Tyne 2016.

Ortiz Monasterio, Luis: Refugiados guatemaltecos: lecciones y aprendizajes. In: Katya Somohano und Pablo Yankelevich (eds.): El refugio en México: entre la historia y los desafíos contemporáneos. Mexico: Secretaría de Gobernación 2011, pp. 49–54.

Roja Mira, Claudia Fedora: La política de asilo en México: una perspectiva crítica. In: Revista Divergencia 6 (2016), pp. 69–80.

Secretaría de Gobernación: Ley General de Población. Mexico: Diario Oficial de la Federación, 1974. http://www.diputados.gob.mx/LeyesBiblio/ref/lgp/LGP_orig_07ene74_ima.pdf (Accessed: 23.3.2022).

Siman, Yael: Tránsito y Llegada de Refugiados Judíos y Sobrevivientes del Holocausto a México, 1939–1960. In: Comparative Cultural Studies: European and Latin American Perspectives 11 (2021), pp. 29–44.

Varela Huerta, Amarela: México, de "frontera vertical" a "país tapón". Migrantes, deportados, retornados, desplazados internos y solicitantes de asilo en México, Iberoforum. In: Revista de Ciencias Sociales de la Universidad Iberoamericana 27 (2019), pp. 49–56.

Vogt, Wendy: Lives in Transit: Violence and Intimacy on the Migrant Journey. California: 2018.

Yankelevich, Pablo: Exilios: México en la memoria latinoamericana. In. Elena Díaz Silva, Aribert Reimann und Randal Sheppard (eds.): Horizontes del exilio: nuevas aproximaciones a la experiencia de los exilios entre Europa y América Latina durante el siglo XX. Frankfurt a. M., Madrid 2018, pp. 19–48.

Yankelevich, Pablo: Ráfagas de un exilio: Argentinos en México, 1974–1983. Mexico 2009.

Transterrado/Trasterrado
(Matei Chihaia)

Ein folgenreiches *bonmot*

Der Ausdruck „transterrado" oder, seltener, „trasterrado" ist ein spanischer Neologismus, der im Kontext des republikanischen Exils in Mexiko geprägt wurde. Sein Urheber ist der Philosoph José Gaos, ehemals Rektor der Universität Madrid, der am 17. August 1938 nach mehreren Etappen der Flucht in Veracruz einreist.[1] Er verwendet ihn nach eigenem Zeugnis zum ersten Mal im Oktober 1939 in einer Tischrede, bei einem festlichen Mittagessen, das die Mitglieder der Fakultät für Philosophie und Philologie der Universität Mexiko für ihre exilierten neuen Kollegen veranstalten.[2] Der Redner bedankt sich bei den Gastgebern für die Eingliederung in die Hochschule und bezeugt im Namen aller Geflüchteten, wie zufrieden er mit der Aufnahme in der neuen Heimat ist. Der Ausdruck der kollegialen Wertschätzung gipfelt in einer schwer übersetzbaren Pointe: „Daher fühlen wir uns, wie ich einem der hier Anwesenden unmittelbar vor Beginn dieses Essens sagen konnte, in Mexiko nicht als *desterrados* [Geflüchtete], sondern als *transterrados*, was keineswegs dasselbe ist, wenn Sie mir diese Unterscheidung gestatten."[3] Durch den Wechsel des gebräuchlichen Präfixes drückt der Philosoph eine Kontinuität aus, die alle Spannungen, die mit Flucht und Exil einhergehen, beschwichtigen soll.[4] Die Verortung des Konzepts in einer Tischrede vor Kollegen ist in mehrfacher Hinsicht relevant: der Philosoph spielt damit den Ernst des systematischen Begriffs „transterrado" herunter; tatsächlich handelt es sich dabei, im Gegensatz z. B. zu dem Begriff des „Aussiedlers", um keine juristisch operationalisierbare Katego-

---

[1] Paulo Tirso Córdoba Guzmán: Repensar el transtierro: Una historia conceptual y sus implicaciones para la teoría hermenéutica. Magisterthesis. Bogotá 2018. https://repository.urosario.edu.co/handle/10336/18698 (Zugriff: 20.2.2022), S. 11.
[2] Aurelia Valero Pie: Metáforas del exilio: José Gaos y su experiencia del „transtierro". Revista de Hispanismo Filosófico 18 (2013), S. 74.
[3] „Por eso, y como he tenido ocasión de decir precisamente antes de empezar esta comida a uno de los aquí reunidos, no nos sentimos en México desterrados, sino transterrados, que no es en modo alguno lo mismo y si se me permite la expresión" (José Gaos: Confesiones de transterrado (1963). In: ders.: Obras Completas VIII, Mexiko 1996, zit. in Valero: Metáforas, S. 74; diese und die folgenden Übersetzungen stammen von mir, M. C.).
[4] Valero: Metáforas, S. 74.

rie. Der Begriff ist zunächst auch nicht durch so etwas wie eine philosophische Reflexion des Exils begründet, und der Hinweis auf die formlose Konversation mit einem nicht genannten Tischgenossen ebenso wie die rhetorische Geste, mit der er für den Neologismus um Erlaubnis bittet, unterstreichen, dass es sich um ein dem geselligen Austausch geschuldetes *bonmot* handelt. Entspannt und zuvorkommend präsentiert sich der Geflüchtete, nicht als der Besiegte eines grausamen Bürgerkriegs, sondern als Mitglied einer intellektuellen Elite, die in humanistischer Tradition allen ‚wahren' Besitz in sich trägt. Dass ausgerechnet dieser beiläufig geäußerte Neologismus zu einem prominenten Begriff wird, hängt nicht nur mit der Prominenz von Gaos zusammen, sondern auch mit dem kulturellen Kontext, den er in seinem Bonmot pointiert.

Die institutionelle Integration der spanischen Intellektuellen in Mexiko

Eine Besonderheit des republikanischen Exils in Mexiko ist die Einwanderungspolitik des mexikanischen Präsidenten Lázaro Cárdenas. Programmatisch fördert die regierende Partei, der Partido Revolucionario Institucional (PRI), die Aufnahme zahlreicher Intellektueller in bestehende Einrichtungen und die Schaffung neuer Institutionen, so wie die *Casa de España en Mexico*, das spätere *Colegio de México*. Unter wissenschaftlicher Leitung des Autors Alfonso Reyes war 1938 dieses „Haus" entstanden, in dem sich die Geflüchteten begegnen und ihre kulturelle Tätigkeit im Sinne einer „höheren Bildung" entfalten konnten.[5] Dem Sekretär der *Casa de España* dankt Gaos in einer Widmung für eine „zweite Heimat"[6]; und dem Direktor der Fakultät, der das besagte Mittagessen ausgerichtet hatte, widmet er die Anthologie *Pensamiento de lengua española* (1945) „in Anerkennung dessen, dass er seine spanischen Kollegen, die als ‚trasterrados', und nicht als ‚desterrados' ankamen, in der Art eines Grandseigneurs der Intelligenz empfangen hat"[7].

Der „Grandseigneur" Caso nimmt diesen Ausdruck in seinem Artikel „Un filósofo español" (1945) aus dem gleichen Jahr auf.[8]

---

5 Córdoba: Repensar, S. 13.
6 Córdoba: Repensar, S. 12.
7 „[...] en reconocimiento por la acogida de gran señor de la inteligencia que dispensó a sus colegas españoles ‚trasterrados', que no ‚desterrados'" (José Gaos: Pensamiento de lengua española. Mexiko 1945).
8 Valero: Metáforas, S. 75.

Es handelt sich um eine der wenigen schriftlichen Belegstellen, bevor Gaos selbst 1949, in seinem Essay „Los ‚transterrados' de la filosofía en México" selbst die Geschichte dieses Begriffs zu rekonstruieren beginnt. Noch vor der *Casa de España* kommt er darin auf das „Haus" („Casa") zu sprechen, in dem er als Hochschullehrer empfangen wurde: die vom „Meister" Caso geleitete Fakultät.[9] Weil der Neologismus dem Gastgeber gefallen habe, weil er auch von einigen anderen Personen verwendet worden sei, und weil er die Situation der Philosophen so genau charakterisiere, habe er es gewagt, ihn in dem Titel aufzunehmen, auch wenn dieser manchen Lesern willkürlich oder rätselhaft vorkommen möge.[10] So erfüllt das einst in geselliger Runde gesprochene *bonmot* nunmehr eine ernstere, mehrfache Funktion: es legt erstens eine Klammer um die heterogene Gruppe der mexikanischen Denker*innen und der aus Spanien Geflüchteten, und es markiert zweitens die Integration in die beiden „Häuser", die *Casa de España* und die philosophisch-philologische Fakultät. Der Begriff steht schließlich im Dienst einer doppelten Legitimation, die viel Kritik provoziert hat; in institutionell-öffentlicher Hinsicht bestätigt er den Pakt mit der regierenden politischen Autorität, in persönlich-intimer Perspektive weist er voraus auf die Idee eines ‚glücklichen Exils', die Gaos später noch ausdrücklicher als „eine[n] der glücklichsten Lebensumstände" verklären sollte.[11]

Im Nachlass des Philosophen hat Aurelia Valero einige Zeugnisse dafür entdeckt, dass dieser euphorische Diskurs für den Philosophen selbst später in einer Enttäuschung über die politische Realität Mexikos mündete – und in einer neuen Utopie. Sie war nicht die des „transterrado" sondern die der humanistischen Freizügigkeit der Heimatlosen.[12] Aber in seinem öffentlichen Wirken und in der Rezeption und Kategorisierung seines Werks blieb Gaos unlösbar mit dem von ihm geprägten Neologismus verbunden.

Die weltweite Kultur- und Sprachgemeinschaft

Neben der institutionellen Integration weist der Neologismus auch auf die kulturellen und sprachlichen Affinitäten zwischen Spanien und Hispanoamerika. Damit verbunden ist die Vorstellung von Mexiko als „Nueva España", die sich

---

9 José Gaos: Los „transterrados" españoles de la filosofía en México. In: Filosofía y Letras 36 (1949), S. 225.
10 Gaos: Los „transterrados", S. 226.
11 Valero: Metáforas, S. 81.
12 Valero: Metáforas, S. 85.

auch bei Gaos findet und ihn über den Verlust der Heimat tröstet.[13] Dieses geopolitische Konzept aus der Kolonialzeit geht einher mit einer insgesamt positiven Einschätzung der Eroberung Amerikas; der Panhispanismus ist also in zwei Richtungen übergriffig, wie Sebastiaan Faber gezeigt hat: Einerseits unterschlägt er die kulturelle Eigenständigkeit der ehemaligen Kolonien, andererseits stellt er die Exilierten – entgegen den auf der Halbinsel Verbliebenen – als Hüter*innen der einzig wahren spanischen Kultur dar.[14]

Insbesondere der Aspekt der sprachlichen Kontinuität überwältigt die Autorinnen und Autoren, die nach Hispanoamerika reisen. Dort begegnen sie nicht nur Menschen, die ihre Werke kennen, sondern mit denen sie sich sogar in der eigenen Sprache verständigen können. Angesichts dieser Erfahrung prägt der Dichter Juan Ramón Jiménez ebenfalls einen Neologismus, der so ähnlich klingt wie „transterrado": „Ich bin jetzt weder ein seiner Sprache noch ein seines Landes Beraubter, sondern ein ‚conterrado' [Neologismus aus „con"/„mit" und „tierra"/ „Land", also vielleicht mit „Mitländer" zu übersetzen; oder, in Analogie zu „desterrado"/„des Landes Verwiesener", „das Land gemeinschaftlich Teilender"], und durch diese wiedergefundene Sprache bin ich Gott im Bewusstsein der Schönheit begegnet, was unmöglich gewesen wäre, hätte ich ihn nicht in meinem Spanisch sprechen gehört".[15]

In der Ferne wird die Begegnung mit dem Eigenen gesucht. Diese Erfahrung, die von María Teresa de León als „Glück" und „Wunder" gefeiert wird, teilen die Dichter Luis Cernuda in Mexiko,[16] Pedro Salinas in Puerto Rico und Jorge Guillén in Argentinien.[17] Sie setzt freilich voraus, dass die Vielfalt der Varietäten geleugnet und hinter den Unterschieden das ursprüngliche, den Spanier*innen vertraute Idiom entdeckt werden kann. Auch María Zambrano erschaudert vor dem „unerwarteten Wunder" der gemeinsamen Sprache, als sie ihren Ehemann 1936

---

13 Valero: Metáforas, S. 73.
14 Sebastiaan Faber: Exile and Cultural Hegemony. Spanish Intellectuals in Mexico, 1939–1975. Nashville 2002.
15 „No soy ahora un deslenguado ni un desterrado, sino un conterrado, y por ese volver a lenguarse, he encontrado a Dios en la conciencia de lo bello, lo que hubiera sido imposible no oyendo hablar en mi español" (Juan Ramón Jiménez: „Epílogo de 1948", zit. in Emilia De Zuleta: Españoles en la Argentina: el exilio literario de 1936 [1999]. Alicante 2002. http://www.cervantesvirtual.com/nd/ark:/59851/bmccr5s2 (Zugriff: 20.2.2022)).
16 Enrique Baena Peña: El ser y la ficción: teorías e imágenes críticas de la literatura. Barcelona 2005, S. 140.
17 Zuleta: Españoles.

auf eine diplomatische Mission nach Chile begleitet.[18] Der 1938 veröffentlichte Reisebericht der Philosophin bildet einen weiteren wahrscheinlichen Hintergrund für Gaos Idee der Kontinuität. Rückblickend spitzt er die Erfahrung wieder auf den Moment der unerwarteten Selbst-Begegnung zu: „Vom ersten Augenblick an hatte ich den Eindruck, dass ich nicht mein Vaterland verlassen hatte, um in ein fremdes Land zu ziehen, sondern dass ich von einem Vaterland in ein anderes umgezogen war".[19] Um das Argument zu unterstreichen, vergleicht der Philosoph die Reise über den Atlantik mit der viel kürzeren Distanz zwischen Madrid und Barcelona: an einer katalanischen Universität wäre es für ihn schwieriger gewesen, auf Spanisch zu lehren, als es nun in Mexiko ist.[20]

Die Figur des „transterrado", der eine sprachliche Einheit voraussetzt, die es gestattet, zwei räumlich getrennte Orte als verknüpft zu erleben, kontrastiert also auffällig mit dem neueren Begriff der mehrsprachigen, „transterritorialen Identität"[21], die insbesondere die neuen Formen von Migration und Globalisierung berücksichtigt und die für die Vorstellung einer aktuellen lateinamerikanischen Identität relevant scheint.[22]

Die Wahlheimat

Die Vorstellung vom anderen Vaterland, die kulturell und sprachlich begründet ist, kann sogar noch zugespitzt werden zur Idee von der Wahlheimat. Gaos entfaltet diesen Gedanken bei dem Versuch, die Geschichte der mexikanischen Philosophie zu schreiben, weiter. Dieser führt zu einer schwierigen Frage, die heutige Diskussionen über kulturelle Aneignung vorwegnimmt: In welchem Maße kann ein Nicht-Mexikaner über das mexikanische Denken, das Nachdenken über das

---

18 James Valender: María Zambrano y su visión de América latina. Lectura de cuatro ensayos. In: Nueva Revista de Filología Hispánica 58 (2010), H. 2.
19 „[...] desde el primer momento tuve la impresión de no haber dejado la tierra patria por una tierra extranjera, sino más bien de haberme trasladado de una tierra patria a otra" (Gaos: Confesiones, zit. in Valero: Metáforas, S. 72).
20 Gaos: Confesiones, S. 5.
21 Jesús Martín-Barbero: Globalización y multiculturalidad: notas para una agenda de investigación. In: Mabel Moraña (Hg.): Nuevas perspectivas desde, sobre América Latina: el desafío de los estudios culturales. Santiago 1997, S. 20.
22 Jorge Fornet: Nuevos paradigmas en la narrativa latinoamericana. College Park 2005, S. 20. http://www.lasc.umd.edu/documents/working_papers/new_lasc_series/13_fornet.pdf (Zugriff: 20.2.2022).

Mexikanische schreiben?[23] Der Zugereiste könne durch eine juristische Einbürgerung zwar Mitglied der Gesellschaft („sociedad"), aber nicht der Gemeinschaft („comunidad") werden, in die man nur durch Geburt Aufnahme findet; denn die Zugehörigkeit zur Nation ist auf traditionelle und irrationale Beziehungen gegründet.[24] Gaos löst das Problem, indem er die Besonderheit des Verhältnisses von Mexiko und Spanien unterstreicht. Für ihn seien beide Länder nicht nur zwei Heimaten, sondern ein doppelt-einziges Vaterland („*doble* patria *una*"); Spanien gehöre in dem Sinne zu Hispanoamerika, als es den Prozess der Unabhängigkeit von der imperialen Vergangenheit, die Eingliederung in eine neue Bruderschaft der Völker, ebenso durchlaufen müsse wie Mexiko, das in diesem Sinne ein Vorbild sein könne.[25] Zu diesem Prozess, so argumentiert er, gehöre nun auch eine Form des Umdenkens: Nationen nicht mehr als Gemeinschaften, sondern als Gesellschaften zu konzipieren, würde die vollständige Integration der Fremden ermöglichen.

In diesem Kontext nun formuliert er die viel zitierte Unterscheidung zwischen der historischen, erzwungenen Heimat und der Heimat, die frei gewählt und auf eine zukünftige Aufgabe gegründet ist. Diese wird zunächst als eine „zweite Natur" eingeführt, die über die natürliche Herkunft gestellt werden kann, bevor das Verhältnis zur „madre patria" – ,Mutterland', wie es im Spanischen heißt – in einer allegorischen Reflexion über Familien- und Geschlechterbeziehungen weiter präzisiert wird.[26] Das ,töchterliche' Land ist dasjenige, das durch die eigene Arbeit mitgestaltet werde, und dies, so der triumphale Abschluss des Kapitels, erkläre auch die schnell gelungene Amerikanisierung der Einwanderer: der junge Kontinent habe nicht so sehr Tradition und vergangene Größe als eine glorreiche Zukunft, an der sie arbeiten könnten.[27] Sie seien also nicht so sehr „expatriados" – vaterlandslos – als „empatriados", also durch Mexiko mit einem Vaterland versehen und – so erklärt Gaos – selbst zu kulturellen „Vätern" einer neuen Heimat geworden.[28] Die interessante Idee der „zweiten Natur", die auf freie und rationale Wahl gegründet ist, mündet also hier in das Klischee des geschichtslosen Kontinents und in eine offen paternalistische Haltung gegenüber der neuen Heimat. Gaos ist auch dafür kritisiert worden.[29]

---

23 José Gaos: En torno a la filosofía mexicana [1952–1953]. Mexico 1980, S. 126–127.
24 Gaos: En torno, S. 127; cf. Gaos: Confesiones, S. 9.
25 Gaos: En torno, S. 129; cf. Gaos: Confesiones, S. 7.
26 Gaos: En torno, S. 129–130.
27 Gaos: En torno, S. 130.
28 Gaos: En torno, S. 130–131.
29 Faber: Exile, S. 187; Manuel Aznar Soler: El exilio republicano de 1939: historia de una confusión conceptual. In: Yolanda Rodríguez-Pérez und Pablo Valdivia (Hg.): Españoles en Europa. Leiden 2018, S. 43–46.

In Kontrast zu dieser Idee muss zum einen der alternative Entwurf von José Bergamín zitiert werden, der von einer „España peregrina" spricht und dieses Konzept durch die gleichnamige Zeitschrift verbreitet: „Peregrino" bedeutet so viel wie „durch fremde Länder wandernd".[30] Die Vorstellung eines solchen beweglichen Vaterlands geht der Frage nach der Integration aus dem Weg, vermeidet dadurch aber auch den Übergriff auf das Fremde. Zum anderen muss der wichtigste Kritiker Gaos' zu Wort kommen, Adolfo Sánchez Vázquez. Dieser stieß sich insbesondere an dem Konzept des „transterrado", das einerseits Mexiko und die amerikanischen Nationen, blind für ihre eigenen autoritären Tendenzen, idealisiert, andererseits das Leid der Geflüchteten und die Unfreiheit der vermeintlichen „Wahl" leugnet.[31] Diesem Euphemismus stellt Sánchez Vázquez das Konzept des „destierro" in einer scharfen Buchstäblichkeit entgegen, weil er „tierra" als „Erdreich" versteht: doppelt schmerzhaft sei der Wechsel der Heimat. Zum einen

> ist das Exil nicht einfach eine Umpflanzung aus einem Erdreich in ein anderes, sondern ein Verlust der Wurzeln, des Mittelpunkts. Es ist ein Leben in der Luft, zweigeteilt zwischen der Erde, auf die man tritt und der Erde zu der man zurückzukehren träumt, zwischen dem Gefundenen und dem Verlorenen, aufgesogen von einer Vergangenheit, die nicht vergehen will, und einer Zukunft, die nicht kommen will.[32]

Zum anderen treiben in der neuen Heimat Wurzeln, die die Rückkehr erschweren. Dieses doppelt tragische Verständnis des Exils ist unvereinbar mit der optimistischen Vorstellung einer individuellen, sozialen und weltpolitischen Chance, die Gaos mit dem Begriff des „transterrado" verbindet.

---

30 José Luis Abellán: La revista España Peregrina como paradigma del exilio español de 1939. Archipielage 26–27 (1996), S. 119–124.
31 Valero: Metáforas, S. 75.
32 „[...] el exilio no es un simple trasplante de una tierra a otra, un hallar en la nueva lo que se ha perdido al dejar forzosamente la tierra propia, sino la pérdida de la raíz, del centro. Es un vivir en el aire, partido en dos, entre la tierra que se pisa y la tierra con la que se sueña volver, es un estar entre lo hallado y lo perdido, absorbido por un pasado que no pasa y un futuro que no llega." (Adolfo Sánchez Vázquez: Una trayectoria intelectual comprometida. México 2006, S. 31; eine ähnliche Formulierung findet sich schon Mitte der 1970er Jahre vgl. Francisco José Martínez: Exilio y compromiso. El caso de Adolfo Sánchez Vázquez. In: ARBOR. Ciencia, Pensamiento y Cultura, CLXXXV (2009), 739, S. 1014, https://arbor.revistas.csic.es/index.php/arbor/article/view/361/362 (Zugriff: 20.2.2022)). Vgl. zur Metapher der Wurzel in Exilkontexten auch den Beitrag von Fabian Bauer in diesen Band.

Der Einzelne und die Gemeinschaft

Die Deutung der mexikanischen Heimat als frei gewähltes Schicksal, als ein Wahl-Vaterland, kontrastiert mit der Erfahrung des Zwangs, die mit dem Exil und der Flucht verbunden ist. Immer wieder erscheint in der Diskussion des Konzepts „transterrado" also die Frage, wie ausgerechnet dieses zum Inbegriff des mexikanischen Exils werden konnte.[33] Die Rezeption ist keineswegs homogen. Einerseits stark mit dem Autor Gaos verbunden und als Selbstbeschreibung seiner individuellen Exilerfahrung einschlägig,[34] wird der Ausdruck bald auch für die Gesamtheit der nach Mexiko geflüchteten Republikaner*innen verwendet.[35] Dabei bleibt er im Unterschied zu „desterrados", einem gebräuchlichen spanischen Ausdruck, immer noch als ein Neologismus durch Anführungszeichen hervorgehoben. Die Kritik von Sánchez Vázquez und anderen schlägt sich auch in dem Vorwurf nieder, dass der Ausdruck exklusiv wirkt, und nur auf eine privilegierte intellektuelle Elite zutrifft.[36] Dagegen steht die Vorstellung von Gaos selbst, der beansprucht, mit seiner Formel eine kollektive psychologische Realität getroffen zu haben[37] – und die Beliebtheit bei vielen, die darin eine Lösung des Konflikts zwischen dem Engagement in der alten und der Integration in der neuen Heimat finden konnten.[38]

Literatur

Abellán García González, José Luis: El exilio como constante y como categoría. Madrid 2001.
Abellán García González, José Luis: La revista „España Peregrina" como paradigma del exilio español de 1939. In: Archipiélago 26–27 (1996), S. 119–124.
Andújar, Manuel: Poetas del exilio republicano español en México: Recuerdos de „transterrados" y ... desterrados. In: Tiempo de historia 61 (1979), H. VI, S. 84–93.
Aznar Soler, Manuel: El exilio republicano de 1939: historia de una confusión conceptual. In: Yolanda Rodríguez-Pérez und Pablo Valdivia (Hg.): Españoles en Europa. Leiden 2018, S. 31–50.

---

33 Z. B. Valero: Metáforas, S. 75.
34 Fernando Savater: José Gaos: Historia de nuestra idea del mundo. In: Tiempo de historia I (1975), H. 5, S. 120.
35 Manuel Andújar: Poetas del exilio republicano español en México: Recuerdos de „transterrados" y desterrados. In: Tiempo de historia VI (1979), H. 61, S. 84.
36 Francisco Caudet: El exilio republicano de 1939. Madrid 2005, S. 289–293; zit. in Valero: Metáforas, S. 72–73.
37 Zitiert bei José Luis Abellán: El exilio como constante y como categoría. Madrid 2001, S. 95.
38 Valero: Metáforas, S. 75–76.

Baena Peña, Enrique: El ser y la ficción: teorías e imágenes críticas de la literatura. Barcelona 2005.

Caso, Antonio: Un filósofo español [28. September 1945]. In: Obras Completas 4 (1971), S. 261–263.

Caudet, Francisco: El exilio republicano de 1939. Madrid 2005.

Córdoba Guzmán, Paulo Tirso: Repensar el transtierro: Una historia conceptual y sus implicaciones para la teoría hermenéutica. Magisterthesis. Bogotá 2018. https://repository.urosario.edu.co/handle/10336/18698 (Zugriff 20.2.2022).

De Zuleta, Emilia: Españoles en la Argentina: el exilio literario de 1936 [1999]. Alicante 2002. https://www.cervantesvirtual.com/obra-visor/espanoles-en-la-argentina-el-exilio-literario-de-1936--0/html/ff757208-82b1-11df-acc7-002185ce6064_22.html#I_0_ (Zugriff 20.2.2022).

Faber, Sebastiaan: Exile and Cultural Hegemony. Spanish Intellectuals in Mexico, 1939–1975. Nashville 2002.

Fornet, Jorge: Nuevos paradigmas en la narrativa latinoamericana. College Park 2005. http://www.lasc.umd.edu/documents/working_papers/new_lasc_series/13_fornet.pdf (Zugriff 20.2.2022).

Gaos, José: Confesiones de transterrado [1963]. In: Revista de la Universidad de México 49 (1994), 521, S. 3–9.

Gaos, José: En torno a la filosofía mexicana II, Mexiko 1953.

Gaos, José: Los „transterrados" españoles de la filosofía en México. In: Filosofía y Letras, (1949), 36, S. 207–231.

Gaos, José: Pensamiento de lengua española. Mexiko 1945.

Martín-Barbero, Jesús: Globalización y multiculturalidad: notas para una agenda de investigación. In: Mabel Moraña (Hg.): Nuevas perspectivas desde, sobre América Latina: el desafío de los estudios culturales. Santiago 1997, S. 17–29.

Martínez, Francisco José: Exilio y compromiso. El caso de Adolfo Sánchez Vázquez. In: ARBOR. Ciencia, Pensamiento y Cultura CLXXXV (2009), H. 739, S. 1009–1018.

Sánchez Vázquez, Adolfo: Una trayectoria intelectual comprometida. México 2006.

Savater, Fernando: José Gaos: Historia de nuestra idea del mundo. In: Tiempo de historia I (1975), H. 5, S. 120–121.

Valender, James: María Zambrano y su visión de América latina. Lectura de cuatro ensayos. In: Nueva Revista de Filología Hispánica 58 (2010), H. 2, S. 619–643.

Valero Pie, Aurelia: Metáforas del exilio: José Gaos y su experiencia del transtierro. In: Revista de Hispanismo Filosófico 18 (2013), S. 71–87.

Vertreibung
als integrativer und konfrontativer Terminus im Kalten Krieg

(Maren Röger)

in memoriam Claus-Dieter Krohn

Im Zuge des Zweiten Weltkrieges war Europa „*on the move*", in Bewegung, wie der frühe Migrationshistoriker Eugene M. Kulischer seinen Buchtitel formulierte.[1] In Lager und zur Zwangsarbeit deportierte, aus Gründen der ethnopolitischen Neuordnung verschleppte und vor Besatzung und Krieg geflüchtete Menschen waren entwurzelt, ihr früheres Leben zerstört. Unter den Millionen, die 1945 erzwungenermaßen an anderem Ort waren, befanden sich Personen, die vor den Repressions- und Verfolgungspolitiken NS-Deutschlands ab der Machtübertragung 1933 geflohen waren. *On the move* waren ab 1944 auch zahlreiche deutsche Staatsbürger*innen und Angehörige deutschsprachiger Minderheiten, die in den unterschiedlichen Ländern des östlichen und südöstlichen Europas lebten. Insgesamt mussten zehn bis zwölf Millionen Deutsche in den Jahren 1944 bis 1947/48 ihre Heimat im östlichen und südöstlichen Europa verlassen. Der Großteil kam aus den Gebieten, die zuvor deutsches Staatsgebiet gewesen waren und die in Folge des Zweiten Weltkrieges an Polen und die Sowjetunion fielen.

Zu beiden Gruppen entwickelte sich in den Jahrzehnten nach Ende des Zweiten Weltkriegs eine umfangreiche Forschung, die aus unterschiedlichen Gründen bis heute weitgehend getrennt blieb. Die früh einsetzende Vertreibungsforschung war lange national-selbstbezogen, nicht zuletzt Opfergeschichten (re-)produzierend; die Exilforschung begann deutlich später, darum bemüht, Leerstellen des bundesrepublikanischen öffentlichen und wissenschaftlichen Diskurses zu füllen, indem die künstlerischen und wissenschaftlichen Folgen der nationalsozialistischen Verfolgungspolitik herausgearbeitet wurden. Sie mied, wie eine Durchsicht der bisherigen Jahrbücher für Exilforschung zeigt, den komparativen Blick auf die deutschen Vertriebenen,[2] und verpasste so auch

---

[1] Eugene M. Kulischer: Europe on the Move. War and Population Changes 1917–47. New York 1948.
[2] Lediglich im Jahrbuch 27 aus dem Jahr 2009 findet sich ein expliziter Beitrag zu den Vertriebenenverbänden, zuvor und danach wird die Zwangsmigration der Deutschen auch in komparati-

die Öffnung der Vertriebenenforschung der letzten Jahrzehnte in Richtung einer komparativen Geschichte von Zwangsmigration.[3] Der Bezugsrahmen für deren komparative Öffnung wiederum bilden europäische und globale Zwangsumsiedlungen von sprachlich oder ethnisch definierten Gruppen.[4] Das deutschsprachige Exil wird bislang von der komparativen Zwangsmigrationsforschung nicht einbezogen, worin erinnerungspolitische Grundpositionen nachhallen. Einer der Gründe mag darin zu suchen sein, dass sich die Begriffsgeschichten so unterschiedlich entwickelten.

Der hier vorliegende Beitrag wird *zum einen* darlegen[5], wie sich in der frühen Bundesrepublik der Begriff der Vertreibung für die Benennung eines höchst komplexen mehrjährigen Prozesses durchsetzte, ja, wie der Begriff politisch forciert wurde. Er hatte, so mein Argument, eine politisierende Integrationsfunktion nach innen, die im Kontext des Kalten Krieges zu lesen ist. Nicht zuletzt über den Begriff wurde das Selbstverständnis als Opfer befördert, was sich im Kontext des Kalten Krieges gegen die nun sozialistischen Staaten des östlichen Europas richten sollte. Des Weiteren eröffnete der Begriff der Vertriebenen oder Heimatvertriebenen Distinktionslinien zu anderen Entwurzelten des Zweiten Weltkrieges. Eine mit dem Exilbegriff verflochtene Begriffsgeschichte kann ich hier nicht schreiben, denn während der Phase der Konsolidierung des Vertreibungsbegriffs

---

ven Beiträgen nicht berücksichtigt oder lediglich gestreift. Der Begriff „Flucht und Vertreibung" und vor allem der der „Vertreibung" wird aber zur Bezeichnung des Exils gelegentlich benutzt.

3 Zu Forschungstendenzen der letzten Jahrzehnte vgl. u. a. folgende Literaturüberblicke: Andreas R. Hofmann: Zwangsmigrationen im östlichen Mitteleuropa. Neue Forschungen zum „Jahrhundert der Vertreibungen". In: Zeitschrift für Ostmitteleuropa-Forschung 55 (2006), 2; Maren Röger: Ereignis- und Erinnerungsgeschichte von „Flucht und Vertreibung" – ein Literaturbericht. In: ZfG 62 (2014), 1.

4 Philipp Ther: Die dunkle Seite der Nationalstaaten. „Ethnische Säuberungen" im modernen Europa. Göttingen 2011; Michael Schwartz: Ethnische „Säuberungen" in der Moderne. Globale Wechselwirkungen nationalistischer Gewaltpolitik im 19. und 20. Jahrhundert. München 2013. Erste innovative Bücher vergleichen aber die Erinnerungskulturen von zwangsmigrierten Deutschen und Juden aus einzelnen Regionen in Ostmitteleuropa. Vgl. Gaëlle Fisher: Resettlers and Survivors. Bukovina and the Politics of Belonging in West Germany and Israel, 1945–1989. New York, Oxford 2020.

5 Mein Dank geht an Alexander Weidle, M.Ed., der mich großzügig auf Quellen zur Geschichte einer der kleinen Landsmannschaften hinwies und ebenso großzügig Begriffsfragen und Thesen des Aufsatzes mit mir diskutierte, an aktuelle Hilfskräfte am GWZO und frühere am Bukowina-Institut, darunter sind zu nennen Dorothee Riese, M. A., und Anja Volkwein, B. A., die einzelne Recherchen übernahmen. Ein großer Dank geht auch an die Herausgeberinnen für Ihre Anmerkungen zur ersten Fassung des Aufsatzes. Bettina Bannasch, die ich mit meinem Weggang aus Augsburg bedauerlicherweise als direkte Kollegin verlor, sei für die Einladung zu diesem Beitrag gedankt und auch für die gemeinsame sehr gute Zeit.

kam der Begriff des Exils in den von mir konsultierten Materialien nicht einmal als Kontrastfolie vor.

Zum anderen wird der Beitrag darauf eingehen, dass der Begriff der Vertreibung in den Ländern des östlichen Europas – in den „Vertreiberstaaten", so die Terminologie der Bundesrepublik – als politischer Kampfbegriff gelesen wurde, und ihm eigene, neutralere bis euphemistische, Begriffe entgegengestellt wurden.[6]

Widmen möchte ich den Aufsatz Claus-Dieter Krohn, der lange Jahre einer der Herausgeber der Zeitschrift war, und der mich auf besondere Art und Weise geprägt hat. Er war einer meiner ersten akademischen Lehrer, wenngleich nicht in traditionell-thematischem Sinne, und wurde mir zu einem engen freundschaftlichen Wegbegleiter, mit dessen Tod im Sommer 2019 ich eines wichtigen Gesprächspartners beraubt wurde. Seinem Gedenken ist dieser Aufsatz gewidmet.

Politisierende Integrationsfunktion: Der Begriff der „Vertreibung" in der Bundesrepublik

Die Ereignisgeschichte dessen, was im heutigen Sprachgebrauch „Vertreibung der Deutschen" oder „Flucht und Vertreibung" genannt wird, ist komplex, soll hier aber kurz rekapituliert werden. Im Zuge des Zweiten Weltkrieges mussten ca. zwölf Millionen deutsch(sprachig)e Personen ihre Heimaten im östlichen Europa verlassen. Bereits 1940 wurden im Rahmen der nationalsozialistischen „Heim ins Reich"-Aktion mehrere hunderttausend Personen in Richtung Westen „umgesiedelt", ab 1944 flüchteten Millionen vor der vorrückenden Sowjetarmee und in Folge des Potsdamer Abkommens führten die Staaten des östlichen Europa die massenhafte Aussiedlung durch.[7] Der Großteil kam aus den deutschen Ost-

---

[6] Teile dieses Aufsatzes gehen auf meine Dissertation zurück. Vgl. Maren Röger: Flucht, Vertreibung, Umsiedlung. Mediale Erinnerungen und Debatten in Deutschland und Polen seit 1989. Marburg 2011, insbesondere S. 32–55.

[7] Die Forschung unterscheidet idealtypisch drei Phasen: Erstens die Phase der (spontanen) Flucht, die bereits 1944 einsetzte. Zweitens wird unterschieden in die Phase der sogenannten „wilden Vertreibungen", die zwischen dem sowjetischen Vormarsch und der vertraglichen Legitimierung in Potsdam Anfang August 1945 zu verorten ist, und die teils strategisch eingesetzt wurde, um Fakten zu schaffen. Weiter wird, drittens, unterschieden in die Phase der vertraglich festgelegten Umsiedlungen in Folge des Potsdamer Abkommens. Im August 1945 wurde von den Alliierten der Bevölkerungstransfer beschlossen und seine geordnete und humane Umsetzung

gebieten, die in Folge des Zweiten Weltkrieges an Polen und die Sowjetunion fielen, doch auch Angehörige der deutschen Minderheit in der Tschechoslowakei sowie deutschsprachige und als Deutsch klassifizierte Personen aus dem südöstlichen Europa gehörten dazu. Für die einzelnen geografischen Räume und zeitlichen Phasen sind verschiedene Verantwortliche zu benennen, zudem variierende Gewalt- und Diskriminierungserfahrungen zu unterscheiden, die die einzelnen Betroffenen je nach dem Zeitpunkt der Zwangsmigration, dem Ausgangsort und der Route gemacht haben.[8]

Wie setzten sich nun wann welche Begrifflichkeiten durch? Als erstes Ergebnis lässt sich festhalten, dass die unterschiedlichen Gruppen, die unter dem NS-Schlagwort „Heim ins Reich" auf Territorien des so genannten „Altreichs" und der annektierten Gebiete verbracht und von den NS-Behörden als „Umsiedler" bezeichnet wurden (und dann im zweiten Schritt von Flucht, wilder Vertreibung und Aussiedlung betroffen waren), in den Jahren 1945 ff. den Umsiedler-Begriff der NS-Behörden beibehielten. Beispiele dafür sind die Bukowina-Deutschen, die sich – sobald politische Organisationen zugelassen waren – als „Landsmannschaft der deutschen Umsiedler aus der Bukowina" gründeten. Die Gruppe aus Bessarabien nannte sich in der Anfangszeit „Gemeinschaft der deutschen Siedler aus Bessarabien". Doch innerhalb kurzer Zeit begannen diese Gruppen den Begriff der Umsiedlung zunehmend zugunsten des Vertriebenenbegriffes abzustreifen, ebenso wie diejenigen, die selbst die Flucht ergriffen hatten. Bereits im Jahr 1950 fand der Terminus des Umsiedlers in den Organen der betroffenen Gruppierungen kaum mehr Verwendung, wie eine Auswertung des *Südostdeutschen*, der Publikation der Buchenlanddeutschen, ergab. Auch für den überregionalen *Ostdienst* und das Organ der großen Landsmannschaft der Ostpreußen, das *Ostpreußenblatt*, gilt dies.[9] Umsiedlung und Umsiedler verschwanden aus dem westdeutschen Sprachgebrauch.

---

angeordnet. Die Hochphase dieser vertraglich geregelten Umsiedlungen war im Jahr 1946, während in den Folgejahren die Anzahl der Zwangsausgesiedelten deutlich zurückging.
8 Zur Ereignisgeschichte vgl. Mathias Beer: Flucht und Vertreibung der Deutschen. Voraussetzung, Verlauf, Folgen. München 2011.
9 Vgl. Der Südostdeutsche. Buchenlanddeutsche Zeitung mit ständigen Berichten über die Südostdeutschen, über und aus Südost- sowie Osteuropa und über die Bukowiner in aller Welt. Augsburg 1950–heute. Deutscher Ostdienst [DO]. Nachrichtenmagazin des Bundes der Vertriebenen, Bonn 1959–heute. Der Vorgänger des Deutschen Ostdiensts war die Vertriebenen-Korrespondenz [VK]. Informationsdienst des Bundes der Vertriebenen Deutschen. Ausgabe A und B. Bonn 1950–1959. Das Ostpreußenblatt. Unabhängige Wochenzeitung für Deutschland. Hamburg 1950–2003.

Weiter zeigt sich, dass der zuerst häufig verwendete Begriff des Flüchtlings mit der Zunahme der Flüchtenden aus der DDR seine Distinktion verlor.[10] Offenbar führte die neue Fluchtbewegung aus der Sowjetischen Besatzungszone, dann der Deutschen Demokratischen Republik, dazu, dass der bislang den aus dem östlichen und südöstlichen Europa stammenden Personen vorbehaltene Terminus der Flüchtlinge neu besetzt wurde. In Abgrenzung zu „Flüchtlingen aus der Sowjetzone", wie in der Bundesrepublik jene Bürger*innen auch nach ostdeutscher Staatsgründung genannt wurden, setzte sich der Terminus „Vertriebener" – auch gegenüber dem Begriff „Heimatvertriebener" – in den redaktionellen Teilen der Vertriebenenorgane durch. Sie setzen sich auch im allgemeinen Sprachgebrauch durch. Erst in der 16. Auflage des Brockhauses (1953–1958), die erste nach dem Zweiten Weltkrieg, halten die Lemmata „Vertreibung" und „Vertriebene" erstmalig Einzug, wie eine Querschnittsanalyse von Begriffen der Konversationslexika ergab, wobei die Beiträge schnell auf die Deutschen eingeführt werden.[11]

Katalysatorfunktion hatten die entsprechenden Benennungen mit politischer Wirkungsmacht. Bereits 1949 wurde das „Bundesministerium für Vertriebene, Flüchtlinge und Kriegsgeschädigte" eingerichtet, das den Begriff durch seine (Begriffs-)Politiken festschrieb. Auch in den einschlägigen Gesetzen wird der Vertriebenenbegriff benutzt, an den sich die Betroffenengruppen allmählich adaptierten. Zu nennen sind das überaus wichtige Lastenausgleichsgesetz 1952 (mit seinem Vorläufer des Soforthilfegesetzes 1948) und das Gesetz für die Angelegenheiten der Vertriebenen und Flüchtlinge (Bundesvertriebenengesetz – BVFG) von 1953. Dort werden all jene als Vertriebene definiert, die ihren „Wohnsitz in den deutschen Gebieten östlich der Oder-Neiße-Linie oder in den Gebieten außerhalb der Grenzen des Deutschen Reichs nach dem Gebietsstand vom 31. Dezember 1937 hatte[n] und diesen im Zusammenhang mit den Ereignissen des zweiten Weltkrieges infolge Vertreibung, insbesondere durch Ausweisung oder Flucht, verloren" haben.[12] Für die Selbsteinschreibung der unterschiedlichen Gruppen

---

10 Diese Aussagen basieren auf einer Auswertung des Deutschen Ostdienstes, des Südostdeutschen und des Ostpreußenblatts, mithin also der (in ihrem Volltext durchsuchbaren) Publikationen eines überregionalen Verbandes, einer großen und einer kleinen Landsmannschaft der Jahre 1950–1955. – Auch Hermann Bausinger konstatierte 1972, dass der Begriff des Flüchtlings zuerst sehr präsent gewesen sei, dann aber Heimatvertriebener stärker wurde. Zitiert nach Eva Hahn und Hans Henning Hahn: Die Vertreibung im deutschen Erinnern. Legenden, Mythos, Geschichte. Paderborn 2010, S. 174.
11 Der Große Brockhaus. Wiesbaden 1953–1958, hier Bd. 12 (1958), S. 173–175.
12 Gesetz über den Lastenausgleich (Lastenausgleichsgesetz – LAG) vom 14. August 1952, in: 100(0) Schlüsseldokumente zur Deutschen Geschichte im 20. Jahrhundert, https://www.1000dokumente.de/index.html?c=dokument_de&dokument=0234_lag&object=translation&l=-

der Umsiedler*innen, Geflüchteten und Vertriebenen unter den Begriff der Vertreibung spielte die 1950 verabschiedete „Charta der Heimatvertriebenen" ebenfalls eine wichtige Rolle. In diesem Schlüsseldokument der frühen Bundesrepublik deklarierten Vertreter unterschiedlicher Landsmannschaften – Frauen waren nicht darunter – ihr Selbstverständnis: Dazu gehörte das Bekenntnis zum Wiederaufbau eines geeinten Deutschlands und Europas, der explizite Anspruch auf Heimatrecht und die Deklaration eines Racheverzichts. Zwar wird dies bis heute von den Vertriebenenverbänden als politisch progressiv dargestellt, doch steht im Kern ein Opfernarrativ.

Für die Gruppen der organisierten Betroffenen ergab es zunehmend Sinn, sich unter den in der Öffentlichkeit immer dominanter werdenden Begriffen der Vertreibung und Vertriebenen zu organisieren. Die Anpassung an Begriffe machte sie im Diskurs der frühen Bundesrepublik erst sichtbar, reduzierte Missverständnisse in der Öffentlichkeit und den Behörden, denn erst mit dem richtigen Namen wurden die Selbstorganisationen für den Gesetzgeber einfach erkennbar und konnten von der bundesrepublikanischen Mehrheitsgesellschaft zugeordnet werden. Mit den in der alten Heimat gepflegten Selbstbezeichnungen konnte die bundesrepublikanische Öffentlichkeit nicht viel anfangen: Waren Großgruppen wie die Sudetendeutschen bekannt, da sie in der Rhetorik der 1930er Jahre eine wichtige Rolle spielten, gestaltete es sich für lange gepflegte sehr kleinräumige Bezeichnungen wie Zipser, Landler o. Ä. anders.[13]

Für die Selbsteinschreibung einer breiteren Masse an Betroffenen unter dem Begriff der Vertreibung spielte das größte zeithistorische Forschungsprojekt der frühen Bundesrepublik eine große Rolle. Vom „Bundesministerium für Vertriebene, Flüchtlinge und Kriegsgeschädigte" finanziert, sammelten Historiker um Theodor Schieder Augenzeugenberichte, private Briefe und führten auch Befragungen durch, um die Zwangsmigration der Deutschen zu dokumentieren.[14] Politischer Hintergrund des Forschungsprojektes, das als größtes zeitgeschichtliches Forschungsprojekt der Frühphase der Bundesrepublik gilt, war die Sammlung von Beweismaterial, falls es zu Friedens- und damit auch Gebietsverhand-

---

de%20%20%20Band%20der%20Spiegelungen%20zu%20Kollektivbegriffe%20komplett%20 angeben%20 (Zugriff: 28.3.2022).
13 Florian Kührer-Wielach (Hg.), Enikő Dácz, Angela Ilić und Tobias Weger (Mitarb.): Konzepte des Kollektiven. Spiegelungen 15 (2020), 2.
14 Eine im Text unveränderte und auch unkommentierte Neuauflage ist 2004 erschienen. Vgl. Theodor Schieder (Hg.): Dokumentation der Vertreibung der Deutschen aus Ost-Mitteleuropa. Gesamtausgabe in 8 Bdn. München 2004.

lungen kommen würde.¹⁵ Mit der „Dokumentation der Vertreibung der Deutschen aus Ost-Mitteleuropa" wurde das Thema prominent in der westdeutschen Zeitgeschichtsschreibung und auch der Begriff der Vertreibung prominent platziert. Zudem legte die Großdokumentation die Grundlage dafür, die Zwangsumsiedlung der Deutschen, „die Vertreibung", vom Ergebnis des Heimatverlusts her zu kontextualisieren und zu erzählen. Da die Erklärung der Geschichte „wiederum in sehr hohem Maße davon ab[hängt, M. R.], wie die historischen Rohdaten kontextualisiert werden – zeitlich, geografisch und gesellschaftlich"¹⁶ –, schuf man ein einseitiges (Forschungs-)Narrativ, das deutsche Täterschaft auf mehreren Ebenen ausblendete. „Vertreibung" begann mit dem Zeitpunkt als Deutsche zu Opfern wurden, blendete den deutschen Vernichtungskrieg im Osten, dessen „Auftakt" im Polenfeldzug 1939 auf eigentümliche Art und Weise aus und fügte zudem die verschiedenen Phasen der Flucht, der „wilden Vertreibung" und der vertraglich geregelten Vertreibung zu einem historischen Großereignis zusammen. Bis zur Arbeit Martin Broszats über die Kontinuitäten deutscher Polenpolitik aus dem Jahre 1961 wurde in der geschichtswissenschaftlichen Forschung „– wenn überhaupt – nur äußerst zaghaft auf Kausalzusammenhänge" zwischen den Vertreibungen durch Deutsche und Vertreibungen der Deutschen hingewiesen."¹⁷ Erst Ende der 1970er setzte sich der Blick auf diese Verkettungen in der Forschung durch,¹⁸ was jedoch nicht für die breite Öffentlichkeit verallgemeinert werden

---

15 Vgl. dazu verschiedene Publikationen von Mathias Beer, zum Beispiel: Im Spannungsfeld von Politik und Zeitgeschichte. Das Großforschungsprojekt „Dokumentation der Vertreibung der Deutschen aus Ost-Mitteleuropa". In: Vierteljahreshefte für Zeitgeschichte 46 (1998), H. 3, S. 345–389.
16 Vgl. Michael G. Esch: „Ethnische Säuberungen" zwischen Deutschland und Polen 1939–1950: Überlegungen zu ihrer Genese und Einordnung. In: Ulf Brunnbauer, Michael G. Esch und Holm Sundhaussen (Hg.): Definitionsmacht, Utopie, Vergeltung. „Ethnische Säuberungen" im östlichen Europa des 20. Jahrhunderts. Berlin 2006, S. 96. Esch wählte mit dem Vergleich der „ethnischen Säuberungen" in Polen und Deutschland zwischen 1939 und 1950 eine bis dahin ungewöhnliche Perspektive und betonte die Bedeutung der Kontextualisierung für die Geschichtswissenschaft als Deutungswissenschaft.
17 Christian Lotz: Vertreibungsforschung. In: Joachim Bahlcke (Hg.): Historische Schlesienforschung. Methoden, Themen und Perspektiven zwischen traditioneller Landesgeschichtsschreibung und moderner Kulturwissenschaft. Köln 2005, S. 598. Auch die Groß-Dokumentation stellte den Zusammenhang mit der NS-Bevölkerungspolitik auf dem Papier nicht her, obwohl über diese Thesen intern diskutiert wurde vgl. Schieder: Dokumentation der Vertreibung.
18 Eine empirisch und theoretisch fundierte Einordnung von Flucht und Vertreibung der Deutschen in die Vertreibungen auch durch die Deutschen ab 1938/1939 wurde erst nach 1989 häufiger vorgenommen. Vgl. als ein Beispiel unter zahlreichen neueren Veröffentlichungen Ralph Melville (Hg.): Zwangsmigrationen im mittleren und östlichen Europa. Völkerrecht – Konzeptionen – Praxis (1938–1950). Mainz 2007.

sollte. Die vorangegangenen Vertreibungen der einheimischen Bevölkerungen im östlichen Europa durch die Deutschen wurden in (West-)Deutschland lange Zeit nicht als solche bezeichnet und wahrgenommen.[19] In bundesrepublikanischen Schulbüchern etwa wurden die Zwangsumsiedlungen der polnischen Bevölkerung über lange Zeit sprachlich verharmlost.[20] Außen vor blieb auch eine Einordnung in die Diskriminierungspolitiken im Land, die die deutschen Jüdinnen und Juden zur Ausreise zwangen – und ebenso als zwangsinduzierte Migration bezeichnet werden konnten. Die Schulbuchforschung hat nachgewiesen, dass der Begriff „Vertriebener" nur auf deutsche Opfer angewandt wurde. Notleidende der NS-Bevölkerungsverschiebungen wurden mit anderen Begriffen bezeichnet.[21]

Das Forschungsprojekt hatte zentralen Anteil an einer begrifflichen Konsolidierung. Alle Gruppen schrieben sich in dieses Projekt ein und so machte der Name der Vertreibung Programm. Und auch außerhalb des Wissenschaftsbetriebs war die Wirkung der Schieder-Dokumentation hoch. Die Dokumentation selbst ist zwar eher spärlich verkauft worden, die ausgekoppelten Bände mit Einzelschicksalen fanden aber großen Absatz.[22] Jene Projekte wie auch Top-Down-Begriffspolitiken trugen maßgeblich dazu bei, dass die Betroffenen der Zwangsumsiedlung sich „auch zunehmend als eine Schicksalsgemeinschaft" gesehen haben.[23] In einem ersten Schritt muss konstatiert werden, wie ich an anderer Stelle gemeinsam mit Alexander Weidle hinsichtlich der Bukowina-Deutschen argumentiert habe, dass die Umsiedlung die Menschen erst zu einer Erfahrungsgemeinschaft werden ließ.[24] In einem zweiten Schritt konnten sie so in einer übergeordneten

---

19 Vgl. zur dementsprechenden Terminologie in deutschen Schulbüchern unter anderem Frauke Wetzel: Missverständnisse von klein auf? Die Vertreibung der Deutschen in tschechischen und deutschen Geschichtsbüchern. In: ZfG 53 (2005), 10, S. 955–968.
20 Vgl. Wolfgang Jacobmeyer: Die Darstellung der „Vertreibung" in deutschen und polnischen Lehrbüchern des Faches Geschichte. In: Robert Maier (Hg.): Zwischen Zählebigkeit und Zerrinnen. Nationalgeschichte im Schulunterricht in Ostmitteleuropa. Hannover 2004, S. 90.
21 Frauke Wetzel: Missverständnisse, S. 960.
22 Robert Moeller: Die Vertreibung aus dem Osten und westdeutsche Trauerarbeit. In: Brigitta Huhnke (Hg.): Das Vermächtnis annehmen. Kulturelle und biographische Zugänge zum Holocaust. Beiträge aus den USA und Deutschland. Gießen 2002, S. 134.
23 Philipp Ther: Deutsche und polnische Vertriebene. Gesellschaft und Vertriebenenpolitik in der SBZ/DDR und in Polen 1945–1956. Göttingen 1998, S. 94.
24 Maren Röger und Alexander Weidle: Bukowina-Deutsche. Erfindungen, Erfahrungen und Erzählungen einer (imaginierten) Gemeinschaft seit 1775 – Eine Einführung. In: dies. (Hg.): Bukowina-Deutsche. Erfindungen, Erfahrungen und Erzählungen einer (imaginierten) Gemeinschaft seit 1775. Berlin, Boston 2020, S. 13. Vgl. zentral die Publikationen von Gaëlle Fisher, vor allem Resettlers and Survivors: Bukovina and the Politics of Belonging in West Germany and Israel, 1945 – 1989. Oxford, New York, 2020.

Gruppe der Vertriebenen aufgehen, woran ein ganzes Set an Medien und Praktiken der Erinnerung seinen Anteil hatte.[25]

Eine Begriffsgeschichte des Vertreibungsbegriffs auf der Grundlage der behördlichen Dokumentation und auch eine präzise Selbstbezeichnungsgeschichte steht noch aus. Historiker wie Stephan Scholz haben aber darauf hingewiesen, dass der Begriff der Vertreibung eine stark (christlich-)religiöse Konnotation besitze (Vertreibung aus dem Paradies),[26] was sich in das Sprechen über deutsche Kriegserfahrungen in den ersten Jahrzehnten nach dem Krieg ausgezeichnet einpasste. Das deutsche Leiden und die deutschen Opfer waren wiederkehrendes Thema der Selbstverständigungsdebatten der frühen Bundesrepublik. Formulierungen wie „Blutopfer", die direkt auf religiöse Rituale verweisen, waren dabei, so Julia Belke, ebenfalls präsent.[27] Andere Autoren wie Philipp Ther wiesen auf die moralische Aufladung hin, auch da Autoren aus dem Dunstkreis der Vertriebenen die Vertreibung sowohl als rein deutsches Problem als auch als einmaliges Martyrium darstellten.[28]

Als konfrontativer Terminus im Kalten Krieg

Während sich der Begriff der Vertreibung in der Bundesrepublik verfestigte, und damit auch die Opferperspektive, entwickelten sich Begriffsverwendungen in der DDR und den Ländern, aus denen Deutsche flüchteten oder auf behördliche Anweisung deportiert worden sind, abweichend. In der DDR wurde der Begriff der Vertreibung konsequent vermieden, da in diesem Begriff die Unrechtmäßigkeit des Geschehens mitschwang. Die Begriffe „Flüchtlinge" sowie „Vertriebene" konnten sich nicht etablieren und wurden bereits 1945 durch den euphemistischen Begriff des „Umsiedlers" substituiert, kurze Zeit später waren die „Umsiedler" „Neubürger", 1949 wurde jegliche begriffliche Differenz zwischen Alteingesessenen und Neuankömmlingen im offiziellen Sprachgebrauch aufgehoben und es wurden

---

25 Vgl. Stephan Scholz, Maren Röger und Bill Niven (Hg.): Die Erinnerung an Flucht und Vertreibung. Ein Handbuch der Medien und Praktiken. Paderborn 2015.
26 Stephan Scholz: „Opferdunst vernebelt die Verhältnisse". Religiöse Motive in bundesdeutschen Gedenkorten der Flucht und Vertreibung. In: Schweizerische Zeitschrift für Religions- und Kulturgeschichte (2008), 102, S. 292.
27 Julia Belke: 60 Jahre nach „Flucht und Vertreibung". Deutsche Opfer in der Erinnerungskultur Deutschlands (Unveröffentlichte Dissertation, Universität Wien), 2008, S. 145, zu den Opfersemantiken auch Hahn und Hahn: Die Vertreibung.
28 Philipp Ther: Deutsche und polnische Vertriebene, S. 91.

alle als „Staatsbürger" tituliert.²⁹ Diese Sprachpolitik ging so weit, dass sogar der westdeutsche Bund der Vertriebenen nicht mit seinem Eigennamen in der DDR auftauchte, sondern als „Umsiedlerorganisation" bezeichnet wurde.³⁰ In den staatssozialistischen Ländern Polen und Tschechoslowakei, aus denen der Großteil der Personen stammte, die in den Statistiken als Vertriebene gezählt wurden, wurde die bundesrepublikanische Begriffsverwendung zum einen aufmerksam beobachtet. Zum anderen produzierte sie in all ihrer emotionalen Aufladung und direkten Anklage Widerstand. Beide Termini, „Flucht und Vertreibung" bzw. „Vertreibung", waren in den genannten Ländern sehr umstritten.³¹ Der Streit um die Begriffe war, wie Philipp Ther zusammenfasste, „nicht nur historisch, sondern auch hochgradig politisch" und hat „den deutsch-polnischen und auch deutsch-tschechischen Dialog [...] außerordentlich erschwert."³²

Der polnische Historiker Borodziej sieht „die ‚Vertreibung' [als] eine[n] Schlüsselbegriff und Symbol des polnisch-westdeutschen Nachkriegskonfliktes". Und so habe sich die polnische Begriffsgeschichte „als Reflex und Reaktion auf die deutsche entwickelt".³³ Entsprechend der offiziellen Geschichtspolitik und in negativer Reaktion auf die westdeutsche Begriffsverwendung wurden im staatssozialistischen Polen euphemistische Begriffe wie „Aussiedlung" und „Transfer" für „Flucht und Vertreibung" der Deutschen bevorzugt. Der Begriff der Vertreibung sei als stark wertend wahrgenommen worden, da er brutale Gewalt impliziert habe, und sei in Polen nur distanziert benutzt worden, zur Verunglimpfung.³⁴

---

29 Saskia Handro: „Ein Tabuthema" oder „Die andere Geschichte". Zum öffentlichen Umgang mit „Flucht und Vertreibung" in der SBZ und DDR. In: Bettina Alavi und Gerhard Henke-Bockschatz (Hg.): Migration und Fremdverstehen. Geschichtsunterricht und Geschichtskultur in der multiethnischen Gesellschaft. Idstein 2004, S. 184.
30 Heike Amos: Feindliche Organisationen. Die Sicht des MfS auf die Vertriebenenverbände der Bundesrepublik Deutschland. In: ZdF 10 (2006), S. 23.
31 Ähnliches gilt für die Tschechoslowakei. Vgl. aus der inzwischen umfangreichen Literatur zur Begriffsverwendung vor und nach 1989 in der Tschechoslowakei bzw. Tschechien und der Slowakei beispielhaft Madlen Benthin: Die Vertreibung der Deutschen aus Ostmitteleuropa. Deutsche und tschechische Erinnerungskulturen im Vergleich. Hannover 2007; Pavel Kolář: Vertreibung zwischen nationaler Meistererzählung und Deutungspluralität. Der tschechische Vertreibungsdiskurs im Licht geschichtswissenschaftlicher Streitschriften. In: ZfG 53 (2005), 10.
32 Philipp Ther: Deutsche und polnische Vertriebene, S. 89.
33 Włodzimierz Borodziej: Flucht – Vertreibung – Zwangsaussiedlung. In: Andreas Lawaty und Hubert Orlowski (Hg.): Deutsche und Polen. Geschichte, Kultur, Politik. München 2006, S. 88, S. 90.
34 Ewa Nasalska: Die Präsenz des Nationalen in der Darstellung der deutsch-polnischen Grenze und der Zwangsumsiedlung der Deutschen aus Polen in polnischen Geschichtslehrbüchern. In: Robert Maier (Hg.): Zwischen Zählebigkeit und Zerrinnen. Nationalgeschichte im Schulunterricht in Ostmitteleuropa. Hannover S. 70.

Insbesondere mit der Rede von den „wiedergewonnenen Gebieten", die stark mit der Vorstellung von historischer Gerechtigkeit verknüpft worden seien, sei ein emotional besetzter Gegenbegriff geschaffen worden. Mit dem Streit um die richtigen Begriffe war auch eng die Frage nach der Verantwortung verknüpft: In Polen dominierte das „Potsdamer Modell, wonach alle Verantwortung den Alliierten zugeschoben wurde"[35], in der Bundesrepublik hingegen wurde, nicht nur in rechten Kreisen, die Schuld der „Vertreiberstaaten" in den Fokus gerückt.

In der tschechoslowakischen Öffentlichkeit dominierte vor allem der Begriff des „*odsun*", des „Abschubs"[36], der ähnlich wie die in Polen üblichen Begrifflichkeiten deutlich harmloser als „Vertreibung" wirkte. Erst nach 1989 konnte sich in den ehemals staatssozialistischen Ländern ein freierer Umgang mit den Termini entwickeln. Nach den intensiven Forschungskooperationen der 1990er und 2000er Jahre wurde bereits bezweifelt, „ob die Wortwahl heute noch eine politische und moralische Bedeutung hat."[37] Für die polnische geschichtswissenschaftliche Zunft, so auch Borodziej im Jahr 2006 optimistisch, „hat der Streit um Begriffe seinen Sinn verloren."[38] Auch polnische Historiker bedienen sich seit der 1990er Jahre des Terminus der „Vertreibung"[39], teils zur Kennzeichnung der Phase der „wilden Vertreibungen", teils synonym zu „Zwangsmigration" oder „Aussiedlung".[40] Polnische Schulbücher der 1990er und 2000er Jahre benutzten den Begriff der Vertreibung nur distanziert, häufiger waren Termini wie „Aussiedlung", „(Zwangs-)umsiedlung" und „(Zwangs-)Evakuierung".[41] Dabei war die synonyme Verwendung weder damals noch heute Konsens. Die polnische Historikerin Bernadetta Nitschke, die eine der wichtigsten ereignisgeschichtlichen Studien über die Zwangsaussiedlung der Deutschen vorlegte, befand die Begriffssuche für andauernd.[42] Die geschichtspolitischen Veränderungen der letzten Jahre, die eigene Opfererfahrungen stärker akzentuiert (sehen möchte), und polnische Beteiligung an Gewaltausübung dafür in den Hintergrund gerückt sehen will, dürfte den Befund der Vorläufigkeit unterstreichen.

---

35 Stanisław Ciesielski: Einleitung. In: ders. (Hg.): Umsiedlung der Polen aus den ehemaligen polnischen Ostgebieten nach Polen in den Jahren 1944–1947. Marburg 2006, S. 1.
36 Zu den tschechoslowakischen Begriffsdebatten vgl. Wetzel: Missverständnisse, S. 959.
37 Frauke Wetzel: Missverständnisse, S. 960.
38 Włodzimierz Borodziej: Flucht – Vertreibung – Zwangsaussiedlung, S. 95.
39 Ewa Nasalska: Die Präsenz des Nationalen, S. 70.
40 Vgl. Bernadetta Nitschke: Vertreibung und Aussiedlung der deutschen Bevölkerung aus Polen 1945 bis 1949. München 2003, S. 29.
41 Vgl. Wolfgang Jacobmeyer: Die Darstellung der „Vertreibung", hier vor allem S. 88.
42 Vgl. Bernadetta Nitschke: Vertreibung, S. 29.

Fazit

In der Bundesrepublik setzten sich zur Bezeichnung der Zwangsmigration der Deutschen im Zuge des Zweiten Weltkrieges und der davon Betroffenen die Begriffe „Vertreibung" und „Vertriebene" durch. Durch Top-Down-Benennungen des zentralen Ministeriums und gesetzliche Definitionen wurden alternative Begriffe in der Öffentlichkeit weitgehend verdrängt, mehr noch: politische Setzungen etablierten den Begriff in der Öffentlichkeit bis hin zu standardisierenden Konversationslexika. Eine systematische Auswertung der Selbstbezeichnungen der Betroffenen steht noch aus. Erste Funde deuten darauf hin, dass der Vertriebenenbegriff durchaus übernommen wurde, auch um einen Zustand des Angekommenseins gegenüber dem Flüchtlingszustand zu markieren.

Ein vergleichender Blick in Enzyklopädien der DDR zeigt, wie stark Begriffsverwendungen von politischen Rahmungen geprägt werden: In den – allerdings deutlich schmaleren Lexika – finden sich keinerlei Einträge zu „Vertreibung" und „Vertriebene", aber auch nicht zu „Flucht", „Flüchtling" oder „Umsiedlung" und „Umsiedler". Alle Begriffe verschwanden. In Polen und der Tschechoslowakei wurde der Begriff der Vertreibung zu Zeiten des Staatssozialismus mit all seinen moralischen Implikationen zurückgewiesen, gar als Kampfbegriff verstanden. Ihm wurden euphemistischere Begriffe entgegengesetzt, etwa „Ausweisung" oder „Abschub".

In den 1990er und 2000er Jahren schienen diese begrifflichen Differenzen nach intensiven geschichtswissenschaftlichen Kooperationsprojekten zwischen den Historiker*innen der Länder beigelegt, wenngleich Begriffstraditionen in den einzelnen Ländern fortgeführt wurden. In den letzten Jahren jedoch haben erinnerungspolitische Debatten um Opfer- und Täterschaft zwischen den Ländern wieder an Dynamik gewonnen, die sich vor allem auf den Zweiten Weltkrieg, die Besatzungszeit und den Holocaust beziehen, aber deren mittel- und langfristiger Einfluss auf die Verwendung der Begrifflichkeiten abzuwarten bleibt.

Literaturverzeichnis

Amos, Heike: Feindliche Organisationen. Die Sicht des MfS auf die Vertriebenenverbände der Bundesrepublik Deutschland. In: ZdF 10 (2006), 20, S. 20–35.

Beer, Mathias: Im Spannungsfeld von Politik und Zeitgeschichte. Das Großforschungsprojekt „Dokumentation der Vertreibung der Deutschen aus Ost-Mitteleuropa". In: Vierteljahreshefte für Zeitgeschichte 46 (1998), 3, S. 345–389.

Beer, Mathias: Flucht und Vertreibung der Deutschen. Voraussetzung, Verlauf, Folgen. München 2011.

Belke, Julia: 60 Jahre nach „Flucht und Vertreibung". Deutsche Opfer in der Erinnerungskultur Deutschlands (Unveröffentlichte Dissertation, Universität Wien), 2008.

Benthin, Madlen: Die Vertreibung der Deutschen aus Ostmitteleuropa. Deutsche und tschechische Erinnerungskulturen im Vergleich. Hannover 2007.

Bockschatz, Gerhard (Hg.): Migration und Fremdverstehen. Geschichtsunterricht und Geschichtskultur in der multiethnischen Gesellschaft. Idstein 2004, S. 177–192.

Borodziej, Włodzimierz: Flucht – Vertreibung – Zwangsaussiedlung. In: Andreas Lawaty und Hubert Orlowski (Hg.): Deutsche und Polen. Geschichte, Kultur, Politik. München 2006, S. 88–95.

Ciesielski, Stanisław: Einleitung. In: ders. (Hg.): Umsiedlung der Polen aus den ehemaligen polnischen Ostgebieten nach Polen in den Jahren 1944 – 1947. Marburg 2006, S. 1–75.

Der Große Brockhaus. Wiesbaden 1953–1958, Bd. 12 (1958).

Esch, Michael G.: „Ethnische Säuberungen" zwischen Deutschland und Polen 1939–1950: Überlegungen zu ihrer Genese und Einordnung. In: Brunnbauer, Ulf Brunnbauer, Esch, Michael G. und Sundhaussen, Holm (Hg.): Definitionsmacht, Utopie, Vergeltung. „Ethnische Säuberungen" im östlichen Europa des 20. Jahrhunderts. Berlin 2006, S. 96–124.

Gesetz über den Lastenausgleich (Lastenausgleichsgesetz – LAG) vom 14. August 1952, in: 100(0) Schlüsseldokumente zur Deutschen Geschichte im 20. Jahrhundert, https://www.1000dokumente.de/index.html?c=dokument_de&dokument=0234_lag&object=-translation&l=de%20 %20 %20Band%20der%20Spiegelungen%20zu%20 Kollektivbegriffe%20komplett%20angeben%20 (Zugriff am 28.3.2022).

Hahn, Eva und Hahn, Hans Henning: Die Vertreibung im deutschen Erinnern. Legenden, Mythos, Geschichte. Paderborn 2010.

Handro, Saskia: „Ein Tabuthema" oder „Die andere Geschichte". Zum öffentlichen Umgang mit „Flucht und Vertreibung" in der SBZ und DDR. In: Alavi, Bettina und Gerhard Henke-Bockschatz (Hg.): Migration und Fremdverstehen: Geschichtsunterricht und Geschichtskultur in der multiethischen Gesellschaft. Idstein 2004, S. 177–192.

Kolář, Pavel:Vertreibung zwischen nationaler Meistererzählung und Deutungspluralität. Der tschechische Vertreibungsdiskurs im Licht geschichtswissenschaftlicher Streitschriften. In: ZfG 53 (2005), 10, S. 925–940.

Jacobmeyer, Wolfgang: Die Darstellung der „Vertreibung" in deutschen und polnischen Lehrbüchern des Faches Geschichte. In: Robert Maier (Hg.): Zwischen Zählebigkeit und Zerrinnen. Nationalgeschichte im Schulunterricht in Ostmitteleuropa. Hannover 2004, S. 83–100.

Kührer-Wielach, Florian (Hg.), Dácz, Enikő, Ilić Angela und Weger Tobias (Mitarb.): Konzepte des Kollektiven. Spiegelungen 15 (2020), 2.

Kulischer, Eugene M.: Europe on the Move. War and Population Changes 1917–47. New York 1948.

Lotz, Christian: Vertreibungsforschung. In: Bahlcke, Joachim (Hg.): Historische Schlesienforschung. Methoden, Themen und Perspektiven zwischen traditioneller Landesgeschichtsschreibung und moderner Kulturwissenschaft. Köln 2005, S. 593–617.

Melville, Ralph (Hg.): Zwangsmigrationen im mittleren und östlichen Europa. Völkerrecht – Konzeptionen – Praxis (1938–1950). Mainz 2007.

Moeller, Robert: Die Vertreibung aus dem Osten und westdeutsche Trauerarbeit. In: Huhnke, Brigitta (Hg.): Das Vermächtnis annehmen. Kulturelle und biographische Zugänge zum Holocaust. Beiträge aus den USA und Deutschland. Gießen 2002, S. 113–148.

Nasalska, Ewa: Die Präsenz des Nationalen in der Darstellung der deutsch-polnischen Grenze und der Zwangsumsiedlung der Deutschen aus Polen in polnischen Geschichtslehrbüchern. In: Robert Maier (Hg.): Zwischen Zählebigkeit und Zerrinnen. Nationalgeschichte im Schulunterricht in Ostmitteleuropa. Hannover 2004, S. 69–82.

Nitschke, Bernadetta: Vertreibung und Aussiedlung der deutschen Bevölkerung aus Polen 1945 bis 1949. München 2003.

Röger, Maren: Flucht, Vertreibung, Umsiedlung. Mediale Erinnerungen und Debatten in Deutschland und Polen seit 1989. Marburg 2011.

Röger, Maren und Weidle, Alexander: Bukowina-Deutsche. Erfindungen, Erfahrungen und Erzählungen einer (imaginierten) Gemeinschaft seit 1775 – Eine Einführung. In: dies. (Hg.): Bukowina-Deutsche. Erfindungen, Erfahrungen und Erzählungen einer (imaginierten) Gemeinschaft seit 1775. Berlin, Boston 2020, S. 7–20.

Scholz, Stephan, Röger, Maren und Niven, Bill (Hg.): Die Erinnerung an Flucht und Vertreibung. Ein Handbuch der Medien und Praktiken. Paderborn 2015.

Scholz, Stephan: „Opferdunst vernebelt die Verhältnisse". Religiöse Motive in bundesdeutschen Gedenkorten der Flucht und Vertreibung. In: Schweizerische Zeitschrift für Religions- und Kulturgeschichte (2008), 102, S. 287–313.

Schieder, Theodor (Hg.): Dokumentation der Vertreibung der Deutschen aus Ost-Mitteleuropa. Gesamtausgabe in 8 Bdn. München 2004.

Schwartz, Michael: Ethnische „Säuberungen" in der Moderne. Globale Wechselwirkungen nationalistischer Gewaltpolitik im 19. und 20. Jahrhundert. München 2013.

Philipp Ther: Deutsche und polnische Vertriebene. Gesellschaft und Vertriebenenpolitik in der SBZ/DDR und in Polen 1945–1956. Göttingen 1998.

Ther, Philipp: Die dunkle Seite der Nationalstaaten. „Ethnische Säuberungen" im modernen Europa. Göttingen 2011.

Wetzel, Frauke: Missverständnisse von klein auf? Die Vertreibung der Deutschen in tschechischen und deutschen Geschichtsbüchern. In: ZfG 53 (2005), 10, S. 955–968.

Exil, Flucht, Migration:
Begriffsverhandlungen im Kontext von Geschichtswissenschaft, Erinnerungskultur und Literarisierung

Podiumsdiskussion mit Gundula Bavendamm,
Jochen Oltmer, Ilija Trojanow und Cornelia Vossen
(Gesprächsleitung: Doerte Bischoff)

Am Gespräch[1] zu Begriffen und Konzepten von Exil, Flucht und Migration nahm **Cornelia Vossen** teil, die Kuratorin des neu in Berlin entstehenden Exilmuseums, sowie **Gundula Bavendamm**, die Direktorin des *Dokumentationszentrums Flucht, Vertreibung, Versöhnung*, das im Juni letzten Jahres nach langen Jahren der Planung, Konzeption und öffentlichen Debatten ebenfalls in Berlin seine Pforten geöffnet hat. Mit auf dem Podium saß auch **Ilija Trojanow**, der sich als Schriftsteller und Intellektueller mit dem Thema Flucht und Vertreibung auseinandergesetzt hat, nicht zuletzt in seinem Text *Nach der Flucht* von 2017. Vierter Gast schließlich war **Jochen Oltmer** von der Universität Osnabrück, der sich im Kontext des dort angesiedelten Instituts für Migrationsforschung und Interkulturelle Studien (IMIS) als Historiker mit Migrationsstudien beschäftigt.[2] Gemeinsam diskutierten die Teilnehmenden über Begriffe, mit denen Phänomene beschrieben und historisch gefasst wurden, die sich im weitesten Sinne als Gewaltmigration beschreiben lassen, Begriffe also wie Flucht, Exil, Vertreibung, Asyl und Diaspora. Diese spielen nicht nur als Leitkategorien in unterschiedlichen wissenschaftlichen Disziplinen eine Rolle, sondern auch in Politik und Öffentlichkeit. Offensichtlich handelt es sich um Begriffe, die ideologisch aufgeladen benutzt und instrumentalisiert wurden und werden – umso wichtiger also, sie gemeinsam, aus verschiedenen Perspektiven, zu reflektieren.

---

[1] Die Podiumsdiskussion, die am 13.01.2022 online stattfand, war öffentlich und zugleich Teil eines Workshops, bei dem die Beiträger*innen dieses Jahrbuchs die jeweils bearbeiteten Begriffe im Kontext der von Ihnen vertretenen Forschungszusammenhänge vorstellten.
[2] Zu den ausführlicheren biobibliografischen Angaben vgl. das Verzeichnis am Ende dieses Bandes.

Die Einladung zu dieser Diskussion erfolgte im Zusammenhang mit der Konzeption des diesjährigen *Jahrbuch Exilforschung*, das sich der interdisziplinären Erkundung von Begriffen widmet, die dem Exilbegriff ähnlich und nahe sind, aber teilweise auch im Kontrast und in Abgrenzung zu ihm verwendet werden. In Bezug auf den Begriff Exil ist bemerkenswert, dass dieser im deutschsprachigen Raum zunächst vorrangig auf das Exil aus Nazi-Deutschland bezogen wurde und so auch für die Entstehung und Institutionalisierung der Exilforschung seit den 1970er Jahren konstitutiv war. Nach verschiedenen Paradigmenwechseln innerhalb dieses Forschungsfeldes, die aber auch zu seiner Kontinuität beigetragen haben, lässt sich beobachten, dass das Thema Exil in den letzten Jahren auf neue Weise an Bedeutung gewonnen hat. Bereits bevor die private Initiative sich formierte, in Berlin ein Exilmuseum zu errichten (die Eröffnung ist für 2026 geplant), wurde mit Unterstützung der Bundesregierung das Onlinemuseum Künste im Exil unter Federführung der Deutschen Nationalbibliothek in Frankfurt freigeschaltet. Hier handelt es sich um ein Work in Progress, in dem zahlreiche Dokumente und Informationen über das historische Exil aus NS-Deutschland eingestellt, aber auch viele Verbindungen zu aktuellen Exilen hergestellt werden. Dabei steht aktuell die neue Konjunktur des Exilbegriffs neben einer intensiven Thematisierung von ‚Flucht', einem Begriff, der spätestens seit den Ereignissen um 2015 öffentliche Debatten, aber auch Forschungsfelder orientiert und teilweise neu formiert. Auch mit diesem Begriff sind historische Begriffsverwendungen wieder in den Blick gerückt. Gerade aus der Perspektive der Exilforschung stellt sich die Frage, wie beide Begriffe, Flucht und Exil, zusammenhängen, in welchen Kontexten sie wie verwendet werden und welche Bedeutungsdimensionen sich mit ihnen jeweils eröffnen. Natürlich haben sich viele Exilierte früher auch als Flüchtlinge, als auf der Flucht sich Befindende verstanden, der Begriff kommt in historischen Dokumenten und Narrativen sehr häufig vor. Wann setzen sich welche Begriffe durch und mit welchen Konnotationen? Gibt es weitere Schlüsselbegriffe, die in diesem Zusammenhang bedeutsam sind? Diesen Fragen widmete sich das Gespräch.

Doerte Bischoff: Zunächst möchte ich das Wort an Frau **Bavendamm** richten: Sie haben einmal gesagt, dass, als Sie vor einigen Jahren die Leitung des Dokumentationszentrums übernommen haben, die großen Schlachten eigentlich schon geschlagen waren. Aber sicherlich haben Sie ja dennoch immer wieder die Erfahrung gemacht, dass die Begriffe, mit denen Sie umgehen, sehr stark aufgeladen sind und politisch Wirkung entfalten. Die Begriffskopplung ‚Flucht und Vertreibung' ist vertraut und etabliert, zumindest im bundesrepublikanischen Diskurs. Aber wann und wie ist eigentlich der Begriff der Versöhnung, den die von Ihnen geleitete Institution ja auch im Titel führt, hinzugekommen?

Gundula Bavendamm: Die Stiftung Flucht, Vertreibung, Versöhnung hat eine bewegte Gründungsgeschichte, die viel mit unterschiedlichen Ansichten über Begriffe, Begrifflichkeiten und Sprache zu tun hat. In dem von Ihnen erwähnten Interview sagte ich, dass es aus meiner Wahrnehmung im Rückblick einen gesamtgesellschaftlichen Aushandlungsprozess gegeben hat, in dem 20 Jahre lang auf unterschiedlichsten Ebenen unter unterschiedlichster Beteiligung darüber gestritten wurde, wie in diesem Land an Flucht und Vertreibung der Deutschen erinnert werden kann. Ein entscheidender Wendepunkt in diesem langen Prozess war die Gründung dieser Stiftung. Die Urinitiative ging vom Bund der Vertriebenen und seiner damaligen Präsidentin Erika Steinbach aus und ihrem Mitstreiter, dem 2005 verstorbenen Peter Glotz. Doch dann wurde auf Bundesebene unter dem Dach des Deutschen Historischen Museums eine Stiftung gegründet, für die Überparteilichkeit zentral ist. Die Bundesregierung ist damit institutionell auf Distanz zum Bund der Vertriebenen gegangen. An der programmatischen Ausgestaltung der Stiftung bzw. des Dokumentationszentrums und insbesondere der Ständigen Ausstellung, haben Wissenschaftlerinnen und Wissenschaftler mitgearbeitet, die aufgrund ihrer Ausbildung – ich selbst bin Historikerin – ein Bewusstsein für Sprache, Begriffe, ihre Entstehung, ihre Färbung, ihre Zwecke und Funktionen, mitbringen. Aufgrund der Gründungsgeschichte war die Diskussion über Begriffe wahrscheinlich mit die intensivste, die wir als Team geführt haben. Sie fragten nach dem Begriff der Versöhnung: Er gehört zu diesem Projekt seit 2008, also seitdem es die Bundesstiftung Flucht, Vertreibung, Versöhnung gibt. Seitdem ist auf der institutionellen Ebene, in Bezug auf Stiftungsgesetz und die Institution als Körperschaft des Öffentlichen Rechts, der Versöhnungsbegriff zentral. Wir bezeichnen ihn hier manchmal als unseren Haltungsbegriff: Während die beiden ersten Begriffe, Flucht und Vertreibung, als beschreibende Begriffe zu verstehen sind, die den Inhalt, das Thema dieser Stiftung anzeigen, sagt der Versöhnungsbegriff etwas über die Haltung, mit der wir versuchen, dieses Thema anzugehen, zu behandeln, auszustellen, zu diskutieren. Dass dieser Begriff fest verankert wurde, ist sicherlich auch eine Reaktion auf die Jahre davor, in denen es besonders kontrovers zugegangen ist.

Doerte Bischoff: Das Konzept des Hauses, man kann es ja auch nachlesen auf Ihrer Homepage, ist vor allem dadurch geprägt, dass es die Kontexte von Vertreibungen in der Zeit des Zweiten Weltkrieges in einem breiten Sinne mit beschreibt. Inwiefern ist es auch Teil Ihrer Arbeit gewesen, den Begriff der Vertreibung vom Begriff der Heimatvertriebenen oder der Vertreibung der Deutschen allmählich zu lösen und neu anzudocken an andere Kontexte?

Gundula Bavendamm: Das ist ein ganz entscheidender roter Faden unserer Begriffsdiskussionen gewesen. Einmal bedingt durch den Stiftungszweck. Bereits im Stiftungsgesetz von 2008 ist formuliert, dass der Auftrag der Stiftung ist, das

Thema Flucht und Vertreibung der Deutschen am Ende des Zweiten Weltkriegs einzubetten. Und es gibt zwei Ebenen der Kontextualisierung. Das eine ist der Auftrag, die feste und unverbrüchliche Verbindung mit der NS-Vorgeschichte herauszustellen. Das andere ist die Einbettung dieses Komplexes in eine europäische Geschichte der Zwangsmigration. Das ist sozusagen die konzeptionelle DNA dieser Stiftung. Und als wir dann eingestiegen sind in eine detailliertere Diskussion über das Konzept für die Ständige Ausstellung, war ein ganz wesentlicher Impetus, die begriffliche Kopplung von ‚Flucht und Vertreibung' zu lockern, zu öffnen und damit auch in einer gewissen Weise die Begriffe zu entpolitisieren. Das Zusammennehmen beider Begriffe lässt sich übrigens auf einen distinkten Zeitpunkt zurückverfolgen, nämlich das Bundesvertriebenengesetz von 1953. Unser Bestreben lag demgegenüber darin, diese Begriffe wieder zu historisieren und sie in ihrer konsekutiven Abfolge in Bezug auf historische Ereignisse und auch der jeweils unterschiedlichen Gelagertheit von Erfahrungen transparent zu machen, also Begriffe zu verwenden, um zu differenzieren, um zu beschreiben, um Unterschiede zu machen, um Qualitäten herauszuarbeiten und so weiter.

Doerte Bischoff: Wie reagieren jetzt eigentlich Besucher*innen, die selbst diese Erfahrung gemacht haben, auf das Konzept der Ausstellung? Es gibt (für diejenigen, die noch nicht dort waren) im Dokumentationszentrum zwei Stockwerke: im ersten begegnet man zunächst einer Präsentation historisch und geografisch unterschiedlich situierter Flucht- und Vertreibungssituationen und ihrer Erfahrungsdimensionen anhand von Objekten, Fotos und Kurztexten. Dabei fallen Aktualisierungen besonders ins Auge, wenn etwa geflohene Syrer*innen und andere gegenwärtig von Flucht und Vertreibung betroffene Menschen zu Wort kommen. Im oberen Stockwerk ist der zweite Teil der Ausstellung dem Thema Flucht und Vertreibung während des Zweiten Weltkrieges gewidmet. Hier wird die Geschichte der vertriebenen Deutschen nach 1945 in ein umfassendes Bild von Vertreibungen und Zwangsmigrationen in diesem Zeitraum eingebettet, das etwa auch Zwangsumsiedlungen, Deportation und Zwangsarbeit auf verschiedenen Seiten mit einschließt. Wie werden diese teilweise weitgehenden Kontextualisierungen und Verknüpfungen gerade von Zeitzeug*innen, die die Ausstellung besuchen und für die bestimmte Begriffe wie ‚Flucht und Vertreibung' identitätsstiftend sind, wahrgenommen?

Gundula Bavendamm: Wir verwenden, wenn wir von diesem engeren deutschen Thema sprechen, eben tatsächlich vorwiegend die bei uns üblichen weit verbreiteten Begriffe Flucht und/oder Vertreibung. Insofern finden sich diese Menschen rein sprachlich bei uns wieder. Ich habe eine Szene vor Augen. Kurze Zeit nach der Eröffnung kam der Enkel eines ehemaligen Flüchtlings aus Ostpreußen, seinen gerade drei Monate alten Sohn auf dem Arm, der Urenkel war also auch dabei. Und man stand vor der Texttafel im ersten Obergeschoss, wo es um die Geschichte des Großvaters beziehungsweise Urgroßvaters geht. Das war offenbar eine sehr emotionale Situation für diese Familie. Wir haben es ja auch mit mehreren Generationen zu tun, die hierherkommen. Ich habe den Eindruck, die meisten finden unser Konzept gut, auch wie wir es umgesetzt haben. Aber sicherlich gibt es vereinzelt kritische Stimmen, vor allem aus den Landsmannschaften, also aus Kreisen der organisierten Vertriebenen. Diese Landsmannschaften als Vertreter der Vertriebenen fühlen sich natürlich berufen, sich uns gegenüber zu äußern. Und da kommt es durchaus punktuell vor, dass man Briefe bekommt oder auch Gespräche führt, in denen zum Beispiel Kritik daran geäußert wird, dass das, was diese Klientel als das Kernthema sieht, erst im zweiten Obergeschoss beginnt. Was gar nicht zutrifft, denn wenn man aufmerksam durch das erste Geschoss geht, kommen die Deutschen, in ihrer Doppelrolle als Vertreiber und Vertriebene wohlgemerkt, auch dort überall vor, aber in einer anderen Weise. Aber, das ist wichtig nochmal zu sagen: Von denen, die heute noch eine familiäre Anbindung an Flucht und Vertreibung haben, ist eine Minderzahl organisiert in Landsmannschaften. Und insofern, würde ich sagen, ganz überwiegend Zustimmung, Einverständnis, vereinzelte Kritik.

Doerte Bischoff: Auch auf die Vertreibung von Juden und Jüdinnen aus dem Dritten Reich wird punktuell eingegangen. Spielte dieser Aspekt in der Konzeption eine besondere Rolle?

Gundula Bavendamm: Er kommt zweimal vor. Zunächst im ersten Obergeschoss im allgemeinen Teil in der Themeninsel Nation und Nationalismus, wo die Lage der europäischen Juden an der Wende vom 19. zum 20. Jahrhundert beschrieben wird. Und dann kommt er ganz am Anfang des chronologischen Narratives im zweiten Obergeschoss vor, wo wir dezidiert auf die rassistische Gesellschafts- und Bevölkerungspolitik des NS-Staates eingehen und uns fokussieren auf diese Antithese zwischen Volksgemeinschaft und Volksfeinden, denen vor allem auch, nicht nur, aber vor allem auch die deutschen Juden zum Opfer gefallen sind.

Doerte Bischoff: Das war immer eine zentrale Kritik, dass in dem Begriff ‚Heimatvertriebene' eine nationale Affirmation weitergeführt wird, die problematische Ausschlüsse produziert. Sehen Sie es als Ihre Aufgabe, auch das aufzuarbeiten?

Gundula Bavendamm: Ja, wir haben das getan und wir fassen den Vertreibungsbegriff nicht in einem engen Sinne. Ich würde immer sagen, dass mit Blick auf Deutschland die Vertreibung Anfang der 30er Jahre beginnt, eben mit der Vertreibung der Juden aus dem Deutschen Reich. Wir gehen von diesem weiten Vertreibungsbegriff aus. Auch über den Begriff Flucht kann man in diesem Zusammenhang diskutieren. Flucht, die ins Exil führt, solange es noch möglich ist, oder später der Weg in die Vernichtung. Ab März 2022 ist unsere erste Sonderausstellung zu sehen: eine Ausstellung über die Displaced Persons, die die

Shoah überlebt haben, und ihre Lebenssituation in den frühen Nachkriegsjahren. „Unser Mut. Juden in Europa 1945–48" ist eine Übernahme aus dem Jüdischen Museum in Frankfurt. Wir verstehen diese Präsentation als Auftakt unseres Sonderausstellungsprogramms als ein ganz deutliches Statement für diesen weiten Vertreibungsbegriff.

Doerte Bischoff: Gleichzeitig ist es ja auch ein Statement für die Kooperation, dass eben auch jetzt Institutionen, die unterschiedliche Gruppeninteressen vertreten, miteinander kooperieren, wechselseitig Ausstellungen übernehmen. Das ist, denke ich, tatsächlich etwas ganz Neues, was hier gerade passiert! Ich würde jetzt gern, da das gut anschließt, Cornelia **Vossen** in unser Gespräch einbeziehen, die seit einigen Jahren Kuratorin der Stiftung Exilmuseum in Berlin ist. Das Exilmuseum wird direkt neben der Ruine des Anhalter Bahnhofes, gegenüber vom Dokumentationszentrum Flucht, Vertreibung, Versöhnung entstehen. Anders als bei letzterem steht dahinter keine Bundesstiftung, sondern eine private Initiative und Förderung. Seit dem Abschluss des Architekturwettbewerbs ist jetzt auch klar, wie dieses Haus aussehen wird und wer es bauen wird. Während der Übergangszeit gab es 2021 unter anderem eine Containerausstellung mit dem Titel „ZU/FLUCHT" auf dem Gelände, die Cornelia Vossen mit initiiert und kuratiert hat. Dafür hat sie auch mit Geflüchteten Interviews geführt und mit einigen in der Vorbereitung der Ausstellung eng zusammengearbeitet, was schon darauf hindeutet, dass Exil offenbar nicht nur als historisches Phänomen in Bezug auf die deutsche Geschichte gedacht wird, sondern explizit Anschlüsse gesucht werden. In diesem Projekt war der Exilbegriff, den die Schirmherrin der Initiative, die Literaturnobelpreisträgerin Herta Müller, früh in die Diskussion eingebracht hat[3] von Anfang an praktisch ‚gesetzt'. War der Begriff allen Beteiligten plausibel und wurde er von allen gleichermaßen verstanden? Gab es so etwas wie eine schärfende Begriffsarbeit in der Phase der Konzeptualisierung des Exilmuseums?

Cornelia Vossen: In der Vorbereitung der Containerausstellung am zukünftigen Standort des Museums und auch in den begleitenden Podiumsdiskussionen haben wir uns mit der Frage nach den Begriffen bereits ausführlicher beschäftigt. Gerade die unmittelbare Nähe zum Dokumentationszentrum Flucht, Vertreibung, Versöhnung provoziert Fragen nach der Abgrenzbarkeit, da es ja tatsächlich auch manche Berührungspunkte gibt. Ich denke, die Nähe ist auch eine große Chance: hier entsteht ja im Grunde genommen eine Art neue thematische Museumsinsel. Neben dem Exilmuseum wird es nicht nur das Dokumentationszentrum Flucht,

---

3 Vgl. den offenen Brief Herta Müllers an die Bundeskanzlerin vom 24.06.2011, in der sie die Einrichtung eines Exilmuseums fordert: https://www.faz.net/aktuell/feuilleton/buecher/autoren/deutsche-kulturpolitik-erinnert-ans-exil-1652383.html (Zugriff 21.04.2022).

Vertreibung, Versöhnung geben, auch die Topographie des Terrors, das Denkmal für die ermordeten Juden Europas und das Jüdische Museum sind nicht weit. Da kann und wird dieses Thema, das seit 2015 noch an Aktualität gewonnen hat, von verschiedenen Seiten beleuchtet werden. Für den Brückenschlag zwischen dem historischen und dem heutigen Exil war dabei Herta Müller, die zusammen mit Joachim Gauck die Schirmherrschaft für dieses Projekt übernommen hat, eine ganz wichtige Person. Ausschlaggebend wurde ein Satz aus einem Interview von ihr, wo sie sagt, es sei Aufgabe des Exilmuseums, „den Inhalt des Wortes Exil begreifbar zu machen". Entsprechend wollen wir, unterstützt von Szenografie und Medien, möglichst nah an die *Erfahrung* des Exils herankommen und dadurch die Brücke zwischen den Zeiten herstellen. So haben wir im Zuge der Containerausstellung zusammen mit Geflüchteten ein „Alphabet des Ankommens" entwickelt. Das Ergebnis hat mich sehr beeindruckt, weil die Geflüchteten zu Bedingungen und Grenzen des Ankommens im Aufnahmeland etwas ganz Ähnliches beschrieben haben wie die Geflüchteten aus der NS-Zeit. Das war im Prinzip eine Art ‚proof of concept' und Ermutigung, diesen Brückenschlag weiter zu verfolgen. Die Frage: „Ist für euch Exil ein Begriff?", wurde sehr deutlich und sehr vielfältig bejaht. Insofern ist Exil für uns durchaus der zentrale und richtige Begriff.

Doerte Bischoff: Nun kann man sich fragen, was denn der eigentliche Sinn des Exils ist? Je näher man diesem Begriff kommt, umso weniger leicht lässt er sich greifen; das gilt ja für andere Begriffe auch. Herta Müller hat nach dem offenen Brief noch einen weiteren Essay publiziert, der die Erinnerung an das Exil gegenüber anderen Erinnerungsdiskursen in den Blick rückt.[4] Der Titel lautet „Herzwort und Kopfwort": Das Herzwort ist hier Vertreibung im Sinne von ‚Heimatvertriebensein', womit auf die Sprache der Vertriebenenverbände Bezug genommen wird, die Herta Müller sehr gut kennt. Sie hat sich damit auseinandersetzen müssen, dass sie von den Landsmannschaften teilweise als Nestbeschmutzerin und (Heimat-)Verräterin angegangen wurde. Das Kopfwort ist demgegenüber Emigration oder Exil, Worte, die dem intellektuellen Diskurs zugehören und weniger emotionale Zugehörigkeit suggerieren. Sie bezeichnen die anderen, die einem nicht so zu Herzen gehen und bleiben ‚kalt'. Die Exilforschung ist ja seit ihren Anfängen davon geleitet, Biografien, Hinterlassenschaften und Werke der Verfolgten und Vertriebenen zu sichern. Kann man sagen, dass das Exilmuseum und auch andere Initiativen, die jetzt den Exilbegriff wieder explizit aufnehmen, dies in dem Bestreben tun, diesem Begriff wieder oder überhaupt etwas mehr Wärme zu geben? Die Schicksale jener Menschen, die während der NS-Zeit nicht nur ins

---

4 Vgl. den am 20.01.2013 im Spiegel erschienenen Beitrag: https://www.spiegel.de/kultur/herz-wort-und-kopfwort-a-28198d48-0002-0001-0000-000090638332 (Zugriff 21.04.2022).

Exil, sondern eben ja auch aus ihrer (deutschen) Heimat vertrieben wurden, in ihren verschiedenen Aspekten zu präsentieren und zu erinnern?

Cornelia Vossen: Dieses Bemühen der Exilforschung, der Erfahrung der einzelnen nachzuspüren, ist auch für unser Vorhaben zentral. Ich glaube, Exil als Begriff betrifft tatsächlich vor allem einzelne, individuelle Schicksale. Auch bei uns stehen ganz stark Biografien im Zentrum. Wir versuchen, mit modernen Mitteln, also etwa großformatigen Medieninstallationen, eine Nahsicht auf einzelne Biografien herzustellen. Flucht ist häufig verbunden mit einer Situation, die politisch noch nicht gelöst ist und noch wenig gesellschaftliche Akzeptanz gefunden hat, in jedem Fall etwas, das sehr vielschichtig und schwer zu vermitteln ist. Demgegenüber ist Exil multiperspektivischer, insofern es nicht um den Prozess, die Bewegung der Flucht geht, sondern eben auch um einen inneren Zustand, der sich sehr unterschiedlich ausprägen kann. In unserem ersten Zeitzeugeninterview hat der 1938 geflohene Autor und Filmemacher Georg Stefan Troller eindrücklich beschrieben, dass das Exil etwas ist, das sich als Zäsur, als Bruch in ein Leben fräst, den man nicht mehr loswird und der einem Identitätsbruch gleichkommen kann. So etwas habe ich zum Beispiel auch in Texten von Ilija Trojanow ganz stark wahrgenommen, der 1971 aus Bulgarien flüchtete; er ist heute ja auch hier in unserer Runde. Uns geht es auch darum, diese inneren Facetten von Exil zu zeigen und nachvollziehbar zu machen. Dazu kann auch gehören, dass Exil nicht immer nur als Leid, sondern auch als Chance empfunden wurde und wird.

Doerte Bischoff: Was dem Begriff Exil anhaftet, ist eine lange Tradition, die bis in die Antike zurückreicht, wo er vor allen Dingen mit den großen Einzelnen, mit Ovid und anderen verbunden ist. Zentral ist hier die Vorstellung, dass ein Individuum Ausgrenzung und Vertreibung nicht nur erleidet, sondern sich auch der Gewalt der Mächtigen entgegenstellt. Es geht also auch um die Möglichkeit von Handlungsfähigkeit und individueller Positionierung in dieser Situation. Viele Exilierte und Exilforschende haben sich an Brechts berühmtem Gedicht „Über die Bezeichnung Emigranten" orientiert, wo es sinngemäß heißt, wir sind gerade keine ‚Emigranten'. Denn das würde bedeuten, dass wir freiwillig ins Ausland gegangen sind. Sondern wir sind im Exil und in diesem Sinne sind wir ‚Vertriebene'. In Brechts Gedicht tauchen verschiedene Begriffe auf, die später in ihren Konnotationen und Verwendungskontexten eher auseinanderdriften, beide akzentuieren aber die Unfreiwilligkeit und das gewaltsam Erzwungene.

Cornelia Vossen: Das ist auch beim Exilmuseum der Kern: die erzwungene Migration. In der Konzeption eines Museums muss man sich überlegen, welche Begriffe die gegenwärtigen Besucher*innen möglichst leicht verstehen, welche ihnen vertraut sind. Für den deutschsprachigen Raum ist der Begriff Exil einfach sehr deutlich mit der Zeit 1933 bis 1945 verknüpft, auch dank der Exilforschung.

Wobei die Philosophin Hannah Arendt und andere in die USA Emigrierte immer nur von „Refugees" gesprochen haben und für sie der Begriff Exilant oder Exilantin keine zentrale Rolle spielte. Dennoch muss ein Museum die Konnotation des Begriffs in dem Land, in dem es entsteht, mitberücksichtigen. Und deshalb ist Exil für uns, denke ich, der richtige Begriff – zumal, wenn er nun auch von heutigen Geflüchteten wieder verwendet wird.

Doerte Bischoff: Wie soll denn die Erfahrung des Exils in seinen verschiedenen Facetten in Ihrem Museum thematisiert werden?

Cornelia Vossen: Wir planen z. B. einen so genannten „Pfad des Exils", der sich durch fast alle Räume ziehen wird als Raum-im-Raum-Struktur – also im Prinzip Kabinette, die einzelnen Motiven aus der Erfahrung des Exils gewidmet und szenografisch passend dazu gestaltet sind: z. B. „Warten", „Pass/Identität", „Abschied", „Leben in der Fremde" oder „Sprachwechsel". Dort stellen wir thematisch zugehörige Zitate historischer Exilautor*innen neben die von zeitgenössischen Autor*innen, und es ist geradezu verblüffend zu sehen, dass bestimmte Aspekte und auch Begriffe heute wiederkehren und sich stark ähneln. Offenbar gibt es tatsächlich in gewisser Weise bei allen historischen Unterschieden im Einzelnen eine anthropologische Konstante in der Erfahrung des Exils.

Doerte Bischoff: Das ist ein interessanter Aspekt, den wir gleich noch einmal aufgreifen, denn tatsächlich schlägt ja auch das Dokumentationszentrum Flucht, Vertreibung, Versöhnung Brücken zu aktuellen Fluchtphänomenen. Ich würde nun gerne Ilija **Trojanow** zu Wort kommen lassen, es wurde ja gerade schon auf Sie Bezug genommen. Bekannt wurden Sie mit Romanen wie *Die Welt ist groß und Rettung lauert überall* oder *Der Weltensammler*. Diese Titel sind eigentlich schon sprechend für Ihre Weltoffenheit. 2017 haben Sie einen Text verfasst, der gattungsmäßig nicht leicht einzuordnen ist, weil er ganz unterschiedliche Textsorten vereint: Dramolette, Aphorismen, kurze Einlassungen. Kurztexte eigentlich, die auf eine interessante Weise zueinander konstelliert und angeordnet werden. In diesem Buch *Nach der Flucht* gibt es auch eine ganze Reihe von Zitaten: literarische Texte unterschiedlicher Sprachen und aus ganz unterschiedlichen historischen Kontexten, darunter Ovid als Exilautor der Antike, aber beispielsweise auch Nelly Sachs als deutschsprachige Autorin während der NS-Zeit, oder Mahmoud Darwish als ein Palästinenser, der Exilerfahrungen literarisiert hat. So stehen die offensichtlich biografischen Beschreibungen und Überlegungen zum Thema Flucht und Exil in unterschiedlichen Resonanzräumen. Der Begriff Exil taucht etliche Male in Ihrem Buch auf, aber Sie setzen sich auch mit anderen Begriffen durchaus kritisch auseinander, beispielsweise dem Begriff des Flüchtlings. Hatten sie angesichts der öffentlichen Diskussionen um 2015 das Bedürfnis, diesen und andere Begriffe noch einmal genauer zu befragen und zu problematisieren?

Ilija Trojanow: Im Jahr 2009 habe ich in der Paulskirche anlässlich der Verleihung des Franz-Werfel-Menschenrechtspreises durch den Bund der Vertriebenen die Laudatio auf Herta Müller gehalten. Das war ein Abend voller ausgesprochener und unausgesprochener Missverständnisse und Unsicherheiten, in denen aber eine Sache dann doch klar wurde, vor allem in der Rede von Herta Müller: dass es einen essenziellen Unterschied gibt zwischen der Selbstwahrnehmung und Selbstbeschreibung von Exilant*innen, den zu würdigen die Aufgabe von Literaten und Literatinnen ist und all den Versuchen, diese vielfältigen Erfahrungen zu subsummieren unter irgendeine dogmatische oder politische, ideologische Absicht. Letzterem hat Herta Müller, so wie ich natürlich auch, eine klare Absage erteilt. Und darum ging es eigentlich in meiner Beschäftigung immer, zu vermitteln, wie der Blick des Flüchtlings oder Exilanten, der Exilantin ist und eigentlich zwei Missverständnisse hoffentlich aufzuklären. Nämlich, dass die traumatische Erfahrung des Geflüchteten sowohl unterschätzt als auch überschätzt wird.

Diese Widersprüchlichkeit versuche ich an zwei Hauptbegriffen festzumachen. Der eine ist Ankunft und der andere ist Verlust. Aufgrund der Art und Weise, wie unsere Narrative generell konstruiert sind, nehmen wir an, dass eine Reise irgendwann einmal endet mit einer Ankunft. Es gibt, da kann ich Cornelia Vossen nur unterstützen, eine Konstante der Flucht. Diese besteht aber darin, dass es in mancher Hinsicht niemals eine Ankunft gibt; es gibt kein Ankommen. Dieses nicht erlebte Ankommen ist etwas ganz Wesentliches, es eint Menschen mit ganz unterschiedlichen historischen, religiösen, politischen Fluchtursachen oder Fluchtmotiven. Ich möchte dazu ein kleines Beispiel geben: Ich habe viele Lesungen gehabt, nachdem das Buch erschienen war, und danach sehr viele sehr bewegende Gespräche mit Menschen, die diese Lesungen besucht hatten. In Wiesbaden kam eine ältere sehr elegant gekleidete und bewusst ihre Worte wählende Frau auf mich zu, die sagte: „Ich kann das alles so gut nachvollziehen. Wissen Sie, ich bin hier in dieser Stadt seit 1946. Und ich bin immer noch fremd. Ich fühle mich immer noch wie ein Flüchtling." Und im Gespräch wurde klar, dass sie zu den Vertriebenen gehört. Und dass sie, obwohl sie keine Sprachschwierigkeiten hatte, obwohl sie nicht einen anderen Kulturraum betreten hatte, obwohl sie kaum materielle Probleme hatte, trotzdem niemals wirklich angekommen ist. Das erlebe ich selber als Flüchtling, sogar bei engen Freunden, dass sie annehmen, weil ich nach außen hin ein gewisses Maß an Integration ausstrahle, weil ich die deutsche Sprache halbwegs beherrsche, dass ich diese Sachen in einem biografischen Archiv abgelegt habe. Dass sie nur Vergangenheit sind. In welcher Form sie fortleben und in welcher Form sie mich beschäftigen und auch belasten, das wird selbst von Menschen, die einen kennen, nicht wirklich wahrgenommen. Dann kommt es dazu, dass Menschen ungewollt, unüberlegt, unreflektiert etwas sagen, was einen verletzt, weil sie bestimmte Begriffe und Floskeln benutzen oder

Fragen stellen, die in ihrer Essenz eine Ausgrenzung bedeuten. Ganz oft gar nicht beabsichtigt, aber so empfunden. Das wollte ich beschreiben.

Das Zweite ist, dass diese ganze Diskussion um Flucht, Exil, sei es auf wissenschaftlicher Ebene oder auf literarischer, philosophischer, ganz häufig, vor allem im deutschsprachigen Raum, überschattet wird von einer Dominanz des Verlustgedankens. Sartre hat, glaube ich, einmal gesagt: „Exil ist so wie sterben". Und es gibt relativ viele Menschen, die in dieser Richtung immer wieder argumentiert haben: dass das, was man verliert, all das, was man gewinnt, bei Weitem übersteigt. Auch das entspricht nicht den Realitäten. Es gibt viele Menschen, die mehr gewonnen als verloren haben. Ein persönliches Beispiel: Ich habe in den 1980ern viele Monate in Paris zugebracht, war sehr aktiv in der dortigen Exil- und Dissidentenszene. Wir haben Pamphlete gedruckt, die wir dann illegal nach Bulgarien geschmuggelt haben. Wir waren vernetzt mit Polen, mit Tschechen und anderen. Dann kam der November 1989. Alle sagten davor immer bei einem Glas Schnaps: „Nächstes Jahr in Sofia, nächstes Jahr in Warschau, nächstes Jahr wo auch immer." Jetzt, in diesem historischen Augenblick, blieben alle sitzen und haben sich überlegt: „Hier ist es doch eigentlich ganz gemütlich." Und nur mein Onkel, von allen Menschen, die ich kannte, nur mein Onkel ist dann tatsächlich nach Bulgarien zurückgekehrt. Der ist deswegen zurückgekehrt, weil er, und das ist vielleicht der Versuch einer Schärfung des Begriffs Exil, sich tatsächlich immer nur als Exilant begriffen hat in einem für ihn durch und durch politischen Sinne. Er ist eine historische Figur, er hat, soweit ich weiß, als einziger Mensch auf Erden zu Lebzeiten von Stalin eine Stalinstatue in die Luft gesprengt, war zum Tode verurteilt, hatte Glück, Stalin ist gestorben, lebenslänglich, Folter, Isolationshaft und so weiter und so fort, hat viele Jahre im bulgarischen Gefängnis gesessen. Mein Buch über Bulgarien *Macht und Widerstand* ist ihm gewidmet. Viele, viele andere haben zwar auch eine politische Rhetorik verwendet, aber eigentlich diese zunehmend aufgelöst in eine verständliche private Erfolgsgeschichte des sich neu Verliebens, Kinder, Beruf, sich orientieren. Und irgendwann mal haben alle sich gedacht, in Paris ist es doch erheblich netter als zum Beispiel in Bukarest, in Sofia.

Doerte Bischoff: Prägt eine solche Ambivalenz auch die Literatur des Exils?

Ilija Trojanow: In der Literatur ist es genauso, Sie haben ja schon Ovid erwähnt. Ovid ist ein schönes Beispiel. Ovid, flapsig gesagt, jammert rum, wie schrecklich das Exil ist. Aber er jammert herum in einer unglaublich starken Sprache. Und er sagt gleichzeitig: „Mir ist alles genommen worden, auch die Sprache." Und das stimmt einfach nicht, denn dieses Exil hat dazu beigetragen, dass er ein sensationelles Meisterwerk geschrieben hat. Ich übertreibe ein wenig, aber nicht sehr. Das ist bei vielen sogenannten Exilautorinnen und -autoren zu sehen, dass die Exilerfahrung natürlich zwar eine schmerzhafte ist, aber andererseits auch literarische Früchte hervorgebracht hat. In Bezug auf die deutsche

Literatur stellt sich dies allerdings ein bisschen anders dar. Es ist tatsächlich so, dass die aus Nazideutschland geflohenen Autorinnen und Autoren überwiegend auch einen Bruch in ihrer Kreativität und ein Verstummen erlebt haben. Die wenigsten waren in der Lage, ihre Sprache erfolgreich zu wechseln oder überhaupt zu wechseln. Das ist aber, denke ich, nicht repräsentativ, wenn man sich die weltweite Literatur anschaut. Deswegen glaube ich auch, dass die deutsche Exilforschung wahrscheinlich im internationalen Vergleich eher den Verlust als den Gewinn wahrnimmt.

Ein anderer Aspekt des Wortes Exil ist die Selbstbezeichnung. Ein enger Freund von mir, einer der großen afrikanischen Autoren, Nuruddin Farah, wurde in Abwesenheit von der Diktatur von Siad Barre zum Tode verurteilt. Er ist seitdem tatsächlich real gesehen im Exil, schreibt aber immer wieder Romane über Somalia. Er hat sich niemals als Exilant betrachtet, weil er einfach – aus verschiedenen Gründen – das Wort ablehnt. Und so ist auch meine Erfahrung, dass aus der Selbstwahrnehmung die Frage, ob man sich selbst als Exilant oder Flüchtling oder etwas anderes bezeichnet, tatsächlich von individuellen Empfindlichkeiten oder auch Prioritäten abhängt, die man, glaube ich, nicht über einen Kamm scheren kann.

Doerte Bischoff: Gibt es denn Begriffe, wie etwa den der Zwangsmigration, die aus Ihrer Sicht das Phänomen allgemeiner beschreiben und vielleicht auch neutraler fassen können?

Ilija Trojanow: Ich habe ein kleines Problem mit dem Wort Zwangsmigration, weil ich ein bisschen die Sorge habe, dass sich darin auch eine Einladung verbirgt, Migration unterschiedlich zu bewerten, je nachdem, wie sehr der einzelne Mensch tatsächlich unter einem Zwang stand. Nach meiner Erfahrung und nach den vielen Gesprächen, die ich im Vorfeld des Verfassens von *Nach der Flucht* geführt habe, ist es so, dass alle Menschen diesen doch sehr extremen Lebensweg auf sich nehmen, weil sie einen Zwang gespürt haben. Und es erscheint mir weder praktikabel noch ethisch nachvollziehbar, dass man aus einer vermeintlich objektiven Sicht heraus versucht, solche Zwangsfaktoren zu gewichten. Und das sage ich deswegen, weil wir natürlich erst recht nach 2015 eine teilweise für mich wirklich schwer erträgliche Diskussion hatten darüber, inwieweit der Mensch ein Recht hat zu fliehen. Also inwieweit bestimmte Formen von Flucht suspekt sind, weil es sozusagen nicht einen dermaßen eklatanten Zwangsdruck gab, dass alle nicken und sagen: „Ja, dieser Mensch musste fliehen." Wo dies nicht anerkannt wird, gibt es dann die Unterstellung, dass Menschen ‚in unser Sozialsystem einwandern' wollen und ähnliches. Das sind rechte Parolen, aber im Subtext, zwischen den Zeilen, kommt es doch auch bei vermeintlich toleranten Menschen immer wieder vor, dass sie die Fluchtmotivation verdächtigen und ihre Notwendigkeit in Frage stellen. Meine Erfahrung ist dagegen, dass es sich aus der subjektiven Perspektive immer um einen unglaublichen Leidensdruck handelt, der einen zwingt, zu fliehen. Und das, würde ich sagen, ist der Ausgangspunkt eines von Respekt geleiteten gegenseitigen Gesprächs.

Doerte Bischoff: Ich möchte an dieser Stelle gern noch Jochen **Oltmer** einbeziehen. Ilija Trojanow hat gerade den Begriff der Zwangsmigration kritisch betrachtet. Ist dieser Begriff für Sie, Herr Oltmer, aus Sicht des Historikers und Migrationsforschers im Gegenteil eine Art operationeller Oberbegriff für Phänomene, die wir hier gerade diskutieren?

Jochen Oltmer: Das Institut für Migrationsforschung und Interkulturelle Studien, von dem ich komme, gibt es seit 1990. Wir haben in unserer nun schon länger währenden Arbeit versucht, uns mit den verschiedensten Phänomenen und Problemen von Migration in Geschichte und Gegenwart auseinanderzusetzen. Aus unserer Warte ist der Begriff Migration ein geeigneter wissenschaftlicher Oberbegriff für die verschiedensten Formen räumlicher Bewegungen und deren Folgen. Aber wir müssen uns im Kontext der Verwendung des Begriffs immer auch im Klaren darüber sein, dass er eine Geschichte hat und in unterschiedlichen Zusammenhängen auch sehr verschieden verstanden wird. Und er wird in verschiedenen Zusammenhängen eben auch mit sehr unterschiedlicher Bedeutung aufgeladen. Es gibt Menschen, es gibt bestimmte Gruppierungen, Interessenvertretungen, Identitätsmanager beispielsweise, die sagen: „Wir verwenden für uns selbst im Kontext einer Selbstbeschreibung den Begriff Migration, Migrant nicht." So lassen sich beispielsweise viele Äußerungen von Seiten von Vertriebenenverbänden, von Verbänden von Aussiedler*innen finden, die ganz explizit den Begriff Migration ablehnen, weil sie ihn als negativ konnotiert verstehen. Unsere Aufgabe im wissenschaftlichen Kontext ist, denke ich, uns nicht an erster Stelle mit der Frage zu beschäftigen, was Flucht oder Vertreibung oder Exil ist und wie diese Begriffe möglichst trennscharf voneinander abgegrenzt werden können. Stattdessen geht es eher um die Frage, wer in welcher Konstellation welchen Begriff aus welchem Interesse heraus verwendet. Und ich denke, da helfen solche Debatten, wie wir sie gerade führen, sehr.

Doerte Bischoff: Was ist der spezifische Beitrag, den Ihre Disziplin, die Geschichtswissenschaft, in diesen Debatten leistet? Können Sie das genauer beschreiben?

Jochen Oltmer: Historiker*innen unternehmen Langzeitbeobachtungen von Gesellschaften. Und wir können historische oder gegenwärtige Gesellschaften sehr gut über die verwendeten Begriffe, ihre Aushandlung unter Beteiligung vieler unterschiedlich mächtiger Akteure und die je spezifische Auflading mit Bedeutungen beschreiben. Begriffe werden in gesellschaftlichen Debatten nicht zufällig dominant, negativ oder positiv konnotiert, abgelöst, umgedeutet oder aufgegriffen. Das heißt, wir können in der Auseinandersetzung mit der Verwendung solcher Begriffe eben tatsächlich so etwas wie eine Gesellschaftsgeschichte oder Gegenwartsdiagnostik betreiben.

Doerte Bischoff: Könnten Sie das an einem konkreten Beispiel, etwa dem Begriff des Flüchtlings näher erläutern?

Jochen Oltmer: Ich habe mir vor Kurzem diesen Begriff etwas genauer angeschaut. Der erste Nachweis stammt von 1622. Man kann über 400 Jahre hinweg, von 1622 bis 2022, eine Geschichte dieses Begriffs und seiner Verwendung schreiben und so nachzeichnen, auf welche Art und Weise deutschsprachige Gesellschaften Menschen in Bewegung gesehen und verstanden haben, etwa indem sie sie nach wertig und unwertig, würdig und unwürdig, nützlich und unnütz, gefährlich und ungefährlich sortieren.

Doerte Bischoff: Und wie lässt sich etwa der Begriff des Exils dazu ins Verhältnis setzen?

Jochen Oltmer: Im 16. und 17. Jahrhundert wird Exil, Exul, Exulant im protestantischen Milieu vor allen Dingen deshalb verwendet, weil dieser Begriff sich durch seine positive Konnotation ideal als Selbstbezeichnung für Menschen eignet, die sich im Kontext konfessioneller Auseinandersetzungen verdrängt sehen. Der Begriff ist religiös bzw. konfessionspolitisch mit expliziten Bezügen auf das Alte Testament aufgeladen. Er steht – in Selbst- wie in Fremdbezeichnungen – für sehr glaubensfeste Menschen, die sich wegen ihrer religiösen Standhaftigkeit in Armut, im Elend befinden und deshalb als unterstützungsbedürftig gelten. Abgelöst wird der Begriff im späten 17. Jahrhundert durch den Begriff des Réfugié für aus Frankreich fliehende Calvinisten. Ende des 19. Jahrhunderts heißen sie dann Hugenotten. Sowohl Réfugié als auch Hugenotte sind positiv aufgeladene Selbst- und Fremdbezeichnungen, die nicht nur Unterstützungsbereitschaft, sondern auch Ansehen und Kohärenz erzeugen.

Doerte Bischoff: Welche Konsequenzen und welche Relevanz haben begriffsgeschichtliche Bestimmungen wie Sie sie eben hier entwickelt haben, für aktuelle politische Debatten?

Jochen Oltmer: Menschen werden entlang solcher Begriffe kategorisiert und voneinander unterschieden. Auf diese Weise werden Lebenschancen vermittelt oder verweigert. Durch die Verwendung des Begriffs Exulant als Selbstbeschreibung (,ich bin ein Exulant') versuchen Menschen, für sich selbst Mobilitäts- oder Überlebensoptionen zu gewinnen. Und manche der Begriffe, über die wir gesprochen haben, werden als politisch-rechtliche Begriffe aufgewertet. Sie erhalten damit nicht nur im Kontext gesellschaftlicher Aushandlungen ein besonderes Gewicht – zu denken ist etwa an die Begriffe Flüchtlinge und Vertriebene, die im Zusammenhang des von Frau Bavendamm erwähnten Bundesvertriebenen- und Flüchtlingsgesetzes Rechtsqualität erhalten. Seither bedeutet die Kategorisierung als Flüchtling oder Vertriebener im deutschen Kontext eine Privilegierung, einen

Rechtsstatus, der mit der Gewährung von Leistungen verbunden ist. In der Auseinandersetzung über Begriffe und ihre jeweils spezifische Verwendung durch unterschiedlich mächtige Akteure kann man erkennen, auf welche Art und Weise Gesellschaften Menschen kategorisieren, welche Funktionen Gesellschaften bestimmten Begriffen und mit ihnen verbundenen Konzepten und Kategorisierungen zuweisen.

Zu unserer Tätigkeit als Wissenschaftler*innen gehört es, Begriffe zu benutzen und auch ständig neue Begriffe zu erfinden, die aber eben reflektiert werden müssen. Der Begriff Migration etwa setzt sich in den späten 1980er, frühen 1990er Jahren durch. In dieser Zeit wird er im Rahmen gesellschaftlicher Aushandlungen aufgeladen mit spezifischen Bedeutungen. Er fasst verschiedene Phänomene, die sich auf räumliche Bewegung beziehen, zusammen, die zuvor überhaupt nicht zusammengedacht worden waren. Bis dahin spricht man eben von Flucht oder von Wanderung, wobei letzterer mit der Wahrnehmung von Chancen verbunden und als ein separater Bereich verstanden wird (Stichwort Arbeitswanderung oder Auswanderung).

Doerte Bischoff: Ich kann das von Ihnen beschriebene Dilemma, dass man als Wissenschaftler*in einerseits Begriffe klar definieren muss, um zu kategorisieren und auch abgrenzen, andererseits aber Begriffe gerade in ihrer Bedeutungsentwicklung reflektieren sollte, sehr gut nachvollziehen. In der akademischen Lehre erlebe ich immer wieder, dass der Begriff ‚Flüchtling' für die jüngere Generation der Studierenden offenbar regelrecht ein Tabu darstellt, der Begriff ist ‚out'. Wenn man dann aber die historische Perspektive entwickelt und etwa auch literarische Texte liest, in denen die Selbstbeschreibung eine des Flüchtlings ist, dann muss man natürlich auch dafür sensibilisieren, dass man diese (Begriffs-)Geschichte nicht einfach abschneiden kann und sollte. Interessant ist die erinnerungskulturelle Dimension, die Sie ansprechen und die stark einhergeht mit der Verwendung bestimmter Begriffe: Historische Phänomene, für die diese Begriffe relevant waren, können überhaupt erst wieder sichtbar werden, wenn diese in der Gegenwart ausdrücklich wieder aufgenommen werden. Am Beispiel von Cornelia Vossen und ihrer Arbeit mit Geflüchteten wird deutlich, dass sich diesen Menschen auch Möglichkeiten eröffnen, sich in die Kultur und Geschichte des Gastlandes einzuschreiben bzw. ihre eigene Fluchtgeschichte zu rahmen und zu erzählen, indem man sie einlädt, sich zu deutschen Exilgeschichten in Beziehung zu setzen. Die eigene Erfahrung kann so mit Begriffen beschrieben werden und auf historische Erfahrungen Bezug nehmen, die Menschen hierzulande teilen und erinnern. Das heißt ja nicht, dass es wirklich dieselben Erfahrungen sind, aber Begriffe können eben auch Sichtbarkeit, Verständnis und Verständigung ermöglichen.

Jochen Oltmer: Ja, auch in Bezug auf den Begriff des Flüchtlings geht es am Ende darum, sich explizit aus einer wissenschaftlichen Perspektive mit Veränderungen, wie Sie sie beschrieben haben, auseinanderzusetzen. Warum ist denn dieser Begriff des Flüchtlings nicht mehr en vogue? Ein Argument, das häufig angeführt wird, ist, dass das Wort nicht die Bildung von Feminina zulasse und deshalb zu dem Eindruck führe, der Flüchtling sei immer ein Mann. Erstaunlicherweise findet sich im Grimm'schen Wörterbuch, dem Referenzwerk für uns alle, der Begriff ‚Flüchtlingin'. Es gibt also eine weibliche Form!

Trojanow: Ich glaube, wie schwierig Begriffe sind, zeigt sich auch, wenn man versucht, sie zu übersetzen. Wir diskutieren gerade, wie *Nach der Flucht* in der englischen Übersetzung heißen soll. Ich war mir nicht bewusst, dass das offenbar ein unlösbares Problem ist. ‚After Flight' ist etwas anderes. Dann gibt es ‚escape', dann gibt es ‚elopement' und andere. Es gibt im Englischen und auch in anderen Sprachen nicht einen Begriff, der so semantisch vielfältig ist wie im Deutschen ‚Flucht'. Das macht es im Deutschen aus literarischer Sicht gewissermaßen einfacher, weil man diesen Begriff ganz unterschiedlich mit Inhalt füllen kann. Aus wissenschaftlicher Sicht wird es natürlich dann kontrovers, weil man so viele verschiedene Konnotationen des Begriffs mitbedenken muss.

Gundula Bavendamm: Mit dem Thema der Übersetzung oder Übersetzbarkeit hatten wir auch sehr intensiv zu tun. Dabei haben wir, wie Sie ja sicherlich auch, mit Native Speakern zusammengearbeitet. Uns wurde sehr explizit abgeraten, das Wort ‚flight' zu verwenden, das hätte man vielleicht vor 20 Jahren noch machen können, aber inzwischen ist ‚flight' im Sprachgefühl so sehr mit dem Flug, im Sinne von ‚ein Flugzeug nehmen' verknüpft, dass das nicht mehr richtig funktioniert. Deswegen wurde uns geraten, und dem sind wir dann auch gefolgt, das Wort displacement zu verwenden. So heißt unsere Institution jetzt im Englischen.

Jochen Oltmer: Da sind wir wieder bei der Historizität der Begriffe: ‚displaced persons' wird ja zunächst in einem spezifischen historischen Kontext verwendet.

Doerte Bischoff: Mein Eindruck ist, dass ‚displacement' sich als weiter Begriff etabliert, der in der Debatte eine immer größere Rolle spielt. In der Exilforschung wurde er früher praktisch nicht benutzt, inzwischen ist häufig von ‚Entortung' die Rede. Vermutlich handelt es sich um eine Übersetzung aus dem Englischen. Wie sehen Sie das, Herr Oltmer?

Jochen Oltmer: Hier lässt sich wohl wieder ein Versuch erkennen, im Bereich der Wissenschaft neue Begriffe zu finden, weil man wahrnimmt, dass andere Begriffe allzu sehr mit als problematisch erachteten Bedeutungen aufgeladen sind. Spannend ist beispielsweise, dass der englische Begriff ‚refugee' ursprünglich das meint, was der auch im deutschen Kontext verwendete ‚Réfugié'-Begriff meint, nämlich die sogenannten Hugenotten. Es handelt sich offenbar einfach um eine Übersetzung aus dem Französischen. Aber Anfang des 19. Jahrhunderts löst sich ‚refugee' von der ausschließlichen Bezugnahme auf die Hugenotten und wird deutlich weiter verwendet. ‚Refugee' meint dann eben die verschiedensten Bewegungen und Gruppierungen von Menschen, die vor Gewalt ausweichen. Eine solche Entwicklung gibt es im deutschen Kontext hingegen nicht. ‚Réfugié' wird zwar gelegentlich mit Flüchtling übersetzt, der Begriff findet aber im neunzehnten Jahrhundert kaum jemals Verwendung. Nach dem Ersten und dem Zweiten Weltkrieg lässt er sich gehäuft nachweisen, ist aber immer aufs Deutsche bezogen. Erst seit den 1980er Jahren nimmt er die Bedeutung an, die das englischsprachige ‚refugee' hat – er wird gewissermaßen als Importbegriff vor dem Hintergrund breiter internationaler Debatten um Schutzsuchende im Globalen Süden neu aufgeladen.

Ilija Trojanow: Es gibt in dem Zusammenhang natürlich legalistische Begriffe, die man verinnerlicht. Wenn man so wie ich viele Jahre lang nur einen Ausweis hatte von der UNHCR, ist man quasi per Definition unterwegs als Refugee. Und für mich, in meiner Wahrnehmung als Heranwachsender, war das besser als der andere Begriff: Staatenloser. Staatenloser per Definition ist ja jemand, der von allen aufgegeben worden ist, irgendwie ein Mündel ohne Eltern. Während Refugee demgegenüber fast als Auszeichnung interpretiert werden kann. Ich glaube, es gibt aus der individuellen Sicht immer wieder eine Notwendigkeit, gewisse bürokratische Begriffe für sich selber fruchtbar zu machen, um wenigstens etwas zu haben, mit dem man seine neue Identität kundtun kann. Die andere Sache ist, dass die Art und Weise, wie wir diese Begriffe verwenden, stark damit zu tun hat, ob wir eine essentialistische Kulturauffassung haben oder eine dynamische. Menschen, die seit Hegel an etwas Essentielles glauben, an Volk, Nation, Kultur und so weiter, die neigen ja sehr stark dazu, Begriffe wie zum Beispiel Entwurzelung zu benutzen. Weswegen ich in meinem Buch einen ägyptischen Filmemacher zitiere, der wunderbarerweise sagt: „Ich bin doch kein Baum." Menschen, die so wie ich einen dynamischen Kulturbegriff haben, finden das Wort Entwurzelung völlig inakzeptabel.

Doerte Bischoff: Die kritische Auseinandersetzung mit der Wurzelmetaphorik ist ja ein sehr weit zurückreichendes Thema in der Exilliteratur.[5] Gerade auch in der jüdischen Tradition gibt es häufig den Einspruch, dass der Mensch eben kein Baum ist, er vielmehr über die Erde wandeln kann. Ich hätte an dieser Stelle an Ilija Trojanow noch einmal eine Frage, da Sie ja vorhin von der Reaktion einer ehemals Vertriebenen auf einer Ihrer Lesungen berichtet haben und gleichzeitig in Ihrem Buch auf aus Deutschland vertriebene Juden und Jüdinnen wie Nelly Sachs Bezug nehmen. Ist es aus Ihrer Perspektive unproblematisch zu sagen, dass

---

5 Vgl. hierzu z. B. Exilograph 25 (2016): Gespräche über Bäume: https://www.exilforschung.uni-hamburg.de/forschungsstelle/aktuelles/2016-11-29-exilograph-nr-25.html (Zugriff: 21.4.2022).

es gemeinsame, verbindende Erfahrungen von Geflüchteten in unterschiedlichen historischen Kontexten gibt, die man vielleicht, wie Cornelia Vossen es formuliert hat, als anthropologische Konstanten beschreiben kann? Gerade beim Exilmuseum steht dahinter ja auch der Versuch, Menschen anzusprechen und ein Verständnis zu ermöglichen über die verschiedenen historischen und ideologischen Differenzen hinweg. Aber ebnet das gerade im Kontext der deutschen Erinnerungskultur, die von unterschiedlichen Perspektiven, Begriffen und Konflikten geprägt ist, nicht auch auf vielleicht problematische Weise Differenzen ein?

Ilija Trojanow: Das war Ausgangspunkt des Buches. Ich war in New York und habe im Museum of Modern Art eine Ausstellung von Jacob Lawrence gesehen, *The Migration Series*: 60 Tafeln über die große Migration der Afroamerikaner aus dem Süden in den industriellen Norden in den 1920ern. Das hat mich mitgenommen, weil ich mich intensiv mit diesen Bildern identifizieren konnte. Und ich habe mir gedacht, okay, völlig andere Zusammenhänge, sehr, sehr ähnliche, offensichtlich emotional ansprechende Erfahrungshorizonte. Und dann habe ich mich auf die Reise begeben. Die Reaktion auf das Buch ist schon verblüffend, ich habe noch nie ein Buch geschrieben, bei dem ich so viele Reaktionen bekommen habe. Leute mit ganz unterschiedlichen Biografien finden sich in dem Buch wieder bis hin zu Menschen, die vor etwas vollkommen anderem geflohen sind, zum Beispiel vor der Provinzialität: Menschen, die tatsächlich den großen Bruch in ihrem Leben darin sehen, dass sie aus irgendeinem Dorf in die Hauptstadt gezogen sind und in meinem Buch über Flucht vieles wiedererkennen, sowohl im Positiven als auch im Negativen. Es ist für mich positiv, dass man offensichtlich eine Art Essenz poetisch formulieren kann, die nicht die Unterschiede nivelliert, sondern einfach sagt, es gibt, und das finde ich eher tröstlich, eine allgemeingültige menschliche Erfahrung als Fundament unter den jeweils sehr divers und unterschiedlich erfahrenen Schicksalen.

Gundula Bavendamm: Daran würde ich gerne noch einmal anknüpfen, weil mich das mit am meisten beeindruckt hat heute. Auch wenn wir von verschiedenen Leitbegriffen ausgehen, die unterschiedliche etymologische Wurzeln haben und für unterschiedliche politische Zwecke in Anspruch genommen wurden und teilweise noch werden, so kommen sich die Intentionen und Überlegungen, die sich etwa mit dem Dokumentationszentrum Flucht, Vertreibung, Versöhnung einerseits und dem Exilmuseum andererseits verknüpfen, doch sehr nahe. Das geht bis hin zur Struktur der Ausstellung. Im Exilmuseum heißt es „Pfad des Exils", das ist bei uns der erste Teil der Ausstellung mit den universellen Fragen oder auch den anthropologischen Konstanten. Das sind unterschiedliche Namen für, glaube ich, relativ ähnliche Dinge. Vieles, was hier mit unterschiedlichen Begriffen verknüpft dargestellt wurde, spielt auch in unserer Arbeit eine wichtige Rolle, beispielsweise die Erfahrung des nie Ankommens, von der Ilija Trojanow an einer

Stelle sprach. Wir haben bei den Biografien, die wir betrachten, ein ganzes Spektrum von Menschen, die Vertreibung und Flucht vor allem als Verlusterfahrung, manchmal sogar bis ans Ende ihrer Tage empfunden und erinnert haben. Aber es gibt auch sehr viele, die sich hineinbegeben haben in das neue Leben, ob sie es nun wollten oder nicht, die neue Anfänge gesetzt und eine erstaunliche Resilienz bewiesen haben. Insofern ist die Suche nach anthropologischen Konstanten, nach Reaktions- und Verarbeitungsformen für unser Haus zentral, wobei auch ich Wert darauflege, dass es dabei nicht um die Verwischung von Unterschieden gehen darf. Bemerkenswert sind jedenfalls die Gemeinsamkeiten in Konzeption und Intention, die insbesondere unser Haus und das zukünftige Exilmuseum, von dem ich mir sehr wünsche, dass es bald kommt, verbinden.

Cornelia Vossen: Auch wir freuen uns auf die bereichernde Nachbarschaft und denken, dass sich die Häuser in ihrer historischen Themensetzung gut ergänzen werden. Was die transhistorische Denkrichtung beider Häuser angeht, so geht sie sicher von einem ähnlichen Grundgedanken aus. Die Umsetzung aber wird sich stark unterscheiden, so dass die Besucher*innen in beiden Häusern etwas ganz Verschiedenes erleben – zumal das Exilmuseum nicht den Anspruch eines Dokumentationszentrums hat. Gerade beim „Pfad des Exils" geht es tatsächlich um das, was Ilija Trojanow gerade genannt hat: die grundsätzliche menschliche Erfahrung auf dem Weg ins und im Exil – ein Gefühl also, das weniger kognitiv, als vielmehr in Form einer poetischen, immersiven Herangehensweise übermittelt wird. So werden sich die Besucher*innen am Anhalter Bahnhof auf sehr umfassende Weise mit Phänomenen von Vertreibung, Flucht und Exil auseinandersetzen können.

Doerte Bischoff: Ich danke Ihnen allen für dieses engagierte und facettenreiche Gespräch!

Rezensionen

Georges-Arthur Goldschmidt: Vom Nachexil. Wallstein: Göttingen 2020. 87 S.;
ders.: Der versperrte Weg. Roman des Bruders. Wallstein: Göttingen 2021. 111 S.

Mit den beiden schmalen Prosabänden *Nachexil* (2020) und *Der versperrte Weg. Roman des Bruders* (2021) legt Georges-Arthur Goldschmidt zwei eng aufeinander bezogene, sich wechselseitig spiegelnde (auto)biografische Texte über die prägende Erfahrung des Exils vor. Beide Lebenserzählungen teilen dieselbe traumatische Ausgangserfahrung: den ‚Verrat' protestantisch getaufter, von den Nationalsozialisten wieder zu Juden ‚gemachter' Eltern, die ihre Kinder 1938 ins Exil schicken, um sie vor Verfolgung und Ermordung zu bewahren. Jürgen, der jüngere der beiden Brüder, ist elf Jahre alt, sein Bruder Erich vierzehn. Sie kommen zunächst privat in Italien unter. Später müssen sie weiter fliehen und finden Zuflucht in einem Internat in Frankreich. Als die Deutschen einmarschieren, wird der jüngere der beiden Brüder, der sich nun Georges nennt, von Einheimischen versteckt. Erich schließt sich der Résistance an. Beide überleben, beide kehren nicht nach Deutschland zurück. Ihre Wege aber führen sie nicht wieder zusammen.

Im Untertitel wird der Roman über den Bruder programmatisch als ein Roman *des* Bruders ausgewiesen. Damit behauptet er dieselbe autobiografisch beglaubigte Authentizität wie der ein Jahr zuvor erschienene, auf die Lebensdaten des Autors Bezug nehmende Roman *Vom Nachexil*. Beide Male wird aus der Innensicht und in der dritten Person erzählt, zugleich Nähe gewährend und Distanz wahrend. Selbst starke Empfindungen, wie das überwältigende Glücksgefühl der Rettung nach dem Überqueren der Grenze, sind in einem pronunciert sachlichen Ton gehalten. „Es kam ihm eine körperliche Erleichterung, ein Gefühl des Davonfliegens, eine Freude am Existieren, wie er sie noch nie empfunden hatte, und trotz allem, was seitdem geschehen ist, haben ihn diese Gefühle nie verlassen" (VN 45). In *Vom Nachexil* wird gelegentlich auf frühere autobiografische Werke des Autors verwiesen, in denen zentrale Erfahrungen des Exils, die hier nur angedeutet werden, ausführlicher beschrieben wurden. Dieses abkürzende, kondensierende Erzählen vermittelt auch über das Verfahren der Narration den Eindruck, als sei *Vom Nachexil* so etwas wie die Quintessenz des literarischen autobiografischen Werks von Georges-Arthur Goldschmidt.

In *Vom Nachexil* drückt sich die anhaltende Erfahrung des Exils in dem Schmerz aus, den der Junge angesichts der Trennung von den Eltern empfindet, und in dem überwältigenden Heimweh, das ihn quält. Diesem Leiden setzt er die zunächst nur passiv erlittene, dann aber zunehmend aktiv herbeigesehnte körperliche Züchtigung im Internat entgegen. Sie hilft ihm dabei, nicht unablässig an die zurück gelassenen Eltern denken zu müssen und dem maßlosen Heimweh ein berechenbares Maß an Schmerzen entgegensetzen zu können. Die neue Sprache, das Französische, erlernt der Junge so plötzlich und vollständig, dass nicht eigentlich von einem Erlernen, als vielmehr von einem Zufallen der Sprache gesprochen werden kann. Die Sprache beglaubigt und sichert seine neue Identität als Franzose. Um diesen existentiellen Spracherwerb von einer Zweisprachigkeit abzugrenzen, die in Friedenszeiten erworben wird, führt der Roman eine begriffliche Unterscheidung zwischen Zwei- und Doppelsprachigkeit ein. „Der Doppelsprachige", so heißt es dazu, „schleppt aber immer die eine Sprache unter der anderen mit, ob er es will oder nicht. Die Zweitsprache hat er nicht erlernt, sie begründete sein Überleben" (VN 8). Als ein Autor, der zugleich immer auch als Übersetzer tätig war, hat Georges-Arthur Goldschmidt viel über die eigene Doppelsprachigkeit und über das Verhältnis von Sprachen, insbesondere des Deutschen und Französischen nachgedacht. In dem Roman, nicht nur in diesem, kultiviert er das Deutsche in einer transparenten Klarheit, die er als ein spezifisches Charakteristikum dieser Sprache begreift. Sie kennzeichnet den besonderen Ton seines gesamten literarischen Werks.

Wie die Lebensgeschichte von Georges-Arthur Goldschmidt ist auch die Lebensgeschichte seines älteren Bruders aus früheren Werken bereits bekannt, immer wieder tritt der Bruder dort als Nebenfigur in Erscheinung. Mit dem Roman *Der versperrte Weg* wird diese Nebenfigur nun in den Mittelpunkt gerückt. Erstmals sehen wir die Welt durch seine Augen, und auch den jüngeren Bruder sehen wir aus seiner Perspektive. Dessen gefühlvolle Zurschaustellungen stoßen den älteren Bruder ab. Das gilt für die sexualisierte, exhibitionistisch ausgestellte Hingabe an den körperlichen Schmerz im Internat ebenso wie für dessen lauthals herausgeschluchztes Heimweh. Erich entwirft seine neue Identität im Exil in dezidierter Abgrenzung zu dem jüngeren Bruder. Die standhafte Weigerung, sich dem Heimweh zu überlassen, der Schmerz, sich zwar weiterhin als Deutscher zu empfinden, doch als Jude aus allem Deutschen ausgeschlossen worden zu sein, bilden in dem Heranwachsenden einen Widerstand gegen all das aus, was er gewesen ist und zurücklassen musste. Seine Enttäuschung mündet in die Résistance. „Was wäre aus ihm geworden," so fragt aber der Roman, „wenn er ‚Arier' gewesen wäre? Seiner Emigration verdankte er, nicht den falschen Weg eingeschlagen zu haben" (VW 67). Anders als der jüngere Bruder, der später im Leben einen Weg für sich findet, gerät Erich nach Kriegsende in eine „Selbstverstummung, die sich ebenso gegen sich selbst wie gegen andere wendet" (VW 95). Georges hingegen wird zwar sein Leben lang an seinem Heimweh zu leiden haben, aber, so heißt es präzisierend und differenzierend in *Vom Nachexil*, „als pittoreske Erinnerung, dank Frankreich und der geliebten Frau war in ihm der Schmerz an Deutschland für immer überwunden" (VN 86). In dem späteren Prozess der Niederschrift des Romans über seinen Bruder, so schreibt Goldschmidt in einer kurzen Nachbemerkung zu *Der versperrte Weg*, sei er sich erst seiner „Lebensschuld" bewusst geworden. Sie trennt seinen Lebensweg von dem des Bruders, der vom Bewusstsein seiner „Überlebensschuld" immer versperrt geblieben war.

Das Buch über den Bruder enthält eine vorangestellte Widmung. Sie gilt der rumäniendeutschen Autorin und Literaturnobelpreisträgerin Herta Müller. Ihr gesamtes Werk kreist, darin dem Goldschmidts vergleichbar, um die existentielle und ein Leben lang anhaltende Erfahrung des Exils. Es thematisiert, ganz anders als Goldschmidt, das Leben in der rumänischen Diktatur und das Exil in Deutschland, die traumatisierende Erfahrung der Fremdheit im eigenen und im anderen Land. Die Widmung lenkt und weitet den Blick auf den vielstimmigen Resonanzraum einer Literatur, die sich als Exilliteratur immer zugleich auch als Nachexilliteratur versteht. In ihm verortet sich das literarisch-autobiografische Werk Georges-Arthur Goldschmidts.

Bettina Bannasch

Ernst Fischer: Geschichte des deutschen Buchhandels im 19. und 20. Jahrhundert. Band 3. Drittes Reich und Exil. Teil 3: Exilbuchhandel 1933–1945. Berlin: De Gruyter 2021. 1367 S., mit Abb.

Die Geschichte des deutschen Buchhandels im 19. und 20. Jahrhundert, herausgegeben vom Börsenverein des Deutschen Buchhandels, wird mit dem *Exilbuchhandel* fortgeführt. Eine kurze Einordnung in das Editionsprogramm ist aus unterschiedlichen Gründen angebracht: Die Reihe, die den deutschsprachigen Buchhandel der letzten Jahrhunderte im Zusammenspiel mit gesellschaftlichen Entwicklungen betrachtet, setzt sich aus den Bänden *Das Kaiserreich 1870–1918*, *Weimarer Republik 1918–1933* und *Drittes Reich und Exil 1933–1945*, die wiederum aus mehreren Teilbänden gebildet werden, zusammen. So besteht Band 3 beispielsweise aus 3 Teilbänden, von denen bereits Teilband 1 erschienen ist. Während Teilband 2 fehlt, wurde 2021 Teilband 3 in zwei zusammengehörigen Bänden und einem Supplementband veröffentlicht.

In Abgrenzung zum ersten Teilband, der den Buchhandel im Dritten Reich mit Themen wie Gleichschaltung, Organisation des Buchhandels in Bezug zur

Reichsschrifttumskammer, die Situation der Autor*innen zwischen Anpassung und innerer Emigration behandelt, widmet sich der Herausgeber Ernst Fischer in Band 3/3 dem titelgebenden *Exilbuchhandel*, zu dem er Verlage, Sortimente, Antiquare, Leihbüchereien und Agenturen zählt. Der Fokus ist auf eine institutionen-, struktur- und unternehmensgeschichtliche und weniger auf eine biografische Darstellung gesetzt. Ein biografisches Handbuch ist aber als separates Nachschlagewerk verfügbar und kann sowohl separat bezogen und genutzt werden als auch als Bundle.

Bereits im Vorwort weist Fischer auf die globalen Dimensionen des Exilbuchhandels hin. Nach einer historischen Einführung mit Begriffsbestimmungen, einzelnen Kapiteln zu Gründen und Phasen von Vertreibung und Flucht, Fluchtländern und Arbeitsbedingungen werden von Fischer die einzelnen Berufsgruppen des Exilbuchhandels vorgestellt: Autoren, Buchherstellung und -gestaltung, Verlags- und verbreitender Buchhandel. Die Verlage, die unter den jeweiligen Publikationsländern nach Programmschwerpunkten wie Belletristik, Fachbuch-, Kunstbuch-, Musikbuch-, Kinderbuchverlag, sowie Zeitschriften- und Zeitungsverlage aufgeführt sind, werden anhand ihrer historischen Entwicklung und dem Profil dargestellt. Fischer zeigt Strukturen und transnationale wie interkontinentale Netzwerke der Literaturlandschaft im Exil auf. Viele Institutionen, die mit den Voraussetzungen ihrer jeweiligen Aufnahmeländer arbeiten mussten und zumeist auf einen finanziellen Rückhalt angewiesen waren, entwickelten ganz neue Strategien für den Transport, die Vermarktung und Produktion. Durch den dabei entstandenen Wissensaustausch von Geschäftsmodellen sind Buchhandelssysteme gebildet worden, die gegenseitig Nutzen voneinander gezogen haben. Diese Anpassung oder Nicht-Anpassung an fremde Märkte hat einige neue Berufsgruppen für den Buchhandel notwendig gemacht, die in dem Teilband ebenfalls vertreten sind: Agenturen, Buchgemeinschaften und Hilfsorganisationen. Der Teilband bietet überdies interessante Aspekte von Themengebieten wie Buchbesitz und Lesen im Exil, zur kulturellen und psychischen Situation der Lesenden, Zielgruppenproblematiken, geretteten und verlorenen Büchersammlungen und Büchern als Sprachspeicher und Existenzsicherung.

Band 3 der *Geschichte des deutschen Buchhandels* ist ein durch prägnante Überschriften übersichtliches Nachschlagewerk mit über 1.200 Seiten Text und mehr als 150 Seiten Quellen-, Abbildungs- und Literaturverzeichnissen mit einem Register. Die von Ernst Fischer gewählte Auflistung der Verlage und Buchhandlungen nach chronologisch-topografischem Blickpunkt bringt inhaltlich sowohl Vor- als auch Nachteile mit sich. Die einzelnen Exilländer können mit entsprechenden Verlagen und Buchhandlungen verknüpft werden. Schwieriger ist die Darstellung und somit die Nachverfolgung von Fluchtgeschichten über mehrere Kontinente hinweg wie dem Bermann Fischer Verlag. Aus topografischer Sicht hätte der Verlag den einzelnen Standorten – Österreich, Schweden, USA, Deutschland – zugeordnet werden müssen, das würde aber wiederum die Verlagsgeschichte auseinanderreißen und die Chronologie stören. Entstanden ist eine Art Kompromiss: Die Darstellung vom Verlag Bermann Fischer ist unter dem Exilland Schweden zu finden und enthält einen Verweis auf die folgenden Jahre.

Durch die Einteilung der Verlage nach Programmschwerpunkten kommt es in Einzelfällen zu Doppelungen, da durch die Exilsituation vermehrt gemischte Programme entstanden sind oder Verlage sich den Umständen entsprechend neu ausrichten mussten.

Fischer weist auf die Dunkelziffern von Emigrierten aus dem deutschsprachigen Buchhandel hin, bleibt in diesem und in vielen anderen Punkten aufgrund des institutionellen Schwerpunktes jedoch oberflächlich. Über die Situation der Frau in den einzelnen Berufsgruppen erfährt man nur wenig. Spätestens im Unterkapitel zu Arbeitsproblemen und der sozialen Lage der Schriftsteller im Exil wäre eine weibliche Perspektive angebracht gewesen. Spannende biografische Details von Quereinsteiger*innen, die erst im Exil einen Beruf im Buchhandel ergriffen oder die Berufsgruppe gewechselt haben, sind durch die Ausrichtung nur über den Supplementband nachvollziehbar.

Vergleichsweise wenig Beachtung findet leider auch die Herstellung von Druckerzeugnissen im Exil, vor allem was die Situation in den Druckereien angeht. Das ist nach Fischer aber dem Umstand geschuldet, dass bisher nur wenig in dem Bereich geforscht worden und dementsprechend wenig bekannt ist.

Alles in allem ist der Teilband *Exilbuchhandel* auf der einen Seite ein klar und übersichtlich strukturiertes Nachschlagewerk, das auf der anderen Seite aber die Darstellungsschwierigkeiten aufzeigt, die mit einer chronologisch-topografischen Gesamtdarstellung einhergehen.

Marcus Dahmke

Stefanie Bürkle: MigraTouriSpace. Raummigration und Tourismus. Migrating Spaces and Tourism. Berlin: Jovis Verlag 2021. 224 S., mit zahlreichen Abb.

Dass Flucht und Tourismus in einer reziproken Beziehung stehen, formulierten bereits Tom Holert und Mark Terkessidis in ihrem Buch *Fliehkraft* von 2006, in dem sie unter anderem über gestrandete Geflüchtete an Ferienorten des Mittelmeers schrieben. Eine ungewöhnliche raumbezogene Perspektive auf das Thema

Migration und Tourismus nimmt die Künstlerin Stefanie Bürkle ein, die seit 2009 Professorin für Bildende Kunst an der TU Berlin ist. In einer dreijährigen Forschung innerhalb des von der DFG geförderten Sonderforschungsbereichs „Re-Figuration von Räumen" untersuchte Bürkle in einer interdisziplinären Zusammenarbeit mit Geograf*innen und Architekt*innen Räume der Migration und des Tourismus zwischen Berlin und Südkorea. In Serien zu Themen wie „Verheimaten", „Transtopia", „Types and Translations" oder „Stadtlandrand" fotografierte Bürkle Imbisse und Restaurants, Souvenirläden und Shoppingcenter.

Einer der Bauten, denen sie sich widmete, ist das Dong Xuan Center in Berlin-Lichtenberg, das vietnamesische Produkte und Lebensmittel anbietet, aber auch ein Nagelstudio oder einen Friseur unter einem Dach vereint. Das Center erfüllt eine Doppelfunktion, ist ein Bezugsort für Menschen, die aus Vietnam nach Berlin migrierten und hier vieles finden, was sie an ihre erste Heimat erinnert. Zugleich wird es aufgesucht von denjenigen, die Fernweh haben, die gern vietnamesisch kochen oder vielleicht schon einmal in Vietnam waren. Insofern ist das Dong Xuan Center ein zentrales Beispiel für die Argumentationslogik des Buches *MigraTouriSpace*, das an Überlagerungen von Migration und Tourismus in Architektur und gestalteten Räumen interessiert ist. Zugleich liefert die von umfangreichen Texten begleitete Fotoserie zum Dong Xuan Center (S. 67–106) auch einen wichtigen Beitrag zur Geschichte der Arbeitsmigration in der DDR, wirkten doch zwischen 1980 und 1989 etwa 70.000 auf Zeit ins Land geholte vietnamesische Vertragsarbeiter*innen in der ostdeutschen Industrie. Nach der Wiedervereinigung blieben viele und machten sich in Handel und Gastronomie selbstständig. Einer von ihnen, Nguyen Van Hien, verwirklichte seit 2004 den Bau des Dong Xuan Center auf einer Industriebrache in Lichtenberg. Insofern sind Bürkles Fotografien Beobachtungen zu Strategien des *Place-making*, also einer Anverwandlung von (urbanen) Räumen durch Migrant*innen. Zugleich formuliert sich in den Fotografien ein *Belonging*, die Zugehörigkeit zur eigenen vietnamesischen Community im Land *und* zur vietnamesischen grenzüberschreitenden Diaspora. Denn auch in anderen Staaten des ehemaligen Ostblocks finden sich ähnliche Handelszentren oder Asia-Märkte (S. 69). Eine Doppelseite im Buch zeigt zudem ein im vietnamesischen Hanoi situiertes Shoppingcenter, das ebenfalls den wohl verbreiteten Namen Dong Xuan trägt (S. 82/83), was die Räume der Migration bis zu den Herkunftsorten erweitert.

Ein zweites Fallbeispiel gibt die Text- und Bildstrecke zur Wohnsiedlung Dogil Maeul in der südkoreanischen Provinz Namhae (S. 107–153), die ästhetisch an Bauten an Stadträndern oder in Kleinstädten Deutschlands anschließt. Die Häuser haben rote Satteldächer und tragen Namen wie „Mainzer Haus", „Haus Mosel" oder „Heidi Heim". Der informative Aufsatz von Stefanie Bürkle und der Künstlerin Janin Walter gibt wichtige Hintergrundinformationen zum Verständnis dieses „deutschen Dorfes" in Südkorea. Denn Ende der 1960er Jahre sollte der Pflegenotstand in der Bundesrepublik durch die Anwerbung südkoreanischer Krankenschwestern und -pfleger kompensiert werden. Diese wurden nur auf Zeit für eine Dauer von drei Jahren, verpflichtet. Einige blieben und gründeten Familien mit deutschen Partner*innen, andere gingen zurück. 1999 entschied die Provinz Namhae, ein deutsches Dorf für die Gastarbeiter*innen zu errichten. Ein Berliner Architekturbüro wurde beauftragt und den südkoreanischen Expatriats die Häuser und Grundstücke zu günstigen Konditionen angeboten, damit diese ihren Lebensabend im sogenannten deutschen Dorf in Südkorea verbringen. Zugleich war das Dorf von Anbeginn als Anziehungsort für Touristen geplant, inzwischen war es auch Setting für eine Fernsehserie (*Couple or Trouble*, 2006). Bürkles Fotografien zeigen Außen- und Innenansichten, betten die Siedlung in die südkoreanische Landschaft ein, zeigen menschenleere saubere Straßen, aufgeräumte Vorgärten, aber auch Tourist*innen, die nicht nur aus Südkorea kommen, sondern inzwischen auch aus Australien oder Frankreich (S. 115).

Stefanie Bürkles Fotografien sind ohne Bildunterschriften im Buch verteilt, was die Orientierung zunächst erschwert. Doch ermöglicht das Abbildungsverzeichnis am Ende der Publikation die Zuordnung der Fotografien. Dass die Abbildungen zunächst unbeschriftet reproduziert werden, hat den Vorteil einer unbefangenen Beobachtung: ein interessantes Ergebnis ist, dass Migration und Tourismus weltweit zu neuen Raumprägungen führen, die in ihrer Unterschiedlichkeit sehr ähnlich sind. Stets formulieren sich gleichermaßen Sehnsüchte und Erfahrungen, d. h. Menschen bringen aus ihren Herkunftsorten Prägungen mit. Ihr Heimweh befriedigen sie nicht nur durch Geschmack und Geruch von Lebensmitteln, Produkte der Körperpflege oder Deko-Artikel. Mit den von ihnen geführten Geschäften oder Restaurants prägen sie auch die Gesichter der Städte – beispielhaft sind die Nagelstudios, die mittlerweile länderübergreifend in vielen Straßen zu finden sind. Gleichzeitig finden sich auch an den Herkunftsorten Spuren der Migration, etwa wenn sich Migrant*innen Ferienhäuser in der ehemaligen Heimat errichten oder ganz wieder dorthin zurückkehren. Dies interessierte Stefanie Bürkle bereits in einem ihrer Vorgängerprojekte „Migrating Spaces". Insofern ist die jüngste Publikation *MigraTouriSpace* auch als Teil einer bedeutenden künstlerischen Langzeitstudie zu den Wohn- und Lebensentwürfen von Migrant*innen im Kontext grenzüberschreitender Ortswechsel zu verstehen.

Burcu Dogramaci

Sylvia Asmus, Jessica Beebone (Hg.): Kinderemigration aus Frankfurt am Main/ Child Emigration from Frankfurt am Main. Göttingen: Wallstein Verlag 2021. 258 S., mit Abb.

Die von Sylvia Asmus und Jesko Bender kuratierte, sehenswerte Ausstellung *Kinderemigration aus Frankfurt am Main* des Deutschen Exilarchivs 1933–1945 ist dank des gleichnamigen Buchs dauerhaft zu besichtigen. Aber es bietet mehr als eine Dokumentation der Präsentation in der Deutschen Nationalbibliothek. Auch das Thema Emigration und Exil von Minderjährigen, das damit verbundene Leid, die lebenslangen Folgen für die Betroffenen und die Auseinandersetzung mit dem historischen Geschehen sowie dem zeitgenössischen Gedenken werden in den Beiträgen vertieft. Es ist ein gelungenes Projekt, in dem der Vermittlungsaspekt im Zentrum steht und das in Kooperation der DNB mit dem Kulturamt Frankfurt vorbildlich umgesetzt worden ist.

Für Ausstellung und Buch musste erstens eine Auswahl getroffen werden, die in Abhängigkeit von den erhalten gebliebenen Quellen und Objekten steht. Es sind „Briefe der Eltern, Tagebücher, Gepäcklisten und Ausweise, Spielsachen, textile Zeugnisse und Fotografien oder behördliche Dokumente" (S. 34). Zudem wurden sechs Künstler*innen ausgewählt, die jeweils aus ihrer Auseinandersetzung mit den einzelnen Lebensgeschichten Graphic Novels entwarfen: Illi Anna Heger befasst sich mit Lili Fürst, später Lili Schneider (1925–1972) – Emigration nach Schweden – und Hamed Eshrat mit Renate Adler, später Renata Harris (geb. 1929) – Kindertransport nach Großbritannien. Magdalena Kaszuba beschäftigt die Geschichte der bekanntesten unter den sechs ausgewählten Persönlichkeiten: Karola Ruth Siegel, später Dr. Ruth K. Westheimer (geb. 1928) – Emigration in die Schweiz, Auswanderung nach Palästina, nach Frankreich, dann in die USA. Sascha Hommer erzählt in seinem Comic von Elisabeth Calvelli-Adorno, später Elisabeth Reinhuber-Adorno (1925–2016) – Kindertransport nach Großbritannien – und Birgit Weyhe von Josef Einhorn, später Josef Karniel (1925–1993) – Auswanderung nach Palästina. Ilki Kocer setzt sich mit Lina Liese (genannt Liesel) Carlebach, später Lee Edwards (geb. 1923) – Kindertransport nach Großbritannien – auseinander.

Zweitens wird das Projekt eines Denkmals für die Kindertransport-Kinder dokumentiert, das auf die Idee und Initiative von Renata Harris und Lee Edwards sowie den Verein Jüdisches Leben in Frankfurt e. V. zurückgeht. Der Wechsel zu Hochglanzpapier in diesem Teil ist ein Gestaltungselement des Buches zur Unterscheidung zwischen der Präsentation der historischen Exponate und der Gegenwartsebene des Denkmals. Von 2015 bis 2021 hat es gedauert, bis für die „Geschichte der Rettung, des Verlusts und der Erinnerung" in der Stadt Frankfurt ein dauerhafter Ort geschaffen wurde (S. 8). Ein Wettbewerb für die Erschaffung eines Denkmals wurde unter fünf eingeladenen Künstler*innen ausgeschrieben. Die eingereichten Entwürfe von Yael Bartana, Anne Imhof, Ella Littwitz, Michaela Melián und Ernst Stark finden sich in dem Buch (S. 201–219). Den Zuschlag erhielt die in Berlin lebende israelische Künstlerin Yael Bartana mit ihrem *Orphan Carousel/Waisen-Karussell*. Eingeweiht wurde das Denkmal zeitgleich zur Eröffnung der Ausstellung im September 2021. Es steht in der Frankfurter Kaiserstraße, also in der Nähe des Hauptbahnhofs, dem Ort, von dem Tausende ihre Fahrt ins rettende Ausland antraten. Das Karussell, „gleichermaßen Monument wie funktionierendes Spielgerät", trägt die Aufschriften „Auf Wiedersehen, Mutter", „Auf Wiedersehen, Vater" und „Auf bald, mein Kind" (Widrich, S. 176 f.). Paul. M. Farber erläutert die Intentionen der Künstlerin; Jessica Beebone und Mechthild Widrich gehen auf die Entstehung des Kindertransport-Denkmals und allgemein zur Erinnerungskultur nicht nur in Frankfurt ein.

Drittens finden sich unter der Überschrift „Facetten der Kinderemigration" drei Beiträge, die wichtige Facetten des Themas noch einmal beleuchten. Aus der mittlerweile vorliegenden Exilforschungsliteratur zu Kindern und Jugendlichen leistet Sylvia Asmus einen Überblick und Zuschnitt auf die Kinderemigration aus Frankfurt, wo vor 1933 der höchste jüdische Bevölkerungsanteil in Deutschland existierte, und führt in die Ausstellungskonzeption ein. Sie hat akribisch die Zahlen zusammengetragen und festgestellt, dass von den geschätzt 20.000 unbegleiteten jüdischen Kindern, die in den allermeisten Fällen die einzigen Überlebenden ihrer Familien waren, mindestens 600 aus Frankfurt stammten. Eine kleine Anmerkung sei hier gestattet: In ihrer Darstellung über die von der Œuvre de Secours aux Enfants (OSE) betreuten Flüchtlingskinder (S. 28) ist der Hinweis auf die Arbeit von Ernst Papanek zu ergänzen, der die OSE-Heime für 1600 Flüchtlingskinder in Frankreich leitete und Rettungsaktionen in die USA mitorganisierte.[1] Der Beitrag des Psychoanalytikers Kurt Grünberg geht auf die Kindertransporte unter dem Aspekt der „transgenerationalen Trauma-Tradierung" ein, während Andrea Hammel sich mit dem Gedenken an die Kindertransporte in Großbritannien befasst. Sie schreibt, „Von den Eltern getrennt und oft nicht genügend von staatlichen Stellen unterstützt, hat die Fluchterfahrung ihr ganzes Leben überschattet.", und appelliert dafür, „aus diesen Erfahrungen zu lernen und dies in den Umgang mit minderjährigen Geflohenen einfließen zu lassen." (S. 93)

Alle Texte liegen auf Deutsch und Englisch vor. Der dicke Pappeinband und das fast DIN A4-formatige Buch erinnern an ein Bilderbuch. Der ansprechende

---

[1] Ernst Papanek: Pädagogische und therapeutische Arbeit. Kinder mit Verfolgungs-, Flucht- und Exilerfahrungen während der NS-Zeit. Hrsg. von Inge Hansen-Schaberg, Hanna Papanek und Gabriele Rühl-Nawabi. Wien, Köln, Weimar: Böhlau Verlag 2015.

Umschlag nimmt die überwiegend in Schwarz-Weiß gehaltene Zeichnung Magdalena Kaszubas aus ihrem Bilderzyklus über Ruth K. Westheimer auf und zeigt einen Zug mit Dampflokomotive in einem verschneiten Schweizer Gebirgstal. Die Gestaltung des im Wallstein-Verlag erschienenen Buchs wird vom Frankfurter Grafikdesignstudio Aoki & Matsumoto verantwortet. Farbgebung, Seitenaufteilung, Platzierung und Qualität der Abbildungen – im letzten Teil auf Hochglanzpapier – sind anspruchsvoll und ansprechend. Das gesamte Projekt zeigt auf, wie Erinnern und Gedenken an die Verfolgung und das Exil während der NS-Zeit im besten Fall gelingen können.

Inge Hansen-Schaberg

Jan Kühne: Die zionistische Komödie im Drama Sammy Gronemanns. Über Ursprünge und Eigenarten einer latenten Gattung (Conditio Judaica, Bd. 94). Berlin/Boston: De Gruyter, 2020. 336 Seiten

Der deutsch-jüdische Autor und Jurist Sammy Gronemann (1875–1952) verbrachte seine Kindheit und Jugend in Hannover, später wurde ihm Berlin zur Wahlheimat, bevor er sich 1933 gezwungen sah, vor den Nazis nach Paris zu fliehen. Von dort emigrierte er 1936 endgültig nach Palästina. Als satirischer Schriftsteller, Publizist und Komödiendichter war er seinerzeit in Deutschland außerordentlich erfolgreich. Sein 1920 veröffentlichter Roman *Tohowabohu* wurde ein Bestseller, den Albert Einstein als ein „Meisterwerk" loben sollte. Vor allem aber entdeckte Gronemann schon früh seine besondere Leidenschaft für das Theater. Als ein überzeugter Zionist der ersten Stunde beeinflusste er mit seinem Werk maßgeblich die Entwicklung des modernen jüdischen, später dann neuhebräischen Theaters. Er schrieb sieben große Theaterstücke, davon allein sechs in Palästina/Israel, sowie zahlreiche Einakter, in denen die Gesellschaft und Kultur im neuen Land mit kritischem Humor reflektiert werden. Es sollte allerdings noch mehrere Jahrzehnte dauern, bis mit seiner Komödie *Der Weise und der Narr* endlich ein Stück Gronemanns auf die Bühne des bekannten Habimah-Theaters in Tel Aviv gelangte und zwar in der hebräischen Übersetzung von Nathan Altermann. Hier deutet sich bereits ein Sprachproblem an, das den deutschsprachigen Schriftsteller letztlich in die zweite Reihe hinter dem in Israel weitaus bekannteren Altermann verwies. Gleichwohl sollte die Komödie dem Theaterwissenschaftler Tom Lewy zufolge mit über 1.300 Aufführungen das „erfolgreichste hebräische Stück aller Zeiten" werden.

In der deutschen Fachliteratur tritt Gronemann erst ab 1969 als Vertreter der Exilliteratur näher in Erscheinung. Während die Forschung bislang mit Joachim Schlör und Hanni Mittelmann vor allem die deutsche Lebensphase Gronemanns aufgearbeitet hat, steht im Zentrum von Jan Kühnes aktueller, auf seine Dissertation zurückgehende Studie über *Die zionistische Komödie im Drama Sammy Gronemanns* sein noch weitgehend unerforschtes, in der Emigration in Tel Aviv entstandenes großes Dramenwerk. Zudem widmet sich Kühne eingehend dem für Gronemanns Schreiben so bezeichnenden Humor. In Gronemanns Werken wird für ihn deutlich, „wie die jüdische Tradition und Moderne, Mythos und Realität, Wirklichkeit und Reflexion in Beziehung gesetzt und neu ausgehandelt werden." (227) Es ist eine Perspektive, aus der heraus Kühne die Dramen als „Bühne" begreift, „auf der sich die Krise der deutsch-jüdisch-israelischen Moderne abspielt." (231)

Um diesen Gedanken genauer zu veranschaulichen, greift Kühne auf die zwei großen Rettungsmythen der jüdischen Überlieferung zurück, die in Gronemanns Werk auf spezifische Weise wiederholt aufgegriffen und bearbeitet werden: das Purimparadigma aus dem Buch Esther und das Pessachparadigma, beruhend auf der Exodusgeschichte. Den Einfluss dieser „Metanarrative der jüdischen Krisenbewältigungsstrategien", wie Kühne sie nennt, begreift er als zwei konkurrierende Skripte und zugleich miteinander interagierende jüdische Erlösungsparadigmen. Das Purimparadigma – besonders gut nachzuvollziehen in dem bereits um 1900 entstandenen Stück *Hamanns Flucht* – gilt Kühne als typisches Diasporanarrativ. Als Geschichte einer Rettung erweist sich hier gerade das dialektische Verhältnis zwischen Protagonist und Antagonist in ihren wechselnden Rollen als literarisch und humoristisch ausgesprochen ergiebig. Demgegenüber bedeutet das Pessachparadigma ein Heilsversprechen, das mit einer Befreiung und schließlich der Ankunft im Gelobten Land einhergeht, und das damit das Purimparadigma am Ende aufhebt. Getreu dem Motto Theodor Herzls, dass das erste große Genre der neujüdischen Kunst am besten das Lustspiel sei, wendet sich Gronemann allerdings auch dem Pessachnarrativ auf durchaus komödiantische Weise zu, so unter anderem in dem bereits erwähnten Theaterstück *Der Weise und der Narr*. Maßgeblich blieb, laut Kühne, auch hier das für Gronemann typische messianische Hoffnungsmoment eines heiteren Optimismus. So gesehen können Gronemanns humoristische Texte gleichermaßen als literarischer Ausdruck sowohl einer jüdischen Krise als auch als ironischer Versuch ihrer Bewältigung mittels eines „Witzes" gelesen werden. Ein Humor teilt sich auf diese Weise mit, der zugleich eine optimistisch jüdische und damit „messianische" Weltanschauung verteidigt, die im Wesentlichen auf ebenjenen jüdischen Heilsgeschichten von Exodus (Pessachparadigma) und „Esther" (Purimparadigma) beruht. Letztendlich, so Kühne, habe für Sammy Gronemann gerade in der Komödie die Zukunft des neujüdischen Theaters gelegen, das eine der bedeutendsten kulturellen Errungenschaften der jüdischen Geschichte überhaupt sei, durchaus vergleichbar und einhergehend mit der Säkularisierung der hebräischen Sprache. Bei Kühnes Buch handelt es sich um eine ausgesprochen aufschlussreiche Studie, die neue Sichtweisen eröffnet und deren Lektüre viele interessante, weiterführende Erkenntnisse gewährt.

Friederike Heimann

Heike Klapdor: Mit anderen Augen. Exil und Film. München: et+k 2021. 289 S., mit Abb.

Die Erforschung des Filmexils hat der Autorin Heike Klapdor viele Überblicke, Durchblicke, Sammlungsüberlieferungen und Spurensuchen zu verdanken, die sich in dieser wunderbar kompakten Zusammenfassung ihrer Forschung in *Mit anderen Augen* in allen Facetten auffächert und in einer einladenden Geste auf den Punkt bringt. Nun hat sie mit ihrer aktuellen Veröffentlichung ein Buch über Exil und Film geschrieben, das der Filmtheorie eine Anleitung nebst deren Umsetzung an die Seite stellt.

Das Buch führt den Leser über das Close Reading der originell ausgewählten Filme, die Recherchen zu Zeitungsartikeln und Büchern der Entstehungsjahre, über die Briefzitate an den Filmen beteiligter Exilant*innen, den literaturgeschichtlichen Feinheiten der Vorlage der Filme und der bearbeiteten Drehbücher, hin zu den übergreifenden Themen des Exils. Die Themen der Krise, des Aufbruchs und der Flucht setzt Klapdor im nächsten Schritt oder auch direkt in Bezug zu Filmen aus der heutigen Zeit, die sich aktuell mit Exil auseinandersetzen. „Dieses heuristische Interpretationsverfahren liest Bilder wie Texte" (S. 23). „Die Motive und Figuren erscheinen wie Gefäße, in denen die einzelnen Filmerzählungen aufbewahrt werden können, um auf diese Weise der destruktiven Krisenerfahrung entgegenzuwirken" (S. 21). Die Filmanalysen greifen die Motive in den verschiedenen Kapiteln des Buches auf und „reflektieren (sie) auf deren Übertragbarkeit zwischen Orten und Zeiten und auf deren poetische Produktivität" (S. 21/22).

Nachvollziehbar und eindringlich entschlüsselt diese Lesart Siodmaks *La crise est finie!* (FR 1934) und stellt im Kapitel „Aufbruch" über den Film von G. W. Pabst *Du haut en bas* (FR 1933) die Schriftstellerin und Drehbuchautorin Anna Gmeyner in den Fokus der Betrachtungen über den Phänotyp der Neuen Frau, wobei hier die These bestärkt wird, dass die politische Krise Ende der 1920er und zu Beginn der 1930er Jahre die Autonomie der Neuen Frau gestürzt habe. Die

https://doi.org/10.1515/9783110770995-028

tragische Geschichte der Sekretärin Nelly Dreyfus (S. 128–132), von Klapdor mit der Analyse des Films *Zwischen Gestern und Morgen* (DE 1947) akribisch nachverfolgt, zeugt von den Abhängigkeiten und der Ohnmacht, von denen die jüdischen Frauen und Filmschaffenden nach 1933 in Deutschland betroffen waren. Die verlorene Autonomie wird in diesem Fall besonders drastisch bestätigt, im Fall Dreyfuss endet sie mit der Verfolgung der eigenen Person, der Deportation und ihrer Ermordung. Immer wieder informiert die Autorin den Leser über das Filmexil und seine Bezüge bis in die Gegenwart.

Das intertextuelle Vorgehen gelingt besonders, wenn die Filme direkt in Bezug zum Exil stehen. Weniger plausibel erscheint das Kapitel zur Flucht mit dem Film von Johannes Meyer *Die schönen Tage von Aranjuez* (DE 1933), da hier ein alter und gern wiederbelebter Filmstoff der schönen Juwelendiebin für das Exil uminterpretiert wird. Dass die europäischen Fluchtrouten in dem Film vorweggenommen werden würden, dem könnte noch zugestimmt werden, aber wenn der Exilant vom Kriminellen „präfiguriert" werden soll, dann verschwimmen strukturelle Betrachtungen mit historischen Kontexten, die schwer wieder zu entzweien sind. Fast im Stile von Siegfried Kracauers filmhistorischem Buch *Von Caligari zu Hitler* werden Motive und Figuren mit einem Wissen um die folgende Katastrophe gelesen. Viele der belesenen Emigranten waren mit den Parabeln, Bildern und Metaphern, die Heike Klapdor mit einer Leichtigkeit in ihre Analysen integriert, gut vertraut (das Kapitel über „Heimat" oder „Der verlorene Sohn"). Es scheint oft eine unterschwellige Unterhaltung zwischen Klapdor, den Filmen und den beteiligten Exilanten stattzufinden. *Mit anderen Augen* profitiert vom Einbezug gesichteter Nachlässe, Korrespondenzen und Autobiografien, und wenn von der Tiefe der Details der Schatten- und Lichtsetzung der Figuren in Max Ophüls *Le roman de Werther* (FR 1938) gesprochen wird (S. 81), kommt hier die präzise Filmanalyse hinzu. Wenn Ophüls Werthers Selbstmord nicht zeigt und wir von Klapdor erfahren, dass Goethe den Tod Werthers mit brutalem Realismus schildert (S. 82), zeigt sich in dieser, wie in vielen anderen Gegenüberstellungen, in welcher Weise dieses Buch seinen angekündigten Beitrag zu einer Theoretisierung des Filmexils leistet: mit einer Kontextualisierung und einem in Bezug-Setzen der nachgelassenen Dokumente und Schriften, sowie entlang von Motiven und Figuren des Exils. Intertextuell reich zeigt sich schon das Personen- und Filmregister. Die über 50-seitigen Endnoten zu Interviews, Erstausgaben und Archiven offenbaren das aufwendige Fundament der Filmexilforschung, das Heike Klapdor nun um eine Lesart über den Kanon der Exilfilme hinaus erweitert hat.

Imme Klages

Marcus G. Patka und Sabine Fellner (Hg.): Jedermanns Juden. 100 Jahre Salzburger Festspiele. Salzburg, Wien: Verlag 2021. 302 S.

Der hier vorliegende Katalog einer im Jahr 2021 gezeigten gleichnamigen Ausstellung im Jüdischen Museum Wien, lässt – neben vielen anderen – leider die eine große Frage unbeantwortet: Warum wollten jüdische Künstler ausgerechnet im barock-katholischen Salzburg ein Festival etablieren, das dazu mit dem *Weihefestspiel Jedermann* ihre eigene Exklusion aus der katholischen Mehrheitsgesellschaft versinnbildlichte?

Vielleicht ist ein profaner Grund darin zu sehen, dass Salzburg und die umgebende Landschaft als Paradies für ‚Sommerfrischler' galten, von denen ja nicht wenige Jüdinnen und Juden waren. Wanderungen, Sonnenbäder und Gasthäuser waren ein bereits vertrautes Terrain, das nun am Abend durch ostentative Teilnahme am Bildungsbürgerlichen veredelt werden sollte.

Allerdings konnte nach den Aufführungen ein Spießrutenlaufen für erkennbar jüdische Gäste denkbar sein. Auf den Straßen Salzburgs herrschte bereits in den 1920er Jahren der Ton der Antisemiten vor. Aufgepeitscht durch wöchentlich erscheinende Hassartikel des *Eisernen Besens,* der den *Stürmer* an Radikalität in antisemitischen Denunziationen noch übertraf. Weshalb die jüdischen Gäste und die Künstler*innen über diese ständigen Diskriminierungen hinwegsahen, hätte in Ausstellung und Katalog einer kulturpsychologischen Untersuchung bedurft.

Das Jüdische Museum Wien sah die Initialzündung zur Ausstellung in der noch immer nicht ausreichend beleuchteten – wenn nicht gar unterschlagenen – Beteiligung jüdischer Künstler*innen an der Gründungs- und Erfolgsgeschichte der Salzburger Festspiele. Allerdings stellt sich nach der Lektüre des Katalogs der Eindruck ein, dass die Beiträger sich darauf beschränkten, in mitunter ausufernden Additionen von Namen eine nachträgliche *Wiedergutmachung* zu erzwingen. Es wäre hilfreicher gewesen, an ausgewählten Einzelfällen zu zeigen, wie stark Anpassung und Verbergung des eigenen Jüdischen auf der einen Seite und Ausgrenzung, Herabsetzung oder einfach bloße Leugnung auf der anderen Seite vorherrschend gewesen sind.

Erste Ideen zur Gründung von Festspielen tauschten Hugo von Hofmannsthal und Max Reinhardt bereits 15 Jahre vor den ‚Premierenfestspielen' 1920 aus. Wenig beleuchtet bleibt, wie früh der Komponist Richard Strauss in die Planungen eingebunden wurde. Und es war wohl auch Max Reinhardt, der mit der Einbeziehung des Wiener Operndirektors Franz Schalk und des Finanziers Paul Hellmann die Traumwelt Hofmannsthals in handfeste künstlerische und wirtschaftliche Umsetzungen überführte. Paul Hellmann ist im Katalog auch eine der wenigen tiefergehenden Einzelstudien zu seinem Schicksal und dem seiner Familie gewidmet, die trotz jahrzehntelanger vermeintlicher Einbindung in die (nichtjüdische) österreichische Oberschicht in der Ermordung in Sobibor (sein Sohn Bernhard Hellmann) und Auschwitz (seine Ehefrau Irene Hellmann) endete. Paul Hellmann selbst starb bereits 1938.

Die Proteste ortsansässiger Nationalsozialisten gegen die jüdischen ‚Sommerfrischler' und der jüdischen Beteiligten an den Aufführungen blieben nicht nur auf Verbales beschränkt. Seit Beginn der 1930er Jahre gab es Bombenexplosionen und Attentate. Annette Kolb beschrieb eindringlich in ihren *Erinnerungen an die Salzburger Festspiele der Jahre 1934 bis 1937*, wie stark das Gefühl von Bedrohung unter den Gästen war, die sich abends bei Max Reinhardt auf Schloss Leopoldskron trafen. Der Katalog gibt leider keinen Hinweis auf ihr Buch, das nach 1945 in mehreren Auflagen neu erschien.

Beinah alle jüdischen Darsteller*innen der Salzburger Festspiele kannte Max Reinhardt bereits aus früheren Zusammenarbeiten. Aber – mit Ausnahme etwa Max Pallenbergs – waren es Schauspieler*innen, die nicht zu den publikumswirksamen Stars der damaligen Zeit zählten. Auffallend ist, dass die prominenten Schauspielerinnen und Schauspieler jüdischer Herkunft Salzburg fernblieben. Von Fritz Kortner bis Elisabeth Bergner gibt es eine erstaunliche ‚Abwesenheitsliste' in den Engagements. Vielleicht konnten sie nicht darüber hinwegsehen, dass sie ihr Können und ihre Popularität den Restaurierungswünschen einem katholisch-imperialen Christentum zur Verfügung stellen sollten? Auch hierzu wäre ein vertiefender Einzelbeitrag im Katalog wünschenswert gewesen.

Anders stellt es sich im Bereich der musikalischen Aufführungen dar. Die Salzburger Festspiele waren bis 1938 mehr oder weniger eine Außenstelle der Wiener Staatsoper und spiegelten in Teilen das Wiener musikalische Leben wider. Nur ohne Modernität. Was in Salzburg gezeigt wurde oder zur musikalischen Aufführung kam, hatte wenig mit der Avantgarde der damaligen Zeit zu tun. Das avantgardistische Musikleben von Berlin bis Paris wurde im Salzburger Festspielleben nicht abgebildet.

Der nun vorliegende Katalog besteht aus einer eher ausufernden Dokumentation des theatralischen und musikalischen Festspielprogramms. Aber gerade weil im Archiv der Festspiele eine hohe Dokumentquantität vorhanden ist, hätte von den Herausgeber*innen ein Ordnungs- und Auswahlprinzip schlüssig angestrebt werden müssen. So herrscht der Eindruck vor, dass man sich damit begnügte, die eigenen archivierten Preziosen aneinanderzureihen. Auf den großformatigen Doppelseiten des Katalogs wird oft Heterogenes zusammengebracht. Die Fotografien dokumentieren Aufführungen und Proben, gerne auch ‚Schnappschüsse' aus den Kulissen. Dabei werden Zeiten gemischt, aber für die Betrachter wird kaum ersichtlich, ob zum Beispiel eine Gegenüberstellung des Dirigenten Bruno Walter aus den dreißiger Jahren mit einer Aufnahme Wilhelm Furtwänglers aus den fünfziger Jahren ein politisch bis polemischer Kommentar sein soll oder dem

Zufall des Layouts geschuldet ist. Musikalisch kann Furtwängler wohl kaum als ein Erbe der analytischen Ästhetik Walters gelten.

Das größte Manko der gezeigten Fotografien aber besteht im völligen Verzicht auf Aufnahmen aus den jeweiligen Exilen der vertriebenen Künstler*innen. Ihre Jahre der erzwungenen Vertreibung werden nicht dokumentiert. Stattdessen werden durch das fotografische Material Neuanfang und Wiederaufnahme nach 1945 suggeriert. Die wenigen Zurückgekehrten tragen erneut Dirndl und Joppen, als hätte es die Jahre des Exils nie gegeben. Wie sich für die aus den Exilen Zurückgekehrten das Wiederaufnehmen ihrer künstlerischen Engagements darstellte, wird – seltsamerweise – wenig bis gar nicht beleuchtet.

Der prominenteste ‚Rückkehrer' war Max Reinhardt und an ihm zeigt sich das ganze Paradox. Reinhardt war bereits 1943 im amerikanischen Exil gestorben, aber durch die Wiederaufnahmen seiner Inszenierungen in Salzburg konnte an den Verstorbenen ständig erinnert werden, ohne dass dabei seine Exilzeit oder sein Judentum auch nur erwähnt wurden.

Diese ‚Rückkehr' Reinhardts wurde besonders durch das Wiedereinbinden seiner Witwe Helene Thimig deutlich. Über ihren ersten Auftritt im *Jedermann* hieß es am 5. August 1946 im *Wiener Kurier*: „Der große Augenblick der Aufführung war die Wiederbegegnung mit Helene Thimig. Wie weggewischt war das Böse, das Traurige der Vergangenheit, weggebrannt von der unendlich reinen, keuschen und hellen Flamme ihres Wesens."

Hier wird mit falschem Pathos ein Schweigegebot von allen Beteiligten eingefordert. Der Verfasser war Zeno von Liebl und leider verschweigt der Katalog seine berufliche Karriere in den Jahren 1938–1945, als er unter anderem für das Linzer NS-Gaublatt *Volksstimme* und der Zagreber *Deutschen Zeitung* in Kroatien tätig war.

Dass in der wiederaufgenommenen Inszenierung des *Jedermann* die zurückgekehrten Emigranten Wolfgang Heinz und Karl Paryla als Mammon und Teufel besetzt wurden, während der aktiv mit den Nazis kooperierende Schauspieler Attila Hörbiger den Jedermann verkörperte, ist eine schwer zu deutende Besetzungsfrage. Sollte damit eine ‚Läuterung' nicht nur auf der Bühne, sondern auch im wahren Leben suggeriert werden? Das Nachkriegspublikum hat jedenfalls – teilweise in Selbstentlastungsabsicht – die Besetzungen durch die Remigranten als Versöhnungsgeste bereitwillig angenommen.

Guido Gin Koster

Lisa Fittko : Le Chemin Walter Benjamin. Préface Le présent du passé par Edwy Plenel. Paris : Le Seuil 2020. 384 p.

Lisa Fittkos *Mein Weg über die Pyrenäen. Erinnerungen 1940/41* erschien 1985, zu einer Zeit als auch Leben und Wirken von Frauen im Exil auf größeres Interesse stießen. Die Autorin beschreibt, wie sie den Beginn des Zweiten Weltkriegs in Paris erlebte, die Internierung als feindliche Ausländerin, die Zeit im Lager Gurs. Später waren sie und ihr Mann Hans Fittko in Zusammenarbeit mit Varian Fry als Fluchthelfer aktiv. Es ist ein Kampf um Pässe, Ausreisevisen, Transitvisen, Übersee-Passagen, begleitet von der ständigen Angst vor diversen Kontrollen. Die Fittkos können schließlich im Herbst 1941 auf der SS-Colonial nach Kuba entkommen.

Die Autorin bekam nicht nur in Deutschland viel Anerkennung. In seiner Rede aus Anlass der Verleihung des Geschwister-Scholl-Preises befand Jürgen Habermas, dass hinter diesem Buch „eine der Weißen Rose würdige Lebensgeschichte steht". 1986 wurde Fittko mit dem Preis *Das politische Buch* der Friedrich-Ebert-Stiftung ausgezeichnet, im gleichen Jahr verlieh ihr Bundespräsident von Weizsäcker das Verdienstkreuz 1. Klasse und 2001 erwähnte Bundespräsident Johannes Rau in einer Rede im Deutschen Bundestag die „stillen Helden" Hans und Lisa Fittko.

„Mein Weg" ist der Fluchtweg, den Fittko mit Hilfe des Bürgermeisters von Banyuls-sur-Mer, dem letzten französischen Ort vor der spanischen Grenze, erkundet hatte, um gefährdete Flüchtlinge aus dem besetzten Frankreich schwarz über die Grenze zu bringen. Gemeinsam mit ihrem Mann Hans konnten sie mehr als hundert Menschen zur Flucht verhelfen und so deren Leben retten. Dieser Weg war die „F-Route" – so nennt Fittko diesen ehemaligen Schmugglerpfad und widmet dem Thema ein eigenes Kapitel. Auch Varian Fry spricht in seinen Erinnerungen von der „F-Route". Nach Fittkos Tod erinnert die *Neue Zürcher Zeitung* (18. März 2005) daran, dass dieser Fluchtweg heute ihr zu Ehren den Namen „F-Route" trägt. 2007 wurde der Fluchtweg in „Le chemin Walter Benjamin" umbenannt. Im Internet zirkuliert das Foto einer Hinweistafel für Touristen, auf der ein anonymer Wanderer unter „Chemin Walter Benjamin" handschriftlich hinzugefügt hat: „& LISA FITTKO (+ many others)". Über die historische Bedeutung dieses heutigen Wanderweges wird in vier Sprachen informiert: „Auf diesem Weg floh Benjamin am 24. September 1940 nach Spanien, um der Nazimacht zu entkommen." Der lukrative Aspekt, möglichst viele Touristen anzulocken, ist heute offenbar wichtiger als die Erinnerung an die Fluchthelfer.

Auch die hier anzuzeigende französische Neuauflage von Fittkos Erinnerungen erscheint nun mit einem neuen Titel, *Le chemin Walter Benjamin*. Aber es ist keinesfalls ein Buch über Benjamin, wie in einer französischen Rezension angekündigt. „Der alte Benjamin" ist nur eins von dreizehn Kapiteln, in dem die Fluchthelferin erzählt, wie sie die erste Gruppe, zu der außer Benjamin auch Henny Gurland und ihr sechzehnjähriger Sohn Joseph gehörten, über die Grenze nach Spanien führte. Benjamin hatte vorgewarnt, dass er wegen seiner Herzbeschwerden nur langsam gehen könne – sein gesundheitlicher Zustand blieb für Fittko eine ständige Sorge. Ein zusätzliches Problem war die schwere Tasche mit Manuskriptblättern, das „Monstrum", von der sich der Philosoph um keinen Preis trennen wollte, die aber abwechselnd von Lisa Fittko und dem jungen Joseph getragen werden musste. Als Benjamin vor einem sehr steilen Weinberg schon glaubte, aufgeben zu müssen, nahmen Fittko und Joseph ihn in ihre Mitte, „und wir schleppten ihn samt der Tasche den Weinberg hinauf". Die insgesamt zehnstündige Wanderung bis Portbou hätte Benjamin ohne fremde Hilfe niemals geschafft.

Mit der französischen Neuauflage wird jetzt aber vor allem Benjamin ein Denkmal gesetzt. Nicht nur, dass auf dem Buchcover aus *Mein Weg* nun *Chemin Walter Benjamin* wurde; der Zusatz *Erinnerungen 1940/41* ist weggefallen und stattdessen wurde der Name des in Frankreich bekannten Journalisten Edwy Plenel hinzugefügt, der das Vorwort „Le Présent du passé" (Vergangenheit in der Gegenwart) geschrieben hat. Die Buchillustration ist weitgehend auf Benjamin orientiert: ein Bild von Fittko ist von acht Fotos umrahmt, auf denen Gedenkstätten zu Ehren des Philosophen abgebildet sind. Im Anhang des Buches findet der französische Leser biografische Skizzen von Lisa Fittko, von der Übersetzerin Léa Marcou (1933 Mannheim–2016 Jerusalem) sowie von Edwy Plenel.

Le chemin Walter Benjamin war in Frankreich von Kontroversen begleitet. Stein des Anstoßes ist das Vorwort von Plenel, in dem Benjamin eine zentrale Rolle spielt, und seine „harsche Kritik" an Israel.

Und Lisa Fittko? Es ist nur zu begrüßen, dass mit der Neuauflage die Erinnerung an diese couragierte Frau wach gehalten wird, an diese mutige Widerstandskämpferin und Fluchthelferin – aber mit einem in die Irre führenden Titel, der dem Absatz des Buches förderlich sein dürfte. Lisa Fittko mochte es nicht, wenn ihr Engagement zu stark mit dem Namen Walter Benjamin in Verbindung gebracht wurde – sie hat viele Verfolgte über die „F-Route" gerettet.

Ute Lemke

Detlef Garz: Von den Nazis vertrieben. Autobiographische Zeugnisse von Emigrantinnen und Emigranten. Das wissenschaftliche Preisausschreiben der Harvard Universität aus dem Jahr 1939. Opladen: Barbara Buderich 2021. 366 S.

Das Harvard-Projekt „Mein Leben in Deutschland vor und nach dem 30. Januar 1933" wählte 1939 die Form eines finanziell attraktiven Preisausschreibens, um Daten von Emigrationsbiografien zu erheben. Der Kieler Erziehungswissenschaftler und Emigrationsforscher Detlef Garz hat alle – etwa 200, teils sehr umfangreiche – Beiträge monographisch analysiert. Er beginnt mit einer sozialwissenschaftlichen Beschreibung des gesamten Projektes, dokumentiert dann vier „ausgewählte Lebensgeschichten" eingehend und skizziert abschließend Aspekte einer Theorie der „Aberkennung", die er als notwendige Ergänzung einer moralphilosophischen Theorie der „Anerkennung" exponiert, wie sie Axel Honneth über Habermas hinaus wirkmächtig entwickelte. Garz' Studie lässt sich im weiteren Sinne den erziehungswissenschaftlichen Transformationen der Habermas-Schule zurechnen, zielt aber auf die Exemplifizierung einer Dialektik institutioneller Diskriminierung qua „Aberkennung" elementarer Rechte und individueller Mobilisierung einer widerständigen „Kampfmoral".

Garz dokumentiert vier exemplarische Widerstandsgeschichten, die er anhand der autobiografischen Berichte eingehend vorstellt und historisch kontrolliert auch im weiteren Lebensgang zusammenfasst: Hilde Rosa Stern (1900–1961), Sozialarbeiterin, Tochter des Psychologen William Stern und Schwester von Günther Anders-Stern; Carl Paeschke (1895–1983), sozialdemokratischer Journalist, von den Nationalsozialisten schon vor 1933 (u. a. mit einem Bombenanschlag) verfolgt; Rudolfine Menzel (1891–1973), eine Pionierin wissenschaftlicher Hundezucht (Minensuchhunde, Blindenhunde etc.); Alfred Fabian (1897–1950), dessen abenteuerlicher Lebenslauf reichlich Stoff für Verfilmungen bietet: zwei Frauen also, zwei Männer, ein politisch verfolgter „Arier", vier „Linke". Alle kämpften um Selbstbehauptung, Anerkennung und zeitgeschichtliche Zeugenschaft.

Stern war in Hamburg einige Zeit im Widerstand tätig und wurde 1935 von den Nazis inhaftiert, emigrierte in die USA und kehrte 1946 nach Deutschland zurück. Paeschke berichtete detailliert von seiner Verfolgung und schwierigen finanziellen Lage im Schweizer Exil. Die Zionistin Rudolfine Menzel entwickelte das „Schutzhundewesen" in Palästina, domestizierte den Kanaan-Hund, dem sie unter dem Titel „Pariahunde" 1960 eine Monografie widmete, und erhielt die erste Professur für Tierpsychologie an der Universität Tel Aviv. Spektakulärer noch war wohl das Leben von Alfred Fabian, der im Ersten Weltkrieg als Kriegsgefangener nach Russland kam, zur Roten Armee überlief, nach Berlin zurückkehrte und nach Jahren am Rande der Kriminalität wirtschaftlichen Erfolg mit einer Lichtbildagentur hatte. Fabian wurde von der nationalsozialistischen Zeitschrift

Stürmer in einer Kampagne verfolgt. Er war „vier Jahre Sklave" im KZ (Dachau, Buchenwald), bis er 1939 entlassen wurde und nach Shanghai fliehen konnte. Für alle vier exemplarische Biografien unterstreicht Garz, was die autobiografischen Berichte selbst betonten: die reflexive Mobilisierung entschlossener Widerstandskraft und politischer „Kampfmoral".

Garz gießt dieses Ethos nicht in eine fixe Theorie. Bewusst bietet er nur Facetten einer möglichen Theorie der „Aberkennung", die die geläufige Rede von „Anerkennung" gezielt irritiert, um auf den Anteil institutioneller politischer Entscheidungen an Diskriminierungserfahrungen hinzuweisen. Zugleich überführt er die Mobilisierung des Widerstandsethos aus der abstrakten Rede von „Selbstbehauptung" in politische Reflexionen. Garz wechselt gleichsam aus dem Register der großen Theorie in die Authentizität der exemplarischen Biografie über, deren Kraft und Zeugenschaft sich Leser schwerlich entziehen können.

Reinhard Mehring

Eva Geber (Hg.): Madame D'Ora. Tagebücher aus dem Exil. Wien, Berlin: Mandelbaum Verlag 2022. 253 S.

Im Kontext des wachsenden Forschungsinteresses an Künstlerinnen, Fotografinnen und Mäzeninnen entstanden in den letzten Jahren einige Ausstellungs- und Publikationsprojekte, die sich der Aufarbeitung des Lebens und Werks der österreichisch-jüdischen Fotografin Madame D'Ora annahmen. Im Fokus stand dabei vor allem ihr umfassendes und bedeutendes fotografisches Werk. In ihrer Publikation *Madame D'Ora. Tagebücher aus dem Exil* widmete sich die feministische Publizistin Eva Geber erstmals dem schriftlichen Werk der Fotografin, das in deren Exil in Südfrankreich in der Zeit des Nationalsozialismus entstand.

Madame D'Ora wurde als Dora Philippine Kallmus am 20. März 1881 in eine großbürgerliche jüdische Familie in Wien geboren. Mit 20 Jahren entschloss sie sich, Fotografin zu werden. Nach ihrer Ausbildung eröffnete sie 1907 ihr Atelier D'Ora in Wien, und es gelang ihr innerhalb kürzester Zeit sich in der Fotografielandschaft zu etablieren. 1925 eröffnete sie ein weiteres Atelier in der Kultur- und Modemetropole Paris. Mit Erfolg.

Mit der Besatzung nationalsozialistischer Truppen Frankreichs 1940 sah sie sich gezwungen ihr Atelier in Paris aufzugeben. 1941 wurde ihre Schwester in Österreich nach Lodz deportiert. 1942 floh sie in das Bergdorf Lalouvesc im

Départment Ardèche. Nach Kriegsende kehrte sie nach Paris zurück. Ihr (fotografischer) Blick auf die Welt aber hatte sich verändert. Zwar entstanden weiterhin Portraits von berühmten Persönlichkeiten aus dem Kunst- und Kulturleben, aber auch von geflüchteten Menschen und Überlebenden der Konzentrationslager und des Nazi-Regimes in den Displaced Persons Lagern in Wien und Salzburg. Weiterhin hielt sie das industrielle Töten von Tieren in den Schlachthäusern von Paris fotografisch fest. 1963 starb sie in Frohnleiten.

Entlang ihres schriftlichen Werks zeichnet Eva Geber erstmalig das Leben und Schicksal Madame D'Oras in der Zeit des Nationalsozialismus und insbesondere während ihres Exils in Südfrankreich nach. Die Briefe, Tagebuchaufzeichnungen, Essays und Aphorismen sind im Buch reproduziert. Diese Texte und ein autobiografischer Roman werden in einem begleitenden und resümierenden Essay verbunden und mit einigen zeithistorischen Dokumenten kontextualisiert.

Beginnend mit den Briefen ihrer Schwester Anna von 1938 bis zu deren Deportation 1941, die von der schmerzhaften Trennung der beiden Schwestern sowie vom Leben und Alltag zweier jüdischer Frauen in der Zeit des Nationalsozialismus in Österreich und in Frankreich berichten. Weiterhin die Flucht der Fotografin aus Paris ins Exil nach Südfrankreich im Jahr 1942, bis hin zu ihrer Rückkehr nach Paris 1945 sowie ihre letzten Lebensjahre dort und in Frohnleiten.

In den dabei entstandenen Schriften beschreibt und verarbeitet die Fotografin die zeithistorischen Ereignisse, ihre Flucht, die Trauer um ihre Schwester Anna, ihren Alltag und ihre Gefühle der Einsamkeit und Melancholie in ihrem Exil. Die Aufzeichnungen weisen auch humoristische Elemente auf, enthalten Beschreibungen der Natur in und um das Bergdorf Lalouvesc, Beschreibungen des Alltags und des Lebens der Bewohner und ihre Teilhabe daran. Damit zeichnet Madmae D'Ora ein Bild des jüdischen Exils in der Zeit des Nazi-Regimes in den Bergdörfern Südfrankreichs und schafft so ein bedeutendes zeithistorisches Dokument.

Neben den Erfahrungen als Migrantin, die sie in ihren Schriften verarbeitet, entstehen weiterhin Essays, in denen sie über sich als Fotografin sowie über das Medium Fotografie reflektiert. Ihre Pläne, die Schriften nach dem Krieg zu veröffentlichen, konnte sie nicht realisieren.

Der schriftliche Nachlass der Fotografin Madame D'Ora teilt das Schicksal vieler jüdischer Fotografinnen sowie kunst- und kulturschaffenden Frauen, die ihre Heimat unter der Bedrohung des Nazi-Regimes verlassen mussten. Wenn überhaupt (noch) existent, ist dieser häufig auf verschiedene Orte, Institutionen, private und öffentliche Sammlungen länderübergreifend verteilt. Das betrifft auch das schriftliche Werk der Fotografin, das sich bis dahin unbearbeitet u. a. im Fotomuseum Preus in Horten (Norwegen) und im Museum für Kunst und Gewerbe in Hamburg befindet.

Eva Geber ist es gelungen, den schriftlichen Nachlass Madame D'Oras zusammenzutragen, zu analysieren und der Öffentlichkeit zugänglich zu machen. Sie erzählt die Geschichte der österreichisch-jüdischen Fotografin als Emigrantin, indem sie diese durch ihr bisher kaum berücksichtigtes schriftliches Werk sprechen lässt. Damit gelingt es der Autorin, bislang wenig Beachtetes und Bekanntes aufzuarbeiten und bedeutende Impulse zur Weiterführung des Diskurses von Gender und Exil zu setzen.

Anna Sophia Messner

Christian Brühl: Sehnsucht und Krisenbewusstsein. Studien zum frühen Erzählwerk Klaus Manns (1924–1926). Mit einem Exkurs zur Verbindung zwischen Klaus Mann und Ernst Bloch in den Weimarer Jahren und der Exilzeit. Würzburg: Königshausen & Neumann 2022. 601 S.

Dass ein Buch über das frühe Erzählwerk Klaus Manns in einem Jahrbuch für Exilforschung besprochen wird, mag auf den ersten Blick überraschen. Aber es gibt gute Gründe dafür.

Christian Brühl untersucht drei Prosatexte Klaus Manns: die Erzählung „Die Jungen" (entstanden 1924), den Roman *Der fromme Tanz* (erschienen 1925) und die *Kindernovelle* (publiziert 1926). Während die zeitgenössische Literaturkritik und die germanistische Forschung diese frühen Arbeiten Klaus Manns meist als unreife Fingerübungen eines Jungautors abgetan haben, verfolgt Brühl ein anderes Ziel: Er will „die Vorzüge und eigenständige Bedeutung der Jugendarbeiten in den Blick" (S. 15) nehmen. Und er analysiert die Querbezüge der frühen Texte zu späteren Werken Klaus Manns, auch aus den Exiljahren. Der Beziehung Klaus Manns zu Ernst Bloch widmet er dabei besondere Aufmerksamkeit.

Zwei Thesen liegen der umfangreichen Arbeit Brühls zugrunde. Die erste lautet: Auch die frühen Erzählwerke Klaus Manns enthalten, bei aller Verspieltheit und Selbstverliebtheit des Autors, eine Tiefenschicht entschiedener Gesellschaftskritik, die bisher weitgehend übersehen wurde. Und die zweite zentrale These: Die untersuchten Texte sind ein authentischer literarischer Beitrag zur „riesengroßen Geschichte von der Krise des Bürgertums", wie Klaus Mann selbst es formulierte.

Entlang dieser Thesen entfaltet Brühl eine beachtliche Fülle von Material und Detailbeobachtungen. Er untersucht akribisch die Entstehung der drei Werke, ihre inhaltlichen und formalen Qualitäten (und Mängel) und ihre jeweilige Wirkungsgeschichte. Die Feststellung Irmela von der Lühes, dass über das Werk Klaus Manns trotz umfangreicher Sekundärliteratur „noch längst nicht alles gesagt" sei, bestätigt Brühl mit seiner kenntnisreichen und quellengesättigten Studie, die als Dissertation 2021 von der Philipps-Universität Marburg angenommen wurde.

Den untergründigen utopischen Gehalt der frühen Prosa Klaus Manns kann Brühl überzeugend auf die intensive Rezeption von Schriften Ernst Blochs zurückführen. Beim Roman *Alexander*, der 1929 erschien, gibt es direkte Parallelen zum Denken Blochs. Dessen Bücher *Geist der Utopie* und *Erbschaft dieser Zeit* haben Klaus Mann beeindruckt und geprägt. Auch persönlich gab es eine freundschaftliche Beziehung zu dem Philosophen; der Briefwechsel der beiden ist leider nur teilweise erhalten. Im Tagebuch hielt Klaus Mann eine Begegnung mit Bloch im September 1933 in Zürich fest: „Wieder ziemlich beeindruckt von ihm. Seine durch den Haaransatz verengte, harte Stirn. Der rote Magier. (,Das rote Geheimnis.') Der entscheidende Punkt, wo sich der Marxismus mit dem – anderen berührt. Das Metaphysische dem Diesseits immanent. ,Geist der Utopie.'" Fünf Jahre später allerdings, im amerikanischen Exil, notiert Klaus Mann in New York einen ganz anderen Eindruck: „Klopstock. Essen mit ihm, Times Square. Ernst Bloch und seine Frau dazu. Wie hilflos, wie niedergeschlagen, provinziell nimmt ,der rote Magier' sich hier aus. Melancholisch ----" Dass Bloch zu jener Zeit Josef Stalin als den eigentlichen „Erfüller der Utopie" ansah, den „Verhiessenen" (Tagebuch Klaus Mann, Januar 1938), hat zweifellos eine zunehmende Distanzierung Klaus Manns von dem einst verehrten und gepriesenen Philosophen bewirkt.

Als Desiderata für die künftige Forschung benennt Brühl vor allem eingehende werkorientierte Untersuchungen der Prosa Klaus Manns aus den späten 1920er und frühen 1930er Jahren. Dabei komme der Entwicklung von Utopiekonzepten und der Darstellung von Kindheitsentwürfen bei Klaus Mann große Bedeutung zu. Auch die Exilromane Klaus Manns ließen sich dann, so Brühl, in einem teilweise neuen, veränderten Licht betrachten.

Uwe Naumann

Phoebe Kornfeld: Passionate Publishers. The Founders of the Black Star Photo Agency. Bloomington: Archway Publishing 2021. 483 S.

Die von den deutschsprachigen Emigrierten Ern(e)st Mayer, Kurt S(z)afranski und Kurt Kornfeld im Dezember 1935 gegründete Fotoagentur Black Star in New York, wurde bereits von Forscher*innen wie Cynthia Zoe Smith (1982, 1983, 1984), Hendrik Neubauer (1997) und Michael Torosian (2013) untersucht. Obgleich das Ryerson Image Center seit 2005 ein Konvolut an 292.000 Pressefotografien und eine ausführliche Ephemera-Sammlung der Fotoagentur verwahrt, sind keine Quellen über die Organisationsstruktur von Black Star erhalten. Auch fehlten bislang eine Rekonstruktion der Lebenswege und beruflichen Karrieren der drei Gründer vor der Emigration.

Seit dem Fund von Familienaufzeichnungen in ihrem Elternhaus auf Long Island 2011 forscht Phoebe Kornfeld, die Enkelin von Kurt Kornfeld, zu Black Star. Weitere Hinweise erhielt sie von den Enkelinnen von Safranski und Meyer, in deren Familien ebenfalls wenig Details aus der Vergangenheit bekannt waren, jedoch schriftliche Dokumente und Medien existieren. Kornfeld resümiert, dass insbesondere den Frauen eine bedeutende Rolle zugesprochen werden muss, die in Memoiren, Scrapbooks und Alben das Erlebte festhielten. Demnach widmet sie ihr Buch „to the women who preserved memories of the Black Star founders. Without them, this book could not have been written". US-amerikanische und britische Archive und Publikationen bildeten die Grundlage. Überdies führten die akribischen Recherchen der Autorin nach Berlin, Marburg und Heidelberg, wo neue Quellen ausfindig gemacht wurden. Auch konsultierte sie die von C. Zoe Smith in den 1980er Jahren aufgezeichneten letzten Zeitzeugengespräche der Gründer.

In *Passionate Publisher* veröffentlicht Phoebe Kornfeld nun erstmals ihre Forschungsergebnisse und Biografie der drei Familien. Die Autorin strukturiert ihr Buch in drei chronologische Bereiche: Part 1 „Life begins in Germany", Part 2 „Black Star is born" und Part 3 „Time marches on". Das diasporische Leben und berufliche Wirken analysiert die Autorin anschaulich und mit reichlich Quellen belegt aus den jeweils einzelnen Perspektiven der jüdischen Gründer. Jedes Kapitel umfasst eine Einleitung und Conclusio, die im heterogenen Gefüge von Namen und Netzwerken den notwendigen Überblick geben.

Nachdem die ersten beiden Kapitel in Teil 1 die Zeit von der Geburt bis zum Kriegsdienst im Ersten Weltkrieg der drei Gründer erläutern, fokussiert die Autorin in Kapitel 3 die Tätigkeiten im Berliner Verlags- und Pressewesen der Weimarer Republik. Ein wichtiger Beitrag des Buches sind die im Anhang vermerkten erstmaligen Werk- und Publikationsverzeichnisse von Meyer, Safranski und Kornfeld, anhand derer die intermediale und -disziplinäre Arbeit in Form von Veröffentlichungen, Illustrationen oder Fotoreproduktionen deutlich wird. In einer weiteren

Liste führt die Autorin im Anhang die von der Fotoagentur Mauritius vertretenen Fotograf*innen auf und markiert die Namen, wie beispielsweise Germaine Krull, Fritz Henle oder Dr. Paul Wolff, die eine Zusammenarbeit mit Black Star verbindet.

In den unterschiedlichen erworbenen Kompetenzen der drei Männer und den Netzwerken zum europäischen und auch US-amerikanischen Presse- und Verlagswesen sieht die Autorin einer der Gründe für den erfolgreichen Start des Black Star Unternehmens, das in Teil 2 genauer erläutert wird. Im gemeinsamen Weg von New Rochelle zum Büro im Graybar Building an der Grand Central Station zeigt sich auch, dass die drei Familien nach der Emigration weiterhin privat verbunden waren. Die Organisation und Leitung von Black Star wurde untereinander geteilt. Meyer war mit seiner kaufmännischen Expertise für die Finanzen verantwortlich, während Kornfeld das Personalwesen und die Öffentlichkeitsarbeit betreute. Safranski als Creative Director managte die Aufträge und Fotoreproduktionen. Eine Besonderheit von Black Star war, dass sie die Vermittlung von Fotograf*innen zu angefragten Reportagen, die Abrechnungen und auch die Zweitverwertung übernahmen. Die aktualisierte Liste im Anhang der im Zeitraum von 1935–1963 über 370 angestellten und freiberuflichen Fotograf*innen, Verlage und Agenturen verdeutlicht die internationale Reichweite von Black Star und den geringen weiblichen Anteil. Kornfelds Liste ist eine ausführliche Erweiterung von Neubauers Zusammenstellung von 1997 und Ausgangspunkt für weitere Ergänzungen. So fehlen beispielsweise Namen wie Lucien Aigner, Ilse Bing, Ellen Dahlberg, Gerti Deutsch, Erna Fiedelholz, Richard Fleischhut, Trude Geiringer, Charlotte Kahler, Ruth Jacobi, Paula Le Cler, Bernd Lohse, Ernst Schaeffer, Studio Lisa, Beatrice du Vinage oder Hedda Walther, die ich selbst im Kontext meiner Dissertation zum fotografischen Exil in New York und im Kontext des Forschungsprojekts METROMOD (https://archive.metromod.net) recherchieren konnte. Da Black Star auch für zahlreiche emigrierte Fotograf*innen als Startpunkt ihrer fotografischen Karrieren in New York und weltweit galt, wäre eine Markierung emigrierter Protagonist*innen wünschenswert gewesen.

Ein besonderes Augenmerk Phoebe Kornfelds gilt dem Kapitel 6, in dem die pensionierte Anwältin enthüllt, dass das FBI unter J. Edgar Hoover fünf Jahre gegen Black Star ermittelte und die drei Gründer für Spione ausländischer Regierungen hielt. Deutlich wird, dass vor allem die Zusammenarbeit mit der Nachrichtenagentur Deutscher Verlag und der internationale Vertrieb von Fotoreproduktionen zu diesem Verdacht führten. Kornfeld legt dar, dass die Enthüllungen in ihrem Buch über die Auswirkungen des Exils, die Zerstörungskraft autokratischer Regime und die Bedeutung des Schutzes der freien Presse im Verlagswesen und im Fotojournalismus allesamt Lektionen aus der Geschichte sind, an die immer wieder erinnert werden muss, um auf dem Weg zu einer gerechteren Welt voranzukommen.

Das Buch endet in Teil 3 mit den beruflichen Trennungen und persönlichen Konflikten zwischen Safranski, Meyer und Kornfeld bis zu deren Tod. Der äußerst ausführliche Anhang und die Bibliografie sind ein Trost für ein fehlendes Fazit. *Passionate Publishers* ist das Ergebnis einer akribischen und lobenswerten Recherche, die wichtige und neue Erkenntnisse über die Agentur Black Star und deren Gründer offenlegt. Insgesamt ist das Buch als ein relevanter Beitrag für die Exilwissenschaften und transkulturellen Studien im Bereich des Fotojournalismus und der Fotogeschichte sowie den Ökonomien des Exils zu deuten. Vertiefende Studien, wie beispielsweise das Netzwerk zu anderen Exilagenturen und Fotodienstleistern in New York, die Stellung emigrierter und US-amerikanischer Fotograf*innen bei Black Star oder das internationale Agieren der Agentur können daran anschließen.

Helene Roth

Christa Stippinger (Hg.): Preistexte 21. Anthologie. Das Buch zu den Exil-Literaturpreisen „Schreiben zwischen den Kulturen" 2021. Wien: Edition Exil 2021. 251 S.

Mit der 2021 erschienenen Anthologie begehen die österreichischen Exil-Literaturpreise unter dem Titel „Schreiben zwischen den Kulturen" ihr 25-jähriges Jubiläum. Seit 1997 wurden die Auszeichnungen schon vielmals zum Sprungbrett für Autor*innen wie Julya Rabinowich, Dimitré Dinev, Anna Kim, Sandra Gugić oder Cornelia Travnicek. Gefördert werden Schreibwerkstätten und die Veröffentlichung der Debüts von Schriftsteller*innen, „die aus einer anderen Kultur und Erstsprache kommen und in deutscher Sprache schreiben" (225). So gingen 2021 insgesamt sieben Exil-Literaturpreise, gestiftet von verschiedenen Förder*innen, an Autor*innen, die u. a. aus Osteuropa, Afghanistan oder Syrien stammen. Susanne Gregor, Preisträgerin aus dem Jahr 2010, spricht im Vorwort zur Anthologie unter dem von Vilém Flusser adaptierten Titel „Von der Freiheit des Migranten" die wichtige transhistorische Vernetzung der Erfahrungen des Exils an. Für Gregor kann Ankunft als „schöpferischer Neubeginn" lesbar sein. Besonderes Augenmerk liegt auf dem mit 3.000 Euro dotierten Hauptpreis. Die so prämierte Kurzgeschichte „Von oben gesehen sind alle Toten haarlos" der Autorin Anahit Bagradjans beschäftigt sich mit dem Völkermord an den Armenier*innen und der Erschießung des türkisch-osmanischen Politikers Mehmet Talaat Pascha 1921 in

Berlin. Bagradjans fragt nach dem Erinnern und schließt mit den Worten: „Jedes Kind in Armenien kennt die Hardenbergstraße." (17) Auch die Preistexte „Ein künstlerischer Therapieabend" von Melike Yagiz-Baxant (2. Platz) und Anastassia Vybornovas „Die Klasse, die ich hasse" (3. Platz) finden sich in der Anthologie. Der Preis für Autor*innen mit Deutsch als Erstsprache ging an Zarah Weiss für „Bluets for Sohaila". Weiss erzählt von der Freundschaft zu einer aus Afghanistan geflohenen Familie und reflektiert über deren Ankommen sowie die Frage nach der Möglichkeit ihrer Rückkehr. Der Exil-Lyrikpreis 2021 wurde geteilt und ging je zur Hälfte an die israelische Künstlerin Loulou Omer und den afghanischen Autor Fatah Farzam. Erstgenannte trägt unter dem Titel „Deutsche Gedichte" acht lyrische Arbeiten bei. Hervorzuheben ist Omers „Geständnis (nach Seeräuber Jenny)". Der Rekurs zum bekannten Song aus Bertolt Brechts *Die Dreigroschenoper* („Die Seeräuber-Jenny") ist evident. Diese transhistorische Verflechtung zeichnet sich auch in einem Gespräch mit Farzam im Buch ab: „Die jüdische Diaspora hat vor siebzig Jahren regelmäßig geschrieben und von der Gewalt berichtet, der sie ausgesetzt waren. Das kann die afghanische Diaspora jetzt genauso auf noch viel mehr Ebenen machen." (115) Last but not least erfasst die Anthologie auch Isabell Rosenkranz' „Jungsstimme Mädchenhände", prämiert mit dem Exil-Jugend-Literaturpreis. Eine intensive Lektüreerfahrung schaffen das jedem ausgezeichneten Werk nachgestellte Gespräch mit der Autorin oder dem Autor und auch die jeweilige Begründung eines Jurymitglieds im Anhang der Anthologie. Leider wird der Exil-Dramatiker*innenpreis nur in jedem zweiten Jahr vergeben, sodass Leser*innen ausgerechnet in der Jubiläumsausgabe auf einen Theatertext verzichten müssen.

Jana Schulze

Frauke Janzen: Flucht und Vertreibung im literarischen Diskurs der BRD. Rhetoriken der Opferkonstruktion. Göttingen: Vandenhoeck & Ruprecht 2021. 344 S.

Frauke Janzens Dissertation untersucht die Opferrhetoriken im literarischen Flucht- und Vertreibungsdiskurs der BRD seit 1945. In der von Birgit Neumann und Jürgen Reulecke herausgegebenen Reihe „Formen der Erinnerung" erschienen, geht die Studie dem „Modus eines Opferdiskurses" (18) als identitätsstiftendes Moment für die Erinnerungsgemeinschaft nach. Innovationspotenzial liegt in Janzens Vorschlag eines systematischen Konjunkturmodells mit fünf Entwicklungsstadien der bundesdeutschen Flucht- und Vertreibungsliteratur. Das

Konzept berücksichtigt im methodischen Rahmen einer Diskursanalyse sowohl innerliterarische als auch außerliterarische Implikationen, „soziopolitisch[e] und medial konturiert[e] Erinnerungs- und Diskursformationen", sowie deren Wechselbeziehung (305–306).

Die erste Konjunkturphase wird auf den Zeitraum von 1945 bis 1958 datiert. Janzen beschreibt die „Fiktionen als Gegendiskurs zum politischen Leitdiskurs" (306) und die allgemeine Fokussierung auf literarische Erinnerungsarbeit. Ungerechtigkeitstopos, Schicksalstopos, Verlusttopos und Stellvertretertopos avancieren zu den zentralen Topoi eines Viktimisierungsdiskurses. Die zweite Konjunkturphase (1959 bis 1968) markiert Janzen als Übergang. Diese Beobachtung zeigt, dass die Entwicklungsstadien nicht unabhängig voneinander zu verstehen sind. Janzen verweist damit auf die Abkehr von der Erinnerungsliteratur hin zur intensiveren Auseinandersetzung der Fiktionen mit dem Opfer-Täter-Verhältnis in der bundesrepublikanischen Gegenwart. Die dritte Konjunkturphase umfasst den Zeitraum von 1969 bis 1989/90, schließt also mit der Wiedervereinigung als zeithistorischer Zäsur ab, und führt Tendenzen der ersten beiden Entwicklungsstadien zusammen. Als diskursive Topoi arbeitet Janzen den Verführungstopos, Stellvertretertopos, Heimattopos und Schweigetopos heraus. Mit den Jahren 1989/90 bis 2001 reiht sich eine vierte Konjunkturphase an, die als Übergang sowie Zeit der Verschränkungen von Diskursebenen, -akteur*innen und Vergangenheitsbildern bewertet wird. Dabei sind keine spezifischen Topoi, jedoch eine „Fortsetzung der Opfer- und Täterdebatte" auszumachen, die in dem sog. „Neuen Opferdiskurs" mündet (307). Die fünfte und letzte Konjunkturphase beginnt 2002 mit der Publikation von Günter Grass' vielrezipierter Novelle *Im Krebsgang* und ist bis dato nicht abgeschlossen. In diesem Entwicklungsstadium gilt, so Janzen, der „[d]eutsch[e] Opferdiskurs als Leitdiskurs" (307). Die Literatur wird verstärkt als Impulsgeberin für die gesellschaftspolitische Diskurslandschaft evaluiert. Diskursive Topoi der letzten Phase finden sich entsprechend im Tabuisierungstopos, Traumatopos und Topos des „Neuen Opferdiskurses".

Anschaulich skizziert werden die wesentlichen Merkmale der Entwicklungsstadien am Beispiel chronologisch angeordneter Analysen von Ruth Hoffmanns *Die schlesische Barmherzigkeit* (1950; Phase I), Kurt Ihlenfelds *Gregors vergebliche Reise* (1962) und Utta Danellas *Der Maulbeerbaum* (1964; beide Phase II), Arno Surminskis *Jokehnen oder Wie lange fährt man von Ostpreußen nach Deutschland?* (1974; Phase III) sowie *Im Krebsgang* von Günter Grass (2002; Phase V). Die vierte Phase repräsentiert ein Überblick zu inhaltlichen und formalästhetischen Tendenzen der Fiktionen in entsprechendem Zeitraum; auf die Untersuchung eines ausgewählten Erzähltextes wurde aufgrund der Analogien zu den Merkmalen anderer Konjunkturphasen verzichtet. Besonders spannend und ergiebig ist es, dass das Textkorpus sowohl kanonische Literaturen als auch den Trivialroman fasst. Den

Analysekapiteln vorangestellt sind umfassende Korpora themenrelevanter Primärliteratur, die zu weiterführenden Lektüren anregen. Damit widerspricht die Monografie der prominenten These von der bis 2002 anhaltenden Tabuisierung deutscher Opfererfahrungen im kollektiven Gedächtnis der Bundesrepublik und bestätigt jene literaturhistorische Perspektive, die fiktionale Verhandlungen von Flucht und Vertreibung bereits in der frühen Nachkriegsliteratur beobachtet. In der systematischen Auseinandersetzung mit dem „Erinnerungsort ‚Flucht und Vertreibung'" (13) zeigt Janzens Buch seine Stärke, leistet es doch einen grundlegenden Beitrag zur Dokumentation der Verflechtungen des literarischen und außerliterarischen Diskurses in der BRD.

Jana Schulze

Ela Kaçel, Barbara Engelbach (Hg.): Vor Ort: Fotogeschichten zur Migration / In Situ: Photo Stories on Migration. Ausstellungskatalog Museum Ludwig. Köln: Walther und Franz König 2021. 303 S., mit Abb.

Der zweisprachige Katalog basiert auf einer Ausstellung, die das Museum Ludwig in Zusammenarbeit mit dem DOMiD e. V. (Dokumentationszentrum und Museum über die Migration in Deutschland) im Jahr 2021 in Köln zeigte; in jenem Jahr also, in dem sich das Anwerbeabkommen mit der Türkei zum sechzigsten Mal jährte. Diesen Anlass nutzte Gastkuratorin Ela Kaçel gemeinsam mit Barbara Engelbach, um private Fotografien, individuelle Erzählungen und Perspektiven, aber auch künstlerische Arbeiten in den Interessenmittelpunkt zu rücken, die einen teils persönlichen und zugleich multiperspektivischen Blick auf die westdeutsche Einwanderungsgesellschaft der 1970er und 1980er Jahre werfen. Lange Jahre nahm sich die Berichterstattung zur Arbeitsmigration nach Westdeutschland sehr unkritisch aus.

Spannend ist, wie die Architekturhistorikerin Kaçel den nahezu menschenleeren Farbfotografien aus den offiziellen Werbebroschüren für die Arbeiter*innen-Wohnheime der GAG Immobilien AG die fotografische Aneignung der Gebäude in Köln-Buchheim und anderen dezentralen Stadtbezirken durch ihre Bewohner*innen gegenüberstellt. Auf diese Weise ist ein zentrales Problemfeld der historischen Repräsentation von Arbeitsmigration thematisiert und konterkariert: Die zeitgenössische Berichterstattung verkannte vielfach nicht nur die Lebensrealität, Wünsche oder Ziele jener Männer und Frauen, die nach Deutschland gekommenen waren, sondern blendete deren Präsenz sogar aus: Die wie Architekturikonen der Moderne inszenierten Neubauten sind fast menschenleer und bedienen auf diese Weise eine bestimmte gesellschaftliche Erwartungshaltung.[1] Die Arbeitsmigrant*innen sollten ähnlich der sagenhaften Kölner ‚Heinzelmännchen' still und heimlich zur wirtschaftlichen Prosperität beitragen.

Um diesem einseitigen Narrativ zu entgehen, sind in jüngerer Zeit Forschungsbeiträge erschienen, die die Privatfotografie als wichtige Quelle und Korrektiv heranziehen, um das tradierte Bild retrospektiv zu korrigieren und – besonders wichtig – einseitiger, stereotyper Repräsentation im Geschichtsbild nachhaltig zu begegnen.[2] Nicht zuletzt durch das Umfangreiche Archiv, das DOMiD seit den 1990er Jahren angelegt hat, ist dies heute möglich. Diese Entwicklung reflektiert auch die vorliegende Publikation: Vier übergeordnete Kapitel, die neben dem Ankommen und der lokalen Verortung auch auf Empowerment-Strategien wie den politischen Arbeitskampf setzen, gliedern den Katalog. Die Privatfotografien werden künstlerischer Fotografie gegenübergestellt. Darunter sind Aufnahmen von Ulrich Tillmann zu sehen (*Severinsviertel vor der Sanierung 1976*) sowie aus Candida Höfers bekannter Serie *Türken in Deutschland* in der die Künstlerin türkische Geschäftsleute in deren Ladenlokalen porträtierte (*Weidengasse Köln 1975–1978*) – allerdings ohne diese namentlich zu nennen. Der Katalog zeigt auf, wie in den späten 1970er und frühen 1980er Jahren vor allem Studierende und angehende Künstler*innen sich in Kollektiven zusammenschlossen, um alternative fotografische Perspektiven auf die lokale Arbeiter*innenklasse im Medium der Fotoreportage zu etablieren. So etwa Guenay Ulutuncoks Serie für das Stadtmagazin *Schauplatz* über den Kölner Stadtteil am Eigelstein – in dem auch Höfers Aufnahmen entstanden sind. Die fotografischen Serien sind in Zeiten der zunehmenden Gentrifizierung ein wichtiges zeithistorisches Dokument, das die Transformation und das Verschwinden der Charakteristika ehemaliger Kölner Arbeiter*innen-Viertel in Erinnerung ruft. Der Katalog zeichnet sich insgesamt durch einen erfrischenden Blick auf die jüngere Geschichte einer durch Migration geprägten Stadt und deren sympathische Einwohner*innen aus.

Melanie Ulz

---

[1] Vgl. Lisa Katharina Weimar: Bundesdeutsche Presseberichterstattung um Flucht und Asyl. Selbstverständnis und visuelle Inszenierung von den späten 1950er bis zu den frühen 1990er Jahren. Wiesbaden 2021.
[2] Claudia Valeska Czycholl: Bilder des Fremden: Visuelle Fremd- und Selbstkonstruktionen von Migrant*innen in der BRD (1960–1982). Bielefeld 2020.

Andrea Nelson: The New Woman Behind the Camera. Washington, D. C.: National Gallery of Art 2020. 288 S.
LVR-LandesMuseum Bonn, Deutsche Fotothek, Stiftung F. C. Gundlach (Hg.): Fotografie in der Weimarer Republik. München: Hirmer 2019. 264 S.
Kristina Lemke (Hg.): Neu Sehen. Die Fotografie der 20er und 30er Jahre. Bielefeld: Kerber, 2021. 256 S.
Carla Mitchell, John March: Another Eye. Women refugee photographers in Britain after 1933. London: Four Corners Gallery 2020. 42 S.
Barbara Warnock, John March: Berlin-London. The Lost Photographs of Gerty Simon. Bristol: Stephen Morris 2019. 88 S.
Eckhardt Köhn, Susanne Wartenberg (Hg.): Die Fotografinnen Nini und Carry Hess. München: Hirmer 2021. 256 S.
Peter Schreiner, Kurt Kaindl, Brigitte Blüml-Kaindl (Hg.): Wolf Suschitzky-Work. Salzburg: Fotohof edition 2020. 128 S.
Raphael Gross, Ulrike Kuschel (Hg. für das Deutsche Historische Museum): Report form Exile. Fotografien von Fred Stein. Berlin: Stiftung Deutsches Historisches Museum 2020. 120 S.
Astrid Ley: „Im Reich der Nummern, wo die Männer keine Namen haben" Die Novemberpogrom-Gefangenen des KZ Sachsenhausen – Haft und Exil. Berlin: Metropol-Verlag 2020. 184 S.
Bildungswerk Stanisław Hantz, Forschungsstelle Ludwigsburg der Universität Stuttgart (Hg.): Fotos aus Sobibor. Die Niemann-Sammlung zu Holocaust und Nationalsozialismus. Berlin: Metropol 2020. 382 S.
Martin Schoeller: Survivors. Faces of Life after the Holocaust. Göttingen: Steidl 2020. 168 S.

Das 1931 entstandene Selbstporträt mit Spiegeln von Ilse Bing zählt zu den ikonischen Werken der Fotogeschichte und ihrer Fotografinnen. Die 1899 in Frankfurt am Main geborene und 1998 in New York verstorbene Bing war schon 1930 nach Paris übergesiedelt. 1932 und 1937 hatte sie ihre Fotografien in Ausstellungen in New York zeigen können. Noch in Paris lebend, wurde sie nach dem Einmarsch deutscher Truppen in Frankreich im berüchtigten Lager Gurs interniert; erst 1941 gelang ihr gemeinsam mit ihrem Mann die Emigration in die USA.

Es waren Ilse Bings Fotografien, die Andrea Nelson, stellvertretende Kuratorin der Abteilung Fotografie der National Gallery of Art in Washington, D. C., zu der nicht nur in den USA vielbeachteten Ausstellung *The New Woman behind the Camera* (2021/22) inspirierten. Diese Schau, die die Jahre von 1920 bis 1950 umfasste, bot die Möglichkeit, Werke von 120 Fotografinnen aus mehr als 20 Ländern zu betrachten. Unter dem Oberbegriff der „Neuen Frau" würdigt das vorzügliche Katalogbuch in zehn Sektionen (z. B. das Selbstporträt, das Atelier, die Stadt, Mode und Werbung, sozialdokumentarische Fotografie) Werke allzuoft übersehener und vergessener Fotografinnen in einer männerdominierten Fotowelt. Die Ausstellung präsentierte neben den Fotografien von Ilse Bing Arbeiten von Berenice Abbott, Ellen Auerbach, Margaret Bourke-White, Madama d'Ora, Lotte Jacobi, Germaine Krull, Dorothea Lange, Dora Maar, Lee Miller, Lucia Moholy, Grete Stern, Gerda Taro. Dass Frauen einen entscheidenden Anteil an der Entwicklung der Fotografie hatten, zeitigten nicht allein die Sujets und die Perspektivwahl der ausgewählten Fotografien. Zahlreiche Selbstporträts mit Kamera bezeugen die selbstbewusste Haltung der Fotografinnen. Für die Exilforschung ist von besonderem Interesse, dass fast die Hälfte der Fotografinnen aus Deutschland und Österreich-Ungarn stammten und jüdischer Herkunft waren. Ein Faktum, das sich aus der Geschichte zweier Weltkriege, der Vertreibung, Verfolgung und Emigration ergibt und zugleich darauf verweist, dass die Fotografie eine Chance bot, sich aus bevormundenden und einengenden Verhältnissen zu befreien, einen eigenständigen Beruf zu wählen, mithin finanziell unabhängig zu sein. Der Katalog verdient umfassende Aufmerksamkeit.

Eine strahlend lachende Frau, mit schwerer Kamera aus einer Dachluke schauend, prägt das Cover des Buches *Fotografie in der Weimarer Republik*. Der Bildnachweis weist sie als eine „Pressefotografin bei der Arbeit" aus. Der Katalog erschien anlässlich der gleichnamigen Ausstellung im LVR-Landesmuseum, Bonn (2019/20). Der Katalog versammelt Aufnahmen u. a. von Martin Munkácsi, Karl Blossfeldt, Hugo Erfurth, Albert Renger-Patzsch. Obgleich sich der Katalog den Zeitrahmen 1918–1933 gibt, weist eine Aufnahme von Erich Salomon von 1930 vorausschauend in die Zukunft: Trotz eines vom preußischen Innenminister erlassenen Uniformverbots zeigt sie Abgeordnete der NSDAP, die im Oktober 1930 uniformiert in den Plenarsaal des Reichstages marschierten. Auch wenn der ansprechend gestaltete Katalog mit dem Deutschen Fotobuchpreis 2019/20 ausgezeichnet wurde, darf das Fehlen eines Namensregisters beklagt werden. Zudem ist vor allem der Verzicht auf wichtige biografische Informationen der vorgestellten Fotografinnen und Fotografen bedauerlich. Sehr viele von ihnen mussten nach der Machtübertragung an die Nationalsozialisten emigrieren (Suse Byk, Alfred Eisenstaedt, Carry Hess, Lotte Jacobi, Madame d'Ora, Elli Marcus, Martin Munkácsi, Felix H. Man), andere wurden in den Vernichtungslagern Auschwitz und Sobibor ermordet (Nini Hess, Erich Salomon, Yva).

Gänzlich anderer Qualität erwiesen sich Ausstellung und Katalog *Neu Sehen. Die Fotografie der 20er und 30er Jahre* im Frankfurter Städel Museum (2021). Kristina Lemke, Leiterin des Sammlungsbereichs Fotografie des Museums, erforschte den ca. 5.000 Fotografien umfassenden Bestand des Hauses und stellte an- wie aufregende Aufnahmen von 58 Fotografinnen und Fotografen zusammen. Lemke zeigt den Gebrauchskontext der Fotografien auf, die nicht allein aus ästhetischen, sondern meist aus kommerziellen Gründen entstanden und in der illustrierten Presse, in Magazinen, in Fotobüchern wie in der Werbung Verwendung fanden. Der Katalog beleuchtet die Etablierung der Fotografie in Handwerker- und Kunstgewerbeschulen, die fotografische Illustration in der Presse, die Sach- und Bildnisfotografie, die Fotografie in der Werbung, Industrie, schließlich in der Propaganda. Verwiesen wird auf den innovativen Charakter der Fotografie in den 20er und 30er Jahren des letzten Jahrhunderts, auf deren veränderte Bildsprache, Bildausschnitte und Perspektiven. Dass das Jahr 1933 „keinen totalen Bruch in der fotogeschichtlichen Entwicklung" (Molderings, 1988) darstellte, vertritt auch Kristina Lemke. Sie weist darauf hin, dass Tendenzen der neuen Fotografie, wie in der Werbe- und Industriefotografie, auch nach der politischen Zäsur eine Fortsetzung fanden oder auch für propagandistische Zwecke genutzt wurden. Die vertiefenden, auch in Englisch gedruckten Essays von Anne Vitten, Birgit Schillak-Hammers, Wolfgang Brückle und anderen begleiten Illustrationen in vorzüglicher Druckqualität, die den Blick auf Kontexte weiten. Den Gebrauchswert des Buches verstärken Kurzbiografien, die benennen, wer Deutschland nach 1933 hat verlassen müssen, wer sich mit den politischen Verhältnissen arrangierte (z. B. Albert Renger-Patzsch, Paul Wolff) oder Karrieren fortsetzte, indem sie, wie Walter Hege, Heinrich Hoffmann oder Erna Lendvai-Dircksen zu engagierten Propagandistinnen und Propagandisten des Nationalsozialismus wurden.

Dass nicht nur die USA, sondern auch England Zufluchtsort von Fotografinnen gewesen ist, darauf hatte John March schon 2017 in seinem Beitrag „Women Exile Photographers" im *Yearbook of the Research Centre for German and Austrian Exile Studies* hingewiesen. Er und Carla Mitchell verfassten Texte zur illustrierten Broschüre, die 2020 anlässlich der Ausstellung *Another Eye: Women Refugee Photographers in Britain after 1933*" in der Four Corners Gallery in London erschien. Dass wesentlich mehr Fotografinnen als allgemein bekannt (Lucia Moholy, Edith Tudor-Hart) die visuelle Kultur Englands beeinflussten und veränderten, unterstreicht auch die Broschüre auf eindrucksvolle Weise. Sie rekonstruiert die Emigration von 21 Fotografinnen, die wegen ihrer jüdischen Herkunft aus Deutschland und Österreich fliehen mussten. Sie beleuchtet ihren schwierigen Neustart in England (als Hausmädchen oder Putzfrauen), die erzwungene Unterbrechung ihrer Ausbildung, die (zumeist endgültige) Trennung von ihren Angehörigen, aber auch die Gründung eigener Fotostudios, wie jenes von Inge Ader und Anneli Bunyard. Zugleich wird hervorgehoben, dass Fotografinnen wie Elisabeth Chat, Gerti Deutsch und Edith Tudor-Hart die Bildsprache von Zeitschriften wie *Weekly Illustrated*, *Picture Post* und *Lilliput* mit ihren engagierten sozialdokumentarischen Fotoreportagen beeinflussten. Ebenso wurden die Beiträge von Frauen in Mode- und Fachzeitschriften sowie Buchpublikationen und eigenen Veröffentlichungen gewürdigt, so *A Hundred Years of Photography, 1839–1939* von Lucia Moholy und *All About Making Contact Prints from your Negatives* von Betti Mautner. Die Ausstellungsbroschüre zu den vergessenen Fotografinnen kann nicht genügend gelobt werden, verdient doch jede einzelne von ihnen auch künftige Würdigung.

Einer von ihnen, der 1887 in Bremen geborenen und 1970 in London verstorbenen Gerty (Gertrud) Simon, ist dies widerfahren. Ein wahrer Glücksfall, denn im Nachlass ihres Sohnes, den die Londoner Wiener Holocaust Library 2016 erhielt, fand sich das fast vollständig erhaltene Archiv der Fotografin. Nicht nur 350 großformatige Silbergelatineabzüge, sondern auch Einladungen zu Ausstellungen in Berlin und London, Gästebücher, Zeitungsrezensionen. Der Nachlass erlaubte erstmals Leben und Werk dieser einst renommierten, in Vergessenheit geratenen Fotografin zu rekonstruieren, denn in einschlägigen Nachschlagewerken und Lexika finden sich entweder fehlerhafte oder gar keine Eintragungen! Der gemeinsam von Barbara Warnock und John March verantwortete Katalog *Berlin/London: The Lost Photographs of Gerty Simon* zur gleichnamigen Ausstellung (2019) zeichnet sowohl deren Berliner Jahre von 1919 bis 1933 sowie die Zeit seit ihrer Emigration 1933 bis zu ihrem Tod nach. Simon, die seit Anfang der 20er Jahre ein eigenes Studio betrieb, hatte ihr Handwerk wohl auf autodidaktischem Wege erlernt und sich schnell einen Namen als Porträtfotografin gemacht, von der sich berühmte Männer und Frauen aus Kultur und Politik ablichten ließen. Anlässlich einer 1928 gezeigten Ausstellung ihrer Fotografien bezeichnete Max Osborn, Kulturkritiker der Vossischen Zeitung, Simon als eine „ausgezeichnete Berliner ‚Lichtbildkünstlerin'". Ein Jahr später nahm Simon an der Wanderausstellung *Photographie der Gegenwart* teil, an der internationale Fotografinnen wie Berenice Abbott, Florence Henri und Germaine Krull teilnahmen. Simons Fotografien wurden mittlerweile auch von der illustrierten Presse genutzt und erschienen etwa im Uhu oder *Der Querschnitt*. Ihre ebenfalls 1929 in Berlin gezeigte Einzelausstellung *Geistiges Berlin – Geistiges Paris* verdient besondere Erwähnung, präsentierte sie hier doch deutsche wie französische Größen aus Kultur und Politik wie Albert Einstein, Käthe Kollwitz, Lotte Lenya, die französischen Premierminister Aristide Briand, Paul Painlevé und André Tardieu.

Gerty Simon zählte zu den frühen jüdischen Emigranten aus Deutschland. Sie floh im Oktober 1933, zur gleichen Zeit auch ihr Sohn, ihr Mann folgte erst 1938. Es gelang ihr, relativ schnell Fuß zu fassen. Anfang 1934 konnte sie ihr eigenes Atelier im Londoner Stadtteil Chelsea eröffnen. Bereits im November 1934 eröffnete sie ihre erste Ausstellung mit dem Titel *London Personalities* mit Porträts bekannter Politiker, Künstler und Schauspieler. Die Presse lobte sie als „a brilliant photographer". Auch wenn 1935 eine weitere von dem ehemaligen Berliner Kunsthändler Alfred Flechtheim kuratierte Ausstellung folgen sollte, scheint Gerty Simon danach kaum mehr fotografisch gearbeitet zu haben. Die 50 Fotografien des Katalogbuches sind für die Exilforschung von besonderem Interesse, zeigen sie doch u. a. Aufnahmen von Johannes Ilmari Auerbach, Lion Feuchtwanger,

Alfred Flechtheim, Arthur Holitscher, Alfred Kerr, seiner sechsjährigen Tochter Judith, Käthe Kollwitz, Lotte Lenya, Max Liebermann, Walter Mehring. Das anmutige Porträt der Bildhauerin Renée Sintenis ziert das Cover. (Wer den englischsprachigen Katalog nicht kaufen mag, sollte sich das informative Booklet zur Ausstellung in der Liebermann Villa am Wannsee besorgen, die dort 2021 eröffnete.)

Eine wahre Wiederentdeckung erfuhren Nini und Carry Hess. Ihnen galt eine Ausstellung von März bis Mai 2022 im Museum Giersch der Goethe-Universität, Frankfurt am Main. Aus gutem Grund: war die Mainmetropole doch der Geburtsort der beiden Schwestern Stefanie „Nini" (1884–1943) und Cornelia „Carry" Hess (1889–1957). Ausstellungs- und Katalogkonzeption stammen von dem Literaturwissenschaftler Eckhardt Köhn und der Kunsthistorikerin Susanne Wartenberg, Kuratorin des Museums. Auch wenn, wie es im Nachruf des New Yorker *Aufbau* auf Carry Hess hieß, ihr Frankfurter Atelier „Weltruf" besaß, sind beide Fotografinnen in Vergessenheit geraten. Umfangreiche Archivrecherchen, Ankäufe von Büchern und Zeitschriften waren nötig, um ihre Biografien und ihre Arbeit zu präsentieren. Ihre 1913 gegründete „Werkstätte für die Lichtbildkunst" in Frankfurts Börsenstraße wurde schnell zu einer bekannten Anlaufstelle für Wissenschaftler und Künstler, nicht nur des Frankfurter Kulturlebens. 1919 erschienen von Carry Hess aufgenommene „Männerbildnisse" in der Zeitschrift *Deutsche Kunst und Dekoration*, zu ihnen zählten Albert Bassermann, Kasimir Edschmid, Arthur Nikisch und Fritz von Unruh. Beide Schwestern beteiligten sich 1926 an der *Deutschen Photographischen Ausstellung* in Frankfurt am Main, der ersten nationalen Foto-Ausstellung nach dem Ersten Weltkrieg. In ihrer Heimatstadt waren Nini und Carry Hess bestens vernetzt, nicht nur in der Musik- wie Theaterszene, sondern auch mit entscheidenden Personen der Lokalpresse. Keineswegs unterschlagen sei der im *Uhu* vom Mai 1933 veröffentlichte Artikel „Männer vor der Kamera", weil in ihm neben dem Schwesternpaar weitere Fotografinnen jüdischer Herkunft wie Elli Marcus, Frieda Riess, Gerty Simon (!) und Yva zu Wort kamen.

Carry Hess emigrierte schon 1933 nach Frankreich. Ihre Bemühungen, in Paris, ihre Arbeit als Fotografin fortzusetzen und eine Existenz auch für ihre Schwester zu schaffen, blieben erfolglos. Nach dem Einmarsch deutscher Truppen wurde sie wie viele andere deutsche Emigranten im Lager Gurs interniert. Über das Kriegsende hinaus lebte sie unter schwierigsten Bedingungen in Südfrankreich, seit 1949 ohne festes Einkommen und gesundheitlich schwer beeinträchtigt wieder in einer winzigen Wohnung in Paris. Erst 1955 führten ihre Wiedergutmachungsanträge und Widerspruchsverfahren zur Bewilligung einer kleinen Rente sowie einer einmaligen Ausgleichszahlung. Zu spät, um ihr ein sorgenfreies Leben zu ermöglichen. Carry Hess starb im August 1957. Ihre Schwester Nini, die bei ihrer Mutter in Frankfurt geblieben war, hatte sich vergeblich um Auswanderung bemüht. Sie musste erleben, dass SA-Männer während des Novemberpogroms das Atelier samt Bild- und Negativarchiv zerstörten. Ihre 83-jährige Mutter wurde im September 1942 nach Theresienstadt verschleppt; im Theresienstädter Gedenkbuch wird ihr Tod für den 6.1.1943 angegeben. Zu ihrer Tochter Nini fehlt ab März 1942 jede Spur, es ist zu vermuten, dass auch sie deportiert und ermordet wurde. Das Katalogbuch wartet trotz der Zerstörung der beruflichen Existenzen von Nini und Carry Hess mit einer erstaunlichen Fülle von Fotografien, Druckbelegen aus Büchern und Zeitschriften, aber auch Schreiben an Behördenvertreter, Dokumenten aus Akten des Frankfurter Oberfinanzpräsidenten auf. Damit wird den beiden Foto-Künstlerinnen ein bleibendes Gesicht verliehen, selbst wenn von ihnen selbst bislang nur zwei Abbildungen vorliegen.

Doch nicht nur Fotografinnen gelten beachtenswerte Ausstellungen und Veröffentlichungen. 2018 erhielt das „FOTOHOF archiv" in Salzburg den Nachlass des im Alter von 104 Jahren in London verstorbenen Wolf Suschitzky. Dank eines 70 Jahre währenden Berufslebens umfasst sein wohlgeordneter Nachlass 50 großformatige Alben, chronologisch sortierte Kontaktbücher mit über 30.000 Kontaktprints, dazu gesellen sich mehr als 7.000 von Suschitzky selbst vergrößerte Einzelbilder. Ein außergewöhnlicher Umfang eines fotografischen Werks, aus dem die Mitarbeiter des Archivs nun eine erste Auswahl mit Werkgruppen zu Arbeits- und Arbeitsverhältnissen in Europa und Indien zusammengestellt haben: Fotoserien aus dem englischen Exil (z. B. *Londoner*, 1933–1937, *Wartime*, 1939–1945, *Mining*, 1940–1953), Europa (*Sardine Fishers*, Île d'Yeu, 1951,) und Indien (*The Peaceful Revolution*, 1960). Es sind nicht nur die brillanten schwarz-weiß Bilder, die an diesem Fotobuch faszinieren, sondern auch die reproduzierten Doppelseiten aus den Kontaktbüchern, die einen vertiefenden Einblick in das fotografische Werk Suschitzkys erlauben. Auf weitere Veröffentlichungen dieses hervorragenden Fotoarchivs in Salzburg darf mit Spannung gewartet werden.

Auch der aus Dresden stammende und in New York verstorbene Fred Stein sollte kein Unbekannter mehr sein. Der von Raphael Gross und Ulrike Kuschel für das Deutsche Historische Museum herausgegebene Katalog *Report from Exile. Fotografien von Fred Stein* präsentiert diverse deutschsprachige Schriftsteller und Journalisten, Philosophen und Politiker, ein beeindruckendes ABC der Emigration von Hannah Arendt bis zu Paul Westheim. Wer diese Ausstellung nicht gesehen haben sollte, dem sei dringend der von Fred Steins Sohn Peter realisierte Film *Out of Exile. The photography of Fred Stein* empfohlen, der schon 2021 auf Filmfestivals in Prag, Istanbul und Argenteuil als bester Dokumentarfilm prämiert wurde.

Die Novemberpogrome 1938 stellten den vorläufigen Höhepunkt antijüdischer Maßnahmen dar, bevor nach der vollständigen Entrechtung mit den Deportationen in Gettos und Vernichtungslagern die jüdische Bevölkerung ausgelöscht werden sollte. Längst ist Gemeingut, dass sich in den Tagen und Nächten des Novembers 1938 kein „spontaner Volkszorn" entlud, sondern in organisierter Form jüdische

Geschäfte demoliert und geplündert, Synagogen zerstört, Juden ermordet und zu Tausenden in Konzentrationslager verschleppt und gefangen gehalten wurden. Den mehr als 6.300 zumeist aus Berlin und Hamburg stammenden jüdischen Männern, die in den Tagen nach den Pogromen inhaftiert und ins KZ Sachsenhausen „überstellt" worden waren, widmete sich Astrid Ley vom Museum Sachsenhausen. In der von ihr kuratierten Ausstellung *Im Reich der Nummern, wo die Männer keine Namen haben* dokumentierte sie die Haftbedingungen, Demütigungen und Misshandlungen der Inhaftierten, benennt aber auch Beispiele geglückter Emigration. Zwölf solcher Biografien zeigte die Ausstellung, neun wurden in dem Begleitbuch gleichen Titels abgedruckt. Glücksfälle, denn mehr als 1.800 Männern gelang es nicht, in sichere Exilländer zu fliehen, sie wurden nach ihrer Haftentlassung während der deutschen Judenverfolgung ermordet. Der Titel stammt aus den schon 1941 geschriebenen Erinnerungen des aus Berlin stammenden Gerhard Nassau. Er bezeichnete das Konzentrationslager als „Country of Numbers", ein „Reich der Nummern, wo die Zeit still steht und die Männer keine Namen haben." Dank intensiver Recherchen und Begegnungen mit Angehörigen der ehemaligen Häftlinge gelingt dem Katalog eine Zusammenstellung unterschiedlichster Familienbiografien, die Rekonstruktion von Fluchtzielen und Fluchtschicksalen in die anglo-amerikanischen Staaten nach Lateinamerika, Südostasien und Australien. Astrid Leys Sorgfalt und Einfühlungsvermögen schlägt sich in der jeweiligen Illustration der Biografien nieder, in der historische (Familien-) Fotos mit Dokumenten der Verfolgung wie des Exils miteinander verknüpft werden. Neben der Autorin gebührt auch dem Berliner Metropol Verlag Lob, denn durch den exzellenten Druck wurde er der Bedeutung der wertvollen Erinnerungsstücke, insbesondere den informativen papierenen Zeugnissen, in jeder Weise gerecht.

Ebenfalls im Metropol Verlag erschien im gleichen Jahr ein ebenso sorgfältig editiertes und bedeutendes Buch, das nicht die Opfer der deutschen Judenverfolgung ins Auge fasst, sondern die Täter. *Fotos aus Sobibor*, herausgegeben vom Bildungswerk Stanisław Hantz e. V. und der Forschungsstelle Ludwigsburg der Universität Stuttgart, zeigt nicht die Schrecken des Vernichtungslagers, in dem zwischen Mai 1942 und Oktober 1943 etwa 185.000 jüdische Männer, Frauen und Kinder ermordet wurden. Der Untertitel des Buches *Die Niemann-Sammlung zu Holocaust und Nationalsozialismus* verweist auf die Herkunft der Fotos aus dem Nachlass des ehemaligen SS-Untersturmführers Johann Niemann (1913–1943). Niemann war seit Sommer 1942 stellvertretender Lagerkommandant von Sobibor und wurde beim Aufstand der Häftlinge im Oktober 1943 getötet. Dank der Recherchen eines Regionalforschers und der Bereitschaft eines Enkels von Niemann gelangten dessen Fotos und Dokumente 2015 in den Besitz des Bildungswerkes Stanisław Hantz. Die Sammlung umfasst 361 Fotografien sowie zwei Fotoalben, die Niemanns SS-Karriere in den Konzentrationslagern Esterwegen, Sachsenhausen sowie der NS-Ordensburg Vogelsang zeigen. 80 Fotos dokumentieren eine „Belohnungsreise" Niemanns mit weiteren SS-Angehörigen und sogenannten Trawniki, aus der Sowjetunion stammenden Helfern der SS, nach Berlin. Auch wenn die Fotos aus Sobibor erste visuelle Zeugnisse der bislang nicht in Fotografien überlieferten Lagerstruktur darstellen, zeigen sie nicht den von Gewalt und Willkür bestimmten Alltag im Lager, den Massenmord, die Gaskammern. Die Bilder präsentierten die sich fröhlich in Szene setzenden SS-Männer, entweder hoch zu Ross oder mit ihren Schäferhunden, beim Musizieren oder geselligem Beisammensein – vor oder nach ihrer „Arbeit", dem Massenmord. Die Fotografien erlauben eine Identifizierung vieler Männer, ihre Kurzbiografien stehen am Ende dieser bedrückenden Veröffentlichung. Dass sich SS-Männer am Hab und Gut der Ermordeten bereicherten, belegen in dieser Veröffentlichung dokumentierte, hohe Bargeldzahlungen auf dem Konto der Ehefrau Niemanns, die sie zu einer Mitwisserin und Profiteurin der Taten ihres Mannes machten. Die akribische Aufarbeitung der Niemann-Sammlung ist vorbildlich, alle Autorinnen und Autoren des Bandes verzichten auf jede akademische Verstiegenheit, recherchieren und schreiben fundiert und schnörkellos, immer mit Empathie für die Opfer. Spürbar nicht zuletzt in den Begegnungen und Gesprächen mit Semion Rozenfeld (1922–2019), einem der wenigen Überlebenden von Sobibor. Seine im Buch wiedergegebenen Erinnerungen setzen einen eindrucksvollen Kontrapunkt zu den Selbstinszenierungen vermeintlich „ganz normaler Männer".

Überlebende deutscher Judenverfolgung sind Thema des Buches *Survivors. Faces of Life after the Holocaust* des gebürtigen Münchners, in New York lebenden Fotografen Martin Schoeller. In seinem Fotoband, entstanden in enger Zusammenarbeit mit der Gedenkstätte Yad Vashem und mit Blick auf den 75. Jahrestag der Befreiung von Auschwitz am 27. Januar 2020, porträtiert Schoeller 75 Holocaust-Überlebende in Israel. Schoellers Buch erschien parallel zur Ausstellung seiner Fotoporträts in der Zeche Zollverein Essen vom Januar bis September 2020. Im Vergleich zu ähnlichen Büchern wie *Mich hat Auschwitz nie verlassen* (2015) von Susanne Beyer und Martin Doerry, *KZ überlebt. Porträts* von Stefan Hanke (2016) und *Unfassbare Wunder* von Alexandra Föderl-Schmidt und Konrad Rufus Müller (2019) irritieren und frappieren Schoellers Fotos in ihrer Unmittelbarkeit, ihrer Nähe zu den Porträtierten. Jede dieser Nahaufnahmen wird von kurzen biografischen Angaben und einem prägnanten Zitat der Porträtierten begleitet. In Gedenkfeiern und -reden wird der unweigerliche Verlust der letzten Zeitzeugen beklagt. In Schoellers Porträts sieht man ihnen in die Augen, seine Fotografien zwingen zum Innehalten und direkten Blickkontakt.

Wilfried Weinke

Charmian Brinson, Richard Dove: Working for the War Effort, German-Speaking Refugees in British Propaganda during the Second World War. London, Chicago. Valentine Mitchell 2021. 201 S.

Seit der Gründung des Research Centre for German and Austrian Exile Studies durch Charmian Brinson, Richard Dove u. a. 1995 an der University of London ist aus seinem Umkreis eine Fülle höchst verdienstvoller Untersuchungen zum deutschen und österreichischen Exil in Großbritannien hervorgegangen. Das vorliegende Buch befasst sich mit dem bedeutenden Beitrag der deutschsprachigen Flüchtlinge zur britischen Kriegspropaganda. Diese Lücke füllen Brinson und Dove mit ihrer detaillierten, kenntnisreichen Studie, wobei sie z. T. auf erst seit kurzem zugängliches Archivmaterial zurückgreifen können.

Bis zum September 1939 hatten etwa 80.000 Flüchtlinge Zuflucht in Großbritannien gefunden. Mit Ausbruch des Kriegs werden sie zu unerwünschten ‚Enemy Aliens' erklärt, deren Masseninternierung im Mai 1940 von der Regierung beschlossen wird. Umso erstaunlicher, dass in den folgenden Jahren ein großer Teil der britischen Kriegspropaganda von einer beträchtlichen Zahl dieser ‚feindlichen Ausländer' bestritten wird. Diesen Aktivitäten gehen die Autor*innen ausführlicher nach. Die deutschsprachigen Flüchtlinge arbeiten in erster Linie für das im September 1939 gegründete Ministry of Information (MoI), das die Moral im Lande aufrecht erhalten und im Ausland Propaganda für die Briten und gegen den Feind verbreiten sollte: durch Druckerzeugnisse, Radioprogramme, Filme, Poster, Ausstellungen und Vortragsreihen. Auf dem Höhepunkt seiner Tätigkeit verfügt das MoI über 2.900 Mitarbeiter im Land selbst sowie weitere 3.600 im Ausland. Eine Reihe von Flüchtlingen wird von der BBC engagiert sowie von den Geheimdienstorganisationen Electra House, der Special Operation Executive und der Political Warfare Executive, wobei – wie Brinson und Dove betonen – die britischen Sicherheitsdienste äußerst darauf bedacht sind, keine Kommunist*innen einzustellen.

Unter den deutschen und österreichischen Wissenschaftlern, Politikern, Schriftstellern, Journalisten, Künstler*innen und Schauspieler*innen, die hoch motiviert für den britischen Kriegseinsatz in unterschiedlichen Gremien und Medien arbeiten, sind viele bekannte, teilweise aber auch heute vergessene Namen, an die die Autor*innen zu Recht erinnern. Der in Großbritannien in den Kriegsjahren einflussreichste Flüchtling ist der ehemalige Berliner Wirtschaftswissenschaftler Fritz Demuth, der als Londoner Direktor des Emergency Committee for German Scholars in Exile weit vernetzt ist und das MoI sowie das Foreign Office in wichtigen kontinentalen Wirtschafts- und Politikfragen berät.

Im Buch wird ein breites Spektrum an Informationen geliefert. So gelingt es, den Anteil Emigrierter an Zeitungs-, Film- und Rundfunkpropaganda gegen den Feind aufzuzeigen: Die Journalisten Sebastian Haffner, Hans Lothar, Peter de

Mendelssohn geben das vierseitige, eher konservative Blatt *Die Zeitung* heraus, das sich in einer Mischung aus Antinazi- und probritischer Propaganda an deutschsprachige Leser*innen im In-und Ausland richtet. Die Antinazibotschaft wird gleichfalls durch glänzende politische Karikaturen von Walter Trier, Victor Weisz u. a. in der *Zeitung*, in Prospekten und landesweiten Ausstellungen verbreitet. Ausgezeichnete Designer wie F. H.K. Henrion und Hans Schleger motivieren mit großen farbigen Postern die britische Bevölkerung für den Kriegseinsatz. Das MoI unterstützt den Druck und die Verbreitung von Anti-Hitler-Büchern wie den Bestseller *A Mother Fights Hitler* von Irmgard Litten, in dem sie von ihrem Kampf gegen Hitler berichtet. Zum wichtigsten Medium der Inlandspropaganda wird das Kino, das in den 1940er Jahren regelmäßig einmal in der Woche von etwa 30 Millionen Zuschauer*innen aufgesucht wird. Exilierte Filmregisseure und Kameramänner wirken bei der Produktion der 80 Dokumentarfilme der Crown Film Unit des MoI mit, während britische Unterhaltungsfilme deutschen Schauspielern die zwiespältige Chance boten, in den Rollen von Nazioffizieren zu glänzen. Wichtigstes Instrument der gegen den Feind gerichteten Propaganda werden die berühmten seit 1939 ausgestrahlten BBC-Sendungen *London Calling* des German Service, die von 10 bis 15 Millionen Deutschen heimlich gehört wurden.

Unverzichtbar ist die Mitwirkung deutscher Exilanten bei der Verbreitung der sogenannten „schwarzen", verdeckten Propaganda durch Radiostationen, die zum Widerstand gegen die Nazis motivieren sollen.

Nicht zuletzt spielen viele Flüchtlinge eine ganz wesentliche Rolle bei der Umerziehung ihrer Landsleute, den deutschen Kriegsgefangenen, von denen sich Ende 1944 über 400.000 in etwa 1.500 britischen Lagern befinden. Eine oft schwierige Aufgabe, die durch Filmvorführungen, Zeitungen wie die offizielle, von Bernhard Reichenbach herausgegebene *Wochenpost*, Kursangebote sowie regelmäßige eindringliche Vorträge vorangetrieben wurde.

Ein Teil der für die britische Propaganda tätigen Deutschen und Österreicher kehrt nach 1945 in seine Heimatländer zurück und erfüllt wichtige Aufgaben beim Aufbau des Rundfunk- und Pressewesens. Von den in England verbleibenden Exilanten leisten viele als Auslandskorrespondenten einen nicht zu unterschätzenden Beitrag zur Information der deutschen Nachkriegsbevölkerung.

Die faktenreiche Studie stellt eine ausführliche Bilanz der vielfältigen Propaganda-Aktivitäten und -Formen der deutschsprachigen Emigration dar. Sie ist eine unverzichtbare Quelle für weitere Forschungen zum Exil in Großbritannien. Es ist das letzte Buch von Richard Dove, Emeritus Professor an der University of Greenwich, der nach längerer Krankheit am 17. Januar 2022 verstarb.

Anke Winckler

W. B. van der Grijn-Santen: Kurt Lehmann oder auch Konrad Merz. Die Korrespondenz. Zweite erweiterte und verbesserte Auflage. Würzburg: Königshausen & Neumann 2020. 414 S.

Bereits 2014 hat W. B. van der Grijn-Santen die Korrespondenz des Schriftstellers Konrad Lenz herausgegeben, die er jetzt um neu entdeckte Archivmaterialien, aber auch neue Erkenntnisse ergänzt hat. Es ist ein Werk von beträchtlichem Umfang, das neben den Briefen auch ausführliche biografische Informationen enthält, sodass es auch für Leser*innen ohne Vorkenntnisse geeignet ist.

Das Buch hat eine klare Struktur. Nach einigen Vorbemerkungen erhält man einen kurzen biografischen Überblick, danach ist der Schriftwechsel thematisch und personenbezogen in 15 Kapitel eingeteilt. Sie stellen die Korrespondenz mit Verwandten und Freunden dar, die viel Aufschluss über das Leben Kurt Lehmanns im niederländischen Exil gibt. Darüber hinaus geben sie einen Eindruck von der Korrespondenz mit anderen Autoren wie Albert Vigoleis Thelen, Hendrik Marsman und dem niederländischen Literaturkritiker Menno ter Braak.

Kurt Lehmann flieht als junger Mann 1934 von Berlin in die Niederlande, wo er sich durch Unterstützung des jüdischen Hilfskomitees über Wasser halten kann. Er kommt zunächst bei einem Bauern in einem Dorf in der Nähe von Amsterdam unter, wo er gegen Kost und Logis auf dem Hof arbeitet – dort wird er auch während der deutschen Besatzung ein sicheres Versteck finden. Fast parallel zu den Ereignissen in seinem eigenen Leben schreibt er einen Roman über seine Flucht. Er nimmt Kontakt zu Menno ter Braak auf, der sich stark für die deutsche Emigrantenliteratur einsetzt. Dieser ist von den Texten Lehmanns begeistert und sorgt dafür, dass das Buch 1936 unter dem Titel *Ein Mensch fällt aus Deutschland* beim Querido-Verlag erscheint. Zu diesem Zeitpunkt entsteht auch das Pseudonym Lehmanns für all seine literarischen Werke: Konrad Merz. Van der Grijn-Santen beschreibt das so: „Kurt Lehmann ist der Flüchtling, der Exilant, der sich mühsam durchsetzt, dauernd in Geldnöten ist, bis er sich eine Existenz als ‚medizinischer Masseur', d. h. Physiotherapeut, aufgebaut hat. Kurt Lehmann ist der Holländer, der in die Niederlande Integrierte. [...]. Am Donnerstagabend, oder vielleicht am Dienstag- und Donnerstagvormittag, Woche für Woche, Jahr für Jahr, verwandelte sich der Masseur aus Purmerend in den Schriftsteller Konrad Merz. Dann zog er sich zurück in die deutsche Sprache [...]. Da hat er dann seine Bücher geschrieben, die hauptsächlich in den Niederlanden spielen, aber oft unter ‚Emigranten' [...]." (S. 26).

Insofern weicht Lehmanns Lebenslauf und Mentalität von denen anderer Exilautor*innen ab, die meist bereits als Schriftsteller*innen ins Exil gehen und die das Exil nicht unbedingt zum Thema ihres literarischen Werks machen. Lehmann führt das Leben eines armen Emigranten, taucht während der deutschen Besatzung unter und baut sich nach dem Krieg eine Existenz in den Niederlanden auf – nicht in erster Linie als Schriftsteller, sondern als ausgebildeter Physiotherapeut.

Die Korrespondenz ist sorgfältig ausgewählt, redigiert und kommentiert, Zwischentexte sorgen für den Zusammenhang. Besonders ausführlich ist die Einleitung zum Briefwechsel mit Menno ter Braak, einem Teil des Buches, der mit besonders viel Forschungsarbeit verbunden war, da sich die Briefe nicht nur in verschiedenen Archiven, sondern auch in Privatbesitz befanden. Damit wird auch im deutschen Sprachraum mehr über den bedeutenden Literaturkritiker bekannt, der der deutschen Literatur so zugetan war und viele Exilautorinnen und -autoren unterstützte. Am Tag der niederländischen Kapitulation 1940 nahm er sich das Leben.

Weitere Dokumente zu Leben und Werk von Konrad Merz befinden sich im Anhang, darunter ein Gespräch mit seiner Tochter Titia, sein selbst verfasster Lebenslauf, die *Ballade vom deutschen Emigranten* aus Merz' Feder und die deutsche Übersetzung seines Artikels über die Schwestern Gorter, bei denen er zu Anfang des Krieges untergetaucht war und die im KZ Ravensbrück ums Leben gekommen sind.

Insgesamt könnte man das Buch als eine Biografie in Briefen bezeichnen, denn in ihrer Vollständigkeit spiegelt die Korrespondenz das Leben eines außergewöhnlichen Exilschriftstellers wider.

Katja B. Zaich

Asal Dardan: Betrachtungen einer Barbarin. Hamburg: Hoffmann und Campe Verlag 2021. 192 S.

Asal Dardans 2021 erschienener Roman *Betrachtungen einer Barbarin* besticht durch seine Haltung, der Barbarei entgegenzutreten, verknüpft mit einem Denken, das Brüche und Widersprüche zulässt, sich eindeutigen Zugehörigkeiten sowie (Fremd-)Zuschreibungen entzieht und Identität als Werdens-Prozess versteht. In ihm verbinden sich Erfahrungen von Exil und Rassismus, von Mutterschaft und dem Frausein sowie den Formen des Zusammenlebens in unterschiedlichen Gesellschaften. Die Betrachtungen sind subjektiv; zugleich ist das Schreiben durch einen Blick von außen auf den eigenen Körper gekennzeichnet. Auf diese Weise hinterfragt Dardan sich selbst und ihre eigene Rolle immer wieder kritisch und bezieht sich in ihre Gesellschaftsanalyse ein.

Zusammengesetzt aus zehn essayistischen Erzählungen, die mit Zitaten von Menschen aus diversen Lebenskontexten überschrieben sind, erinnert und gedenkt Asal Dardans Sammlung verschiedener historischer Zeiten und unterschiedlicher, meist marginalisierter Geschichten. Im Sinne eines multidirektionalen Gedächtnisses (Rothberg) entsteht auf diese Weise eine Vielstimmigkeit in ihrem Text, durch die es Dardan gelingt, ihre persönliche Geschichte und subjektiven Betrachtungen mit der Geschichte und den Geschichten zu verweben, die sie auf ihren grenzüberschreitenden Wegen durch die gesellschaftlichen Räume bewegen.

Entlang ihrer Biografie von ihrer Kindheit über das Erwachsenwerden bis hin zu ihrer Mutterschaft folgen wir ihr auf diesen Wegen: der Flucht aus dem Iran nach Deutschland, den Familienbesuchen in Schottland, einem Praktikumsaufenthalt in Atlanta, ihrer Zeit auf Sardinien, ihrer Migration nach Schweden und ihren Reisen nach Berlin. Zwischen den Kulturen aufgewachsen wird sie durch das Gefühl des Exils geprägt, über dessen Erzählung sie sich in postmigrantische Diskurse einschreibt. Sie selbst war zu jung, um sich an die Flucht erinnern zu können. Iran ist für sie ein Bezugsraum, den sie aus Legenden und Sehnsüchten imaginiert; die wenigen Familiengeschichten aus der Zeit vor ihrer Flucht setzt sie wie einen Film zusammen, den ein weißes Rauschen begleitet. Auch die Lebensgeschichten der Frauen ihrer Familie wie die ihrer assyrischen Großmutter oder der schwedischen Ururgroßmutter ihrer Kinder bleiben Fotografie und Fragment. Aber Dardan erzählt sie mit, ebenso wie jene verlorenen Geschichten von Menschen, derer wir als Gesellschaft nicht gedenken (können). Die Toten schreiben sich in ihren Text ein.

Auf beeindruckende Weise gelingt es Dardan, Brücken zu bauen zwischen den verschiedenen Geschichten, der Vergangenheit und Gegenwart. So perspektiviert sie die NS-Vergangenheit und ihre Aufarbeitung im Rahmen der Auschwitz-Prozesse oder die Zeit der Arbeitsmigration in den 1950er und -60er Jahren nicht nur aus einem historischen Blickwinkel heraus, sondern widmet sich auch ihrem Nachleben in der gegenwärtigen Gesellschaft. Dabei reflektiert sie die Bedeutung eines öffentlichen Bewusstseins und Gedenkens – auch vor dem Hintergrund einer nicht in Gänze gelungenen Aufarbeitung. Sie sensibilisiert für die Gegenwart von Rassismus und Ausländerfeindlichkeit, von entmenschlichender Stereotypisierung, Diskriminierung und Marginalisierung von Menschen. Der Hintergrund der Black-Lives-Matter-Bewegung ist in ihrem Text ebenso präsent wie gegenwärtige rechtsextremistische Demonstrationen. Es sind Betrachtungen unserer Zeit; mit dem NSU-Prozess, dem Anschlag in Hanau und dem Mord an Walter Lübcke zeigt sie die Gegenwart des Rechtsextremismus auf. Diesem stellt sie Geschichten und Stimmen entgegen, wie die eines Bekannten, der als namenloser Geflüchteter für das Schicksal vieler Menschen einsteht, die gegenwärtig die Flucht übers Meer antreten. Indem sie seine Geschichte erzählt, verknüpft sie ihre persönliche Exilerfahrung mit den gegenwärtigen Exil- und Migrationserfahrungen vieler anderer Menschen.

Geschichte und die Verantwortung dafür in der Gegenwart, das macht Asal Dardan deutlich, beschränken sich nicht auf die eigene familiäre Biografie. Immer wieder geht es in ihrem Text um das kulturelle und generationelle (Familien-) Gedächtnis, an denen die Brüche aber auch Errungenschaften deutlich werden, die sie durch ihr Leben zwischen den Kulturen, zwischen Nouruz, Nikolaus und Luciafest, erfahren hat. Vor diesem Hintergrund erzählt sie von der Haltung, die eigenen Prägungen der Zeit immer wieder zu reflektieren, um das kulturelle Gedächtnis als Eltern wie auch als Mitglied der Gesellschaft verantwortungsbewusst zu gestalten und an die nächste Generation weiterzugeben. Dabei stellt sie sich der Herausforderung, den Einzelnen im Anderen zu erkennen und in sich selbst das Fremde.

Dardans Roman regt an, Geschichte transnational zu denken und Erfahrungen von Exil und Rassismus wissenschaftlich gemeinsam zu reflektieren. Mit ihrem Schreiben zwischen Fiktion und politischer Reflexion entwirft sie einen Stil, der einem Zitat von Paul B. Preciado folgt, das ihre Gedanken zum ‚Wachsen' überschreibt und Politik als einen fiktionalen Text auffasst, der kollektiv geschrieben in unsere Körper ‚gedruckt' wird. Einen Teil der Einschreibungen ihres Körpers macht sie mit persönlichen Einblicken auch in seine Verletzlichkeiten für uns lesbar. Dardan sensibilisiert für ein Leben in Collagen und ein Bewusstsein, Vielfalt nicht als bloße Performance aufzufassen. In ihrem Text erschafft sie einen Gemeinschaftssinn jenseits von Volk, Nation und Familie, zeigt auf, an welchen Herausforderungen Gesellschaften wachsen können, und erhebt ihre Stimme, um das ‚Abendland aufzuwecken'.

Finja Zemke

Kurzbiografien der Autorinnen und Autoren

Ömer Alkin, Professur für Angewandte Medien- und Kommunikationswissenschaften an der Hochschule Niederrhein. Projekteiter des DFG-geförderten (2020–2024) Forschungsprojekts „Ästhetik des Okzidentalismus. Yücel Çakmaklıs islamisch-nationales Millî Sinema (Nationales Kino) (1964–2006)". Forschungsinteressen: Migration, Film, Rassismus, Digitale Bildung, Okzidentalismus, Postmigration. Publikationen (Auswahl): 26. Ausgabe der Zeitschrift für Medienwissenschaft (ZfM) zum Thema Anti-Rassimus in der Medienwissenschaft, hg. m. Nelly Y. Pinkrah u. Jiré Emine Gözen: X | Kein Lagebericht, Bielefeld 2022; Postkolonialismus und Postmigration, hg. m. Lena Geuer, Münster 2022; Moscheen in Bewegung. Interdisziplinäre Perspektiven auf muslimische Kultstätten der Migration, hg. m. Mehmet Bayrak und Rauf Ceylan, Berlin, Boston 2021; Die visuelle Kultur der Migration, Bielefeld 2020. Persönliche Webseite: https://www.oemeralkin.de

Anja Bandau, Professur für Spanischsprachige Literatur- und Kulturwissenschaft der Leibniz Universität Hannover. Forschungsschwerpunkte: transatlantische Wissenszirkulationen: Literaturen und Kulturen in spanischer und französischer Sprache in Amerika und der Karibik; Narrationen der haitianischen Revolution 1791–1859; transnationale und postkoloniale Literatur; Diasporaliteraturen, afro-deszendente Literaturen der Amerikas, mexikanisch-amerikanische Literaturen, Repräsentationen postkolonialer Gewalt. Veröffentlichungen (Auswahl): Reshaping Glocal Dynamics of the Caribbean: Relaciones y Desconexiones – Relations et Déconnexions – Relations and Disconnections, hg. mit A. Brüske, N. Ueckmann. Heidelberg 2018 https://heiup.uni-heidelberg.de/catalog/book/314, El Caribe y sus diásporas. Cartografía de saberes y prácticas culturales, hg. mit M. Zapata Galindo. Madrid 2011.

Bettina Bannasch, Professur für Neuere deutsche Literaturwissenschaft an der Universität Augsburg. Forschungsschwerpunkte: Exil- und Migrationsliteratur, deutschsprachig-jüdische Literatur, kultur- und literaturwissenschaftliche Erinnerungsforschung, Text-Bild-Beziehungen, deutschsprachige Literatur Ostmitteleuropas. Veröffentlichungen (Auswahl): Handbuch der deutschsprachigen Exilliteratur. Von Heinrich Heine bis Herta Müller, hg. mit Gerhild Rochus. Berlin 2013 (2. Aufl. 2016); Darstellung, Vermittlung, Aneignung. Gegenwärtige Reflexionen des Holocaust, hg. mit Hans Joachim Hahn. Göttingen 2018; Formen des Magischen Realismus und der Jüdischen Renaissance, hg. zus. m. Petro Rychlo. Göttingen 2021; Zukunft der Sprache – Zukunft der Nation? Verhandlungen des Jiddischen und Jüdischen im Kontext der Czernowitzer Sprachkonferenz, hg. zus. m. Carmen Reichert u. Alfred Wildfeuer. Berlin 2022. Bettina Bannasch ist Mitherausgeberin des internationalen Jahrbuchs Exilforschung.

Fabian Bauer, Doktorand am Deutschen Seminar der Albert-Ludwigs-Universität Freiburg mit einem Dissertationsprojekt zu ästhetischen Kontinuitäten zwischen dem Kulturbegriff der Weimarer Republik und dem literarischen Exil, zuvor Studium der Germanistik und Philosophie in Oxford (M.St. 2020) und Freiburg (M. A. 2021). Forschungsschwerpunkte: Literatur in kultur- und ideengeschichtlicher Perspektive, Exil- und Migrationsliteratur, deutsch-jüdische Literatur. Publikationen (Auswahl): Weimar im Exil. Die Kultur der Republik am Pazifik, hg. mit Sabina

Becker, München 2021; „Das Paradoxon der Kultur. Verdeckte Europabekenntnisse in Thomas Manns Essayistik der Weltkriegsjahre", in: Thomas Mann Jahrbuch 35 (2022).

Gundula Bavendamm, Dr., seit 2016 Direktorin der Bundesstiftung Flucht, Vertreibung, Versöhnung. Mit ihrem Team entwickelte sie das inhaltliche Programm für das gleichnamige Dokumentationszentrum am Anhalter Bahnhof. Der neue Lern- und Erinnerungsort eröffnete im Juni 2021. Zuvor Leitung des Berliner AlliiertenMuseums und Konzeptentwurf für dessen Ansiedlung im Flughafen Tempelhof sowie wissenschaftliche Mitarbeiterin im Deutschen Historischen Museum und Kuratorin zeit- und kulturhistorischer Ausstellungen. Ehrenamtliche Tätigkeit z. B. im Arbeitskreis der Museen für Geschichte im deutschsprachigen Raum und in den wissenschaftlichen Beiräten des Museums Friedland und der Stiftung Berliner Mauer. Sie ist Beisitzerin im Vorstand des Volksbundes Deutsche Kriegsgräberfürsorge, Mitglied im deutschen Nominierungskomitee für das UNESCO-Programm "Memory of the World" und gehört dem Kulturbeirat der Evangelischen Kirche Berlin-Brandenburg-schlesische Oberlausitz (EKBO) an.

Doerte Bischoff, Professur für Neuere deutsche Literaturwissenschaft an der Universität Hamburg mit Leitung der Walter A. Berendsohn Forschungsstelle für deutsche Exilliteratur. Forschungsschwerpunkte: Literatur und Exil, Deutsch-jüdische Literatur, Literatur und Shoah, Literatur und materielle Kultur, Gender und Rhetorik. Mitherausgeberin des internationalen Jahrbuchs Exilforschung und des Newsletters Exilograph. Publikationen (Auswahl): Literatur und Exil. Neue Perspektiven, hg. mit Susanne Komfort-Hein, Berlin 2013; Exil – Literatur – Judentum, München 2016 (Hg.); Exilforschung 36 (2018): Ausgeschlossen. Staatsbürgerschaft, Staatenlosigkeit und Exil, hg. mit Miriam Rürup; Exilforschung 37 (2019): Archive und Museen des Exils, hg. mit Sylvia Asmus und Burcu Dogramaci; Handbuch Literatur & Transnationalität, hg. mit Susanne Komfort-Hein, Berlin 2019.

Alfred Bodenheimer, Professor für Religionsgeschichte und Literatur des Judentums und Leiter des Zentrums für Jüdische Studien an der Universität Basel. Forschungsschwerpunkte: Jüdische Religionsgeschichte der Moderne, deutschsprachig-jüdische Literatur des 20. Jahrhunderts, jüdische Traditionsvermittlung und Narrative. Veröffentlichungen (Auswahl): Sebastian Münster, Der Messias-Dialog. Der hebräische Text von 1539 in deutscher Übersetzung, Basel 2017 (Hg.); Welche Sprache spricht Gott? Versuche aus Judentum, Christentum und Islam, zus. m. Thomas Bauer und Michael Seewald. Darmstadt 2022 (im Druck). Alfred Bodenheimer ist Mitbegründer und Präsident der Gesellschaft für Europäisch-Jüdische Literaturforschung und Mitherausgeber von deren Jahrbuch.

Matei Chihaia, Professur für Französische und Spanische Literaturwissenschaft an der Bergischen Universität Wuppertal. Forschungsschwerpunkte: Literatur und Philosophie des spanischen Exils in Mexiko, Erzählforschung, Literatur und Kino, Lateinamerikanische Literatur des 20. Jahrhunderts. Matei Chihaia ist Mitherausgeber von *DIEGESIS*. Interdisziplinäres E-Journal für Erzählforschung. Veröffentlichungen (Auswahl): "Weltkriegserfahrungen aus der Ferne (Horacio Quiroga und der Erste Weltkrieg)", in: Ioana Crăciun (Hg.): *Wenn die Waffen sprechen, schweigen die Musen nicht. Der Erste Weltkrieg im Spiegel der deutschen Literatur. Akten des Bukarester Humboldt-Kollegs, September 2018*, Heidelberg: Winter 2021, S. 123–142. "En la pantalla y entre bastidores. Estética de la recepción en los 'Guernica' de Hessens y Resnais y de Arrabal", in: M. C./Ursula Hennigfeld (Hg.): *Guernica entre ícono y mito. Produc-*

tividad y presencia de memorias colectivas, Madrid/Frankfurt a. M.: Iberoamericana/Vervuert 2020, S. 167–191. "Der Raub der Amerika", in: Renate Möhrmann (Hg.): Europa im Spiegel der Kunst, Stuttgart: A. Kröner 2019, S. 150–171.

Steffan Davies, Associate Professor in German an der University of Bristol, Großbritannien. Mitherausgeber, German Life and Letters. Forschungsschwerpunkte: Exil im ‚langen 19. Jahrhundert', Weimarer Klassik, Literatur und Geschichte, Alfred Döblin. Publikationen in Auswahl: The Wallenstein Figure in German Literature and Historiography, 1790–1920 (2010); Alfred Döblin: Paradigms of Modernism, hg. mit Ernest Schonfield (2009); Internationales Alfred-Döblin-Kolloquium Cambridge 2017: Natur, Technik und das (Post-)Humane in den Schriften Alfred Döblins, hg. mit David Midgley (2019); Weimar Classicism and Intellectual Exile: Schiller, Goethe and *Die Horen*. In: Modern Language Review 114 (2019), S. 751–787.

Burcu Dogramaci, Professur für Kunstgeschichte des 20. Jahrhunderts und der Gegenwart an der Ludwig-Maximilians-Universität München. Forschungsschwerpunkte: Exil, Flucht und Migration, Fotografie und Fotobuch, Architektur, Urbanität, Textile Künste, Geschichte der Kunstgeschichte, Live Art. Leitung des ERC-Projekts „Relocating Modernism: Global Metropolises, Modern Art and Exile (METROMOD)" (https://metromod.net) und Co-Direktorin des Käte Hamburger Kollegs „Dis:konnektivität in Globalisierungsprozessen" (https://www.globaldisconnect.org). Publikationen (Auswahl): Heimat. Eine künstlerische Spurensuche. Köln 2016; Design Dispersed. Forms of Migration and Flight, hg. m. Kerstin Pinther. Bielefeld 2019; Handbook of Art and Global Migration. Theories, Practices, and Challenges, hg. m. Birgit Mersmann. Berlin, Boston 2019; Arrival Cities. Migrating Artists and New Metropolitan Topographies in the 20th Century, hg. m. M. Hetschold et al. Leuven 2020 (open access). Burcu Dogramaci ist Mitherausgeberin des internationalen Jahrbuchs Exilforschung.

Friederike Eigler, Professur für German Studies an der Georgetown Universität in Washington DC, USA. Forschungsschwerpunkte: deutschsprachige Literatur des 20. und 21. Jahrhunderts, Autobiographie und Autofiktion, kultur- und literaturwissenschaftliche Erinnerungsforschung, Genderstudien, Raumtheorien, Heimatbegriffe. Veröffentlichungen (Auswahl): Gedächtnis und Geschichte in Generationenromanen seit der Wende, Berlin 2005; Heimat, Space, Narrative. Toward a Transnational Approach to Flight and Expulsion, Rochester, NY 2014; Heimat. At the Intersection of Space and Memory, hg. zus. m. mit Jens Kugele. Berlin 2012. Contemporary German Literature and Europe (Special Issue) Colloquia Germanica, 51.3–4 (2020), hg. zus. m. Anke Biendarra. Friederike Eigler ist Herausgeberin von Gegenwartsliteratur. Ein germanistisches Jahrbuch/A German Studies Yearbook.

Norbert Gestring, wissenschaftlicher Mitarbeiter im Institut für Sozialwissenschaften der Carl von Ossietzky Universität Oldenburg. Forschungsschwerpunkte: Stadtentwicklung und öffentlicher Raum, Migration und Integration. Publikationen (Auswahl): Urbanität im 21. Jahrhundert, hg. mit Jan Wehrheim. Frankfurt a. M., New York 2018; Stadt und soziale Bewegungen, hg. mit Renate Ruhne & Jan Wehrheim. Wiesbaden 2014.

Susanne Gödde, seit 2016 Professorin für Religionswissenschaft an der FU Berlin; zuvor (2013–2016) Professorin für Griechische Philologie und Religionswissenschaft der Antike an der LMU München; Forschungen zur Religions- und Kulturgeschichte der Antike, zur Institution des antiken Theaterfestes, zum antiken Asyl sowie zu Gründungsmythen und Opfernarrativen.

Publikationen (Auswahl): Das Drama der Hikesie. Ritual und Rhetorik in Aischylos' *Hiketiden*. Münster 2000; *Euphêmia. Die gute Rede in Kult und Literatur der griechischen Antike*. Heidelberg 2011 sowie Aufsätze zum antiken Asyl, u. a.: Asyl als Übergang: Transiträume in der griechischen Tragödie, in: Bettine Menke und Juliane Vogel (Hg.): Flucht und Szene. Perspektiven und Formen eines Theaters der Fliehenden. Berlin 2018, S. 26–48; Kontaktmagie: Zur Inszenierung der rituellen Berührung in der griechischen Tragödie, in: Sandra Fluhrer und Alexander Waszynski (Hg.): Tangieren. Szenen des Berührens. Baden-Baden 2020, S. 21–43.

Nils Grosch, Professur für Musikwissenschaft und Leitung des Fachbereichs Kunst- Musik- und Tanzwissenschaft sowie der Forschungsstelle für musikalisches Theater an der Universität Salzburg. Forschungsschwerpunkte: Musik, Mobilität und Migration, Populäres Musiktheater, Musik und Medien. Veröffentlichungen (Auswahl): Lied und Medienwechsel im 16. Jahrhundert. Münster 2013. Musik und Migration: Ein Theorie- und Methodenhandbuch, hg. mit Wolfgang Gratzer, Ulrike Präger und Susanne Scheiblhofer, Münster: Waxmann, 2022; Stimme-Körper-Medien. Gesang im 20. und 21. Jahrhundert, hg. mit Thomas Seedorf. Lilienthal: Laaber-Verlag; 2021 (Handbuch des Gesangs, Bd. 2); Musical Comedy, Pastiche and the Challenge of 'Rewriting'", in: Intertextuality in Music: Dialogic Composition, hg. von Violetta Kostka, Paulo F. de Castro und William Everett. Taylor & Francis/Routledge, 2021. Aktuelle Forschungsprojekte: Music, Migration and Mobility. The Legacy of Migrant Musicians from Nazi-Europe in Britain (https://www.musicmigrationmobility.com/); Renegotiating the Past: The Representation of History in English- and German-language Musical Theatre Repertoire since WWII (https://gluck-forschungsstelle.uni-salzburg.at/renegotiating-the-past/). Nils Grosch ist Mitglied im Vorstand des Ernst-Krenek-Instituts und Mitherausgeber der Schriftenreihen Populäre Kultur und Musik, Musik und Migration, Schriftenreihe der Kurt-Weill-Gesellschaft und Jahrbuch für Exilforschung.

Yaatsil Guevara González, Doktorandin der Soziologie an der Bielefeld Graduate School in History and Sociology; wissenschaftliche Mitarbeiterin am Institut für Ethnologie und Afrika Studien an der Johannes Gutenberg- Universität Mainz. Ethnografische Forschungen in Mexiko, Zentralamerika, den USA und Deutschland. Forschungsschwerpunkte: Flucht, Migration, Gender und Anthropologie des Alltags. Publikationen (Auswahl): "Place-making in the transient: Things that matter in everyday life of Honduran refugees at the La 72 shelter". In: Material Culture and (Forced) Migration: Materializing the Transient, Hg. vom Yi-Neumann, Friedemann, Andrea Lauser, Antonie Fuhs, Peter J. Bräunlein, UCL Press. London 2022; Hg. mit Alexandra Lestón: "Young migrants and asylum seekers in Tenosique, Mexico: Ongoing and pressing challenges". Migration Policy Practice, International Organization for Migration (IOM). Geneva 2021.

Sabine Hess, Professorin für Kulturanthropologie und Europäische Ethnologie an der Universität Göttingen. Arbeitsschwerpunkte: Migrations- und Grenzregimeforschung, politische Anthropologie, kulturanthropologische Geschlechterforschung. Seit 2018 Direktorin des Zentrums für globale Migrationsforschung der Universität Göttingen. Veröffentlichungen (Auswahl): Fünf Jahre später: EU-Europas neues-altes Grenzregime als Grenze der Demokratie. In: Valeria Hänsel u. a. hg.: Grenzregime IV. Assoziation A, Berlin 2022; Grenze als Konfliktzone – Perspektiven der Grenzregimeforschung. Zus. mit Matthias Schmidt-Sembdner. In: Dominik Gerst, Maria Klessmann (Hg.): Grenzforschung: Handbuch für Wissenschaft und Praxis (Border Studies. Cultures, Spaces, Orders, Band 3), Nomos, 2020; Sabine Hess ist Mitherausgeberin von *Movements. Journal für kritische Migrations- und Grenzregimeforschung.*

Sebastian Huhn, Wissenschaftlicher Mitarbeiter Neueste Geschichte und Historische Migrationsforschung und Institut für Migrationsforschung und Interkulturelle Studien (IMIS) an der Universität Osnabrück. Forschungsschwerpunkte: Gewaltmigration, Flucht und Migration nach dem Zweiten Weltkrieg, Europäische Nachkriegsgeschichte, Lateinamerikanische Geschichte, Gewalt und Konflikt. Publikationen (Auswahl): Rethinking the Post-War International Migration Regime from the Global South: Venezuela in a Global History of White Immigration, in: Itinerario 46:2, 2022; Negotiating Resettlement in Venezuela after World War II: An Exploration, in: Historical Social Research, 45:4, 2020; Politics and History of Violence and Crime in Central America, hg. mit Hannes Warnecke, New York: Palgrave Macmillan 2017.

Andreas Kossert, Historiker und Autor in Berlin. Forschungsschwerpunkte: Flucht als globale Erfahrung, Zwangsmigrationen, Exil, Geschichte des östlichen Europa, Vertriebene und Gesellschaft, ethnische, religiöse und nationale Minderheiten. Veröffentlichungen (Auswahl): Ostpreußen. Geschichte einer historischen Landschaft. München 2014; Flucht – Eine Menschheitsgeschichte. München 2020. Für seine Arbeit wurden ihm der NDR Kultur Sachbuchpreis 2020 und der Preis für »Das politische Buch« 2021 der Friedrich-Ebert-Stiftung verliehen.

Sandra Narloch, Dr., Studium der Germanistik an der Universität Hamburg; Promotion im Graduiertenkolleg Geisteswissenschaften der Universität Hamburg zu Weltbürgertum und Kosmopolitismus in der Exilliteratur, ehemals wissenschaftliche Mitarbeiterin der Walter A. Berendsohn Forschungsstelle für deutsche Exilliteratur; Forschungsschwerpunkte: Literatur und Exil, Exil in der Gegenwartsliteratur, Deutsch-jüdische Literatur, Literatur und Gender. Publikationen (Auswahl): Zwischen Weltbürgertum und Neuem Kosmopolitismus. Verhandlungen übernationaler Gemeinschaft und Zugehörigkeit in der Exilliteratur, Berlin 2022; Transnationale Perspektiven bei Lion Feuchtwanger: Zur Josephus-Trilogie: Judentum, Nationalismus und die Idee des Weltbürgertums, in: Doerte Bischoff, Miriam N. Reinhard, Claudia Röser u. Sebastian Schirrmeister (Hg.): Exil-Lektüren. Studien zur Literatur und Theorie. Berlin 2014; Das Exil in der Gegenwartsliteratur, mit Sonja Dickow, in: Aus Politik und Zeitgeschichte 42 (2014).

Jochen Oltmer, Dr. phil. habil., ist Professor für Neueste Geschichte und Migrationsgeschichte sowie Mitglied des Vorstands des Instituts für Migrationsforschung und Interkulturelle Studien (IMIS) der Universität Osnabrück. Er arbeitet zu deutschen, europäischen und globalen Migrationsverhältnissen in Vergangenheit und Gegenwart; Buchpublikationen zuletzt u. a.: (Hg.), Handbuch Staat und Migration in Deutschland vom 17. Jahrhundert bis zur Gegenwart, Berlin/Boston: De Gruyter 2016; Globale Migration. Geschichte und Gegenwart, 3. aktualisierte Aufl. München: C. H. Beck 2017; (zus. mit Nikolaus Barbian), Vom Ein- und Auswandern. Ein Blick in die deutsche Geschichte [Jugendsachbuch], 2. überarbeitete Aufl. Berlin: Jacoby & Stuart 2019; Migration. Geschichte und Zukunft der Gegenwart, 2. aktualisierte und ergänzte Aufl. Bonn: Bundeszentrale für politische Bildung 2020; Die Grenzen der EU. Europäische Integration, ›Schengen‹ und die Kontrolle der Migration, Wiesbaden: Springer/VS 2021; weitere Informationen: http://www.imis.uni-osnabrueck.de/oltmer_jochen/zur_person/profil.html

Christoph Rass, Professur für Neueste Geschichte und Historische Migrationsforschung an der Universität Osnabrück. Forschungsschwerpunkte: Migrationsregime, Gewaltmigration, Konfliktlandschaften, Vernichtungskrieg und Holocaust, Digitale Geschichtswissenschaft. Veröffentlichungen (Auswahl): Institutionalisierungsprozesse auf einem internationalen Arbeitsmarkt. Bilaterale Wanderungsverträge in Europa 1919–1974, Paderborn 2010; Das Sozialprofil des Bundesnachrichtendienstes. Von den Anfängen bis 1968, Berlin 2016; (mit Ismee Tames, hg.) Negotiating the Aftermath of Violence Induced Mobility in the Wake of the Second World War. Rethinking Sources, Methods and Approaches from the Intersection of War and Migration Studies in the Digital Age, Historical Social Research. Special Issue, 45.4/2020); (mit Frank Wolff und Andreas Pott, hg.) What is a Migration Regime?, Wiesbaden 2018; (mit Melanie Ulz, hg.) Migration ein Bild geben. Visuelle Aushandlungen von Diversität, Wiesbaden 2017; (mit Sebastian Huhn, Sebastian Bonzido u. a.) Die Osnabrücker Ausländermeldekartei 1930–1980. Potenziale als Quelle der Stadt- und Migrationsgeschichte, in: Osnabrücker Mitteilungen (126/2021), S. 137–194; 1955 – Das deutsch-italienische "Anwerbeabkommen" – Ein Wendepunkt der Migrationsgeschichte?, in: Globalgeschichte Deutschlands, hrsg. von Andreas Fahrmeir, München 2020; International Migration, in: Handbook of Political Science, hrsg. von Dirk Berg-Schlosser, Bertrand Badie und Leonardo Morlino, London 2020.

Maren Röger, Professur für Geschichte des östlichen Europa/Ostmitteleuropa an der Universität Leipzig, verbunden mit der Direktion des Leibniz-Instituts für Kultur und Geschichte des östlichen Europa (GWZO), Forschungsschwerpunkte: Geschichte Ostmitteleuropas vom 19.–21. Jahrhundert, Geschichte von Migration und Zwangsmigration in der Moderne, Gewaltgeschichte, insbesondere Zweiter Weltkrieg und Holocaust, Erinnerungskultur und Geschichtspolitiken im östlichen Europa, Geschichte politischer Kommunikation, Mediengeschichte und public history; Veröffentlichungen (Auswahl): Kriegsbeziehungen: Intimität, Gewalt und Prostitution im besetzten Polen, 1939–1945. Frankfurt am Main: S. Fischer Verlag 2015, Flucht, Vertreibung und Umsiedlung. Mediale Erinnerungen und Debatten in Deutschland und Polen seit 1989. Marburg: Herder-Verlag 2011, Die Erinnerung an Flucht und Vertreibung. Ein Handbuch der Medien und Praktiken. Paderborn: Schöningh 2015 (hrsg. zus. mit Stephan Scholz und Bill Niven). Mitherausgeberin der GWZO-Schriftenreihen sowie der Zeitschrift für Ostmitteleuropa-Forschung/Journal of East Central European Studies.

Katja Sarkowsky, Lehrstuhl für Amerikanistik an der Universität Augsburg. Forschungsschwerpunkte: Life Writing, indigene Literaturen in den USA und Kanada, Literatur und Citizenship, literarische Raumkonzepte. Veröffentlichungen (Auswahl): Narrating Citizenship and Belonging in Anglophone Canadian Literature. Palgrave 2018; "Cranes on the Rise": Metaphors in Life Writing. Symbolism 18. Berlin, 2018; Nachexil/Post-Exile, hg. mit Bettina Bannasch. Berlin 2020; Ideology in Postcolonial Texts and Contexts, hg. mit Mark Stein. Leiden, 2020; Reading the Social in American Studies, hg. mit Astrid Franke und Stefanie Müller. Palgrave, 2022.

Kristina Schulz, Professur für Neuere und Neueste Geschichte an der Université de Neuchâtel/Schweiz. Forschungsschwerpunkte: Migrations- und Exilgeschichte des 19. und 20. Jahrhunderts, Westeuropäische Geschichte, Schweizer Geschichte, Geschichte des Feminismus und der Frauenbewegung, Intellektuellengeschichte. Leitung eines SNF-Projekts zur Sozialgeschichte der Gastarbeit im schweizerischen Kontext (1945–2002) (https://www.unine.ch/shm/home.html). Publikationen (Auswahl): Translating Feminism. Interdisciplinary Approaches to Text, Place, and Agency, mit Maud Bracke, Julia Bullock und Penny Morisson, New York 2021; Grenzüberschreitungen: Migrantinnen und Migranten als Akteure im 20. Jahrhundert, mit Wiebke von Bernsdorff und Heike Klapdor. München 2019; Schweizer Migrationsgeschichte, mit André Holenstein und Patrick Kury. Baden 2018; Die Schweiz und die literarischen Flüchtlinge 1933–1945. Berlin 2012. Kristina Schulz ist Mitglied des Beirats der Gesellschaft für Exilforschung.

Ilija Trojanow, 1965 in Sofia geboren, 1971 Flucht aus Bulgarien, Asyl in Deutschland, aufgewachsen in Nairobi, studierte Jura, Ethnologie und Havarie in München. Gastprofessuren in St. Louis, Dartmouth, Berlin und Kassel; Vorlesungen an der NYU in New York, der Universität Tübingen sowie an der Filmakademie Wien. 1989 Gründung des Marino Verlags für Bücher über Afrika. Autor, Übersetzer und Publizist. Lebte von 1998–2003 in Bombay, von 2003–2006 in Kapstadt. Seit 2008 in Wien und Stuttgart zuhause. Veröffentlichungen u. a.: Die Welt ist groß und Rettung lauert überall, Roman 1996. Hundezeiten. Heimkehr in ein fremdes Land, 1999/2006. An den inneren Ufern Indiens, 2003. Zu den heiligen Quellen des Islam, 2004. Der Weltensammler, Roman, 2006. Nomade auf vier Kontinenten, 2007. Kampfabsage (mit Ranjit Hoskoté), Essay 2007. Angriff auf die Freiheit (mit Juli Zeh), Essay 2009. EisTau, Roman 2011. Der überflüssige Mensch, Essay 2013. Wo Orpheus begraben liegt (mit Fotografien von Christian Muhrbeck), 2013. Macht und Widerstand, Roman 2015. Nach der Flucht, Essay 2017. Gebrauchsanweisung fürs Reisen, Essay 2018. Doppelte Spur, Roman 2020.

Cornelia Vossen, M. A., ist Kuratorin des Exilmuseums. Nach einem Studium der Kunstgeschichte, Germanistik und Psychologie durchlief sie verschiedene Stationen u. a. beim Fernsehen sowie bei Medien- und Ausstellungsagenturen. Inzwischen hat sie sich freiberuflich auf die kuratorische Entwicklung von Ausstellungen spezialisiert, die in künstlerischer Weise mit der Szenografie des Raums und großformatigen Medieninstallationen arbeiten. Aktuelle Ausstellungsprojekte (Auswahl): 2016 Ausstellung „Harry Graf Kessler" im Max-Liebermann-Haus Berlin; 2018 Kuratorin Exilmuseum Berlin (im Aufbau); 2021 Freiluftausstellung „ZU/FLUCHT", Anhalter Bahnhof. Mehr zu ihren Projekten und Referenzen unter www.corneliavossen.de